송귀섭
붕어학개론

송귀섭 붕어학개론

지은이 송귀섭
펴낸이 정규도
펴낸곳 황금시간

초판 1쇄 인쇄 2015년 1월 14일
초판 2쇄 인쇄 2016년 9월 20일

편집 허만갑
디자인 이상준 김광규 김현숙
표지그림 탁영호

공급처 (주)다락원 (02)736-2031

주소 경기도 파주시 문발로 211
전화 (02)736-2031(대)
팩스 (031)8035-6907
출판등록 제406-2007-00002호

Copyright ⓒ 2016, 황금시간

저자 및 출판사의 허락 없이 이 책의 일부 또는 전부를
무단 복제·전재·발췌할 수 없습니다. 잘못된 책은 바꿔드립니다.

값 19,500원
ISBN 978-89-92533-72-0 13690

http://www.darakwon.co.kr

- 다락원 홈페이지를 통해 인터넷 주문을 하시면 자세한 정보와 함께 다양한
  혜택을 받으실 수 있습니다.

송귀섭
붕어학개론

차 례

프롤로그

006	1 방송강좌 '붕어학개론'을 책으로 엮으며
010	2 나의 낚시 이야기
016	3 낚시의 역사
022	4 강태공에 대하여

제1장 붕어낚시의 기초

028	제1강	붕어의 신체구조와 특징
036	제2강	붕어의 산란과 성장
044	제3강	붕어의 생태와 습성
054	제4강	붕어의 취이습성
060	제5강	낚시장비 준비
070	제6강	낚싯대
082	제7강	낚싯줄
088	제8강	낚싯바늘
092	제9강	기타 소품
096	제10강	찌
110	제11강	기본채비 만들기
116	제12강	실전채비 연구
124	제13강	응용채비 연구
132	제14강	찌맞춤
146	제15강	찌놀림의 이해
156	제16강	채비의 수중세계

제2장 붕어낚시 실전 총론

166	제17강	낚시터 선정
178	제18강	포인트 선정
190	제19강	낚시자리 준비
198	제20강	낚싯대 편성
206	제21강	채비 투척
216	제22강	미끼
232	제23강	입질 파악
244	제24강	챔질하기
254	제25강	제압과 유도
266	제26강	봄낚시
282	제27강	여름낚시
298	제28강	가을낚시
310	제29강	겨울낚시

제3장 붕어낚시 실전 각론

324	제30강	수초에 대한 이해
334	제31강	수초낚시
348	제32강	지렁이낚시
358	제33강	떡밥낚시
372	제34강	새우대물낚시
384	제35강	참붕어대물낚시
390	제36강	납자루낚시
396	제37강	메주콩낚시
402	제38강	옥수수미끼 낚시
408	제39강	전내림낚시
420	제40강	자연현상과 붕어낚시
430	제41강	외래어종과 붕어낚시
434	제42강	잡어의 극복
442	제43강	더 즐거운 낚시를 위한 제언

프롤로그 1

방송강좌 「붕어학개론」을
책으로 엮으며

한국낚시채널 FTV에서 '붕어학개론' 강좌를 해온 지도 어느덧 1년이 다 되어간다.
나는 이 강좌를 통해 내가 가지고 있는 모든 유형무형의 붕어낚시 이론을
총망라하고자 하였다. 그러다 보니 그 양이 방대하여 1년 강좌로는 상세한 내용을
다 소화할 수가 없었고, 그렇다고 방송강좌를 2년으로 연장하기도 적절치 않아서
'붕어학개론' TV강좌는 핵심사항 요약강의 형식으로 진행할 수밖에 없었다.
그러다 보니 내가 모아두었던 모든 자료와 그간 우리 낚시인들에게 잘못 알려져
왔던 붕어낚시 상식들과 또 최근에 나온 새로운 낚시이론들을 전개하는 데 있어서
시간과 공간의 한계가 있었다.
그래서 나는 '붕어학개론'을 더 상세한 책으로 재정리하여 남기기로 하고,
방송원고 작성과 함께 출판용 원고도 거의 동시에 정리하였고, 그 덕분에
붕어학개론 방송강좌가 마무리되어가는 시점에 맞춰서 방송강좌의 종합해설서
격인 이 책을 동호인들 앞에 내놓을 수 있게 되었다.

◀ FTV '붕어학개론' 강좌 중 찌에 관해 강의하는 필자의 모습.(왼쪽과 아래)

▲ 녹화를 끝내고 FTV 스탭들과 함께 찍은 기념사진.

◀ 붕어학개론 원고를 정리하는 필자.

- 이 책에는 2001년부터 2014년까지 13년 동안 한 주도 쉬지 않고 '월척특급'
'전통붕어낚시 강좌' '낚시의 기술' '붕어愛시리즈' 등 붕어낚시 관련
방송프로그램을 진행하면서 펼쳤던 이론과 경험을 총망라하고,

- 그 외에도 1998년부터 최근까지 매월 낚시잡지 등에 '초보자교실' '눈높이
붕어낚시' '붕어낚시 학당' '붕어낚시 상식의 虛와 實' 등의 타이틀로 연재해왔던
붕어낚시 관련 이론 모두를 총정리하였으며,

- 아울러서 나의 기존 저서인 「붕어낚시 첫걸음」과 「붕어 대물낚시」 내용을 모두
재정리하여 포함함으로써 붕어낚시 이론의 FM(Field Manual 야전교범)이 되고자
하였다.

이 책의 글 순서는 방송강좌 '붕어학개론'과 유사하게 편성을 하였다. 따라서 책을
읽다가 그 부분의 이해를 시각적으로 돕고자 하면 FTV 홈페이지에서 '붕어학개론'
프로그램의 해당부분을 동영상으로 다시 보면서 함께 읽어 가면 아주 좋은 참고가
될 것이다.
이제 '붕어학개론' 내용에 대해서 방송에서 못다 한 내용까지를 포함하여 책으로
정리하여 내놓으니 한결 마음이 후련하다. 아무쪼록 독자 여러분의 낚시생활에 많은
도움이 되었으면 더 바랄 것이 없겠다.

◀ 필자가 출연한 FTV '월척특급' 500회 기념방송 녹화 장면. 염경환, 사유리씨가 진행을 맡았다.

2014년 12월 23일   평산 송귀섭

프롤로그 2

나의 낚시 이야기

6.25전쟁이 한창이던 1951년 10월, 나는 전남 함평군 손불면 산남리 여산 송씨 집안의 장손으로 이 세상에 태어났다. 아버지는 내가 태어나자마자 군대로 가서 전쟁에 참여했고, 전쟁이 끝나고도 몇 년이 더 지나 내가 일곱 살이 되어서야 비로소 고향으로 돌아왔다. 그동안 할아버지는 군대 가 있는 아버지를 제대시켜 준다는 군청 직원에게 속아서 논밭을 다 팔아서 목돈을 줬고, 그 때문에 집안 살림은 거덜나버렸다. 전쟁통에 돈 주고 제대시킨다는 자체가 말도 안 되는 사기였다. 아무튼 내가 아주 어렸을 때는 집에 상머슴과 애기머슴이 있을 정도로 마을에서 잘 사는 집이었는데, 아버지가 군 생활을 마치고 7년 만에 제대해 왔을 때는 논밭과 함께 머슴들도 다 없어졌다. 그때 제대해 집에 돌아온 아버지가 툇마루 끝에 허탈하게 앉아 있던 모습이 지금도 나의 뇌리에 박혀있다. 가세가 기우는 바람에 당시 여덟 살이었던 나는 동네 친구들이 학교에 입학하는데도 같이 가지 못하고, 새벽이면 들일을 나가는 어른들의 일손을 도와 유일하게 남아있는 재산인 송아지 한 마리를 돌봐야 했다. 그래서 매일 아침이면 동네 친구들이 학교에 가는 시간에 나는 송아지를 앞세우고 오십 리 들길을 가로질러 바닷가 둑으로 가서 풀을 먹이고, 해질녘이면 꼴을 한 망태 베어 등에 짊어지고 소고삐를 잡고 돌아오곤 했다. 그때 소가 풀을 뜯어먹는 동안의 무료함과 무언지 모르게 가슴을 압박해오는 서러움을 바다와 강에서 낚시를 하면서 달랬는데, 마른 갈대 마디로 만든 찌가 꿈질꿈질하다가 스르륵 끌려가는 모습을 보고 챔질을 하면 줄 끝에서 큰 붕어가 철퍼덕 하면서 휘돌아 치는데 그 뭉클한 감각만이 모든 것을 날려버리는 최고의 즐거움이었다. 어쩌면 아버지의 표정에서 느끼는 알 듯 말 듯한 절망감과 친구들이

학교에 간 후 혼자라는 무료함 속에서 유일하게 환희를 맛볼 수 있는 낙이 낚시였는지도 모른다.
이렇게 시간 가는 줄 모르고 낚시에 취해 있다 보면 학교를 파한 친구들이 각각 꼴망태를 지고 몰려나오고, 나는 신이 나서 그동안 잡아놓은 물고기를 친구들에게 나누어주고 해질녘에 같이 돌아오곤 했었다.

외로운 유년시절의 낚시

당시에 낚싯대는 집 뒤에 있는 작은 대밭의 대나무를 골라 베어 감나무에 거꾸로 매달아 말려서 다듬어 쓰고, 낚싯줄은 어머니 실타래에서 몰래 훔쳐서 갈색 감물을 들여 썼으며, 봉돌은 옛 기왓장 조각을 갈아서 홈을 내어 묶어 썼고, 낚싯바늘은 바닷가 선창의 모래밭에서 녹슨 바늘을 주워 갈아서 썼다. 몇 해 전에 낚시방송 촬영을 하느라 추억의 선창을 찾아간 적 있었는데 혹시 바닥에 바늘이 떨어져 있나 찾아보니 나 어렸을 때와 똑같은 자리에 똑같은 모습으로 녹슨 바늘이 있어서 놀란 적 있다.

그런데 낚시채비를 어디서 어떻게 배워서 했는지를 나는 기억하지 못한다. 특히 바늘을 묶는 요령은 지금의 바늘 묶는 방법과 똑같이 하였으니 분명히 누군가에게 배워서 그리했을 터인데, 아무리 생각해도 누구에게 배웠는지 생각이 나지 않는다. 그래서 성인이 되어 고향의 작은아버지께 여쭈어보았는데 당시 우리 동네에는 낚시를 하는 어른도 없었고 아이들은 더구나 없었는데 유일하게 나만 낚시를 하고 다니더라고 했다. 아무튼 지금 생각해도 당시 나와 같은 또래 몇몇이 학교가 파하거나 휴일이면 소를 몰고 바닷가 둑으로 나와서 혼자 있는 나와 만났는데, 소가 풀을 뜯는 동안 다른 아이들은 풀밭에서 여치나 잡고 갯벌에 들어가 농게잡이나 하면서 시간 보낼 때 나는 항상 혼자서 낚시를 했던 기억이 있다.

그때의 주된 낚시로는 바다 방조제를 가운데 두고 둑 넘어 바다에서는 망둥이나 숭어, 깔따구(농어 새끼)를

▼ 초등학교 밴드부장 시절 연주대회 1등 후에 찍은 사진. 원 안의 어린이가 밴드부장이었던 필자다.

잡고, 둑 아래 민물에서는 주로 붕어를 낚았다. 그리고 낚은 물고기는 갈대 모가지를 뽑아서 줄줄이 아가미를 꿰어 집에 가져가기도 하고 친구들에게 나눠주기도 했는데, 특히 집안제사 등에 손님들이 오실 때는 어머니께서 모두 가져오라고 하여 손님 대접 반찬으로 유용하게 활용했던 기억이 있다.

그런데 그 시절에는 아침에 나가면 해가 질 때에야 집에 돌아오게 되므로 점심은 알아서 해결해야만 했다. 집에서 밥을 싸가는 것은 상상도 할 수 없는 시절이었으니까. 그래서 집에서 나갈 때 신 김치를 조금 싸가지고 나가 바닷물이 들었을 때는 낚시로 망둥이를 잡아서 내장만 제거하고는 김치로 감아 먹고, 바닷물이 빠지면 갯벌에 들어가서 꽃게나 쏙을 잡아서 먹거나 드물게 운이 좋을 때는 낙지를 잡아서 점심 끼니를 때웠는데, 그때에도 나는 특이한 낚시방법으로 낙지를 곧잘 잡곤 했다. 즉 갯벌을 돌아다니다가 낙지 구멍을 찾으면 작은 새끼 게를 잡아 미리 준비해간 한 발 길이의 실로 게 등을 묶어 낙지구멍으로 들여보내는데 잠시 후에 낙지가 확 게를 덮치는 입질감이 오게 되고, 이때 실을 살짝 풀어줬다가 다시 서서히 당겨서 낙지 발이 구멍 속에서 하얗게 보일 때 즉시 한 손으로 구멍 옆을 가로질러 찔러서 뒤엎으면 낙지를 잡을 수가 있었다. 이렇게 낙지낚시를 한 것도 당시는 물론 이후로도 나 말고는 그 바다에 없었는데 어떻게 알고 했는지 모른다.

아무튼 이렇게 망둥이나 꽃게 혹은 낙지를 잡아서 먹으면 배고픔은 잊을 수가 있었고, 이런 어려운 세월을 보내면서 집안일을 돕다가 아홉 살이 되어서야 겨우 초등학교에 입학할 수가 있었다. 지금까지가 내가 유년기에 처음 낚시를 했던 모습이다.

그리고 초등학교를 다니면서도 소먹이 등 유사한 집안일 돕기를 했었고, 특히 손님이 예정된 며칠 전부터는 어머니가 물고기를 잡아오라고 시켜서 낚시를 열심히 다니기도 했는데, 이때는 이미 제대로 된 낚싯대와 채비를 제법 갖추고 있었다. 바로 지금도 유명낚시터인 마을 부근의 월천저수지에 주말이면 서울에서 관광버스로 낚시를 오는 멋진 도시 사람들이 있었는데, 이때 그곳에 가서 심부름을 해 주다가 옆에서 낚시도 하고, 학교 밴드부장 실력을 발휘하여 낚시인들이 시키는 하모니카나 피리 연주를 하면 그 사람들이 귀엽다고 낚시방법을 가르쳐주면서 나중에는 낚싯줄도 주고 가고, 찌도 주고 가고, 어떤 사람은 낚싯대도 주고 갔었다. 당시는 주말에 멋진 도시낚시꾼들 만나러 하모니카랑 피리를 들고 월천지에 가는 것이 신나는 시절이었다.

울면서 낚시공부(?)를 했던 군 장교 시절

이후 부모님이 양반가문이 장사는 절대로 해서는 안 된다는 할아버지의 반대를 무릅쓰고 오일장에 포목점을 운영하면서부터 점차 경제적 안정을 찾게 되었고, 나는 장학생이 되어야만 진학시키겠다는 아버지의 뜻에 따라 큰 도시의 명문학교를 포기하고 읍내 중학교에 응시하여 수석으로 입학을 했다. 그리고 중학교와 고등학교를 읍내에서 다녔다.

중학교, 고등학교 시절에도 방학 때가 되면 시골집에 와서 낚시를 하였지만, 고등학교를 졸업하고 사관학교에 가면서부터 장교로 임관하여 소대장을 마칠 때까지 몇 년간 낚시를 잊고 살아야 했다. 그런데 소대장을 마치자마자 보직이 바뀌면서부터 내 낚시생활의 반전이 일어났다. 소대장을 마치고 전속부관으로 선발되었을 때, 내가 모시던 상관의 취미가 바로 낚시였던 것이다. 그러니 매주 토요일이면 모시고 낚시터를 나가는데, 나는 금요일에 미리 모든 낚시준비를 해 놓아야 했다. 특히 근처 조황정보를 미리 파악하여 출조지를 선정하고 그에 맞는 채비와 미끼를 마련해 두어야 했는데, 이러한 정보는 인근 도시의 낚시점 사장님과 서울 유명 낚시회의 총무님에게 매번 도움을 받았다. 그리고 그때만 해도 주간신문에 낚시소식이 주요기사로 한 면을 차지하고 있어서 이것을 모두 스크랩해서 공부했고, 당시 유일한 낚시잡지인 〈낚시춘추〉를 탐독했다.

따라서 나의 낚시이론은 점점 두텁게 쌓여가기 시작했는데, 특히 더 많은 자료 수집과 공부가 된 계기는 출조를 다녀오는 길에 쏟아지는 상관의 느닷없는 질문이었다. 당시 낚시를 마치고 돌아올 때 상관은 차렷 자세로 앉아서 앞만 바라보고 오는 필자에게 매번 두세 가지의 질문을 했다. '오늘은 왜 입질을 안 했는가?' '오늘은 왜 찌를 조금밖에 안 올렸는가?' '왜 아침에는 입질을 하다가 낮에는 끊겼는가?' '왜 겨울에는 떡밥낚시가 안 되는가?' 등등. 그러면 나는 '예, 확인해서 보고 드리겠습니다' 하는 것이 답변이었고, 도착하자마자 여기저기 전화를 하고 관련서적을 찾아서 자료를 모아 정리한 다음에 매주 월요일이면 공관으로 퇴근하자마자 지난주 출조 결과에 대한 원인분석 보고를 정식으로 해야만 했다. 16절지에 타자를 쳐서 상관 앞에 놓고 브리핑을 했다. 그때는 질문에 대한 자료 분석이 충분하지 못하면 심한 꾸지람을 듣기도 했는데, 그 때문에 눈물을 흘리면서 낚시공부를 한 것도 여러 차례 있었다. 아마 나 말고는 눈물로 낚시공부를 경험한 사람이 거의 없을 것이다.

그리고 이후 다른 부대에서도 이러한 상관을 모시는 낚시와 분석보고가 종종

▲ 군장교 시절 즐겨 읽었던 낚시춘추를 다시 펼쳐보고 있다. 그때부터 지금까지 낚시춘추와는 독자이자 필자로 인연을 함께 해오고 있다.

이어졌는데, 이미 낚시를 취미로 하는 높은 사람들에게는 낚시 잘 아는 장교로 알려져 있어서 보직 변경 시마다 불려 다녔다는 것을 나중에야 알았다. 이러한 보고 자료를 빼놓지 않고 모아둔 것은 나중에 영관장교가 되어서 스스로의 낚시를 즐기면서 연구하는 데 귀중한 낚시재산이 되었다.

이렇듯 군 장교로 간 것이 오늘날 낚시전문가로 활동하는 계기가 될 줄이야 어찌 알았겠는가. 특히 내가 영관장교 시절 육군대학을 졸업하고 야전군 유격대장을 맡아하던 4년여 동안은 나의 낚시생활에서 이론과 실전의 완성도를 높일 수 있는 가장 좋은 시기였다. 가족과 떨어져서 혼자 사는 관사 마당 끝이 바로 낚시터였고, 궁금하면 물속을 들어가서 볼 수 있는 잠수장비가 있었다. 이때 겨울철에는 왜 붕어가 입질을 안 하는가를 직접 알아보기 위해서 잠수장비를 이용하여 물속에 들어가서 관찰도 해 보았고, 붕어가 먹이를 어떤 모습으로 먹기에 찌에 그러한 반응이 오는가를 알아보기 위해서 잠수관찰도 해 보았다.

의도치 않은 기회에 낚시전문직업인으로

그리고 40대 중반에 군에서 예편한 후, 낚시인이라면 누구나 소망하듯이 은퇴 후에 낚시가게를 차려놓고 낚시와 함께 여생을 보내고자 하는 마음으로 서울의 좋은 직장 추천을 마다하고 낚시천국인 광주로 내려와서 아내의 반대를 무릅쓰고 조그마한 낚시점을 차렸다. 그런데 문제가 생겼다. 낚시점 주인은 가게를 지켜야지 낚시를 가면 안 되는 것이어서 그 답답함이란 이루 말할 수가 없었던 것이다. 더구나 주말에 있는 회원 출조마저도 가게에 있기보다는 밤낚시를 좋아하는 아내가 함께 갈 때가 많았다.(아내는 나의 꼬임에 의해서 첫 아이 돌때부터 이미 밤낚시를 즐기는 낚시인이 되어 있었다.)

그러다가 낚시가게를 한 지 2년차 되던 해에 우연히 지나가던 낚시잡지사 기자(지금의 FTV 권범노 이사)가 들러서 차 한 잔 마시면서 낚시덕목에 관한 대화를 나누었는데, 그 대화내용을 글로 써주기를 원했고, 그것이 계기가 되어 낚시잡지에 글을 연재하기에 이르렀다.

그리고 얼마 후에 내 글을 본 교통관광방송국(리빙TV)에서 출연 요청이 왔고, 몇 차례 출연을 하다가 당시 인터넷 낚시전문방송 피시니스가 개국하면서 또 출연 요청이 와서 개국방송부터 낚시강좌를 맡아 했으며, 이후 피시니스를 모체로 하여 낚시전문방송인 FTV가 2002년 개국하면서부터는 제작위원으로 참여하여 소위 낚시전문직업인으로서 낚시관련 방송을 하고 글을 쓰기 시작했다. 그리고 이때 방송과 글에 전념하기 위해서 낚시가게는 정리를 하고, 뜻이 맞는 회원들과 함께 영업과는 무관한 비영리 낚시회 사무실을 마련해서 온 역량을 낚시활동에 집중했다. 또한 이때부터 우리나라 낚시의 프로화시대가 오면서 프로낚시인으로서 활동을 시작했고, 소위 낚시만 하고 살아도 남부럽지 않은 소득 창출을 하고 사는 새로운 생활을 누리기 시작했다. 그러니 이때부터는 더 열심히 자료 수집을 하고 실험 통계를 내가면서 연구를 해야 했다.

그러다가 내가 진행하는 방송 프로그램인 FTV의 〈월척특급〉이 전국적으로 인기를 끌면서 낚시인 최초의 팬클럽(平山家人)이 2003년에 탄생했고, 지금은 전국 9천여 명의 인원과 어울려서 교류활동 중이다. 또 필자의 낚시인생에서 중요한 한 가지는 FTV 초창기인 2002년에 필자가 진행하던 대물낚시 전문 프로그램인 〈월척특급〉이 대인기를 끌면서 낚시계에도 큰 변화가 일어났던 것인데, 그것은 1998년 IMF 사태 이후로 도산의 위기에 몰린 조구업체에 새로운 생산과 매출의 바람이 일어난 것이다. 당시에는 대물낚시를 위한 전용낚싯대 세트는 물론이고 대물전용채비, 텐트, 난로, 받침틀 등 그 어느 것도 제대로 된 것이 없었는데, 이러한 대물낚시용품들이 새롭게 수요가 일어 대량으로 생산 유통이 이루어지면서 빈사상태였던 조구업체의 숨통이 트이게 된 것이다. 이 부분은 필자가 낚시전문인으로 이 시대를 살아가면서 무엇인가 기여했다는 마음속의 보람으로 여기는 사항 중 하나이다.

아무튼 낚시전문인으로 활동하면서 그간 잠시도 쉼 없이 14년간을 방송진행을 해 왔고, 그 기간 동안 한 달도 쉼 없이 잡지에 연재를 해왔으며, 대학 강단에서 낚시과목 강의를 수년간 진행했을 뿐만 아니라, 모아두었던 연구 자료를 정리하여 내 이름의 책도 두 권 세상에 내놓았고(「송귀섭의 붕어낚시 첫걸음」, 「송귀섭의 붕어 대물낚시」), 이번 책이 세 번째 세상에 내놓는 책이다.

따라서 필자는 이 책에 그간 필자가 지녀왔던 모든 자료와 지식을 다 쏟아 부었다. 그러면서 단순한 낚시이론 정리보다는 우리가 낚시생활을 하면서 고민하는 상식의 허와 실을 따져서 버릴 것과 담을 것을 과감하게 구분하여 정리를 하고자 했다. 즉 이 책이 내 마지막 붕어낚시 이론서라는 생각으로 만들었다는 점을 밝혀둔다.

프롤로그 3

낚시의 역사

낚시의 역사는 인류의 역사와 그 시기를 같이 한다. 선사시대의 인류는 생존수단으로서 수렵과 어로, 채집을 했다. 그중에서 구석기시대에는 뗀석기(打製石器)를 이용하여 사냥을 하거나 나무 열매를 채취하는 등 수렵, 채집을 통해서 먹을 것을 얻었고, 일부 어로행위가 있었을 것으로 추정은 되나 낚시도구를 이용한 흔적은 아직까지 나타나지 않았다.

그 후 신석기시대에는 간석기(磨製石器)를 이용하여 수렵 외에 농경, 목축, 어로를 병행하여 생존했다. 바로 이 시기가 낚시가 시작된 시기이니, 낚시의 역사는 사냥과 더불어서 인류가 도구를 사용하기 시작한 역사와 맥을 같이한다. 실제로 신석기시대의 유적 발굴 현장에서는 거의 어디에서든 패총(조개더미)이 있는 한 낚싯바늘이 출토되고 있다. 그리고 출토된 그 시대의 낚싯바늘은 비록 동물의 뼈와 돌을 사용하기는 하였으나 오늘날 우리가 사용하고 있는 현대식 낚싯바늘과 그 모양이 너무나 흡사하다.

▶ 강원도 양양군 오산리 선사유적지에서 출토된 이음낚싯바늘. 4500년 전 우리 민족이 사용한 돌로 만든 낚싯바늘이다.

우리나라에서도 강원도를 비롯하여 가거도, 여서도 등 전라도 작은 섬에서까지 신석기시대의 낚싯바늘이 유물로 나오고 있으니 우리나라 낚시역사는 지구상에서 가장 오랜 축에 드는 것이다. 우리나라에서 출토된 낚싯바늘의 형태는 시베리아 바이칼호에서 출토된 낚싯바늘과 같은 형태인 이음식(결합식) 낚싯바늘 형태를 하고 있다. 이는 같이 출토되는 즐문토기 등과 함께 선사시대의 우리 민족의 이동을 추정하는 데에도 중요한 자료가 된다.

문헌에 나타난 고대~근대 낚시

구약성서의 예언서에 낚시에 관한 구절이 있는 것으로 보아 낚시의 역사는 구약시대로 거슬러 올라가나 그 사실관계를 지금에 와서 확인하기는 어렵고, 우리에게 잘 알려진 중국 주나라 문왕 시절 강태공 여상의 낚시 일화는 그 시기가 3100여 년 전의 일로서 정확한 역사라 하겠다. 또한 공자도 조이불망 익불사숙(釣而不網 弋不射宿 : 낚시는 하되 그물질은 하지 않고 주살을 쏘되 잠든 새는 잡지 않는다)이라 하여 그 시대에 이미 낚시인의 덕목을 몸소 행동으로 가르친 것이라 하겠다. 이 시대에 중국에는 조차(釣車)라고 하는 오늘날의 릴과 유사한 낚시도구가 있었는데 이 조차는 현재까지도 중국에서 낚시도구로 사용되고 있다. 유럽에서는 중세를 지나 근대에 이르러 낚시관련 서적들이 출간되었다. 1494년에 줄리아나 버너스라는 영국의 수녀원장이 '낚시에 관한 논문(Treasyse of Fysshynge with an Angle)'을 출판했으며, 1653년엔 영국의 문필가 아이작 월튼이 현대인의 낚시 바이블이라 일컫는 〈The Complete Angler, 번역된 제호는 釣魚大典〉을 출판했다.

우리나라의 경우 삼국사기와 삼국유사에 신라 4대왕 석탈해가 낚시를 하였다는 기록이 있고, 고려 말 이제현의 '어기만조(魚磯晚釣)'와 조선시대 이현보의 '어부가(漁夫歌)' 등에 낚시관련 내용이 있으며, 조선 현종 11년(1670년)에 남구만이 쓴 〈약천집藥泉集〉에는 낚싯대, 낚싯바늘, 찌, 미끼 등 낚시도구와 기법에 관한 내용이 수록되어 있다.

▼ 낙파(駱坡) 이경윤(李慶胤 1545~?)의 「유하조어도 (柳下釣魚圖)」.

▲ 정조가 신하들과 함께 낚시를 즐겼던 창경궁 후원의 부용정 연못.

특히 조선시대 정조대왕은 낚시를 즐겨 하여 정승, 판서를 위시한 궁궐 내의 관료들과 낚시를 즐겼고, 한 해에 한 번은 가족까지 참석하게 하여 창경궁 후원의 부용정 연못에서 낚시를 즐기고 상을 내렸다고 한다. 요즈음으로 치자면 중앙정부 가족 낚시대회를 한 셈이다.

우리나라 근대낚시의 자료들은 1900년경 이후의 기록이 주를 이룬다. 특히 1900년대 초에 이미 한강과 대동강에서는 한겨울 얼음낚시도 성행하였고, 그에 관한 기록이 사진과 그림으로 다수 남아있다. 이 시기에 나온 낚시이론서로는 1930년대에 〈백치 아다다〉의 작가로 잘 알려진 계용묵 선생이 쓴 〈낚시질 독본〉이 있으며, 여기에는 낚시 장비와 채비뿐만 아니라 미끼에 관한 내용까지 충실하게 기록되어 있고, 특히 요즈음 대물낚시용 미끼로 쓰는 새우나 옥수수 사용에 관한 내용도 포함되어 있다. 이로 미루어 그 당시에 이미 큰 물고기를 골라서 낚는 낚시도 일부 즐겨 했던 것 같다.

우리나라 낚시의 변천

우리나라의 낚시는 해방 이후 급속하게 발전을 했다. 그 이유는 첫째 국민생활수준의 향상이고, 다음이 낚시장비의 발달이다. 우리나라는 1960년대 이후 불과 50년 만에 최빈국에서 세계 12위의 경제대국으로 발전하였고 그에 따라 낚시산업도 눈부신 발전을 이루었다.

1960년대 이전

일제로부터 해방된 이듬해 봄인 1946년 4월 1일 최초의 낚시회인 '서울낚시회'가 조직되고 이후 1948년에 한성어구상조합이 후원하는 '시민낚시대회'가 열리는 등 낚시의 대중화가 본격적으로 시작되는 듯했으나, 1950년 6.25전쟁의 포화 속에 모두 묻혀버렸다. 그러나 휴전 후 낚시는 다시 시작되었고 1956년 10월 4일 한국일보사가 주최한 제1회 전국낚시선수권대회가 열렸다. 이 대회 우승자에게 이승만 대통령이

상패를 하사한 것은 당시 큰 뉴스였다. 이때 낚시는 조선시대의 맥을 이어서 고급 사교와 풍류로 대접받았다. 이승만 대통령은 낚시를 유난히 좋아하였고, 그와 관련된 일화도 많다. 절대 권력자인 대통령이 낚시를 좋아하였으니 주변 인사들도 낚시를 선호했으리라는 것은 쉽게 짐작할 수 있다.

그러다가 1960년 군사정권이 들어서면서 낚시는 쇠퇴하게 되었고, 사회지도층은 눈치를 보면서 낚시를 하거나 아예 낚싯대를 접었다. 그러나 일반인의 낚시활동은 지속적으로 이루어졌다. 당시 계엄사령부는 일체의 단체행동을 금지하면서도 "관광, 낚시, 소풍은 단체로 갈 수 있다"고 발표하여 낚시활동의 숨통을 공식적으로 틔워주었다.(1964. 6. 12 조선일보 기사) 이것은 대민 유화정책의 일환으로 생각된다.

1965년에는 낚시단체가 중심이 된 최초의 치어방류 행사가 있었고, 신문에도 낚시관련 기사가 많이 등장했다. 예를 들면 '올해 낚시계가 나아가야 할 방향' '올해의 낚시계 전망' '봄낚시터 베스트 10' 같은 기사 등이다. 특기할 것은 65년 2월 21일자 신문기사에 '64년 가을 서울대 최계근 교수가 들여 온 일본 헤라붕어(떡붕어) 20마리에 대한 번식과 보급문제'에 대해 다루고 있다는 점이다. 이로 보아 떡붕어는 우리가 알고 있는 72년보다 훨씬 빨리 들어왔음을 알 수 있다. 그동안은 1972년 파주의 김진근씨가 떡붕어 수정란 400만 개를 들여온 것이 최초로 알려져 있었다.

▼ 1971년 8월 3~4일 전북 임실 운암호에서 열린 매일경제신문 주최 제1회 봉황컵 쟁탈 전국 밤낚시 대회에 참가한 낚시인들이 거룻배를 타고 포인트로 향하고 있다.

▲ 1977년 4월 10일 열린 제1회 한국예술인 낚시대회. '애수의 소야곡' '굳세어라 금순아' 등을 작곡한 당대 최고의 작곡가 박시춘(오른쪽)씨가 대회장을 맡았다.

제1회 한국예술인 낚시대회 1등은 당시 액션배우로 인기가 높았던 김희라씨가 차지했다.

그리고 이때의 신문들은 매주 1회 정기적으로 낚시계 소식을 다루고 있는데, 이러한 붐을 타고 1965년에는 우리나라 최초의 '여성낚시회(초대회장 우진경)'가 탄생했다. 이 여성낚시회는 매주 수요일에 정기출조를 했고, 이에 따라 자연스럽게 부부낚시대회도 열렸다.

이후 1968년에는 릴을 이용한 쏘가리 루어낚시가 등장했고, '세 치 이하의 붕어 놓아주기 운동'이 있었으며, 1969년에는 조선일보 주최로 '청룡기 쟁탈 전국 실업낚시 선수권대회'가 시작되었다.

또 1960년대엔 낚시용 떡밥이 상품화되었다. 당시까지는 개인이 곡물을 볶아 가루로 빻아서 사용하거나 낚시점에서 됫박으로 팔았는데, '주작'이라는 상표를 단 봉지떡밥이 최초로 등장한 것이다. 이후 신한, 토끼표, 거북표 떡밥 등이 줄을 지어 출시되었다. 그리고 낚싯대의 재질이 대나무에서 유리섬유로 바뀌어 글라스 파이버 낚싯대가 등장하였다. 이 시기의 대표적인 글라스 낚싯대 메이커로는 오리엔탈, 은성, 로얄 등이 있었고, 은성사는 지금까지 이어져 오고 있다. 이렇듯 1960년대에는 전쟁과 가난, 정치적 혼란 속에서도 낚시만큼은 대중적인 인기와 발전이 있었던 것이다.

1970년대 ~ 1980년대

1970년대 낚시계의 특징은 유료낚시터의 출현과 얼음낚시의 시작, 그리고 고속도로 개통에 따른 원거리 출조와 보트낚시의 등장이다. 최초의 유료낚시터는 1971년 충북 진천의 초평지였다.

1982년 12월부로 야간 통행금지가 해제되자 밤낚시 출조와 야간에 출발하는 장거리 출조의 붐이 일었다. 이로써 전국의 낚시터가 무박1일의 낚시터화하였다. 이는 낚시계의 호황으로 이어졌고, 주요 길목에 위치한 낚시점은 24시 낚시점으로 변모해갔다.

또한 카본 낚싯대의 등장은 낚시장비의 혁명이라고 불릴 만했고 카본을 주 소재로 보론, 케블러 원단을 감아 보강한 최고급 낚싯대가 줄줄이 등장하면서 조구업계의 호황과 더불어 낚시의 고급화 바람으로 이어졌다.

1990년대 ~ 2000년대

80년대에 급속한 발전을 보인 낚시계는 90년대에 들어서도 그 상황을 지속하고 있었는데, 1998년에 국가부도사태라고 말하는 IMF 위기가 왔다. 이로써 국가경제는 온통 쑥밭이 되었고, 기업은 줄줄이 부도가 나서 실업자가 거리에 넘쳤다. 이때 일부에서는 실업자가 하릴없이 마음을 추스를 겸 낚시를 할 것이므로 낚시계는 호황을 누릴 것이라고 예상하기도 했으나 실제로는 그렇지 못했다. 표면적으로는 낚시인구가 늘었다는 분석도 있지만 금전적 여력이 없어서 낚시시장은 IMF 이전보다 위축되었다.

2000년대에는 낚시방송의 등장으로 새 국면이 열렸다. 교통관광방송 리빙TV에서 최초로 낚시프로그램을 송출하여 호응을 얻었고, 이어서 낚시전문 방송인 FS-TV가 개국하여 24시간 낚시 방송을 제작 송출하였으며, 다음으로 한국낚시채널 FTV가 개국하여 자체 제작한 낚시프로그램을 24시간 방송하고 있다.

특히 2002년 필자가 처음 진행했던 〈월척특급〉 프로그램을 필두로 하여 대물낚시가 붐을 이루게 되었고, 이에 따라 각종 대물낚시용 낚싯대와 장비, 소품 등의 생산과 유통이 확산되어 모처럼 조구업체가 호황을 이루었다. 또한 인터넷 낚시사이트가 늘어나 전국의 거의 모든 낚시인이 어느 사이트에든 가입하여 활동할 정도로 활발하게 운영되고 있다.

또 하나 최근의 특징적인 사건은 낚시프로화 시대 개막이다. 각종 경기낚시가 활성화되면서 조구업체를 중심으로 프로낚시팀을 두게 되고, 여기에서 활동하는 프로낚시인들이 대거 등장했다. 그러나 이러한 활발한 움직임에도 불구하고 우리나라 조구업체를 비롯한 낚시계가 아직 영세성을 벗어나지 못하고 있는 것은 안타까운 현실이다.

프롤로그 4

강태공에 대하여

▲ 문왕의 수레를 타고 가는 강태공. 위수에서 문답을 나눈 후에 주 문왕은 강태공을 국사로 삼고 천하통일의 기틀을 닦았다.

흔히 낚시인을 강태공(姜太公) 또는 태공이라 부른다. 즉 강태공은 낚시인의 대명사인 것이다. 그런데 낚시인을 태공이라 부르는 사람들 중에는 강태공이란 이름을 부정적 의미로 쓰며 비아냥대는 이들도 있다. 왜일까?
첫째는 강태공이라는 인물에 대한 이해 부족으로, 강태공을 가사는 돌보지 않고 미끼도 없는 낚시를 물속에 넣어놓고 때가 오기만 기다리는 기회주의자, 무책임하고 피동적이며 게으른 사람으로 생각하기 때문이다. 다음으로는 낚시문화에 대한 이해 부족으로, 물가에서 낚시하는 사람은 실업자이거나 일과 가족을 팽개치고 하릴없이 물가에 앉아서 시간만 축내는 사람으로 치부하기 때문이다.
그러나 필자가 만나본 낚시인들은 하나같이 열심히 일하는 중에 휴식을 위해서 물가에 나와 취미생활로서 낚시를 즐기는 것이었고, 혹 퇴직자라도 낚시를 통해서 재충전을 하여 생활에 활력을 불어넣고자 하는 사람들이었다. 간혹 하릴없이 시간만 축내고 음주소란을 피우다가 쓰레기나 버리고 가는 사람도 있는데, 이는 낚시인이라기보다는 낚시를 욕되게 하는 못된 행락객(行樂客)이라고 해야 맞다.

중국 역사상 가장 위대한 재상

강태공은 지금으로부터 약 3100년 전 사람으로 姜太公, 太公, 太公望, 呂尙, 등으로 불리며, 자(字)는 '자아(子牙)'이고 호(號)는 '비웅(飛熊)'이며 〈史記〉의 '齊太公世家'에 의하면 백이(伯夷)의 후손으로 그 뿌리가 우리 민족과 다르지 않다. 본래 성은 강(姜)이며 이름은 상(尙)이나 동이족(東夷族) 출신인 그의 선조가

여(呂)나라에 봉해짐으로써 봉지(封地)를 따라 성씨를 삼아 여상(呂尙)이라 하였으며, 태공망(太公望)이라는 명칭은 선왕 혹은 윗분(太公)이 기다리던(望) 사람이라는 뜻으로 높여 부르는 호칭이다.

이렇듯 강태공은 동이족 출신 명문가의 인물이며, 후일에는 왕으로부터도 크게 존경 받은 인물이었다. 그러니 우리 낚시인을 강태공이라고 불러주는 것은 우리에게 극존칭을 해주는 것과 다를 바가 없다. 따라서 강태공으로 불리는 우리 낚시인 모두가 강태공다운 품격을 갖추어야 할 책임이 있는 것이다.

강태공은 중국 주(周)나라의 시조(始祖)인 문왕(文王)과 무왕(武王) 대에 걸쳐서 왕의 스승인 태사(太師)를 지낸 인물로, 주나라 문왕을 보좌하여 나라를 부강하게 하고 강군을 육성하여 제후국 간에 세력을 확장하였으며, 무왕 대에 이르러서는 부패한 은(殷)나라의 주왕(紂王)을 멸망시키고 주나라를 세운 공신이다. 이후 그 공으로 제(齊)나라의 시조왕이 되어 태평성대의 부강한 나라를 이루었다. 특히 제나라(지금의 산동성) 왕으로 부임하여 통치를 할 때는 천, 지, 인(天, 地, 人) 3신 숭배의 제천행사(帝天行事)를 하고, 1년을 72후(1候=5일)로 구분하여 자연현상 변화에 따라서 때에 맞춰 영농(營農)을 하게 하는 등 천문지리에 능하였으며, 소작 배분을 당시로서는 파격적인 9:1(백성 몫 9, 나라 세 1)로 하여 백성의 몫을 넘치게 해주는 등 민본사상(民本思想)에 충실했다. 또한 농사를 장려하면서 농기구를 비롯한 기계를 연구하여 보급하였고, 풍부한 농업, 공업 생산품으로 인접국가와 무역을 하도록 하는 등 국제무역에도 문을 열었다.

그러는 중에도 군사전략을 연구하여 그 유명한 육도삼략의 〈육도六韜〉를 쓰고, 〈음부경陰符經〉과 〈태공병법太公兵法〉, 〈태공금궤太公金匱〉 등의 저서를 남겨 후일에 〈손자병법孫子兵法〉을 썼던 손무(孫武)가 수차례 탐독하였으며, 오늘날에도 세계 각국에서 고급과정 군사전략서로 필독하는 저서이다. 필자도 영관장교 시절 육군대학 정규과정에서 〈육도〉를 한 과목으로 공부했다.

강태공의 일생에 관해서는 궁팔십달팔십(窮八十達八十)이라 하여 160세까지 살았다고 하는 설이 있고, 한편으로는 BC1211년에 출생하여 BC1072년에 사망했다고 하여 139세까지 살았다고 하는 설이 있다. 그러나 정확한 사실로 받아들이기에는 무리가 있으며, 〈순자荀子〉와 〈한시외전漢詩外傳〉을 근거로 보면 주 문왕을 만났을 때가 70세였고, 무왕 대에서 30년을 더 살아서 100세까지 살았다고 하는 것이 사실에 가깝다고 보아야 할 듯하다.

강태공은 출사 전에는 곤궁하게 살았다. 본시 명문가 태생이었으나 부친이 곧은

성품에 의해 관직을 삭탈당하고 가세가 기울어서 어려서부터 스스로 세상에 나가서 일을 해야만 했다. 은나라 수도인 조가(朝歌 : 하북성 기현(淇縣))에서 조릿대를 가지고 대조리를 엮어 시장에 나가 팔기도 하고 소금과 밀가루 장사도 했으며 국수장사, 음식점도 했고, 소나 돼지를 잡아 팔기도 했고, 배운 글로 사주풀이를 하여 연명하기도 했다. 그러다가 마침내 공사감독을 하게 되었으나 공사의 부당성을 간(諫)하다가 그마저도 쫓겨나고 말았다.

그 후로는 은 주왕의 황음무도에 실망하여 초야로 들어가서 학문에만 정진하고 낚시를 벗 삼아 마음을 달래가면서 뜻을 펼칠 시대를 기다렸다. 혹자는 이 시절의 강태공 생활에 대해 하릴없이 물가에 나가 허송세월 하면서 때가 오기만 기다린 게으른 사람으로 평가하기도 하는데, 위에서 본 바와 같이 강태공은 가장 천한 백정(白丁) 노릇까지도 하면서 열심히 살려고 노력하였으며, 새로운 시대가 올 것을 예감하고 초야에 묻혀서 새로운 시대에 필요한 정치, 인륜, 치세, 군사전략에 대한 공부를 했던 것이다. 만약에 이때 강태공이 아무런 준비를 하지 않았다면 어떻게 문왕을 만나 하루아침에 태사가 되어 정사와 군사의 임무를 수행할 수 있었겠는가. 그리고 어떻게 은나라를 멸하고 주나라를 굳건히 세운 후 제나라 왕이 되어 추후 춘추시대(春秋時代)와 전국시대(戰國時代)에 큰 힘을 가질 나라를 건국하였겠는가. 그가 위수(渭水)에 나가서 낚시를 즐긴 것은 우리가 여가에 재충전을 위한 낚시를 나가는 것과 같이 열심히 공부하는 중에 마음을 가다듬기 위한 취미생활이었을 뿐이다.

'곧은 바늘'에 관한 오해와 진실

그렇다면 강태공의 '곧은 바늘 낚시'는 무엇을 의미하는가? 물고기를 낚을 수도 없는 곧은 낚시를 물에 담그고 세월을 보냈다고 해석하는 것은 무지의 소치이다. 당시에는 물고기를 낚는 바늘 종류 중에 곧은 바늘(直針)이 흔히 사용되었기 때문이다.

▼ 강태공의 고사에 나오는 '곧은 바늘(直針)'. 왼쪽 그림의 우상단이 직침이다. 그리고 오른쪽 그림은 부산 동삼동에서 출토된 직침이다. 이렇듯 직침은 바늘 가운데에 실을 묶어 실제로 물고기를 낚는 도구로 널리 사용되었다.

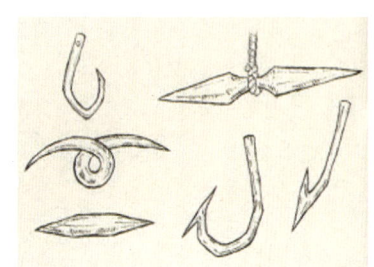
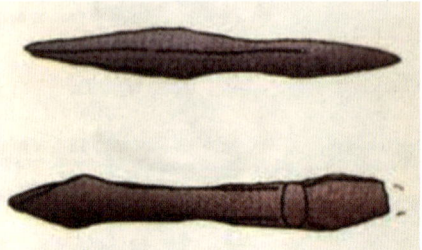

곧은 바늘 즉, 직침에 관해서는 여러 기록이 있고, 현존하는 실물이 있다. 직침은 비단 중국에만 있었던 것이 아니고 비슷한 시기에

우리나라에서도 사용되었으며 그 유물이 출토되어 현존한다. 그리고 지금도 중국에서는 손수 직침을 만들어 낚시하는 사람들이 있다. 따라서 강태공이 사용한 곧은 바늘은 세월을 낚거나 기회를 낚기 위한 수단이 아니라 평범한 낚시도구였음을 이해할 필요가 있다.

강태공을 만날 당시 문왕은 은(殷)나라 서쪽 제후국의 우두머리 격인 서백(西伯)의 지위에 있었다. 당시 문왕은 제후국을 통합하여 세력을 키워가는 중에 큰 인재가 절실히 필요하였는데, 하루는 사냥을 나가기 위해서 점을 쳐보니 '용이나 이무기나 호랑이나 큰 곰이 아닌 인재를 얻을 것이다'라는 점괘가 나왔다. 그날 위수(渭水)의 상류지역인 반계(磻溪)로 사냥을 나갔는데, 범상치 않은 모습으로 물가에 앉아서 낚시를 하는 노조사를 본 것이다. 서백이 노조사에게 물었다.

"무엇을 낚고 있소이까?"

"세월을 낚고 있소이다."

"여기는 내 땅인데 허락은 받았소이까?"

"천하는 한 사람의 천하가 아니라 세상 모든 사람들의 천하이니 천하의 이익을 함께 하는 자만이 천하를 얻는 것입니다."

문왕은 그 자리에서 강태공의 인물됨을 알아보고 수레에 태우고 돌아가서 스승으로 모시고, 매일 조회가 끝난 후에는 신하들과 함께 강태공의 강의를 들었다. 이후 강태공은 임금의 스승으로 임금을 대리하여 국사를 살폈고 그동안 공부해 온 천문지리, 병법, 인륜, 치세의 해박한 지식을 영농과 군사, 국가경영에 적용하였다. 강태공의 보좌를 받은 문왕은 천하의 삼분지이를 얻었고, 문왕의 뒤를 이어 즉위한 무왕 역시 강태공을 계속 태사로 모신 끝에 재위 13년 만에 은나라를 멸하고 천하를 통일했다.

이처럼 강태공은 뛰어난 학자요, 사상가요, 군사전략가요, 정치가였다. 그리고 위수에서 낚시를 한 것은 학문에 몰두하는 중에 물가에 나가서 물고기를 낚으며 활력을 재충전한 취미생활이었다. 이러한 강태공에 대해서 오늘날 부정적인 표현을 하는 이가 있다면 그것은 온당치 못하다. 문(文), 무(武), 호(虎), 용(龍), 표(豹), 견(犬)의 육도(六韜)를 공부하지 않은 사람은 함부로 강태공을 평가하려 들지 말아야 한다. 누가 나에게 낚시하는 강태공이라고 호칭해 준다면 나로선 영광스러운 표현이다.

오늘날 중국 산동성 치박시에는 강태공 사당과 기념관이 있고, 전 세계의 수많은 사람들이 찾아와서 한 시대의 영웅인 강태공을 만나 예(禮)를 갖추고 간다.

제1장
붕어낚시의 기초

산에 가는 사람은 높은 산 정상에 올라서 넓은 산하를
발아래 두고 내려다보는 정복(征服)의 즐거움을 누린다.
그러나 낚시는 낮은 벌판에 나가 풍광 속에 한 점으로
어울려 앉아서 속내를 알 수 없는 물속에 채비를 담가두고
언제 올지 모르는 물고기를 기다리는 즐거움을 얻는다. 즉
낚시는 대자연과 나의 어울림의 도락(道樂)이다.
그래서 우리 낚시인은 낚시 결과물보다는 낚시 자체를
순수하게 즐기는 마음을 가져야 하고, 붕어를
전과물(戰果物)로 보기보다는 친구로 여겨야 하며, 산을
정복한 것과는 달리 붕어와 어울렸음을 즐거워해야 한다.

붕어의 신체구조와 특징

1. 붕어의 외형적 기능

붕어는 잉어목 잉어과 붕어속의 민물고기다. 학명은 *Carassius auratus*이며, 한자로는 부어(鮒魚) 또는 즉어(鯽魚)라고 한다. 우리나라를 비롯한 중국, 일본 등 동양에서는 거의 모든 하천이나 호소에 서식하며, 세계적으로도 유라시아 지역과

아메리카 지역까지 넓게 분포하는 어종이다. 잡식성 어종으로 동물성과 식물성 먹이를 두루 섭취하며 수온에 잘 적응할 뿐만 아니라 서식환경에 따라서 그 체형과 체색 그리고 성장속도를 달리하는 등 환경에 대한 적응력이 강한 담수어종이다.
붕어는 수중생태계에서 먹이사슬의 하층에 속하는 물고기로서 본능적인 경계심이 강하며, 어릴 때에는 연안 가까이를 무리지어 다니면서 플랑크톤이나 물벼룩 등의 미세곤충을 먹이로 취하나, 월척급으로 성장하면서부터는 단독행동을 주로 하며 평소에는 깊은 수심이나 은신처 등 안정된 곳에 안주하다가 먹이사냥을 할 때는 새우나 참붕어 등 먹잇감이 풍부한 연안으로 나와 회유활동을 한다.
현재 우리나라 수계에는 붕어(토종붕어)뿐만 아니라 떡붕어(일본에서 개량된 붕어), 중국붕어(중국산 양식붕어), 잉붕어(잉어와 붕어의 교배종) 등이 분포하고 있으며, 관상용 금붕어와의 교배종도 서식하고 있다. 토종붕어 중에서도 하천에 주로 서식하는 비늘이 거친 돌붕어, 낙동강 수계에서 흔히 보이는 토종붕어와 떡붕어의 중간 형태를 띤 희나리붕어가 있고, 극히 드물게 꼬리가 긴 긴꼬리붕어도 있다.

● 입

붕어의 입은 위아래 입술이 있고, 입술에는 3단 형태의 주름이 있어서 먹이를 취할 때 입을 크게 내밀어서 취할 수 있게 발달되어 있다. 우리 토종붕어는 윗입술과 아랫입술이 비슷한 길이이며, 입을 다물면 두터운 윗입술이 약한 아랫입술을 살짝 덮는 형상이 되지만, 떡붕어는 아랫입술이 윗입술보다 더 길고 위로 치켜있어서 입을 다물면 아랫입술이 윗입술을 덮고 주걱턱 형상이 된다.
평상시에 지속적으로 하는 일반호흡 시에는 주둥이 주름을 쭉 내밀지 않고 입만 벌려서 뻐끔뻐끔 물을 빨아들여 아가미로 걸러낸다. 이 과정에서 수중의 산소를 공급받고 수중의 미세 플랑크톤과 미네랄을 취한다. 이것은 붕어의 일상행동처럼 보이지만 실제로 붕어가 생존하는 데 있어서 가장 많은 영양소를 섭취하는 결정적인 역할을 한다. 그러나 붕어가 큰 먹잇감을 흡입할 때는 주둥이의 주름을 완전히 앞으로 펼쳐내서 강하게 빨아들이는데, 떠있는 먹이의 경우는 몸을 수평으로 유지한 상태에서 주둥이의 주름을 내밀어서 흡입하고, 바닥에 있는 먹이는 몸을 세우고 주둥이 주름을 완전히 빼내어 먹이를 덮듯이 하여 순간적으로 쭉 빨아들인다.

● 눈

붕어의 눈은 항상 떠있는 상태를 유지하며, 좌우 눈동자를 이용하여 거의 360도

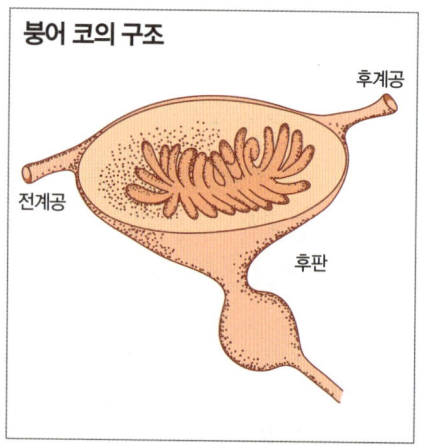

붕어 코의 구조
후계공
전계공
후판

정도의 시계범위를 갖는다. 그러나 시력은 좋지 못해서 지독한 근시(近視)로 알려져 있다. 수중생활에서 시력보다는 청각과 후각에 더 의존하면서 살아오는 동안 눈의 기능이 퇴화했기 때문이다. 그러나 붕어도 물체의 형태나 원근감은 식별하는 복시(複視) 능력을 가지고 있다. 붕어의 색채 구별 능력은 학술적으로 명쾌히 규명된 적이 없으나 독일의 폰 후릿쉬라는 학자는 색깔접시 실험을 통해 물고기도 색채를 구별하는 능력이 있는 것으로 관찰되었다고 밝혔다. 그러나 한편으로는 붕어가 색채보다는 색의 농담에 따른 상의 뚜렷함과 희미함을 구분하여 반응을 달리한다고 주장하는 학자도 있다.

● 코

붕어의 코는 머리 앞쪽에 좌우 한 쌍이 있으며, 주로 냄새를 감지하는 역할을 한다. 냄새를 맡을 때는 앞쪽의 구멍인 전계공으로 물을 흡수하여 후판이라는 후각신경을 통과시켜 뒷구멍인 후계공으로 내보내는 과정에서 냄새를 식별한다. 붕어의 콧구멍에는 엷은 막이 있으며, 호흡은 주로 코 대신 입으로 물을

▲ 붕어의 눈 앞에 뚫린 것이 콧구멍이다.

빨아들여서 산소를 취하는 아가미호흡으로 한다.

● 몸통

붕어의 몸통은 수중생활에 적합하도록 진화한 유선형이다. 등 쪽은 흑색과 녹갈색 혹은 황갈색이 혼합되어 있으며, 배 쪽은 백색 바탕에 엷은 노란색이 혼합된 색을 띠거나 은백색을 갖는다. 그러나 이러한 체색은 환경에 따라서 그 서식지에 맞는 보호색을 띠며, 물색이 변하면 붕어의 체색도 변하는데, 물색이 탁해지면 흰색을 많이 띠고 물색이 맑을수록 검정색으로 변한다. 흐르는 물에 사는 붕어의 몸통은 길고 날씬하며, 고인 물에 서식하는 붕어의 몸통은 두텁고 높다. 그러나 고인 물이라도 연간 수온이 낮고 먹이사슬 형성이 풍부하지 못한 계곡지의 붕어는 체고가 낮고 탄탄하며 날씬한 특징을 가지고 있다. 같은 서식지에서도 암붕어는 체고가

높고 숫붕어는 체고가 낮고 길다.

● 지느러미

붕어의 지느러미는 '2쌍+3개'로 되어 있으며, 각각의 위치에 따라 그 기능과 역할이 다르다. 이러한 지느러미는 예민한 신경조직이 분포되어 있어서 죽은 것처럼 보이는 가사 상태의 붕어도 지느러미에 자극을 주면 민감한 반응을 보인다. 등지느러미는 한 개로 구성되어 있고, 배의 돛대와 같이 방향축 역할을 담당하며, 16~18개의 기조(지느러미의 가시) 수를 갖고 있다. 몸통 아래쪽 앞부분에 위치하는 가슴지느러미는 좌우 한 쌍으로 되어 있으며, 상하 운동과 좌우측 중심 유지, 그리고 전진과 후진을 할 때에 사용된다. 배지느러미 역시 좌우 한 쌍으로 되어 있으며, 몸의 수평 유지 역할을 한다. 뒷지느러미는 잠수함의 키와 같이 방향축 역할을 한다. 꼬리지느러미는 배의 스크루와 같이 전진에 필요한 추진력을 제공하며 우리가 낚시를 할 때 붕어의 힘이 좋다 안 좋다를 가름하는 힘이 바로 이 꼬리지느러미의 힘이다.

● 옆줄

붕어의 비늘 하나하나마다 박혀있는 옆줄(側線)은 감각기관의 집합체라 할 수 있다. 붕어가 생존하는 데 필요한 거의 모든 감각은 이 옆줄을 통해 감지되기 때문이다. 이 옆줄은 우리가 육안으로 볼 때는 그저 까만 점이 일직선으로 찍혀 있는 것으로 보이지만, 실제로는 비늘에 나 있는 작은 구멍을 얇은 막이 덮고 있는 형태다. 이 막이 사람의 귀청과 같은 감각기관 역할을 하며 물의 흐름과 수압, 온도, 진동 등을 감지한다. 우리가 소리를 감지할 때 귀청에 닿는 진동으로 소리를 감지하듯, 붕어는 외부 소리를 옆줄에서 파장으로 감지하여 내이(內耳)에 전달하는 것이다. 또한 우리의 귀청이 공기 압력을 감지하는 것과 같이 붕어의 옆줄 막이 수압을 감지한다.

● 붕어의 외형적 특징과 낚시

붕어의 외형적 특징은 우리가 붕어낚시를 함에 있어서 다양하게 적용된다. 우선 타원형을 이루는 체형 때문에 찌가 솟아오르는 어신이 나타난다. 붕어는 가슴과 배 부분이 불룩한 타원형이고, 주둥이가 높이 위치해 있으며, 주둥이 윗주름이 짧아서 수평상태에서는 바닥에 있는 먹이를 흡입하기가 아주 불편하다. 따라서 붕어는 바닥에 있는 먹이를 쉽게 흡입하기 위해서 몸을 45~60도 각도로 세워서 먹이를 취하는 습성이 있는데, 먹이를 문 다음엔 몸을 다시 수평으로 세워야 하기 때문에 미끼가 바닥에서 올라오고, 그 결과 찌가 서서히 솟아오르는 붕어 특유의 아름다운 찌올림이 나타나는 것이다. 또한 붕어의 입술 주름에 의한 섭이동작은 예신과 본신의 찌놀림을 우리에게 전해 준다.

그리고 눈과 코와 먹잇감에 대한 파장을 감지하는 옆줄은 미끼의 효율적인 운용으로 입질을 유도하는 것을 가능하게 한다. 수온과 수압, 충격파를 감지하는 옆줄의 역할은 붕어의 경계심을 유발시키고, 지느러미는 물살을 헤치는 강한 힘으로 전달되어 손맛을 제공한다. 이렇듯 우리가 낚시행위를 함에 있어서 붕어의 외형적 특징을 알고 적용하면 무작정 낚시에 임하는 것보다 낚시의 맛을 배가할 수가 있다.

2. 붕어의 내부기관

● 뇌

붕어의 뇌는 머리 상층 견갑부 아래 위치해 있으며, 덜 발달된 단순조직으로 되어 있어 사고(思考)에 의한 판단보다는 거의 본능적인 판단을 주로 한다. 이 때문에 '붕어 기억력은 3초'라는 말이 있는 것이다.

● 미뢰

붕어가 맛을 감지하는 것은 입 안에 있는 미뢰(味蕾)라는 감각기관을 통해서다. 사람을 비롯한 모든 척추동물은 혀가 있고 혀에 미뢰가 수없이 발달해 있어서 각종 맛을 감지하는 역할을 하는데, 붕어에게는 혀가 없고 입술로 감지하는 감각기관과 입 안의 미뢰로 먹잇감에 대한 맛을 구별한다. 붕어가 먹잇감을 입 안으로 흡입했다 뱉었다를 반복하면서 먹이를 취하는 동작은 바로 이 미뢰를 이용하여 맛을 감별하면서 먹이를 취하는 동작이다.

● 인후치

붕어의 입에는 이빨이 없다. 그렇다면 큰 먹잇감을 어떻게 목구멍 속의 아주 좁은 식도로 넘길까? 붕어는 이빨 대신 목구멍 깊숙한 곳에 인후치(咽喉齒)라는 퇴화한 이빨의 흔적이 있는데 그것으로 딱딱한 먹이를 분쇄하여 삼킬 수가 있다.

● 내이

붕어의 얼굴에는 귀가 보이지 않는다. 그럼에도 불구하고 소리를 감지하고 반응하는데 사람보다 더 민감하다. 붕어의 귀는 수중생활에 적합하도록 퇴화하여 머리 안쪽의 뇌 부분에 감추어져 있다. 이렇게 귀가 안쪽으로 감추어져 있다고 하여 내이(內耳)라고 한다. 이러한 내이 속에는 이석(耳石)이라는 석회질의 작은 덩어리가 있는데, 여기에서 부레 및 측선(옆줄)을 통해 감지한 음파를 보청기 역할을 하는 웨버기관이라는 통로를 통해 전달받아서 소리로 감지한다.

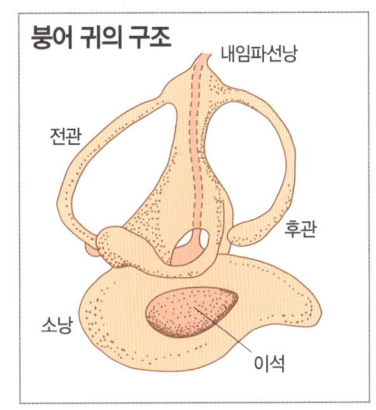

● 아가미

붕어의 아가미는 산소를 취하는 호흡기관이면서 영양소를

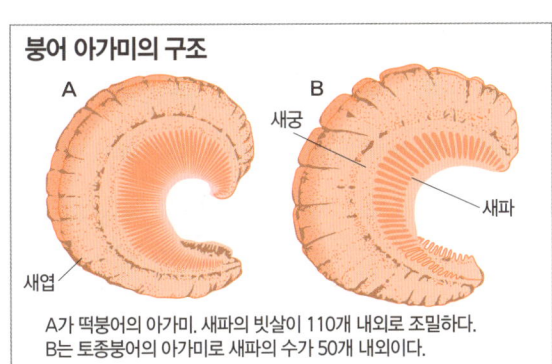

A가 떡붕어의 아가미. 새파의 빗살이 110개 내외로 조밀하다.
B는 토종붕어의 아가미로 새파의 수가 50개 내외이다.

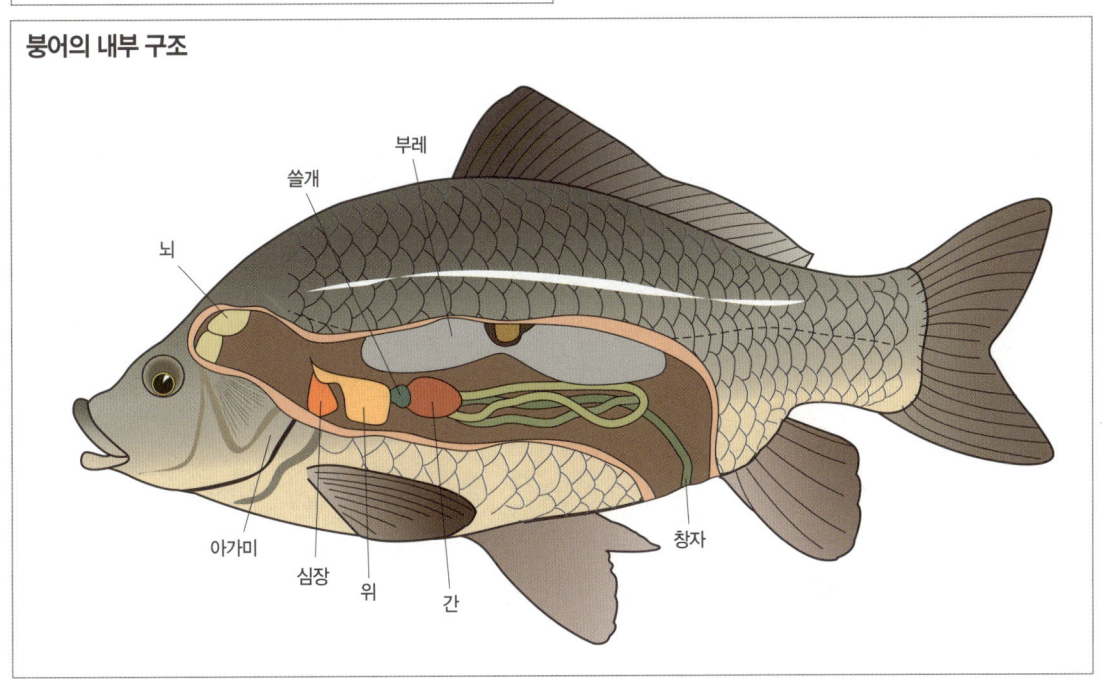

취하는 기관이고, 겉으로 보이는 아가미 뚜껑 2조와 그 뚜껑 안에 각각 새궁(gill arch), 새엽(gill raker), 새파(gill filament)로 구성되어 있다. 붕어의 아가미는 호흡을 통하여 물과 함께 흡입된 플랑크톤을 비롯한 먹잇감을 아가미의 새파에서 걸러 내장으로 흘려보내고, 여과된 물은 새엽을 통과시키면서 산소를 흡수한 후에 아가미 밖으로 배출한다. 이렇게 먹이를 걸러내는 역할을 담당하는 아가미 새파는 토종붕어와 떡붕어를 구분하는 데 큰 차이점이 된다. 토종붕어는 새파 수가 50개 전후로 비교적 성근 편이고 떡붕어의 아가미는 새파 수가 110개 내외로 아주 조밀한 편이다. 참고로 우리나라 낙동강계에 주로 서식하는 희나리는 떡붕어와 흡사하게 생겼으나 80개 전후의 새파를 가지고 있어서 학자들은 떡붕어와는 유전적으로도 구별되는 우리나라 붕어의 아종에 해당되는 것으로 분류하기도 한다.

● 부레

공기주머니인 부레는 수중에서 필요한 공기를 체내에 저장함으로써 아가미 호흡을 돕고, 수중에서 수심과 수압에 따라서 부레 속에 들어있는 공기의 양을 조절하여 자유로운 활동을 보장한다. 또한 수중의 진동을 감지하는 수신장치로서의 기능이 있으며, 근육을 진동시켜서 음파를 발사하여 물체를 탐지하는 기능도 가지고 있다. 낚시를 하다가 바늘에 걸린 붕어를 수면에 띄워 공기를 먹이면 붕어가 힘을 쓰지 못하는 이유는 부레에 공기가 가득 들어 있는 채로 입에 바늘이 걸려 있어서 그 공기를 쉽게 조절하지 못하고 산소 부족 상태가 되기 때문이다.

● 위

붕어의 위는 큰 새우 한 마리도 저장하지 못할 만큼 작다. 그러므로 붕어가 새우나 참붕어 등의 비교적 큰 먹잇감을 취할 때는 이것을 통째로 삼켜 저장하는 것이 아니라 입 안의 인후치로 분쇄한 후에 아가미 안쪽의 식도에서 나오는 강한 소화액을 이용해서 1차 소화를 시키면서 위로 보낸다. 새우를 미끼로 붕어를 낚아서 입 속에 남아있는 새우를 빼내어 살펴보면 이미 새우의 머리 부분이 녹아있는 것을 볼 수가 있는데, 이렇듯 붕어는 위가 아주 작아서 1차적인 소화를 거쳐서 위에 도달하게 하는 소화기능을 갖고 있는 것이다. 그리고 위에서는 많은 양을 저장할 수가 없으므로 새로운 음식이 들어가면 곧바로 앞의 음식을 장으로 밀어 내리면서 필요한 영양소를 취한다.

● 창자

붕어의 내장기관에서 가장 길고 잘 발달한 기관이 바로 창자다. 창자는 저장능력이 부족한 위 대신에 위에서 밀려 내려오는 음식을 저장하면서 추가적인 소화기능을 수행하며, 새로운 음식이 들어오는 만큼 곧바로 기존의 음식 저장물을 항문으로 밀어낸다. 붕어를 해부해보면 창자에서 아직 소화 중인 음식물이 나오는 것은 창자에서도 소화흡수 기능을 수행한다는 것이고, 먹이를 먹고 나면 곧바로 항문에 배설물을 달고 다니는 것은 위나 장에서의 저장능력이 제한되므로 먹은 만큼 곧 배설한다는 것을 보여주는 것이다.

● 붕어의 내부기관의 특징과 낚시

붕어의 내부기관이 낚시와 관련되는 사항은, 위가 작아서 먹이를 입 안에 물고 1차 분쇄와 소화를 위해서 시간을 끈다는 것이다. 만약 위가 크고 잘 발달해 있어서 먹이를 단숨에 삼켜 버린다면 아마 매번 바늘은 배 속에 삼켜져 있거나 목구멍 깊숙이 박히게 되어 챔질에 의해 입술에 거는 아슬아슬한 대결의 맛이 덜할 것이다. 또한 뇌기능이 잘 발달하여 사고에 의한 판단력을 갖는다면 개별적인 학습능력과 집단적인 자체 신호체계에 의해서 우리의 낚시행위를 사전에 감지하고 철저한 경계를 하게 될 것이므로 붕어를 만나기가 더욱 어려워질 것이다.
그리고 부레라는 기관이 없다면 멀리 수초지대에서 큰 붕어를 걸어서 유도할 때 끝까지 힘이 빠지지 않을 것이므로 제압 및 유도하기가 매우 어려워질 것이다. 그렇게 되면 가물치 루어낚시처럼 굵고 강한 낚싯대로 무조건 끌어내는 식의 낚시를 하여야 할 것이다.

붕어의 산란과 성장

1. 붕어의 산란

붕어는 3~6월 사이에 수온이 17~20°C로 상승하면 연안의 얕은 수초나 바위, 수몰나무, 수중 구조물 등에 점착성 알을 낳는다. 이러한 붕어의 산란시기는 지역별로 차이가 있으며, 수온 및 일조량 등의 자연환경과 밀접한 관계가 있다. 만약 수온이 더디게 오르거나 일조량이 부족하면 같은 지역이라도 다소 늦은 산란이 이루어지는데, 어떤 해에는 갈수기를 지나 장마철의 많은 비에 의해 물이 불어나는 7월에 산란하기도 한다.

● 붕어 산란기는 개나리 진달래 개화기와 비슷

대체적으로 붕어의 산란시기는 개나리와 진달래의 개화시기와 맞물려서 남쪽으로부터 북상하며, 같은 지역이라도 수온이 빨리 오르는 순서에 따라서 평지형 저수지→수로→계곡형 저수지→댐→강의 순서로 산란이 이루어진다.
붕어는 2~3년생이면 산란에 참여하는데, 어릴 땐 약 2만여 개, 20cm 정도 크기면 약 4만여 개의 알을 가지며, 월척급이 되면 약 15만 개 전후의 알을 산란하는 것으로 조사되어 있다. 붕어의 산란은 일거에 다 이루어지는 것은 아니고, 일부는 포란(抱卵) 상태로 있다가 여러 차례에 걸쳐 이루어지기도 한다.
붕어 산란기에는 암붕어 꽁무니에 숫붕어 여러 마리가 따라다니다가 암컷이 산란을 하면 거기에 곧바로 방정하여 수정시키는 체외수정을 하는데, 우리가 낚시 간에

▲ 알에서 부화한 지 4일 된 붕어의 치어. 6~7mm 크기. 붕어의 수정란은 15~20℃에서 8~10일이면 부화한다.

소란스럽게 듣는 철퍼덕거리는 소리는 암컷들이 알을 붙이면서 몸부림치는 소리와 수컷들이 경쟁적으로 수정을 하면서 철퍼덕거리는 소리가 합해서 들리는 것이다. 이러한 산란은 대부분 큰놈부터 먼저 시작한다.

산란을 한 암붕어는 산고에 시달린 나머지 힘을 잃고 말즘이나 검정말 등의 부드러운 침수수초대나 바위 틈새 혹은 수몰나무의 그늘 등에서 2~3일간 거의 움직이지 않고 휴식을 취한다. 그리고 3~4일이 경과하면 어느 정도 몸을 회복하고 서서히 섭이활동을 시작하며, 1주 정도가 지나면 활발한 섭이활동을 한다. 그러다가 2주 정도면 체력 보강을 위해서 적극적인 사냥활동을 한다.

붕어가 산란한 알의 직경은 1~1.7mm이며 옅은 황록색을 띤다. 부화에 적당한 수온은 15~20℃이며 20℃ 전후가 가장 좋다. 수정된 알은 15℃ 수온에서는 8~10일이면 부화하며, 20℃ 수온에서는 5~7일이면 부화하는데 이때 이미 대물급으로 성장할 붕어는 우성 유전자를 가지고 탄생한다.

● 산란기는 사람이 아닌 붕어가 판단한다

붕어의 산란은 기상 변화와 가장 밀접한 관계가 있다. 종족보존 본능에 의해서 알이 부화되고 치어가 적절히 성장할 수 있는 평균수온대가 되어야만 산란을 한다. 그 수온대가 되지 않고 갑자기 저수온대로 변화하면 뱃속의 알이 다 자라 터질 듯해도 산란을 멈추고 적정 수온이 되기를 기다린다. 또한 산란환경 여건에도 영향을 받아서 산란에 적합한 수초지대가 다 드러나 버린 극심한 갈수상태가 되면 다시 물이 차오르는 장마기까지 기다렸다가 산란하기도 한다. 그러니 사람이 2월에 붕어를 낚아들고 '곧 산란을 할 것 같다'고 말하는 것은 사람 생각이고, 붕어는 산란여건이 맞지 않으면 뱃속에 알을 가진 상태로 6~7월까지도 기다리다가 적정한 환경이 되어야만 스스로 판단하여 산란한다.

● 섬붕어라고 특별히 산란이 빠른 것은 아니다

한겨울인 1월에 전라남도의 섬으로 붕어낚시를 다녀온 사람들은 종종 '섬붕어는 벌써 알이 빵빵해서 2월 초면 산란을 다 할 것 같다'고 말한다. 그러나 필자가 다녀본 전국의 섬낚시터에서 2월 초에 집중적인 산란이 이루어지는 경우는 없었다. 오히려 3월 중순경이 되어서야 대부분 산란이 이루어졌고, 그중 일부는 4~5월에 산란하는 곳도 더러 있었다. 2월에 산란하는 곳은 일부 조기산란을 하는 현상이 나타나는 정도였다. 집중적 산란은 섬이든 육지든 비슷한 시기에 이뤄지며 인접지역 간의 산란일자는 1주 정도의 날짜 차이에 불과하다.

● 산란 중에는 먹이활동을 하지 않는다

붕어가 산란 중일 때는 먹이활동을 중단한다. 그때만은 종족보존의 본능에만 충실히 한다. 물론 산고를 겪느라 입맛도 없을 터이다. 그러니 낚시터에 도착하여 한창 소란스럽게 산란을 하거든 조용히 그 자리를 피해주는 것이 좋다. 적어도 1주일은 지나고 나야 산후 안정기에 들어서 먹이활동을 활발히 하게 되고 따라서 그때가 되어야 입질을 받을 수가 있는 것이다.

2. 붕어의 성장

갓 부화된 붕어 새끼는 올챙이 모양으로 앞이 뭉툭한 4.5mm 정도 크기의 난황으로부터 영양을 공급받으면서 5~7일간 성장하는데, 이후로는 아가미 호흡을 통해 미세 플랑크톤을 취하면서 성장한다. 그리고 15일 정도가 경과하면 붕어의 모습을 갖추게 되며, 30일 정도가 되면 약 1.5cm, 60일 정도가 되면 3~3.5cm 정도로 성장한다. 이후로 초기에는 성장이 매우 빠르며, 1년이 지나고 나면 9~15cm로 성장하고, 2년 후에는 15~20cm, 3년 후에는 20~25cm, 4년이 지나고 나면 대부분 27cm 이상으로 성장한다.

● 생후 5년이면 월척으로 성장

붕어가 월척(30.3cm 이상의 크기)급까지 성장하는 기간에 대해서 1980년대 이전에는 평균 10년이라고 했고, 1990년대 초반에는 평균 7년이 소요된다고 했다. 그러다가 1995년에 〈낚시춘추〉에서 월척 붕어 다수를 표본으로 하여 나이 측정을 해본 결과 평균 5살이면 월척급으로 성장한다는 것이 통계로 나왔다.(낚시춘추 1995년 7월호) 그리고 지난 2009년에는 필자가 같이 참여해서 역시 〈낚시춘추〉에서 전국의 다양한 지역과 수계를 대상으로 월척과 4짜(40cm 이상의 초대형 붕어) 붕어 수십 마리를 표본으로 모아서 나이를 측정해본 결과 월척급까지는 5~6년, 4짜급까지는 8~9년이 소요되는 것으로 통계가 나왔다.(낚시춘추 2009년 3월호) 따라서 항간에 월척 무용담을 이야기하면서 월척은 10년, 4짜는 15년 이상이 걸려야 한다고 주장하는 것이나, 그와는 반대로 2~3년이면 충분히 월척이 된다고 주장하는 것은 근거 없는 허구다.

● 붕어는 얼마나 크게 자랄까?

그렇다면 붕어는 어느 정도까지 클 수 있을까? 낚시를 통해서 낚은 붕어 최대어는 지난 1988년 9월 11일 송악지에서 김병린씨가 낚은 64cm짜리 붕어가 최대어로 기록되어 있으며, 2000년대 들어 철원 토교지에서 낚시로 잡은 것이 아니라 어부가 잡거나 죽은 사체를 발견한 것이기는 하나 60cm급 붕어가 다수 출현하기도 했다. 붕어의 수명은 정확히 조사된 통계는 없으나 평균 수명은 자연 상태에서 약 15년 정도이며, 환경여건이 양호할 경우 20년을 살 수도 있다고 학자들은 말한다.

붕어의 출생과 성장

수정 후 3일이 되자 발안란과 함께 새끼가 태어나기 시작했다.

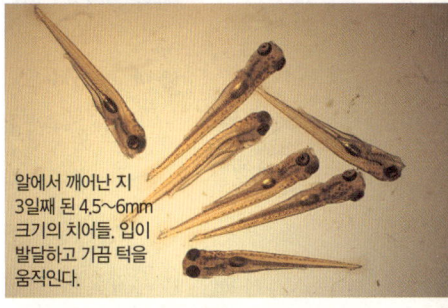
알에서 깨어난 지 3일째 된 4.5~6mm 크기의 치어들. 입이 발달하고 가끔 턱을 움직인다.

부화 5일째 된 무리 중의 복부 팽만 개체.

부화 1개월이 지난 붕어 치어. 완전한 붕어 외양을 다 갖추었다.

부화 2개월이 된 붕어 치어. 무리 중 성장이 빠른 3.5cm 크기의 치어다.

▶ 2000년 철원 토교지에서 발견되어 낚시계를 떠들썩하게 만들었던 62.2cm 토종붕어. 비늘 판독 결과 7세로 밝혀져 낚시인들을 더욱 놀라게 했다.

▶▶ 순창 금계소류지에서 낚인 41cm 붕어의 비늘. 비늘의 나이테가 10년 1개월임을 가리키고 있다.

 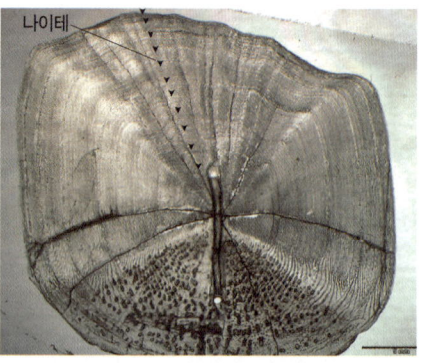

● 4짜, 5짜의 출현은 왜 많아졌을까?

2000년대 이후로 4짜나 5짜급 붕어가 많이 낚이고 있다. 그 이유는 우선 대물낚시 기법의 발전으로 큰 붕어를 골라서 낚는 시대가 되었고, 100년 전에 비해 겨울이 29일이나 짧아져서 붕어의 성장지속기간이 한 달가량 늘었으며, 수서곤충 등 먹이사슬의 하층 생물도 번성하게 되어 영양이 풍부해졌기 때문으로 추측된다. 또한 배스 등 육식성 외래어종이 유입되어 잡어나 잔챙이 붕어의 개체가 급감하였으므로 수중 플랑크톤 등 먹잇감이 남아돌아서 살아남은 붕어의 성장속도가 빨라졌을 수 있고, 낚시를 던지면 먼저 덤비는 잔챙이가 없어져서 대물급 붕어가 미끼에 접근할 기회가 많아진 것 등이 종합적으로 작용하여 4짜, 5짜 붕어들이 많이 낚이는 것으로 추정된다.

3. 붕어의 크기에 대한 표현

낚시인이 사용하는 붕어의 크기에 대한 용어는 '월척', '턱걸이', '준척', '뼘치' '깻잎' 등 여러 가지가 있다. 지금은 도량형의 표준이 되는 미터법을 사용하도록 되어 있어 이런 용어는 신세대에게는 생소할 수 있겠으나 우리나라 고유의 표현방식으로 전래되어 온 것이니 알아두는 것도 좋을 것이다.

● 월척은 30.3cm가 넘는 붕어를 말한다

월척(越尺)이란 '1척을 넘는다'는 뜻으로 30.3cm가 넘는 붕어를 말한다.

대물붕어 연령 판독 (2009년 낚시춘추)

크기(cm)	나이(年)	채집장소	비고
36	5	경북 경산 문천지	평지지
37	7~8	전남 무안 운남수로	수로
38	9	인천 강화 하리지	준계곡지
38	7	경북 경산 꼬박지	평지지
38.5	8	경북 경산 후곡지	평지지
39	7	전남 고흥 봉암지	평지지
39.5	6~7	충주호 하천리 지역	댐
39.5	7	전남 지도 봉리지	평지지
40	8	전남 신안 압해도 중앙지	평지지
40	8	전남 고흥 봉암지	평지지
40	8	경북 경산 문천지 수로	수로
41	6~7	충주호 명서리 지역	댐
41	9	경남 진주 이천지	계곡지
41	9	경남 창원 산남지	평지지
41	8~9	전남 고흥 내대지	평지지
41	10~11	전북 순창 금계소류지	준계
41.5	8~9	경북 경산 후곡지	평지지
42	10~11	경남 창녕 송장골지	평지지
42	9~10	경남 진주 서부곡지	준계곡지
42	9~10	경남 창녕 송장골지	평지지
42.2	9~10	충북 음성 원남지	계곡지
42.5	9~10	경남 창녕 송장골지	평지지
42.7	6~7	경북 영천 고곡지	계곡지
43.5	9~10	전남 고흥 세동지	준계곡지
44	11~12	충북 음성 원남지	계곡지
44	7~8	경북 경산 육동소류지	준계곡지
45.7	9	충북 진천 구암지	계곡지
46	12	전남 신안 증도 우리리	평지지
47	9	경남 통영 안정지	계곡지
47	9	경남 칠원 장암지	계곡지
47	9	경북 경산 진못	평지지
48	9~10	경남 함안 문도지	평지지
49	9~10	경남 통영 안정지	계곡지
49	11~12	경남 통영 안정지	계곡지
49.5	10	경기 용인 경안천	강
50.5	10	경남 통영 안정지	계곡지
50.5	10	경남 통영 안정지	계곡지
51	12~13	경기 안성 고삼지	준계곡지
51	9	전북 고창 벽송소류지	준계곡지
52	9	전남 나주호	댐
52.8	9	경남 창원 산남지	평지지
55.5	9~10	강원 철원 학지	평지지
61	6	강원 철원 토교지	준계곡지
62.2	7	강원 철원 토교지	준계곡지

'자=척(尺)'은 우리나라를 비롯한 동양의 척관법(尺貫法)에서 유래한 것이다. 척관법에서 길이를 나타내는 단위로는 자(尺)를 기준으로 하여, 자의 1/10을 촌(寸=치), 치의 1/10을 분(分=푼)으로 하며, 자보다 위의 단위로는 칸(6자), 장(10자), 리(=마장 : 약 0.4km)로 나타낸다.

이것을 1977년 '개정된 계량법시행령'에 의해서 'm법'으로 통일할 때 1자(尺)를 30.3cm로 하고, 1치(寸)는 3.03cm, 1푼(分)은 3.03mm, 1칸은 1.818m, 1리는 0.392km로 통일하였다. 따라서 지금 적용하는 1자(尺)는 30.3cm를 기준으로 해야 하는 것이 맞고, 이 수치가 붕어 월척의 기준이 되는 것이다.

● 월척의 사전적 의미

국어사전에서 '월척'을 찾아보면 '한 자가 넘음. 낚시에서 낚은 물고기가 한 자가 넘음, 또는 그 물고기'라고 되어 있다. 월척의 사전적인 의미는 위에서 보는 바와 같이 길이가 한 자가 넘는 모든 물고기를 칭하는 것으로 되어 있다. 그러므로

민물고기이든 바닷고기이든 그 종류에 무관하게 한 자가 넘는다면 모두 월척이라고
표현한다고 해도 잘못이라고 탓할 일은 아니다. 그것이 어종을 구분하여 명시하지
않고 포괄적으로 적어놓은 사전적인 의미의 한계이기 때문이다.

또 하나, 월척은 '큰 물고기'라는 포괄적 의미로 쓰이기도 한다. 방송에서 리포터가
커다란 바다고기를 들고 월척이라고 소개한다면 그것은 큰 물고기라는 상징적인
의미의 표현인 것이다.

● 월척의 참뜻은 붕어에만 한정된다

그러나 낚시인들이 말하는 월척이란 오로지 붕어에만 한정하여 부르는 말이다. 한
자가 넘는 물고기라도 잉어의 경우는 아직 새끼에 불과하므로 새끼잉어나
발갱이라고 표현하고, 바다 돔의 경우도 아직 어린 수준에 불과한 것이므로 그냥
'30센티급'이라고 표현하지, 월척이라고 부르지는 않는다. 그 이유는 크다는 의미가
내포된 월척이라는 표현과 어울리지 않기 때문이고, 오직 붕어만이 한 자가 넘을 때
'크다'라는 표현과 부합되기 때문이다.

잉어나 돔의 경우는 2년생만 되어도 한 자가 넘는 크기로 성장하며, 이후로도
성장을 계속하여 두 자 이상으로 성장하는 경우도 많이 있다. 그러나 붕어만은
평균적으로 5년 이상을 성장하여야만 한 자가 넘는 크기가 되며, 유전적 요소나
서식환경에 따라서는 한 자의 크기까지 성장을 못하고 수명을 다하는 경우도 있다.
그러나 붕어에 있어서 월척이란, 클 만큼 다 컸고 살만큼 다 살았다는 의미까지도
내포된 '아주 크다'는 표현이다. 그러니 낚시인이라면 '월척'이라는 용어는 붕어에
국한하여 사용하는 것이 이치에 맞다.

● 붕어의 크기에 대한 다양한 표현

뼘치 : 어른의 한 뼘 길이를 말하는 것으로 약 22cm의 크기 즉, 7치 전후 크기가

▼ 5짜 토종붕어(왼쪽)와 5짜 잉붕어(오른쪽). 토종붕어는 등지느러미가 일자형인 데 반해 잉붕어는 등지느러미가 S자형을 하고 있다.

> **토막상식**
>
> ## 척(尺)단위의 역사적 변천과 적용
>
> 우리나라 삼국시대에는 한 자의 개념이 '손가락 끝에서 팔꿈치'까지와 '긴 한 뼘' 등으로 적용하는 기준이 각각 달랐다. 고구려에서는 35.51cm를 1자로 하였고(팔꿈치 적용), 신라에서는 20.45cm를 1자로 하였으며(뼘치 적용), 백제에서는 25cm를 1자로 적용하였다. 그러다가 고려시대에 와서는 1자를 32.21cm로 하였고, 이후 과학문명이 꽃을 피웠던 조선시대 세종 조에 와서는 31.22cm로 적용하였으며, 구한말인 1902년에 들어서 비로소 30.303cm로 사용한 것이 오늘날까지 적용되고 있다. 이를 두고 1902년도에 적용한 수치는 일본 외세의 영향에 의한 것이니 1430년 조선 세종 조의 31.22cm 기준을 적용하여 자주성을 회복하자는 주장이 있는데, 이러한 주장은 일면 민족정서 차원에서 고려할 수는 있으나 현행계량법상 30.3cm로 통용하도록 명기된 상황이니 이에 따른 기준을 적용하는 것이 옳을 것이다.

해당된다.

준척(準尺) : 국어사전에는 '낚시에서 낚은 물고기가 거의 한 자가 됨'이라고 정의하고 있다. 따라서 월척에 준하는, 9치는 넘고 월척은 아슬아슬하게 모자라는 붕어를 예우하여 준척이라고 하는 것이다. 그러니 8치 조금 넘는 붕어를 낚아들고 준척이라고 하는 것은 이치에 전혀 맞지 않는 표현이며, 준척에 해당하는 길이는 28~30cm가 적용될 수 있다. 9치는 준척이 아니다. 1치가 3.03cm이니 9치라면 9x3.03=27.27cm 즉, 28cm에도 모자란 크기이므로 함부로 준척이라고 표현해서는 안 되고 필히 9치라고 표현해야 하는 것이다.

턱걸이급 : 아슬아슬하게 월척(혹은 4짜)에 도달한 크기의 붕어를 표현하는 용어다. 여기에서 '턱걸이'라고 표현하는 것은 체육시간에 턱걸이 마지막 하나를 채울 때 온힘을 다해서 겨우겨우 턱을 철봉대에 갖다 대는 정도의 어려운 도달상태를 비유한 것이다. 그러니 자에 올려서 30cm가 되면 겨우 턱걸이라고 표현하기 시작하여(후한 인심으로) 31cm 이내의 경우에 표현하는 용어이며, 32cm가 넘으면 턱걸이라고 해서는 안 된다. 확실한 월척 붕어에 대한 결례이기 때문이다.

자치 : 한 자 즉 월척의 다른 표현이다.

4짜 : 40cm가 넘는 붕어를 표현한다.

5짜 : 50cm가 넘는 붕어를 표현한다.

기타 : '감잎', '전차표' 등 사물을 비유하여 크기를 표현하는 경우도 있다. 이러한 용어들은 있는 그대로의 사물을 연상하여 그 크기를 가늠하면 되겠다.

붕어의 생태와 습성

1. 붕어는 변온동물이다

● 붕어는 적정수온을 따라서 회유를 한다

붕어를 비롯한 모든 어류는 변온동물이므로 수온이 알맞으면 신진대사가 활발해져 먹이활동을 왕성하게 하고, 수온이 높거나 낮아서 알맞지 않으면 스스로 신진대사를 줄이고, 수온에 체온을 맞춰서 살아가거나 적정 수온을 찾아서 이동한다.

붕어는 추운 겨울에는 온화한 물을 찾아서 회유하고, 무더운 여름에는 조금이라도 선선한 물을 찾아서 회유한다. 주로 겨울철의 환류는 중심부의 온화한 물이 극도로 차가워진 연안 표층수를 밀어내면서 자리바꿈을 하는 대류를 하고, 여름에는 햇볕에 의해서 급속히 뜨거워진 구역의 물이 그늘이나 수심 차이 등으로 덜 뜨거워진 구역으로 흘러가는 대류를 하면서 그 자리에 물 바꿈이 일어나는데, 붕어는 이러한 물의 대류를 따라서 이동한다. 그렇기 때문에 계절 불문하고 수중에 대류가 일어나고 나면 그 뒤끝에 붕어 입질을 받을 확률이 많아지는 것이다.

● 붕어가 전혀 움직이지 않는 날도 있다

붕어는 피가 차가운 냉혈동물이어서 체열을 발산하지 않고도 생존할 수 있다. 그래서 온혈동물인 포유류나 조류처럼 매일 지속적으로 음식을 먹지 않아도 죽지 않으며 장기간 아무 것도 먹지 않고 살 수 있다. 따라서 붕어는 사람이 감지하지 못하는 어떤 자연현상에 대해서 본능적으로 움직임을 최소화하고 정지해 있을 때가

산란을 준비하러 말풀수초대 (사진의 말풀은 말즘이다)로 들어온 붕어들.

많다. 수족관의 붕어도 하루 종일 움직이지 않고 구석자리에 머무를 때가 있는데, 이런 날은 먹이를 주어도 먹지 않는다. 물론 이러한 현상일 때는 낚시가 잘 안 되는 날이다.

● 은신한 붕어는 낚여도 휴식하는 붕어는 낚이지 않는다

수중 먹이사슬에서 중간 계층 이하에 위치해 있는 붕어는 본능적 감각에 의해서 위험지대를 회피해 은신하기를 좋아한다. 즉 붕어는 겁이 많고 경계심이 아주

강하다. 이러한 붕어의 은신처로는 수초지대나 석축의 틈새, 또는 수몰된 나무 등
장애물이 있는 곳인데, 이런 곳에 은신 중인 붕어는 늘 숨어있기만 하는 것이 아니라
은신하고 있으면서도 항상 제한된 먹이활동을 한다. 따라서 붕어의 이런 은신처를
잘 찾아 그 지역을 잘 공략한다면 좋은 조과를 보장받을 수 있다.

그러나 휴식 중인 붕어의 경우는 다르다. 휴식 중인 붕어는 먹이사슬의 상층에 있는
포식성 어류가 진을 치지 않는 중앙부, 혹은 수면 가까이 떠올라 무리를 지어
일광욕을 하듯이 휴식을 하거나, 수초지대의 안쪽 안전지대를 휴식장소로 이용하여
수초 그림자의 바닥에 붙어 꼼짝도 하지 않고 휴식을 취한다. 그 외에도 깊은 돌 틈,
또는 수중 장애물의 그림자에 몸을 숨기고 휴식을 취하기도 한다. 이렇게 휴식을
취하고 있는 붕어는 위협을 피해 잠시 은신 중인 붕어와는 달리 먹이활동을 잘 하지
않는다. 이런 상황에서는 일상호흡을 통한 미세 플랑크톤이나 미네랄을 취하는
정도로 영양을 보충한다. 따라서 이런 곳에서는 붕어가 떼로 몰려 있는 것이 보여도
입질을 받기가 어렵다.

● 붕어가 먹이를 찾는 것은 청각-후각-시각 순이다

붕어는 청각-후각-시각을 차례로 사용하여 먹이를 찾는다. 즉 살아 움직이는
미끼가 죽어서 향을 가미한 미끼보다 집어효과가 크다는 얘기다. 그 다음으로 향이
좋은 미끼가 색이 좋은 미끼보다 우선한다. 필자도 80년대에 후각을 겨냥해서
떡밥에 사이다나 우황청심환 등을 섞어서 실험해 보는 짓을 했었다. 또 90년대
초에는 시각적으로 빨강색이 미끼 색으로 특효라고 해서 유행한 적도 있었다.
그러나 시간이 가면서 그런 시도들이 사그라졌다는 것이 별무효과였음을 증명한다.

● 붕어는 잡식성이다

붕어는 모든 수생생물, 흘러드는 곡물류, 수초의 새순까지 수중의 모든 동식물을
먹이로 취한다. 다만 서식환경과 자연조건에 따라서 당일 주로 선택하는 먹잇감이
있을 뿐이다. 그러니 낚시를 가면 그곳의 붕어가 우선적으로 선택할 미끼를 잘
파악하여 감을 잡고 운용하는 것이 붕어를 쉽게 만나는 비결이다. 특히 그곳 붕어가
특정 먹잇감에 학습이 된 경우라면 그 학습된 미끼가 가장 유리한 미끼가 된다.

● 살아있는 먹이는 사냥하고 무생물은 주워 먹는다

붕어는 산 먹이는 도주할 우려가 있으므로 빠르게 공격하여 삼키고 죽은 먹이는

도주할 염려가 없으니 느긋하게 천천히 먹는다. 즉 생미끼는 그냥 주워 먹는 것이 아니고 공격적으로 사냥행위를 통해서 취한다는 얘기다. 그러니 찌가 부드럽게 움직인다고 하여 붕어가 천천히 먹는다고 생각하는 것은 오해다. 미끼와 목줄 그리고 원줄과 찌의 충격 전달과정에서 초기 충격이 완충되어 우리 눈에 보이는 찌의 모습은 그렇게 중후한 움직임으로 보이는 것이다.

그러나 메주콩, 옥수수, 떡밥 등의 무생물인 먹잇감에 대해서는 적당히 접근하여 입을 가까이 대고 강하게 흡입하는 동작으로 주워 먹는다. 이때에 그 흡입하는 순간동작이 강해서 바닥에 흙탕물이 일어나기도 할 정도다. 즉 충격이 상상보다 크다는 얘기다. 이때 첫 충격이 우리가 눈으로 보는 예신동작이고, 이어서 천천히 물고 올라서는 과정이 중후한 본신의 찌 놀림으로 나타나는 것이다.

또한 큰 붕어는 먹이를 야금야금 갉아먹지 않는다. 대물낚시를 하면서 찌가 움찔거리기만 하는 것을 보고 큰 붕어가 접근은 했는데 먹이를 야금야금 갉아만 먹고 찌를 안 올린다고 하는 경우가 있다. 그런데 이때는 큰 붕어가 아니고 작은 붕어나 잡어가 그런 동작을 하는 것이다. 이때 새우껍질을 벗기거나 작은 미끼로 바꿔서 넣어보라. 금세 잡어나 잔챙이가 찌를 올리고 나올 것이다. 큰 붕어가 먹이를 먹고자 했을 때는 어느 미끼든 단숨에 빨아들인다.

● 떡붕어가 토종붕어를 이긴다

자연생태계에서 떡붕어가 우리 토종붕어보다 세력이 강하다. 즉 우리 생태계에서는 굴러온

붕어의 종류

토종붕어

희나리

떡붕어

중국붕어

잉붕어

돌붕어(토종붕어의 체색 변이)

제3강 붕어의 생태와 습성 47

떡붕어가 박힌 토종붕어를 빼내고 있는 것이다. 수족관에 떡붕어와 토종붕어를 같이 키우면서 관찰해 보면 떡붕어는 공간을 다 차지하고 활개를 치는데 토종붕어는 한쪽에 모여 움츠리고 있는 모습을 볼 수가 있다. 자세히 관찰해 보면 떡붕어는 그 갑절이나 되는 숫자의 토종붕어도 한 귀퉁이로 밀어내고 세력권을 확보한다.

● 너무 맑고 차가운 1급수엔 붕어가 서식하지 않는다

강원도 내린천이나 지리산 피아골처럼 깊은 산 계곡에서 차갑고 맑은 물이 흐르는 곳은 붕어가 잘 서식하지 못한다. 혹 서식하는 개체가 있더라도 아주 작고 야윈 개체로 발견된다. 수중의 플랑크톤 형성이 안 되고, 저수온의 물이 붕어 생장에 지장을 주기 때문이다. 붕어는 수온 유지가 잘되어 플랑크톤 형성이 잘되는 3급수 정도가 가장 좋은 서식여건이 되며, 5급수에서도 무난하게 서식한다.

● 물골자리는 이동통로고 둔덕은 사냥터다

수중의 붕어가 즐겨 다니는 길, 그것을 우리는 회유로라고 한다. 대개 붕어는 물골자리를 따라서 이동하기를 즐겨한다. 물이 빠져있는 상황에서야 당연한 얘기지만 물이 만수로 차있더라도 물골경로를 따라서 이동하는 습성을 보인다. 그러나 먹이를 찾아 사냥을 할 때에는 물골 주변의 둔덕(수중언덕)으로 접근한다. 둔덕은 물골에 비해서 수심이 얕고 수초가 발달해 있어서 물벼룩 등 미세생물이 많고, 새우나 참붕어 등 먹이사슬의 하층생물이 모여들거나 플랑크톤 형성이 잘 되어서 붕어의 먹잇감이 풍부한 곳이기 때문이다.

▼ 작은 붕어들의 유영. 붕어는 비슷한 씨알들끼리 모여 있는 경우가 많다.

● 붕어는 흐린 물색을 좋아한다

붕어가 일생동안 영양을 유지하는 먹이의 대부분은 아가미 호흡을 하면서 걸러 들이는 플랑크톤에 의존한다. 그런데 이 플랑크톤은 맑은 물에는 거의 없다. 그러니 붕어는 플랑크톤이 잘 형성된 탁한 물을 찾아 모여들게 되는 것이다. 더구나 맑은 물은 경계심을 유발하므로 접근하더라도 머무르기를 꺼려한다.

● 수서곤충이 많은 곳에 붕어가 모인다
낚시터의 포인트를 분석하면서 수중의 바닥이나 수초 밑동을 잘 관찰해 보면 물벼룩이나 작은 수서곤충이 관찰된다. 그런 곳에는 새우나 참붕어 등 작은 어류들이 주로 활동하는 구역이다. 그렇기 때문에 이런 곳은 붕어가 먹잇감을 찾아서 즐겨 찾아드는 곳으로 좋은 포인트가 된다.

● 붕어는 그물을 피할 줄 안다
필자가 1990년도에 강원도 섬강에서 낚시를 할 때 어부가 포인트 앞에 그물을 쳐 놓고 갔는데 밤새 그물에서 수많은 물고기가 철퍼덕거리는 물소리를 들었다. 그런데 새벽에 그물을 걷는 것을 보니 물고기는 불과 서너 마리만 걸려있었다. 나중에 그런 현상을 유심히 관찰해보니 물고기는 그물을 식별하고 밤새 뛰어넘고 있었다. 이럴 때 어부들은 그물을 친 후에 물장구를 쳐서 물고기가 놀라서 도망하다가 그물에 걸리게 하여 잡기도 한다.

● 붕어는 수초 등 장애물을 근거지로 살아간다
붕어는 몸을 숨기거나 기대고 있기를 좋아한다. 경계심이 많은 탓도 있지만 그렇게 하는 것이 편하기 때문이기도 하다. 만약에 수초나 장애물이 거의 없는 곳이라면 바닥의 아주 작은 돌멩이라도 찾아서 몸을 기댄다. 만약 특별한 장애물이 없는 곳에 말뚝 하나가 서 있다면 거기에는 대부분 큰 붕어가 차지하고 기대 있기 마련이니 참고할 만하다.

2. 대물 붕어와 작은 붕어는 습성이 다르다

● 큰 붕어와 작은 붕어는 어울리는 모습이 다르다
큰 붕어일수록 경계심은 더 강해지나 무리를 짓기보다는 단독행동을 주로 한다. 이는 스스로 수중생태계에서 위협을 덜 느끼면서 사냥감을 독식하기 위한 본능적인 행동이다. 반면 작은 붕어일수록 큰 무리를 지어서 활동한다. 이는 스스로가 수중생태계에서 위협을 많이 느끼기 때문이고, 이런 어린 붕어는 사냥보다는 수중 플랑크톤이나 아주 미세한 수서곤충을 먹이로 취하기 때문에 먹잇감이 흔하기 때문이다.

붕어의 회유모습을 자세히 관찰해보면 작은 붕어들이 떼를 지어서 앞에 나서고 뒤를 따라서 점차 큰 붕어들 순으로 유영한다. 월척급 이상의 붕어들은 아예 보이지 않을 정도의 뒤편에 있다가 완전한 접근여건이 되어서야 서서히 나타난다. 그러나 어떤 위험이 감지되면 큰 붕어일수록 즉각 그곳을 빠져나가고, 작은 붕어들은 결정적인 자극이 있어야만 비로소 흩어져 도망간다. 그러니 큰 붕어만 노리는 대물낚시는 정숙한 기다림의 낚시일 수밖에 없는 것이다.

● 작은 먹잇감은 잔챙이 차지이고 큰 먹잇감이 대물 차지다

수중에 먹잇감이 들어가면 일단 작은 붕어들부터 덤벼든다. 그때 먹잇감이 무르거나 작아서 먹을 만하면 작은 붕어 차지가 되는데 그렇지 않고 먹잇감이 크고 단단하면 작은 붕어들은 그만 포기해버린다. 그런 연후에 시간을 두고 접근해온 대물붕어가 그 먹이를 취하게 된다. 그래서 우리가 대물낚시 간에 큰 미끼를 사용하게 되면 그 미끼가 보존되어 모처럼 접근한 대물을 기다려서 만날 수가 있기 때문에 대물낚시만의 기법이 가능한 것이다.

● 대물급으로 크는 붕어는 유전적으로 타고난다

30년 동안 한 번도 마르지 않은 산꼭대기 부근 계곡에 둠벙이 있어서 낚시를 한다면 월척급 이상을 쉽게 만날 수가 있을까? 절대로 그렇지 않다. 대물급으로 자라는 붕어는 이미 유전적으로 타고나야 하는 것이고 그러는 중에도 서식환경이 뒷받침되어 주어야 하는 것이다.

그래서 대물급 붕어는 낚인 곳에서 또 낚이는 것이고, 4짜 붕어가 아홉 살배기가 있는 반면에 8치가 열 살배기도 있는 것이다.

● 서식환경이 좋은 곳에 대물이 많이 있다

붕어가 월척 이상의 대물로 성장하는 것은 유전적 요인이 기본적으로 있어야 하겠으나 그에 못지않게 중요한 것이 서식환경이다. 즉 지속 성장이 가능하도록 연중 수온 유지와 영양 공급이 원활한 서식여건이 갖추어져야 한다는 것이다.

▲ 산란을 준비하는 붕어. 원 안에 얕은 수초대에서 헤엄치는 붕어가 보인다.

그러므로 일조량이 많고 온화한 기후의 영향권에 있으면서 평지형이고 수초가 잘 발달한 저수지이면서 마을의 생활하수 등 유기물이 흘러드는 곳이라면 대물붕어 개체가 많다고 보아도 무리가 없다.

● 대물붕어는 움직이는 시간대가 따로 있다

잔챙이 붕어들은 하루 종일 연안 가까이에서 떼를 지어 논다. 그러나 대물붕어들은 사냥시간을 제외하고는 자기 영역의 안정된 장소에 은신해서 머무른다. 그러다가 적정시간대에 먹이 사냥이 필요한 상황이 되면 은신처에서 나와 사냥에 나선다. 그래서 서식장소별 특성에 따라서 혹은 계절과 기상변화 등에 따라서 대물이 움직이는 시간대는 따로 있는 것이다.

● 대물붕어는 가장 안정된 자리를 차지한다

수중의 붕어들 세계에도 자리 서열이 있다. 즉 가장 은신하기 좋고 안정된 자리가 가장 크고 힘센 대물붕어의 자리가 된다. 이러한 현상은 수족관에 붕어를 넣어놓고 관찰해 보면 쉽게 알 수가 있다. 따라서 우리는 그러한 곳을 눈여겨보고 찌를 세워 공략하면 대물의 입질을 받을 수가 있는 것이다.

● 대물붕어는 경계심이 강하면서도 가장자리까지 사냥을 나온다

대물붕어는 경계심이 강하다. 그래서 대물낚시에서는 정숙을 가장 중요하게 생각한다. 그러나 경계심 때문에 접근하지 않을까봐 저 멀리 깊은 곳에만 찌를 세우게 되면 대물을 만나기가 오히려 어려워진다. 대물붕어는 경계심이 강하면서도 먹이 사냥을 할 때만은 발밑 가장자리까지 나와서 먹이활동을 하기 때문이다. 대물붕어가 가장자리까지 나오는 이유는 사냥감인 새우나 참붕어 등이 가장자리에 있기 때문이다.

● 붕어는 붕어일 뿐 신비로운 영물은 아니다

낚시인들은 종종 '큰 붕어는 영물이다'라고 말한다. 그러나 그것은 사람이 스스로 영물을 만들어 준 것일 뿐 붕어는 먹이사슬 하층에 속해 본능적인 경계심이 많은 수중생물의 모습 그대로일 뿐이다. 그러니 사람이 잘 판단하고 신중하게 접근한다면 역시 영물은 붕어가 아니라 사람이 된다. 낚시 간에 붕어를 너무 신비롭게 여기다가는 낚시가 불편해진다. 정숙을 유지해야 한답시고 동료와 대화도 제대로 못하고 밤을 꼬박 보내는 등 낚시의 즐거움마저 반감되어서는 곤란하다.

싱그러운 초록의 향연. 춘천 의암호 상중도 샛강의 붕어낚시. (사진 박 일)

붕어의 취이습성

1. 붕어의 먹이활동

▼ 토종붕어는 주로 바닥의 먹이를 흡입하여 섭취한다.

붕어는 잡식성이다. 주로 수중 플랑크톤을 물과 함께 호흡하여 영양을 채우면서도 물벼룩 등의 작은 수서곤충을 좋아하고, 새우, 참붕어 등 동물성 먹이나 곡물, 풀씨, 부드러운 수초와 같은 식물성 먹이까지 가리지 않고 잘 먹는다. 심지어는 바닥의 모래나 흙 속에 포함되어 있는 유기질도 섭취한다. 붕어가 유영을 하면서 계속해서

입을 뻐끔 뻐끔 하는 것은 호흡과 함께 플랑크톤 등
물에 있는 미세 영양소를 취하는 것이고, 습관적으로
바닥 흙을 빨아들였다 뱉어냈다 하는 동작은 바로
흙속의 유기물을 섭취하는 행동이다.
이처럼 먹이가 다양한 만큼 붕어의 먹이에 대한 포식
욕구도 강하며, 일반 어류들의 경우 환경이 바뀌면
일정기간 먹이를 먹지 않는 데 비해 붕어는 장소를
옮겨놓아도 대부분 하루 안에 먹이를 먹기 시작한다.
그러나 서식하는 장소와 환경여건 등에 따라서 선호하는
먹이와 선호하지 않는 먹이가 있을 수 있다. 호수나
강에서 서식하는 붕어는 식물성 먹이를 더 선호하고,
수로나 저수지에 서식하는 붕어는 동물성 먹이를 더
선호한다. 또한 계절에 따라서도 하절기에는 대부분의
장소에서 옥수수, 떡밥 등의 곡물성 먹이를 취하지만

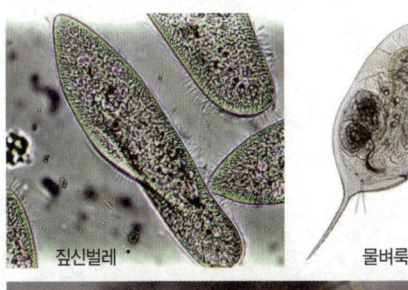

붕어의 먹이가 되는 담수의 플랑크톤

짚신벌레   물벼룩

규조류

동절기가 되면 곡물성보다 소화가 잘되는 단백질의 먹잇감인 지렁이나 새우 등
동물성 먹이를 주로 취한다. 따라서 낚시를 위한 미끼를 준비할 때는 장소와 계절
등을 고려하여 당시의 포인트 여건 및 날씨, 환경변화 등에 따라서 미끼를 선택해야
한다.

● 붕어는 생각보다 훨씬 공격적이다

붕어가 먹잇감을 사냥하거나 찾아서 먹는 모습을 관찰해 보면
파장-후각-시각-미각 등의 모든 감각기관을 동원하여 먹잇감을 찾고, 일단
먹잇감을 발견하면 서서히 접근하여 일정 거리를 두고 관찰하는데, 딱딱한 먹잇감의
경우에는 먹잇감을 건드려 보거나 물었다 놓았다를 반복하면서 먹을 수 있는지
여부를 분별하다가 흡입하고, 감각기관이나 육안으로 식별이 되는 동물성 먹잇감의
경우에는 일정한 거리에서 관찰 후 곧바로 공격하여 단숨에 취한다. 특히 살아
움직이는 먹잇감에 대해서는 초원에서 사냥하는 사자처럼 한동안 긴장해서
관찰하다가 한 순간에 공격하여 입안으로 가져가 버린다.
우리가 바라보는 찌의 움직임이 아주 부드럽게 예신과 본신으로 나타나서 수중
붕어도 아주 점잖게 미끼를 취하는 것으로 오해하기 쉽지만 붕어의 취이습성은
우리가 상상하는 것보다 훨씬 더 적극적이고 공격적이다. 이렇게 공격적으로 먹이를

▲ 연안에
새까맣게
모여든 물벼룩.

취한 붕어는 일단 힘차게 빨아들인 후 필요한 것은 취하고 불필요한 껍질이나 이물질 등은 곧바로 뱉어내버린다.

그런데 이러한 붕어의 취이동작은 붕어의 크기와 당일의 환경여건에 따라서 달리 나타나기도 한다. 그리고 이러한 붕어의 다른 취이행동은 우리가 바라보는 찌에 고스란히 전달되어 찌가 움직거리는 모습만 보고도 붕어의 씨알을 감지할 수가 있다. 붕어의 씨알별로 입질 단계를 구분하여 정리해보면 다음과 같다.

2. 큰 붕어와 작은 붕어의 취이습성 비교

● 큰 붕어의 취이습성

큰 붕어는 취이행동이 비교적 점잖다. 물론 먹잇감을 흡입하는 초기 모습은 강하지만 일단 먹이를 입안에 빨아들인 후의 동작이 아주 여유 있고 점잖다.

1차 흡입(예신) : 먹잇감을 취하는 1차 흡입 시에는 주둥이 주름을 쭉 내밀어 먹이를 빨아들이는데, 이 흡입 동작이 워낙 강하고 빠르기 때문에 수중촬영을 하면서도 그 순간을 관찰하기 어려울 정도다. 그러나 이때 찌에 오는 반응은 슬쩍 오르거나 슬쩍 내려가는 등 약간 미동하는 현상을 보인다. 이렇게 차분한 미동으로 보이는 것은 봉돌부터 찌까지의 채비가 완충작용을 하고 있기 때문이다. 이것이 바로 예신이다.

수평 유지 위한 상승(본신) : 먹이를 흡입한 붕어는 먹이를 입 안쪽의 인후치가 있는 곳으로 삼키면서 몸이 수평이 될 때까지 서서히 떠오르는데, 이 동작시간은 상당히 길게 이루어진다. 이렇게 붕어가 수평 유지를 위해 상승하는 동작과정의 위로 드는 힘은 곧 봉돌을 들고 올라서는 힘이 되고, 이것과 찌의 상승하고자 하는 힘이 연합되어 찌올림 현상으로 나타나는 것이 본신이다. 이러한 동작은 큰 붕어일수록 더 차분하게 이루어지므로 큰 붕어의 입질 시 찌올림 모습은 아주 중후하게 나타나는 것이다.

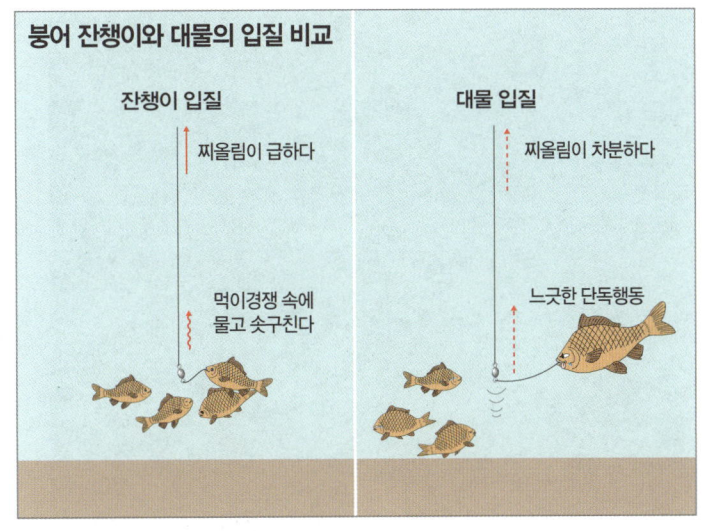

뱉음 : 본신 과정에 먹이를 취하다가 이물질이 먹이와 함께 포함된 것이 느껴지거나 필요한 만큼의 먹이를 다 취했을 경우에는 입을 오물거리다가 훅 뱉어낸다. 그리고 붕어는 서서히 그 자리를 떠난다. 바로 이 모습이 우리가 찌를 바라보고 있다가 챔질이 늦었을 때 찌가 주춤하다가 내려가는 과정이다.

● 작은 붕어의 취이습성

작은 붕어는 큰 먹이의 경우 여러 차례 깔짝거리다가 급하게 물고 솟구치다가는 곧바로 뱉어내고, 작은 먹잇감은 한 입에 흡입하고 나서는 거꾸로 솟아올라서 취하는 등 경박스러운 취이동작을 한다. 작은 붕어의 급한 취이행동은 큰 붕어처럼 단독행동을 하지

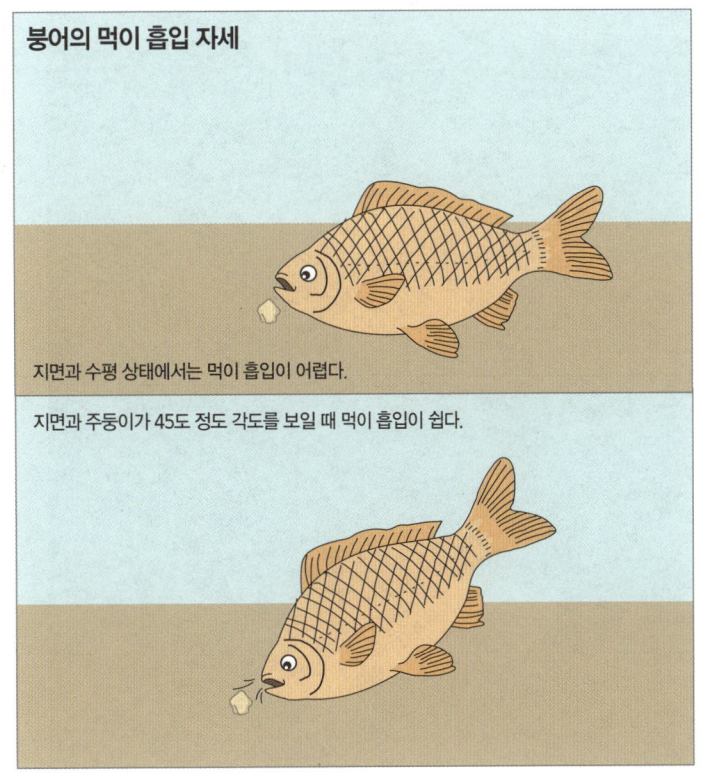

붕어가 떡밥을 흡입하는 모습. 거리를 두고 살피다가 접근하여 물과 함께 흡입한다.

않고 비슷한 크기의 여러 마리가 군집행동을 하는 상태에서 먼저 먹잇감을 차지한 붕어가 그 자리를 회피하려는 본능적인 행동인 것이다.

1차 흡입(예신) : 큰 붕어와 마찬가지로 주둥이 주름을 쭉 내밀어서 단숨에 먹이를 물고 흔드는 동작을 한다. 이때 큰 먹잇감은 흡입이 안 되므로 깔짝거리는 동작을 몇 차례 시도한 후 그만 포기하고 돌아서는 경우가 대부분이다. 그러나 작은 먹잇감일 경우는 단숨에 빨아들인다. 이러한 동작이 우리 눈에 전달될 때는 찌 끝이 몇 차례 깔짝거리는 모습으로 보이거나 또는 가볍게 흔들리거나 혹은 갑자기 툭 치고 솟구치다가 내려가거나 짧게 쭉 끌리거나 하는 모습으로 나타난다.

머리부터 상승(본신) : 미끼를 입에 문 작은 붕어는 곧바로 머리를 쳐들고 상승하거나 안전지대 쪽으로 재빨리 이동하려고 하는 습성이 있다. 이러한 동작은 취한 먹이를 옆 붕어에게 빼앗기지 않고 먹기 위한 본능적인 동작으로 그 자리에서 재빨리 떠오르거나 옆으로 피해서 물고 있는 먹이를 취하려고 하는 것이다. 큰 붕어는 먹이를 물고 그 자리에서 상승할 때 서서히 수평을 유지하는 행동을 보이지만 작은 붕어는 대부분 머리를 위로 쳐들고 급하게 거꾸로 솟아오르는 모습을 보이며, 그 자리를 피하기 위해서 옆으로 이동할 때도 빠르게 도망치듯이 이동한다. 이러한 모습이 찌에 전달될 때는 찌가 빠르고 높게 급작스레 상승하거나 물속으로 쑥 끌려들어가는 모습으로 나타난다.

뱉음 : 작은 붕어는 먹이를 입에 물고 먹는 시간도 짧아서 솟구쳐 올라서 잠시 오물거리고는 입안의 잔류 물질을 뱉어버린다. 그리고 금세 먹잇감 근처로 돌아와서 또다시 먹이경쟁을 한다.

제 5 강

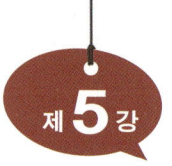

낚시장비 준비

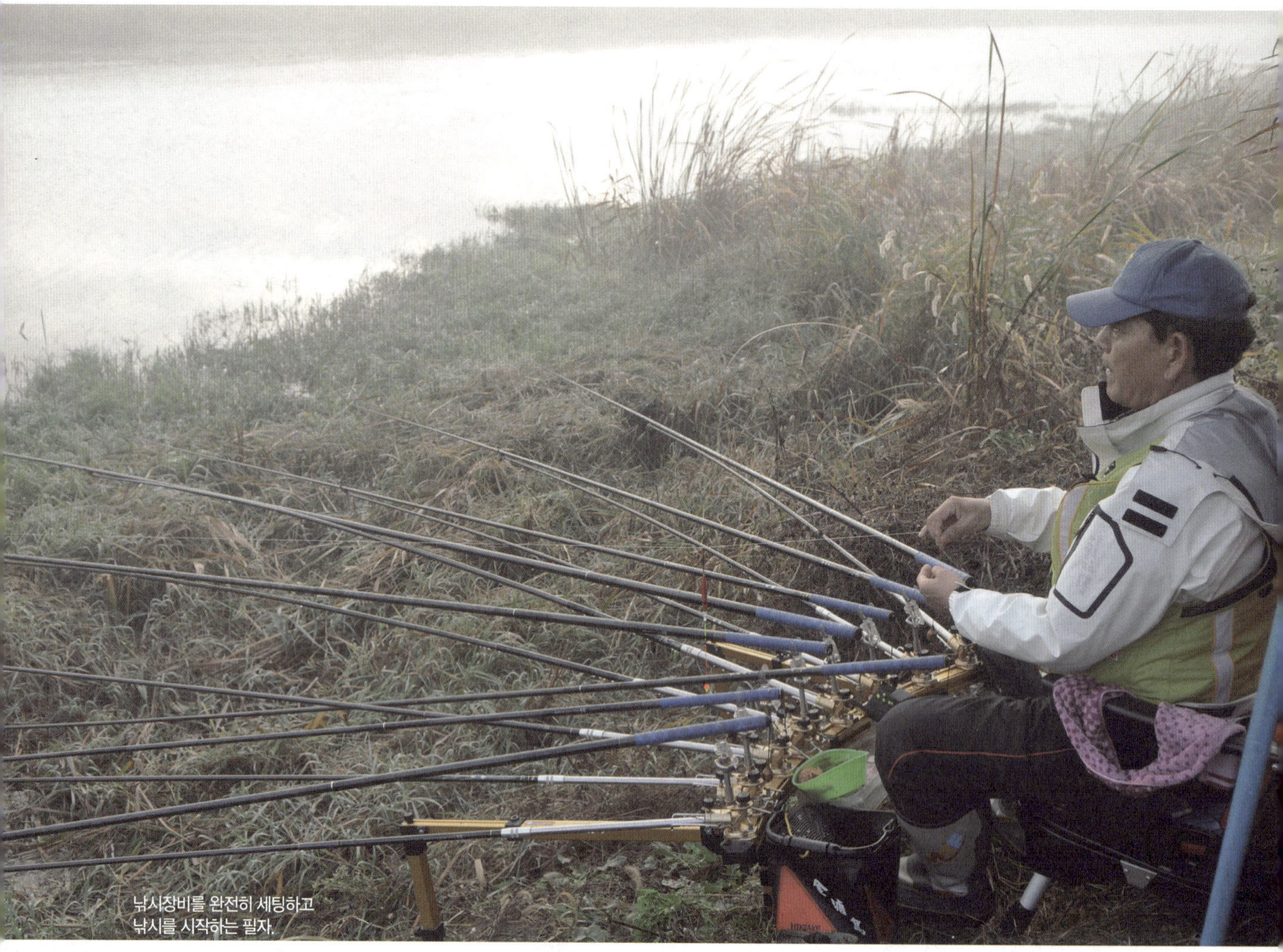

낚시장비를 완전히 세팅하고
낚시를 시작하는 필자.

1. 붕어낚시 기본 장비 목록

붕어낚시를 하면서 꼭 휴대해야 하는 장비와 비품은 이미 낚시를 즐겨 온 사람이라면 기본적으로 다 갖춰져 있겠으나 처음으로 낚시를 해보고자 하는 사람은 새로 준비해야 하는데, 무엇을 어떻게 구입해야 하는지 알 수가 없고, 예산을 얼마나 가져야 하는지도 궁금할 것이다.

우선 낚시에 입문하면 기본적으로 준비해야 하는 필수품부터 구입하고, 점차 경력이 붙으면 차근차근 필요한 장비를 추가해가는 것이 좋다. 따라서 여기서는 가장 기본적 준비물인 약식 세트와 차후 추가로 마련해가는 전체 세트를 구분하여 제시한다. 옆의 표에서 '초기 필수품'은 처음 낚시에 입문한 사람이 기본으로 준비해야 할 품목이고, '차후 준비품'은 낚시를 즐겨 가면서 천천히 준비해도 되는 품목이다.

기본 준비물 목록 및 수량

구분		품목	수량	초기 필수품	차후 준비품
낚시 장비	약식 세트	낚싯대	3	V	
		앞받침대	3	V	
		뒤꽂이	3	V	
	중간 세트	낚싯대	5		V
		앞받침대	5		V
		뒤꽂이	5		V
	전체 세트	낚싯대	9		V
		앞받침대	9		V
		뒤꽂이	9		V
비품		낚시가방	1	V	
		낚시의자	1	V	
		살림망	1	V	
		도구함	1	V	
		찌보관통	1		V
		뜰채	1		V
		방수살림망	1		V
		파라솔	1		
		우의	1		V
소모품		찌	소요량	V	
		낚싯줄	1	V	
		목줄	1	V	
		낚시바늘	소요량	V	
		찌고무	1	V	
		케미고무	1	V	
		봉돌	소요량	V	

● **어떤 낚시분야를 즐길 것인가?**

낚시장비 및 비품을 준비할 때는 우선 내가 어떤 낚시분야를 즐겨 할 것인가를 고려해야 한다. 떡밥낚시에서는 꼭 필요한 품목이지만 대물낚시에서는 필요 없는 장비나 비품이 있고, 반대로 대물낚시에서는 필수품이지만 전층낚시에서는 무용지물인 장비나 비품이 많기 때문이다. 따라서 스스로가 선택할 떡밥낚시,

대물낚시, 전층낚시 등의 분야를 미리 정하고 그에 맞는 분야의 장비와 비품을 준비해야 한다. 역시 초기에는 기본 장비만 최소한으로 준비하고 점차 늘려가는 형식으로 하는 것이 좋다.

분야별 낚시를 위한 준비

분야		떡밥낚시	대물낚시	전층낚시
장비	낚싯대	연질 혹은 중경질대 2~3칸 3대 준비	경질대 1.5~6.0칸 1세트준비 (9~18대)	전층 전용대 10~18척 3대 준비
비품	받침대	2~4절 받침대 3대	2~6절 받침대 12대	클램프, 받침대 2대
	낚시가방	2~3단 가방	4~5단 대물용 가방	전층 전용 가방
	낚시의자	팔걸이 의자	팔걸이 의자	전층좌대세트
	파라솔	대형	대형	대형
	새우통	불필요	소형 새우통	불필요
소모품	찌	저부력의 장찌	고부력의 단찌	전층 전용 찌
	바늘	5~7호 바늘	11~15호 바늘	4~6호 전층전용 바늘
	미끼	떡밥, 글루텐, 지렁이	새우, 옥수수, 메주콩 *동절기는 지렁이 추가	글루텐, 확산성 집어제

위의 표에 명기된 품목 외에도 앞의 '기본준비물 목록 및 수량'에서 보듯이 많은 준비품목이 있으나 여기에 명기한 것은 필수품목 중에서 분야별로 차이가 나는 품목 위주로 선정하고 그것을 구분해서 표기하였다. 위의 분야 외에도 여기에 명기하지는 않았으나 릴낚시나 보트낚시 분야를 즐기고자 한다면 또한 그에 맞는 장비나 비품을 준비해야 한다.

2. 낚시장비 구입요령

● 쇼핑몰보다 낚시점에서 구입하라

낚시장비를 판매하는 곳은 낚시점과 인터넷 쇼핑몰이 있는데 가급적이면 집에서 가까운 낚시점에서 구입하는 것이 좋다. 만약 인터넷사이트를 이용하여 구입하고자 한다면 여러 사이트를 방문해서 물건의 질과 사후관리(A/S) 등에 대해서 비교를 해보고 구입해야 한다. 특히 인터넷의 1회성 할인판매 사이트나 길거리 매점에서 구입하게 되면 자칫 조잡한 물건일 경우가 있고, 사용 중에 고장이 발생했을 경우

수리하기가 어렵다.

필자가 낚시점에서 구입할 것을 권하는 이유는, 낚시점 주인이나 직원에게서 구입하면 사용법에 관한 설명도 상세히 들을 수가 있고, 초보자가 원하면 구입 즉시 사용 가능하도록 채비도 묶어서 완성해 줄 뿐만 아니라 파손 시 수리 및 사후관리가 용이하고, 가까운 낚시점을 단골로 삼아두면 두고두고 낚시에 관한 조언 및 조황정보를 공유할 수가 있기 때문이다.

● **실용성 위주로 구입하라**

낚시장비를 구입할 때는 실용성 위주로 구입해야 한다. 낚시에 처음 입문하고자 하는 사람이라면 앞의 '기본 장비 목록'과 '분야별 준비표'에서 제시한 내용 중 낚시장비는 '약식 세트', 비품과 소모품은 '초기 필수품' 위주로 준비하고, 나머지는 낚시를 해가면서 필요에 따라서 한 가지씩 점차적으로 보강해가면 된다.

초기 약식 세트를 구성하고자 한다면 낚싯대는 가장 많이 사용하게 되는 2칸, 2.5칸, 3칸의 세 대를 선택하는 것이 무난하다. 그런 연후에 점차 위, 아래 칸수를 보강하면 전체 세트를 갖추게 되는 것이다. 받침대의 경우는 2절, 3절, 4절을 각 한 대씩 구입하면 약식 세트가 된다. 비품이나 소모품은 최소한의 판매단위(낱개 혹은 봉지)를 고려해서 꼭 필요한 품목만 구입하고 추후 낚시생활을 하면서 추가로 필요한 품목을 보강하여 나간다.

◀ 대형 낚시매장에서 붕어낚시 장비와 소품들을 구입하는 모습. 인터넷으로 사는 것보다 낚시점에 가서 여러 제품을 비교하여 살펴본 후 구입하는 것이 좋다.

● **중상급 가격의 제품이 무난하다**

장비나 비품을 선택할 때 그 재질과 제작사에 따라서 가격 차이가 많이 난다. 그러면 어떻게 선택해야 하는가? 여기에서 초보자는 중간 이상의 질을 택하는 것이 좋다. 너무 하급은 머지않아서 버리고 재투자를 하는 일이 생길 것이고, 너무 고급은 초보자가 사용하기에는 고장의 우려가 많고 수리비가 너무 부담이 될 수 있기 때문이다.

● **처음부터 많은 장비를 구입하지 않는다**

낚시장비를 준비하는 모습을 보면 크게 두 가지로 나뉜다. 하나는 낚싯대와 고급 장비 및 소품을 완전한 풀세트로 구비하는 것이고(500만원 이상 소요), 다른 하나는 낚싯대 4~5대와 의자, 파라솔 등 최소한의 장비와 소품만을 간편하게 준비하는(50만 원 이내 소요) 것이다. 그런데 낚시를 시작할 때 과도하게 준비한 사람은 장비를 다시 교체하거나 어떤 장비는 단 한 번도 사용하지 않고 짐짝으로 가지고만 다니는 경우가 발생한다. 그러나 최소한으로 준비한 사람은 필요에 따라서 자기에게 맞는 장비와 소품을 차근차근 추가로 구비해 나가므로 허실이 없이 완전한 꾼이 되어간다.

● **자기 취향에 맞는 낚싯대가 좋은 낚싯대이다**

아무리 비싼 고급의 낚싯대라도 자기가 추구하는 낚시취향에 맞지 않으면 그것은 스스로에게 좋은 낚싯대가 못된다. 가령 아무리 가볍고 탄성이 좋은 낚싯대라도 수초를 주로 공략하는 대물낚시 기법에는 적절하지가 않으며, 반대로 아무리 허리힘이 좋고 튼튼한 낚싯대라도 낭창거리는 맛이 없다면 떡밥콩알낚시 기법에는 어울리지 않는 대이다. 그러니 낚싯대의 좋고 나쁨은 그 가격이나 무게, 혹은 허리힘이나 탄성에서 비롯되는 것이 아니고 순전히 스스로가 구사하고자 하는 기법 적용과 체질에 적절히 맞는 낚싯대가 좋은 낚싯대이다.

● **낚싯대 수가 적을수록 길이가 중복되지 않게 갖춘다**

낚시장비에서 가장 핵심이 되는 것이 낚싯대이다. 그리고 낚싯대 구비의 핵심요소는 적절한 길이를 정하여 구비하는 것이다. 풀세트로 구비하는 경우와 달리 간편하게 준비할 경우는 그 길이를 적절히 선택해서 구비해야 한다. 어떻게 할까? 구비하는 낚싯대 숫자가 적을수록 길이를 중복하여 선택하지 않도록 다양하게 구비해야 한다. 예를 들어 다섯 대를 준비한다면 2.5칸(4.5m)을 기준으로 하여, 아래로는 2.0~2.2칸 1대 + 1.5~1.7칸 1대 등의 두 대를 구비하고, 위로는 3.0칸 1대 + 3.5칸 1대 등의 두 대를 구비하는 것이 좋다. 그런 연후에 점차로 취향에 맞는 낚싯대를 늘려가면서 같은 길이의 낚싯대를 두 대씩 구비할 수도 있고, 더 긴 대나 짧은 대를 구비할 수도 있는 것이다.

● **의자는 최대한 편안해야 한다**

낚시는 편안한 마음과 자세로 즐기는 힐링 레저다. 붕어낚시는 한 자리에 하루 혹은 이틀을 앉아서 즐기므로 최대한 편안한 의자를 구비해서 좋은 자세로 낚시에 임해야 한다. 의자가 불편하거나 작은 의자에 앉아서 낚시를 하면 몸에 무리가 갈 뿐만 아니라 척추와 근육 건강에도 좋지 않다. 앉아있는 의자가 편해야 낚시가 즐겁다.

● **파라솔은 넓고 튼튼한 것이 좋다**

파라솔은 우산과 양산의 기능을 동시에 가지고 있으면서 내 몸뿐만 아니라 낚시가방까지 보호해야 하는 장비이다. 간혹 파라솔이 작아서 비바람에 장비뿐만 아니라 온 몸이 젖는 경우가 있고, 파라솔이 크기는 한데 재질과 구조가 약하여 바람에 견디지 못하고 살이 부러져 버려 낚시를 중도에 포기해야만 하는 경우도 있다. 그러니 파라솔은 햇볕과 비바람을 막을 수 있도록 넓고 튼튼한 것을 마련하는 것이 좋다.

◀ 출조하기 전 낚시장비들을 다시 점검하고 있다.

● **가방은 넉넉한 것이 좋다**

낚시가방은 공간이 넉넉한 것이 좋다. 그래야만 낚싯대나 찌 등을 약간 많이 담아도 손상이 발생하는 것을 방지할 뿐 아니라 이동 시에 필요한 소품도 가방에 함께 담아서 간편하게 이동할 수 있다. 그러나 무조건 큰 가방이 좋다는 것은 아니고, 만약 4~5대 낚시를 즐겨한다면 3단 정도의 가방이면 족하고, 대물낚시를 즐겨한다면 5단 정도의 가방이 준비되어야 좋다는 의미이다.

● **낚싯대 길이에 맞는 받침대를 갖춘다**

받침대는 낚싯대 길이에 맞게 사용해야 한다. 만약 4.0칸 이상 긴 대에 3절 정도의 짧은 받침대를 사용하게 되면 낚싯대 무게를 감당하지 못하고 앞으로 처질 뿐만 아니라 물고기가 물고 끌면 뒷고리가 들려버려서 낚싯대가 물속으로 끌려가버리는 결과를 초래할 수도 있다. 또한 2.0칸 정도의 짧은 낚싯대에 4절 이상의 긴 받침대를 사용하면 낚싯대 중간이 처지게 되어 올려놓고 낚시를 하기 힘들다. 그러니 2.0칸 이내는 2절, 3.0칸 이내는 3절, 3.5칸 이상은 4절, 4.5칸 이상은 5절의 받침대를 각각 맞춰서 사용하는 것이 적절하다.

● **예비소품을 마련해서 휴대한다**

현장에서 낚시 간에 특정 소품이 모자라서 곤란한 경우가 있다. 예를 들면 찌가 수초에 걸려서 떨어졌다거나 봉돌이 떨어졌다거나 케미가 부족하다거나 바늘이 떨어졌는데 예비가 없다면 난감하다. 그러므로 항상 예비소품을 휴대하고 다니는 습관을 길러야 한다.

3. 추가 장비, 비품, 소모품 준비

기본 장비 외에도 낚시를 지속적으로 즐기기 위해서는 추가적으로 준비해야 하는 장비나 비품, 소모품이 많이 있어서 점차 낚시용품들이 늘어나게 된다.

받침틀 : 받침틀은 받침대를 땅이나 석축에 꽂아서 사용하는 대신 틀에 편리하게

설치하여 사용하는 장비다. 이러한 받침틀은 낚시분야에 따라서 규격이 다른데, 떡밥낚시를 한다면 2~4단 정도의 규격을 마련하면 되고, 대물낚시를 한다면 6~10단 정도의 규격을 마련해야 한다.

받침틀

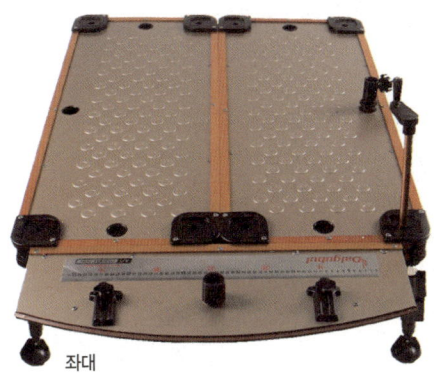
좌대

좌대 : 좌대(수상좌대)는 넓게 펼쳐진 얕은 수심대의 수초밭 속이나 앉을 자리가 협소한 연안에서 조금 들어간 물 위에 앉을 수 있도록 설치하는 장비다. 사실상 아주 공격적인 낚시를 구사할 경우가 아니라면 굳이 필요한 것은 아니다. 다만 대물낚시 분야를 즐겨 하고자 한다면 준비해두는 것이 좋다. 대물낚시에서는 수초밭 공략이나 장시간 낚시를 위한 자리 준비를 위해서 좌대가 필요하기 때문이다. 좌대는 발판만 있는 좌대부터 텐트를 얹을 수 있는 큰 좌대까지 다양한데, 기왕에 준비한다면 큰 규격을 선택하는 것이 좋다.

낚시텐트 : 낚시텐트는 일반 텐트와 달리 낚시의자를 둘러싸고 설치하는 소형 텐트다. 내 몸은 물론 낚시가방과 비품 등을 다 보관하면서 비바람과 밤이슬을 피하고 편안한 낚시를 즐길 수 있게 하는 장비다. 낮낚시만 한다거나 초저녁까지만 낚시하는 경우에는 꼭 필요한 장비는 아니나 밤을 새는 낚시를 한다면 가급적 텐트를 설치하여 내 몸을 보호하는 것이 좋고 필요시에는 잠시 누워서 휴식을 하기에도 적합하다. 이러한 낚시텐트는 접고 펴기의 편리성과 견고성을 고려해서 구입해야 한다.

수초낫 : 수초낫(수초제거기)은 포인트의 수초를 정리하는 도구로서 떡밥낚시에서는 많이 사용하는 장비가 아니나 대물낚시에서는 거의 매번 사용하다시피 하는 장비다. 수초낫은 5m 길이부터 10m 길이까지 있는데 가급적이면 긴 수초낫을 준비하는 것이 활용도가 높다.

수초낫

새우망과 새우통 : 새우망(새우채집망)은 미끼로 사용할 새우를 채집하기 위한

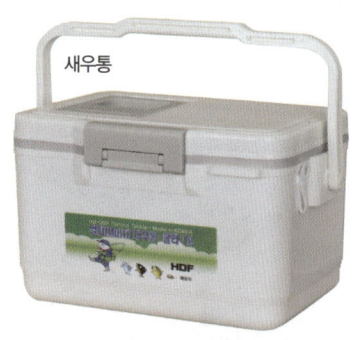

도구이며, 새우통(새우쿨러)은 채집한 새우를 보관하는 통이다. 새우망은 천망과 그물망이 있는데 간편하게 사용하기에는 사각 그물망이 적합하다. 새우통은 크지 않으면서도 보온이 잘 되고 얼음을 넣어 다닐 수도 있는 상품이 새우를 살려서 오래 보관하는 데 좋다.

낚시장화 : 낚시장화는 여러 가지 용도로 사용된다. 물이 있는 습지 포인트에서 낚시를 할 때 쓰이는 것은 물론이고, 비가 올 때는 필히 신어야 하며, 풀밭의 밤이슬을 헤치고 다닐 때 발생하는 풀독을 예방하는 데도 꼭 필요한 것이다. 또한 하절기에는 발목에 집중적으로 덤비는 모기나 뱀, 벌레의 공격도 막을 수가 있다. 이러한 장화는 낚시 전용이 아니라면 시장에서도 구입할 수도 있겠으나 가급적이면 낚시점에서 낚시전용 장화를 구입하는 것이 기능성 면에서 좋고, 특히 바닥에 미끄러짐 방지 처리나 핀이 박힌 갯바위장화는 석축 등에서 안전을 보장해주는 중요한 기능을 수행하기도 한다.

우의 : 우의는 낚시뿐만 아니라 모든 야외활동 시에 갖추어야 하는 품목이다. 혹 낚시복이 방수기능을 갖추었다고 하더라도 세찬 폭우를 막기엔 역부족이므로 우의는 별도로 준비해야 한다.

추가 복장 : 동절기에는 방한복을 여벌로 준비해야 하고, 하절기에는 가볍게 덧입을 여벌의 옷을 준비해야 한다. 야외활동을 할 때는 봄가을에도 방한복이 필요할 때가 있고, 한여름에도 긴팔 덧옷이 필요할 때가 있다.

난로 : 동절기에 밤낚시를 하기 위해서는 필히 야외용 난로(히터)가 구비되어야 한다. 난로는 안전이 제일이므로 다각도의 안전장치가 되어 있는 제품을 구입하는 것이 좋다.

아이스박스

아이스박스 : 음식과 음료수 등을 시원하게 보관하고, 물고기를 담아오는 용도로도 사용한다. 너무 큰 것보다 24리터 크기가 적당하다. 아이스박스는 겨울 얼음낚시에서 의자 대신 깔고 앉기도 하는데 허리춤을 끈으로 연결하여 만에 하나 얼음이 꺼지더라도 구명 부유통 역할을 하도록 활용하기도 한다.

손전등

손전등 : 큰 랜턴이나 소형의 LED 손전등 등을 준비하여 항상 휴대하여야 한다.

장갑 : 낚시용 장갑을 구입하여 손을 보호한다. 낚시용 장갑은 엄지와 검지를 잘라서 자유롭게 미끼를 꿰고 줄을 묶을 수 있도록 제조된 것이 유용하다.

장갑

뒷고리

뒷고리 : 뒷고리는 안전고리라고도 하며 낚싯대마다 손잡이 뒷부분에 장착해야 한다. 이것은 물고기에 의해서 낚싯대가 물 쪽으로 끌려 나가는 것을 방지하는 장치다.

도구함 : 떡밥과 낚시소품, 옷이나 간단한 음식물 등을 담아 다닐 수 있는 큰 도구함(태클박스)과 여분의 원줄, 목줄, 바늘쌈, 찌불, 구급약 등을 담아서 낚시가방에 넣어 다닐 수 있는 소형 도구함을 준비한다.

도구함

고무줄끈 : 낚시 간에 사용할 중요한 안전도구 중 하나다. 사소한 품목이기는 하나 뱀이나 지네에 물리거나 상처로 인해 지혈이 필요할 때 요긴하게 쓰인다. 또 높은 위치에서 물을 떠 올릴 때도 활용하고, 새우망을 멀리 던져 넣어야 할 때도 활용한다.

취사도구 : 버너와 코펠 등 취사도구는 휴대가 간편한 제품으로 마련하여 활용한다.

취사도구

제6강

낚싯대

1. 낚싯대의 역사

▼ 흑백사진 속의 대나무 낚싯대. 글라스 로드가 나오기 전까지는 대나무가 낚싯대 재료로 쓰였다.

필자가 어릴 때는 스스로 만든 대나무 낚싯대를 들고 마을 앞 들 끝자락의 수로에 나가서 낚시를 했다. 그러다가 세월이 흘러 중학생이 되었을 때는 꽂기식 대나무

낚싯대가 등장하였고, 이어서 지금과 같은 뽑기식 유리섬유 낚싯대(글라스 로드)가 등장하여 많은 사람들의 사랑을 받게 되었다. 그리고 필자가 성인이 되었을 때는 이미 모든 낚시인들이 글라스 낚싯대를 사용하게 되었고, 대나무 낚싯대는 고급 수제품 외에는 구경할 수가 없었다. 그 후 카본 소재 낚싯대가 등장하면서 무게가 줄고 기능과 디자인이 고급화되었고, 카본 소재를 기본으로 하면서 새로운 물질을 첨가한 신소재의 고급 낚싯대가 연이어 나와 낚싯대의 홍수시대를 맞이하게 되었다. 필자는 낚싯대에 관한 한 고래의 대나무 낚싯대부터 최고급 신소재 낚싯대까지 그 변화를 직접 경험하며 함께 해 온 셈이다. 이러한 낚싯대는 낚시분야의 다양한 진화에 따라서 그 종류가 다양하게 발전하였으며, 오늘날에는 같은 붕어낚시를 구사하면서도 취향과 기법에 따라서 재질과 탄성 등을 달리하는 낚싯대를 구분하여 세트로 갖추고 사용하는 시대가 되었다.

● 제1세대 : 대나무 낚싯대

태초에 인류는 각 지역에서 구하기 용이한 막대기 종류를 낚싯대로 활용했을 것이다. 우리나라와 같이 대나무가 자생하는 온대지역에서는 길고 가벼운 대나무로 만든 낚싯대를 주로 사용하였을 것이다. 언제부터 대나무 낚싯대가 사용되었는지 그 시기는 정확히 알 수 없으나 고대 유적 혹은 중국의 산수화나 우리나라 조선시대의 조선도(釣仙圖)에 대나무 낚싯대로 낚시하는 모습이 등장하는 것으로 보아서 대나무 낚싯대는 고대부터 우리가 살고 있는 현대까지 긴 기간 동안 사용해온 낚싯대인 것은 분명하다. 이러한 대나무 낚싯대는 오늘날에도 가내 수공업을 통하여 전승되고 있으며, 지금의 수공예품 대나무 낚싯대는 장인에 의한 명품으로 오히려 카본 소재 낚싯대보다 더 고급품에 속한다.

▼ 1970년대부터 1980년대 초까지 애용된 글라스 로드. 1980년에 카본낚싯대가 등장한 후 글라스 로드는 서서히 역사 속으로 사라졌다.

● 제2세대 : 글라스 낚싯대

1960년대 후반으로 들면서 유리섬유 소재의 글라스 낚싯대(Glass fiber rod)가 생산됨으로써 낚시의 대중화와 부흥이 이루어졌다. 조구업체에서는 규격화된 낚싯대의 대량생산이 쉬워졌고, 낚시인은

누구나 새로 나온 멋진 글라스 낚싯대를 구입했다. 지금은 글라스 낚싯대는 무겁고 불편한 낚싯대로 취급받아 많이 쓰이지 않지만 당시로서는 대나무를 대신하는 혁신적인 낚싯대였던 것이다.

이러한 글라스 낚싯대의 보급은 많은 낚시인을 양산했다. 멋진 낚싯대를 들고 자연으로 나가서 어울리는 것이 고급 사교의 장이 되기도 했다. 특히 한꺼번에 여러 대의 낚싯대를 가방에 휴대할 수 있어서 함께 간 사람이랑 나누어 쓰는 등 그 편리함이란 이루 말할 수가 없었다. 글라스 낚싯대는 현재까지도 일부 생산되고 있으며, 수초 공략을 즐겨 하는 낚시인들은 일부러 값싸고 튼튼한 글라스 낚싯대를 선호하기도 한다.

● **제3세대 : 카본 낚싯대(Carbon fiber rod)**

글라스 낚싯대에 이어서 1980년대에 등장한 카본 낚싯대는 탄소섬유를 소재로 한 것으로 가히 낚싯대의 혁명이라고 불릴만한 것이었다. 카본 낚싯대의 등장은 낚싯대의 고급화와 경량화를 실현시켰으며, 이때부터 낚싯대는 고급 세트화해 갔다. 번쩍이는 여러 대의 고급 카본 낚싯대를 받침대까지 세트로 펼쳐놓고 폼을 잡는 낚시인들이 등장하였다.

카본 낚싯대가 등장한 이후 지속적인 연구 발전을 거듭한 낚싯대는 보론, 케블라 등의 보강재를 첨가하여 더 강해졌고 재질 및 디자인의 고급화와 기법다양성의 목적에 부합하는 다품종화 시대를 구가하고 있다. 지금 이 시간에도 낚싯대는 계속해서 발전하고 있으며, 차세대 낚싯대는 가볍고도 강도가 높은 카본나노 소재를 활용하는 등 진화하고 있다.

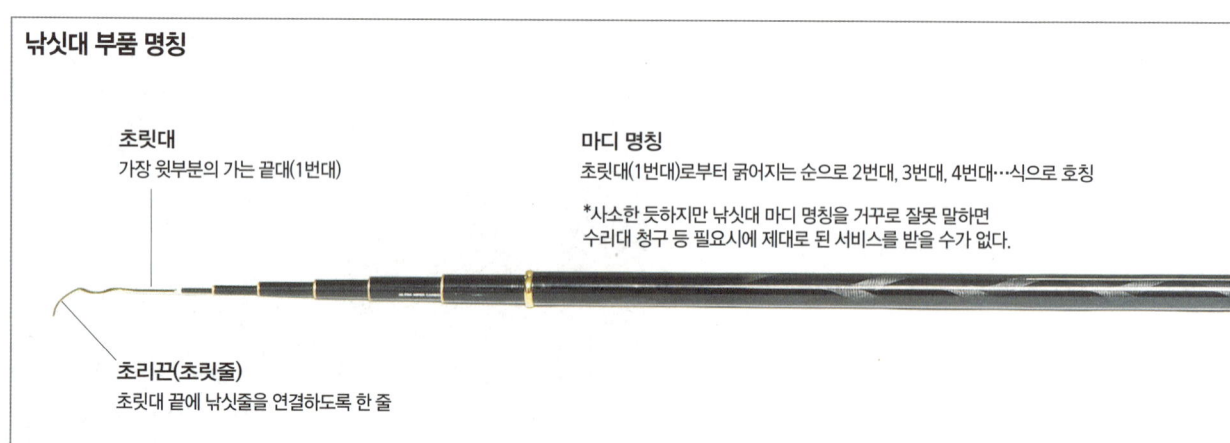

낚싯대 부품 명칭

초릿대
가장 윗부분의 가는 끝대(1번대)

마디 명칭
초릿대(1번대)로부터 굵어지는 순으로 2번대, 3번대, 4번대…식으로 호칭

*사소한 듯하지만 낚싯대 마디 명칭을 거꾸로 잘못 말하면 수리대 청구 등 필요시에 제대로 된 서비스를 받을 수가 없다.

초리끈(초릿줄)
초릿대 끝에 낚싯줄을 연결하도록 한 줄

2. 붕어낚싯대의 종류

● **낚싯대의 경질에 따른 분류**

낚싯대를 분류하면서 강도를 나타내는 것은 통상 톤(ton)으로 표시하고, 휨새를 나타내는 것은 경질(硬質)로 표시한다. 낚싯대의 표시에서 강도를 나타내는 '톤'은 소재인 카본원단의 압축강도를 의미하며 표시된 톤수가 높을수록 고강도, 고경량, 고감도의 낚싯대로 만들어질 가능성이 높다. 한편 단단하고 무른 정도를 의미하는 '경질'은 소재의 경도보다는 완성된 낚싯대의 경도를 표시하는 의미로 사용하는데, 연질, 중경질, 경질로 분류한다. 이러한 각 경질은 낚시기법에 따라서 그 용도를 달리하므로 자기가 구사하고자 하는 낚시 취향에 따른 선택을 하는 것이 바람직하다.

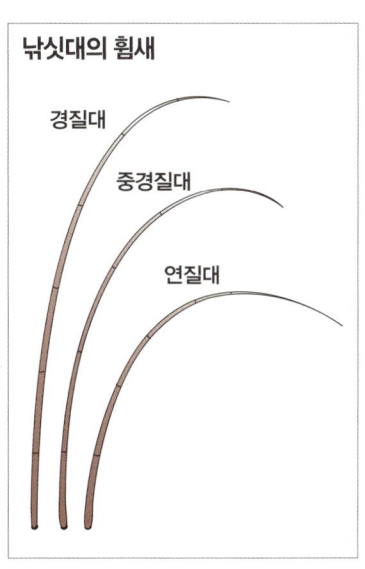

① 연질대

연질대는 낚싯대 손잡이부터 초릿대까지 전체의 휨새가 부드럽고 유연하게 많이 휘는 특성이 있는 낚싯대이다. 탄성의 중심은 대의 중간 하단인 허리부분의 손잡이대 쪽이 되며, 강한 손맛과 더불어서 비록 잔챙이라도 아기자기한 손맛 또한 더불어 즐길 수가 있는 장점이 있는 낚싯대이다. 그러나 무거운 봉돌의 고부력 채비나 수초를 공략해야 하는 포인트에서 사용은 제한되며, 큰 물고기를 걸었을 때

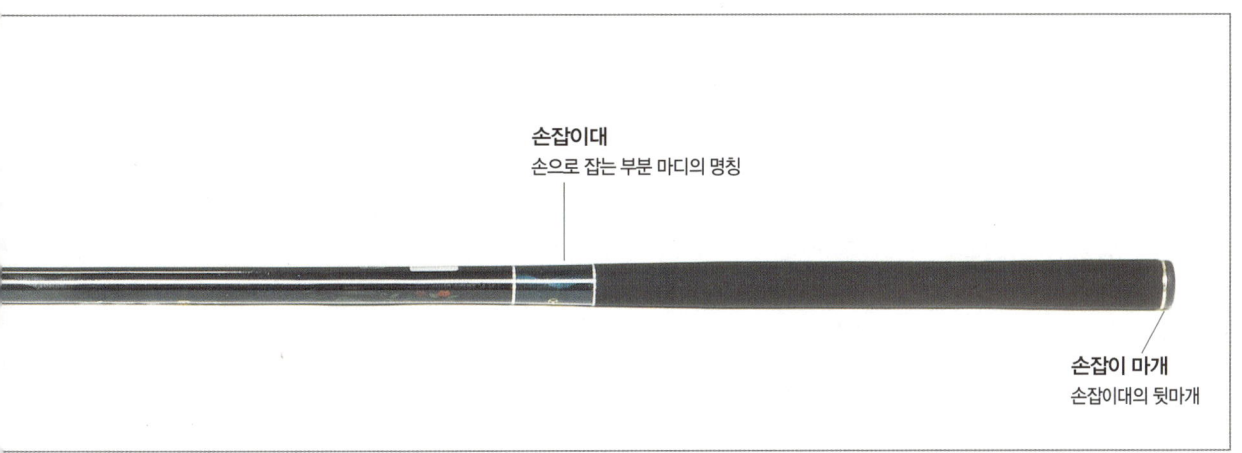

제압이 어려우므로 대물낚시용으로는 적합하지 못하고, 떡밥콩알낚시 등 가벼운
마릿수 낚시를 즐기는 용도로 적합하다.

②중경질대
중경질대는 연질대와 경질대의 중간 탄성을 갖는 낚싯대로서 휨새의 중심이 허리
중심 부근에 있도록 제작된 낚싯대다. 이러한 중경질대는 떡밥콩알낚시와
대물낚시를 두루 구사할 수 있도록 폭넓게 활용 가능하나 긴 대를 사용할 시에는
대의 유연성 때문에 손에 오는 무게감이 크게 느껴지는 것이 흠이다.

③경질대
경질대는 낚싯대의 손잡이부터 초릿대까지 전체가 빳빳하며, 대 휨새의 중심은
중간보다 훨씬 위쪽에 오도록 설계된 낚싯대다. 이 낚싯대의 가장 큰 장점은 호쾌한
큰 손맛을 즐기는데 적합하며, 큰 물고기를 걸었을 때 제압이 용이하다는 것이다.
특히 수초지대에서 고부력채비로 여러 대를 편성한 대물낚시를 할 때와 아주 긴
대를 사용한 낚시를 할 때 필요한 대이며, 허리 힘이 강해서 웬만한 물고기는 수초
위로 강제로 끌어와도 충분히 힘을 발휘한다. 다만 잔챙이를 걸었을 때는
아기자기한 손맛이 적다. 요즈음의 경기낚시에서는 빠른 제압과 사용의 용이성을
고려하여 가벼운 경질의 낚싯대를 주로 사용한다.

● 낚싯대의 길이에 따른 분류

낚싯대의 길이 표시는 칸, 미터, 척으로 구분한다. 우리나라에서는 칸, 일본에선 척을 길이 단위로 사용하며, 서양에선 미터와 피트를 혼용하고 있다. 우리나라의 붕어낚싯대는 미터 단위보다는 칸 단위로 통용되고 있다. 현재 생산 유통되고 있는 낚싯대의 대표적인 규격 분류는 아래의 표와 같다. 아래의 표에서는 낚시인들이 대표적으로 호칭하는 길이의 낚싯대를 규격 분류의 기준칸수로 정하고, 그와 유사하게 위, 아래로 포함되는 길이 범주를 짧은 대, 중간 대, 긴 대로 분류해 보았다.

기본채비를 위해 낚싯대의 구색을 갖추는 데는

낚싯대의 길이별 분류

구분	기준칸수	길이	포함범위
짧은 대	한 칸	1.8m	1칸~1.25칸
	한 칸 반	2.7m	1.5칸~1.7칸
	두 칸	3.6m	1.9칸~2.3칸
중간 대	두 칸 반	4.5m	2.4칸~2.7칸
	세 칸	5.4m	2.8칸~3.3칸
긴 대	세 칸 반	6.3m	3.4칸~3.7칸
	네 칸	7.2m	3.8칸~4.3칸
	네 칸 반	8.1m	4.4칸~4.7칸
	다섯 칸	9.0m	5.0칸~5.3칸
	여섯 칸	10.8m	5.8칸~6.3칸

| 토막상식

칸 단위
칸 단위는 우리나라의 전통적인 길이 단위이다. 1칸은 6자, 즉 1.8m이므로 3칸 낚싯대라 함은 3×1.8=5.4m 길이의 낚싯대를 말한다. 현재 우리나라 대부분의 조구업체에서 생산하는 낚싯대의 단위는 칸으로 표기되어 있고, 그 옆에 미터 단위가 병행 표기되어 있다.

미터 단위
미터 단위는 낚싯대 길이를 미터법에 의거하여 표시한 것을 말한다. 우리나라에서도 일부 조구업체에서는 이러한 미터법 표기를 우선하고 병행하여 칸 단위나 척 단위를 표기하는 곳도 있다. 미터 단위의 숫자를 1.8로 나누면 칸 단위가 된다.

척 단위
전층낚시용 낚싯대의 길이 단위로 쓰인다. 1척은 1자, 즉 30.3cm를 말한다. 따라서 18척 낚싯대는 18×30.3=545.4cm이므로 약 5.4m 길이의 낚싯대를 나타낸다. 이것을 다시 칸 단위로 환산하면 18척은 3칸대 정도의 길이에 해당한다.

약식세트의 경우 2칸, 2.5칸, 3칸의 세 대를 갖추고, 중간세트의 경우 약식세트에 1.5칸과 3.5칸을 추가하여 다섯 대를 갖추며, 전체세트의 경우에는 1칸~5칸까지 아홉 대를 갖추면 된다. 그러나 요즘은 6칸 이상의 긴 대도 생산 유통되고 있으므로 필요시에는 다 갖추어야 완전한 세트를 구성할 경우도 있다.

● **낚시장르에 따른 낚싯대 분류**

지금까지는 낚싯대를 선택하기 위한 참고사항을 열거한 것이다. 이제는 스스로에게 필요한 낚싯대를 실제로 선택하기 위한 제안이다. 우선 개인이 낚싯대를 선택할 때의 기준은 어떤 낚시기법을 구사할 것인가이다. 자기가 구사하고자 하는 낚시기법과 여건에 맞게 낚싯대를 선택해야 사용하는 데도 용이하고 낚시의 맛을 제대로 느낄 수가 있다.

필자는 낚싯대는 절대 사치품이 아니라고 강조한다. 낚싯대를 선택할 때는 그 질(質)이 문제가 아니라 자기에게 필요한 종(種)이 문제인 것이다. 즉 비싼 가격이냐 아니냐보다는 스스로에게 맞는 실용성 있는 종류의 낚싯대를 선택해야 한다는 의미이다.

①떡밥콩알낚시용
떡밥콩알낚시는 큰 붕어를 노리기보다는 집어를 하여 자주 오는 입질을 보면서 찌맛과 손맛을 즐기는 낚시분야다. 그리고 낚싯대는 두세 대를 운용하되 아주

부지런히 낚싯대를 들어서 떡밥미끼를 바꿔 달아서 재투척을 해야 하는 낚시다.
여기에서 핵심은 세 가지다. 하나는 손맛을 극대화할 수 있는 낚싯대가 필요하다는
것이고, 또 하나는 자주 낚싯대를 들었다 났다 해야 하므로 가벼운 낚싯대여야
한다는 것이며, 소요되는 낚싯대 숫자가 많지 않아도 된다는 것이다.
따라서 떡밥콩알낚시를 즐겨하기 위한 낚싯대를 선택한다면 손맛이 잘 전달되도록
적당히 낭창거려야 하며 무겁지 않고 사용하기에 편한 짧은 대여야 한다. 그러니
연질대로 하되 중간 길이의 대까지 다섯 대 정도를 선택하면 적당하다. 그러다가
숙달이 되어 긴 대를 자유롭게 쓸 수 있을 때는 4.0칸까지도 사용하게 된다.

②대물낚시용
대물낚시는 주로 수초나 수중 장애물을 공략하는 거친 낚시를 구사하게 되며,
낚싯대는 1.0칸의 짧은 대부터 6.0칸 이상의 긴 대에 이르기까지 포인트 여건에
따라서 6~10대를 편성 운용한다. 낚싯대가 튼튼해야 하고, 빳빳해야 하며, 낚싯대
숫자가 많아야 한다는 것이 특징이다.
따라서 대물낚시를 구사하기 위해서 낚싯대를 구비한다면 고탄성의 경질대로
최소한 10대 이상을 세트화하여 준비하는 것이 타당하다. 그러다가 낚시를
진행해가면서 최소한 두 세트 정도의 낚싯대를 구비해야 완전한 대물낚시를
자유롭게 구사할 수가 있다.

3. 받침대와 받침틀의 선택

● 받침대와 뒤꽂이

받침대는 앞받침대와 뒤꽂이로 나뉘는데, 그냥 받침대라고 하면 앞받침대를 말한다.
앞받침대는 통상 낚싯대의 재질과 같은 종류가 세트로 생산된다. 그것은 낚싯대와
동일한 재질과 색상, 탄성 등으로 세트를 구성하기 위함이다. 이러한 받침대의
규격은 절수로 표시되며, 2절부터 7절까지 다양하다. 절은 토막 수를 말하며, 한
절의 길이는 보통 70cm 전후이다.
앞받침대는 낚싯대의 길이에 맞게 사용해야 하는데, 앞받침대의 규격별 용도는

▲ 받침틀에 세팅된 받침대와 낚싯대.

아래의 표와 같으며, 이 규격에 맞춰 사용하지 않을 경우에는 사용 간에 불편이 따른다. 예를 들면 짧은 2절 받침대에 3칸 대를 올려놓게 되면 받침대가 낚싯대를 제대로 지탱하지 못하고 뒷부분이 들리게 되며, 4절의 긴 받침대에 2칸 정도의 짧은 대를 올려놓게 되면 낚싯대의 중간 부분이 아래로 처져서 내려앉는다. 특히 짧은 받침대에 긴 대를 올려놓았을 경우 물고기가 낚싯대를 순간적으로 끌고 나가게 되면 낚싯대의 손잡이 부분이 들리게 되어 비록 안전고리를 설치했더라도 낚싯대가 물 가운데로 끌려가게 되므로 주의해야 한다.

한편 뒤꽂이는 뒷받침대라고도 하며, 낚싯대 손잡이 부분을 올려놓는 것으로 외꽂이와 쌍꽂이로 구분된다. 또한 외꽂이는 상하 조절 기능이 있는 것과 없는 것으로 구분된다. 쌍꽂이는 하나의 뒤꽂이에 낚싯대 2~3대를 올려놓도록 설계되어 있다. 뒤꽂이는 가급적 상하

앞받침대의 규격별 용도

절 수	사용 낚싯대 길이	절 수	사용 낚싯대 길이
2절	1.0칸~1.5칸	5절	3.0칸~3.5칸
3절	2.0칸~2.5칸	6절	4.0칸~4.5칸
4절	2.5칸~3.0칸	7절	5.0칸 이상

제6강 낚싯대

조절기능이 있는 외꽂이를 사용하는 것이 편리하고 안전하다. 쌍꽂이의 경우는 낚싯대 안전고리를 걸리게 하는 기능이 없으므로 낚시 간에 더욱 주의해야 한다. 뒤꽂이의 낚싯대가 놓이는 머리 부분은 낚싯대를 붙잡을 수 있는 다양한 제동장치(브레이크)가 개발되어 시판되고 있다. 그러나 이것도 비나 이슬 등의 물기에 젖게 되면 그 브레이크 기능을 원활히 못하여 낚싯대가 밀려 나가게 되므로 비록 브레이크 장치가 되어있는 뒤꽂이라도 안전고리는 해 두는 것이 좋다.

● 받침틀의 사용

1980년대 말경 최초로 등장한 초창기의 받침틀은 릴낚시와 대낚시를 겸해서 사용할 수 있도록 설계되었다. 그러나 오히려 대낚시를 하는 사람들이 더 많이 찾게 되면서부터 빠르게 진화했으며, 1990년대 초반에 들어서는 2~4단 받침틀이 주로 생산되다가 1990년대 후반으로 들면서 5단 받침틀이 생산되었고, 2000년대 들어서 대물낚시가 붐을 이루면서는 다대편성의 추세에 맞춰서 8~10단 받침틀이 주를 이루고 있다.

이러한 받침틀은 마침내 받침대를 포함한 세트화 발전으로 편리하고 손쉽게 낚싯대를 거치할 수 있도록 진화하였고, 평지나 급경사 혹은 석축지대 등 어느 장소에서든 편리하게 설치하여 낚시를 구사할 수 있는 장비로 확실히 자리매김 했다.

더구나 관리형낚시터 좌대에서의 다대편성 낚시와 개인 좌대를 이용한 수중좌대 낚시에서는 받침틀이 필수장비가 되며, 만약 받침틀의 발전이 없었다면 이러한 낚시는 거의 불가능하였을 것이다. 즉 받침틀의 진화가 낚시 포인트의 폭을 그만큼 넓게 해준 것이다.

4. 낚싯대 관리 6訓

● 절대로 바닥에 놓지 마라

초보자들을 보면 낚싯대를 바닥에 놓고 다른 동작을 하는 것을 쉽게 볼 수가 있다. 참으로 위험천만한 일이다. 낚싯대를 바닥에 놓으면 우선 무심코 돌아서다

밟아버리는 일이 흔히 발생한다. 그렇게 밟는 순간 이미 낚싯대는 사용 불가하게 파손되고 마는 것이다. 또한 낚싯대를 바닥에 놓으면 아무리 조심해도 흙먼지가 묻게 된다. 이런 흙먼지가 묻은 상태에서 대 마디를 접으면 내부로 묻어 들어간 이물질에 의해서 마디가 다 긁혀서 손상될 뿐만 아니라 잘 빠지지 않게 되고, 이것을 억지로 빼내려다가는 부러지기 십상이다. 혹 억지로 힘을 써서 빼낸다고 하더라도 낚싯대의 표면 도장 부분에 많은 흠이 생기게 되고 아주 흉물스러운 모습으로 변하게 된다. 그렇기 때문에 낚싯대는 항상 받침대에 올려져 있어야 하고 불가피한 경우라면 땅바닥에 놓는 것보다는 차라리 물에 놓는 것이 현명하다.

● **펴고 접을 때 성급하게 하지 마라**

낚싯대를 펼 때는 마디 하나하나를 차분히 빼되 마디의 끝부분에서 힘을 주어 완전히 빼주어야 한다. 낚싯대 마디를 조심한다고 적당히 빼 놓으면 낚시 간에 스스로 접히면서 흘러내리는 불편이 있을 뿐만 아니라 마디 사이에 공간이 생겨서 이슬이나 물 등에 의해 수막이 형성되고, 이러한 상태에서 붕어를 걸거나 수초에 걸려 힘을 주게 되면 오히려 접어지지 않는 고착현상이 발생한다. 낚싯대를 접을 때는 힘이 일직선으로 가해지도록 바르게 잡고 살짝 비틀면서 접으면 된다. 그러나 마디가 쉽게 들어가지 않으면 낚싯대를 똑바로 세우고 그 마디 부분을 살짝 들었다가 톡 쳐서 넣으면 된다. 그래도 들어가지 않으면 뒷마개를 풀고 바닥에

◀ 낚싯대를 수건으로 닦으면서 접고 있는 필자. 낚싯대는 특히 펴고 접을 때 여유를 가지고 관리해야 한다.

동전이나 깨끗한 돌의 반반한 부분에 낚싯대를 세운 다음 살짝 들었다가 톡 치면 들어간다. 이때에도 위의 여러 마디가 동시에 접어지면 초릿대부터 조심해서 다시 뽑아서 마디가 서로 물고 끼지 않도록 정리를 하여야 마디 파손을 방지할 수가 있다.

● 씻고 닦고 말려라

하루 낚시를 하고 나면 우리가 모르는 새에 낚싯대에는 이물질이 엉겨붙게 된다. 물에 닿는 부분은 수중의 물때가 엉기고, 노출된 부분은 육지의 이물질들이 엉기게 된다. 그러므로 낚시를 마감할 때는 낚싯대를 접기 전에 물때가 묻은 부분을 물속에 넣고 흔들어서 헹군 다음에 마른 수건으로 잘 닦아서 접어 보관해야 한다. 만약 물때가 없다면 억지로 물을 묻힐 필요는 없다. 낚싯대에는 물이 항상 악영향을 주기 때문이다.

낚싯대를 접을 때에는 한 마디씩 물기나 먼지 등을 닦으면서 접는다. 이때 수건으로 닦는 동작을 하다가 자칫 위쪽으로 순간의 힘이 가해지면서 마디가 꼭 끼게 되면 잘 접히지 않는 경우가 있고, 어쩌다가 살짝 옆으로 힘이 가해지면서 꺾이면 한 순간에 마디가 부러져버릴 수가 있으니 주의해야 한다.

그리고 집에 도착해서는 항상 낚싯대를 말려야 한다. 여건이 허락한다면 하나하나 분해해서 닦아 말리면 좋겠으나 그런 여건이 되지 않으면 공기가 잘 통하는 공간에 가방을 열어 두는 것이 좋다. 특히 창고나 차량에 보관한다면 필히 가방을 열어 환기가 되도록 해 주어야 한다. 만약 습기가 있는 상태로 가방을 닫아서 보관하면 낚싯대 도장 부분이 물집이 생기게 되고, 나중에는 도장이 벗겨지는 현상도 발생하여 흉물스러워지고 고장이 생기기도 한다.

● 낚싯대는 빌려서 쓰는 것이 아니다

'내 마누라는 빌려줘도 OO만은 못 빌려 준다'고 하는 품목이 몇 가지 있다. 낚싯대도 그중의 하나다. 아니 어쩌면 그런 표현이 가장 잘 해당되는 품목일 것이다. 낚싯대를 빌려서 사용하고자 하는 사람은 보나마나 쌩초보일 것이고, 그런 사람이 아무리 주의를 한들 온전하게 관리할 수는 없을 것이다. 필자도 그런 경험이 있지만 착실한 사람이라고 빌려줬다가 나중에 보면 꼭 문제가 발생한다. 물론 빌려 사용한 사람이야 조심스럽게 관리하였겠지만 돌아온 낚싯대는 항상 예전과 같지 않으니 아예 빌리려고 하지도 말고 빌려 주지도 않아야 하는 것이 낚싯대이다. 만약 어쩔 수 없는 사람이 빌려달라고 하면 차라리 그 수준에 맞는 낚싯대 한두 대를 마련해서

기증하는 것이 현명할 것이다.

● 내게 맞는 낚싯대를 찾아라

낚싯대는 자기의 체질과 능력 그리고 상황에 맞게 운용해야 한다. 어떤 이는 "나는 항상 짧은 대만 사용하면서도 물고기만 잘 낚는다"고 자랑삼아 말하고, 어떤 사람은 "나는 짧은 대는 영 흥미가 없고 항상 긴 대 위주로 사용한다"고 자랑삼아 말하며, 또 어떤 이는 연질대만 사용한다고 하고, 어떤 이는 경질대만을 사용한다고 한다. 그러나 이러한 것은 각자의 선호도에 국한되는 얘기이며 곧 고정관념을 말한다. 그리고 그 고정관념은 더 이상의 발전을 저해한다. 그러므로 낚싯대를 운용할 때는 우선 자기의 취향을 고려하되, 스스로의 체질과 대를 운용할 능력에 맞춰야 하고, 그러면서도 가장 중요시되어야 하는 것은 현장의 상황에 맞는 운용이다. 제삿날 지방을 쓰면서 큰 붓을 잡고 글씨를 쓰려 한다면 맞지가 않고 광화문 현판을 쓰려 하면서 세필 붓을 잡고 설치는 것은 맞지 않는 것이다.

● 명검은 임자를 잘 만나서 갈고 닦아야 명검이다

아무리 명검이라도 그것을 사용하는 무사를 잘못 만나면 그 빛을 발하지 못하고, 갈고 닦지 아니하면 명검으로서의 가치를 발휘하지 못한다. 우리가 낚시를 함에 있어 낚싯대는 명장의 연장이요, 명필의 붓이요, 무사의 명검이다. 이러한 낚싯대를 잘 관리하고 잘 운용하는 것이 낚시의 고수다운 모습을 갖는 것이고, 낚시의 참 멋을 살리는 것이다. 내가 지니고 있는 낚싯대가 아버지에게서 물려받은 구식 낚싯대이든 최신의 고가품이든 간에 내가 관리하고 사용하기에 따라서 얼마든지 명필이 될 수가 있고 명검이 될 수가 있으며 나의 품위를 높여 줄 수가 있다. 사용하는 낚싯대의 가격 차이로 낚시인의 품위를 평가할 수는 없는 것이기 때문이다.

낚싯줄

1. 원줄

원줄은 낚싯대에 매어 쓰는 낚싯줄을 칭하는 용어다. 이러한 원줄은 재질에 따라서 나일론사와 카본사 그리고 합사로 구분된다. 붕어낚시에서는 주로 나일론사나 카본사를 사용한다. 원줄은 낚시기법과 채비에 따라서 각각 다른 재질과 굵기의 것을 선택하여 사용한다.

● **나일론사**

나일론사는 인류가 만든 최초의 합성섬유로서 폴리아미드 화학섬유를 길게 뽑은

▼ 다양한 붕어낚시용 원줄.

것인데, 이 줄을 맨 처음 만든 미국 듀퐁(Dupont)사의 상표명이 나일론(Nylon)이었기 때문에 붙은 이름이다. 나일론사의 특성은 적당한 신축성과 강도를 가지고 있으면서 비중은 카본사보다 가볍고, 감촉이 부드럽고 유연하여 줄 꼬임이 자주 발생하는 특징이 있다. 인화성이 강해서 열에 약하다.

● 카본사

카본사는 폴리불화비닐리덴이라는 합성섬유인데 이 섬유를 이용해 처음 낚싯줄로 만든 일본 쿠레하화학에서 '시가(Seaguar)'라는 자사 상표의 낚싯줄 포장지에 플로로카본(fluoro carbon)이라고 표기하였기 때문에 우리나라로 수입되었을 때 후로로카본사 또는 카본사로 불렸다. 실제로는 카본 성분이 들어 있지 않다. 나일론사에 비해서 빳빳하고 비중이 무거워서 물에 잘 가라앉는다. 또한 신축성이 약해서 잘 늘어나지 않고, 줄 꼬임도 나일론사보다 덜 발생하며 열에 강하다.

▼ 나일론사(좌)와 카본사(우). Carbon 또는 Fluoro carbon이라 표기돼 있는 줄은 카본사이고, 그런 표기가 없거나 Mono라고만 표기돼 있는 줄은 나일론사다.

● 합사

여러 가닥의 가는 줄을 합쳐서 꼬아 만든 원줄을 말한다. 나일론사나 카본사는 모두 한 가닥의 단사(單絲) 즉 모노필라멘트(monofilament)인데 그것을 꼬아 만든 것이 합사인 것이다. 소재에 따라 'PE(polyethylene) 라인' 또는 '케블라(Kevlar) 합사' 등으로 부른다. 합사(合絲)는 단사보다 인장강도가 월등히 강하나 엉킴이

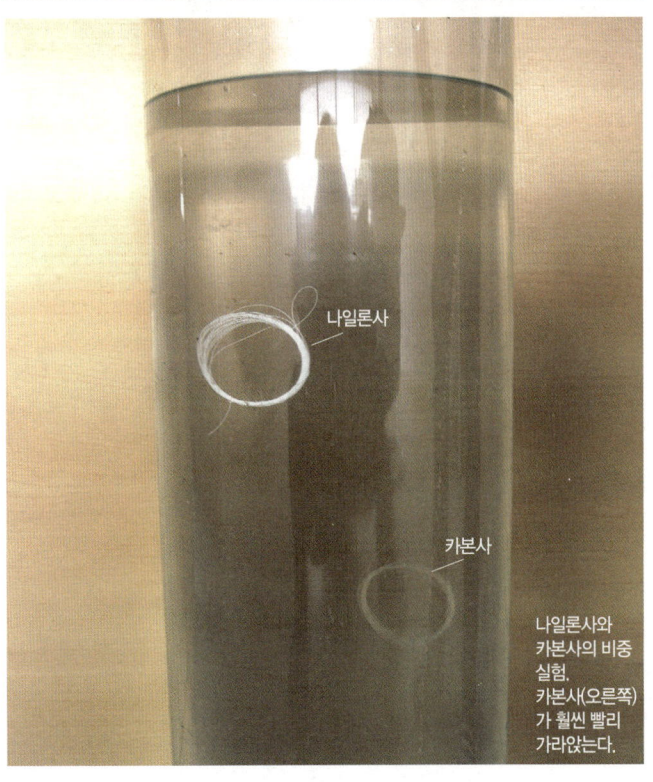

나일론사와 카본사의 비중 실험. 카본사(오른쪽)가 훨씬 빨리 가라앉는다.

잦아서 수초 등 장애물에 잘 걸리고 또 마찰강도가 약하여 장애물에 몇 번 쓸리면
잘 끊어지기 때문에 붕어낚시에서는 목줄로 사용하고 원줄로는 잘 사용하지 않는다.

● 낚시분야별 적합한 원줄

전통 붕어낚시 채비를 할 때 사용하는 원줄은, 떡밥낚시의 경우 2~3호 줄을 많이
사용하고, 대물낚시의 경우 4~5호 줄을 많이 사용한다. 그러나 중층이나 내림
기법을 적용하는 경우는 0.4~1.5호 정도의 가는 줄을 많이 사용한다.

재질에 따라서는, 비중이 가볍고 유연한 줄을 요구하는 중층이나 내림기법의 경우는
주로 나일론사를 많이 사용하고, 원줄이 물에 뜨는 것을 금기시하고 강직한 원줄을
요구하는 전통바닥낚시의 경우는 카본사를 주로 사용한다.

원줄의 굵고 가늠은 그 강도의 차이로 나타나겠으나 우리가 낚시를 하면서
중요시하는 것은 그 강도뿐만 아니라 손에 전해오는 맛을 동시에 중요시하므로
적절한 강도를 유지하면서도 가는 줄을 사용하면 그 민감성에서 오는 손맛이
배가된다.

● 원줄의 굵기와 인장강도

원줄의 굵기는 호수로 표시하고, 인장강도는 lb(파운드)로 표시한다. 여기에서 1lb는
0.453kg의 장력을 나타낸다. 만약 원줄 3호가 10lb라 표시되어 있으면 이는 그
원줄의 인장강도가 4.53kg의 장력이라는 의미이다. 호수와 인장강도와의 관계를
쉽게 이해하려면 대략 1호는 4lb이므로, 호수에 4를 곱한 값의 근사치가 그 줄의
인장강도라고 이해하면 되겠다.

2. 목줄

목줄은 낚싯바늘을 묶는 줄이다. 즉 봉돌과 바늘 사이에 위치하며 붕어가 입질을 할
때 그 입질 감각을 최초로 전달해주는 역할을 하는 줄이다. 이러한 목줄은
붕어낚시에서는 주로 합사(合絲)를 사용하나 내림낚시 등에선
모노필라멘트(單絲)를 사용하기도 한다. 합사는 재질에 따라서 케블라합사,

▲ 낚시점에 진열된 다양한 낚싯줄. 낚시분야별로 적합한 원줄과 목줄을 골라 써야 한다.

테크론합사, 기타 일반 합사로 나뉘며 호수가 높을수록 굵어진다. 전통붕어낚시에서는 주로 2~5호 범위의 합사를 사용하며, 전층낚시 혹은 전내림낚시에서는 0.4~1.5호 범위의 모노필라멘트 나일론사를 주로 사용한다.

● 케블라합사

케블라합사는 가는 케블라섬유를 2합, 3합, 4합, 5합 등으로 꼬아서 만든 줄이다. 케블라합사의 특성은 모노필라멘트보다 유연하면서도 그 강도가 매우 강하다는 것이다. 붕어낚시 목줄로 사용하는 케블라합사의 규격은 2~5호를 주로 사용한다. 떡밥콩알낚시에서는 3호 이내를 주로 사용하나 2호 정도가 적당하고, 대물낚시에서는 3호 이상을 주로 사용하는데 3호만 되어도 인장력은 충분하다. 케블라합사는 워낙 강하므로 원줄보다 낮은 호수를 선택하는 것이 필수적이다.

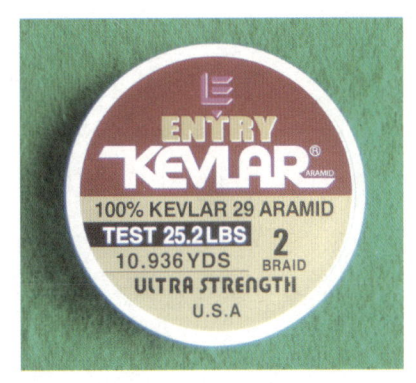

▲ 케블라합사

● 테크론합사

테크론합사는 강도는 케블라합사보다 못하나 모노필라멘트보다는 강하며, 유연성은 두 가지 목줄 소재에 비해서 좋다. 너무 부드러워서 종종 꼬임이 발생할 정도다.

▲ 일반 합사

테크론합사도 케블라합사와 마찬가지로 홑줄을 여러 가닥 꼬아서 제조한 끈줄이며, 그 가닥수가 바로 호로 표기되어 있다. 테크론합사를 목줄로 활용할 때에는 케블라합사 호수와 유사하게 떡밥콩알낚시는 3호 이하, 대물낚시는 3호 이상을 사용하되 주로 4~5호를 사용하는 것이 안전하다.

● 기타 합사

케블라나 테크론합사를 대신하는 붕어낚시 목줄용으로는 낚시점에서 파는 저렴한 가격의 일반 합사를 많이 사용한다. 일반 합사는 같은 호수라도 케블라합사나 테크론합사보다 굵으면서도 오히려 강도가 약하고, 물을 먹으면 뻣뻣해지는 현상이 있으며, 오래 사용하게 되면 올이 풀리면서 쉽게 끊어지는 단점이 있다. 떡밥콩알낚시용으로는 2~3호를 사용하면 되나 대물낚시용으로는 적합하지 못하다.

● 모노필라멘트

모노필라멘트 목줄은 원줄로 사용하는 나일론사나 카본사 중에서 적당한 호수를 선택하여 목줄로 활용하는 것이다. 모노필라멘트를 목줄로 사용할 때에는 주로 외바늘채비로 사용하며, 쌍바늘채비로는 잘 사용하지 않는다. 그러나 전층낚시(또는 전내림)에선 쌍바늘이라도 유연성과 신축성이 있는 나일론사 모노필라멘트를 사용한다. 모노필라멘트는 지렁이낚시나 수초밭에서 대물낚시를 할 때 많이 활용되는 목줄이다. 특히 험한 수초대나 삭은 수초 등으로 바닥에 침전물이 많아 지저분한 곳에선 수초에 잘 엉키지 않는 모노필라멘트가 가장 유리한 목줄 소재이다.

▶ 합사로 묶은 두바늘채비.

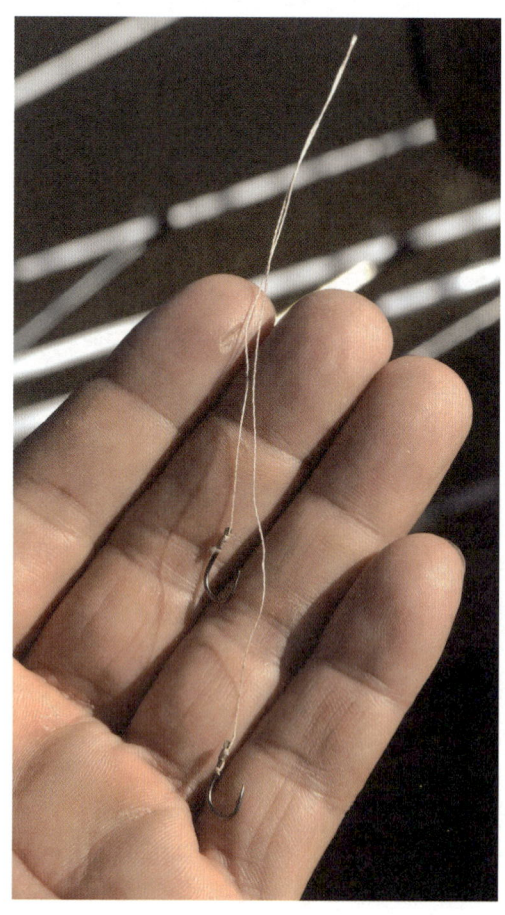

86 제1장 붕어낚시의 기초

두바늘채비에
걸려 나온 떡붕어.

제8강

낚싯바늘

1. 낚싯바늘의 역사

유럽에선 낚싯바늘이 후기 구석기시대부터 발견되지만 우리나라에선 신석기시대부터 낚싯바늘이 발견된다. 구석기시대에도 어떤 형태로든 생존수단으로서의 어로행위는 있었을 것이나 낚시와 관련한 유물은 아직 발견되지 않고 있다.

그런데 단순하게 돌을 쪼개어서 도구로 사용하던 구석기시대와는 달리 돌을 갈아서 도구를 만들어 사용할 줄 알았던 신석기시대의 유물을 보면 돌도끼나 돌화살촉 등의 사냥도구에 비해서 낚싯바늘은 아주 정밀한 모습으로 제작되어 있는 것을 볼 수 있다. 이때에는 돌 축에 사슴뿔이나 멧돼지 이빨, 동물 뼈 등을 이용한 낚싯바늘을 연결해서 사용한 '결합식바늘'과 사슴뿔이나 멧돼지 이빨 등을 이용하여 만든 '단식바늘'을 사용했다. 신석기시대로부터 청동기시대에 이르기까지는 동물의 뿔이나 뼈를 이용한 낚싯바늘이 주로 사용되었고(전남 영암에서 출토된 청동기시대의 유물에서 바늘을 주조한 틀이 출토된 것은 있으나 철제바늘은 아직 발견되지 않고 있다), 이후 철기시대로 들면서는 지금의 낚싯바늘과 아주 유사한 쇠바늘이 등장하여 더욱 정밀하고 강한 낚싯바늘을 사용하게 되었.

특히 철기시대의 유적에서는 선사시대의 결합식바늘과 쇠바늘(鐵製針) 그리고 곧은 바늘(直針)이 함께 출토되고 있는데, 그중에서도 곧은 바늘(直針)은 중국의 같은 시대 유적에서도 동종이 출토되었다. 기원전 1100년경에 강태공 여상이 위수에서 낚시할 때 사용한 그 바늘은 바로 미끼도 없는 곧은 바늘이 아니라 미끼를 꿰어 물고기를 낚은 직침이었던 것이다.

2. 붕어낚시용 바늘의 종류

우리가 붕어낚시에 주로 사용하는 낚싯바늘은 붕어바늘과 잉어바늘 그리고 바다낚시용으로 만든 바늘 중 망상어바늘, 감성돔바늘, 벵에돔바늘을 많이 쓰고 있다. 그중에서도 가장 많이 사용되는 망상어바늘은 아예 '붕어바늘'로 불릴 만큼 망상어낚시보다 붕어낚시에 더 많이 쓰이고 있다.
바늘을 구입하기 위해서 낚시점에 가보면 어느 것이 붕어바늘인지 찾기 힘들다. 포장이 대부분 일본어 표기로 되어있고 '붕어용'이나 '잉어용'이라는 한글 표기는 없기 때문이다. 그래서 포장지를 보고 '우미다나고(海タナゴ)=망상어', '이두메지나(伊豆メゾナ)=벵에돔', '지누(チヌ)=감성돔'의 표기를 보고 구입할 수밖에 없다. 이 세 가지 바늘은 붕어낚시에서 기법의 종류에 상관없이 공통적으로 사용하는데, 작은 바늘은 떡밥콩알낚시에 사용하고 큰 바늘은 대물낚시에 사용한다.

▼ 바늘쌈지에 정리해둔 목줄채비. 대물낚시용 감성돔바늘 위주로 묶여져 있다.

지누 바늘은 대물낚시용으로만 주로 사용하고 우미다나고 바늘과 이두메지나 바늘은 구분 없이 바늘의 크기에 따라 떡밥낚시와 대물낚시에 두루 사용하는 경향이 있다.

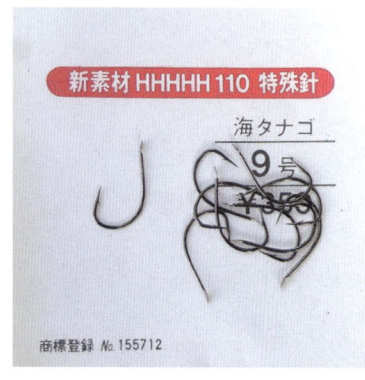

▲ 망상어바늘

● 망상어바늘(우미다나고)

흔히 '붕어바늘'로 불리는 망상어바늘(우미다나고)의 특징은 전체적으로 가벼우며 허리가 가늘면서 밋밋하고, 바늘 폼이 넓은 편이며, 특히 바늘 끝이 길고 가늘고 첨예(尖銳)하다. 우미다나고(海タナゴ)는 '바다의 납자루'란 뜻으로 곧 망상어를 지칭하며 따라서 망상어바늘이다. 이것이 붕어바늘의 대표 격이 된 것은 망상어와 붕어가 그 크기나 입모양, 섭이습관이 유사하여 바다낚시용 바늘 중 붕어낚시에 가장 적합하였기 때문이다. 망상어바늘을 선택할 때 떡밥콩알낚시를 한다면 5~7호가 적당하고, 대물낚시를 한다면 11~13호가 적당하며, 전층낚시를 한다면 4~5호 정도가 적당하다.

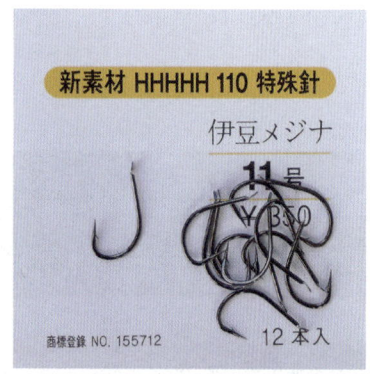

▲ 벵에돔바늘

● 벵에돔바늘(이두메지나)

80년대에 향어낚시나 잉어낚시용 바늘로 많이 사용하면서 일명 '향어바늘' 또는 '잉어바늘'로 불리게 된 이두메지나 바늘은 일본 남부 시즈오카현 이즈반도(伊豆半島)에서 벵에돔낚시용 바늘로 개발된 것이다. 이두는 이즈의 한자를 우리 발음으로 읽은 것이며 메지나는 벵에돔이란 뜻이다. 이 바늘이 망상어바늘보다 강하고 챔질도 잘 되어서 향어낚시에 널리 사용되었다.

이두메지나는 바늘 굵기가 우미다나고보다 굵고 품이 약간 좁은 편이며 바늘허리 아래 부분에서 약간 뒤틀려서 안쪽으로 굽어 있다. 이는 입걸림을 용이하게 하고, 크고 강한 대상어를 걸었을 때 지탱할 수 있도록 제작된 것이다. 따라서 향어낚시에 최적의 바늘로 평가되었고 향어낚시가 쇠퇴한 지금도 잉어낚시나 큰 붕어를 대상으로 하는 대물낚시용 바늘로 많이 사용된다.

재미있는 사실은 이두메지나 바늘이 정작 벵에돔낚시에선 잘 쓰이지 않는다는 것이다. 바다의 벵에돔낚시에선 한일 양국 모두 이두메지나보다 더 작고도 강도가

높은 구레(グレ:메지나의 일본 관서지방 사투리)바늘을 많이 쓴다. 즉 이두메지나는 한일 양국을 통틀어 한국의 민물낚시에서 가장 많이 쓰이고 있는 것이다. 이두메지나 바늘을 붕어낚시용으로 쓸 때는 떡밥콩알낚시용으로는 7~9호, 대물낚시용으로는 13~15호 정도가 적당하며, 전층낚시용으로는 5~7호가 적당하다.

● 감성돔바늘(지누)

붕어대물낚시에서 흔히 사용하는 지누(チヌ)바늘의 가장 큰 특징은 바늘 끝이 안쪽으로 굽어있으면서 허리힘이 강하고 뒤틀려 있어서 한 번 걸리면 빠져 나가기가 어렵게 설계되어 있다는 것이다. '지누'는 감성돔을 뜻하는 일본 관서지방 방언인데, 일본의 경우 바다낚시가 큐슈, 오사카 등 관서지방을 중심으로 발달했기 때문에 관동지방 표준말인 '쿠로다이'보다 '지누'가 더 널리 쓰이고 있고 감성돔바늘 포장지에도 거의 쿠로다이 대신 지누라고 적혀 있다. 지누바늘은 우리나라 바다낚시에서 가장 널리 쓰이는 바늘이며 민물낚시에서도 대물낚시용 바늘로 각광받는 바늘이다. 지누바늘은 주로 대물낚시에 많이 사용하며, 주로 3~5호 바늘을 사용하고 크게는 7호 바늘까지도 사용한다.

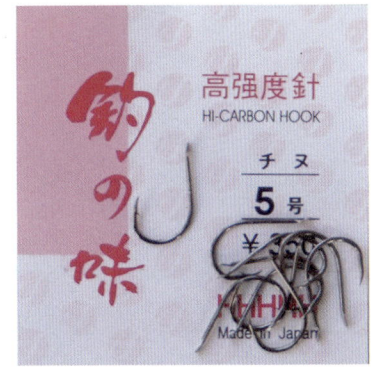

▲ 감성돔바늘

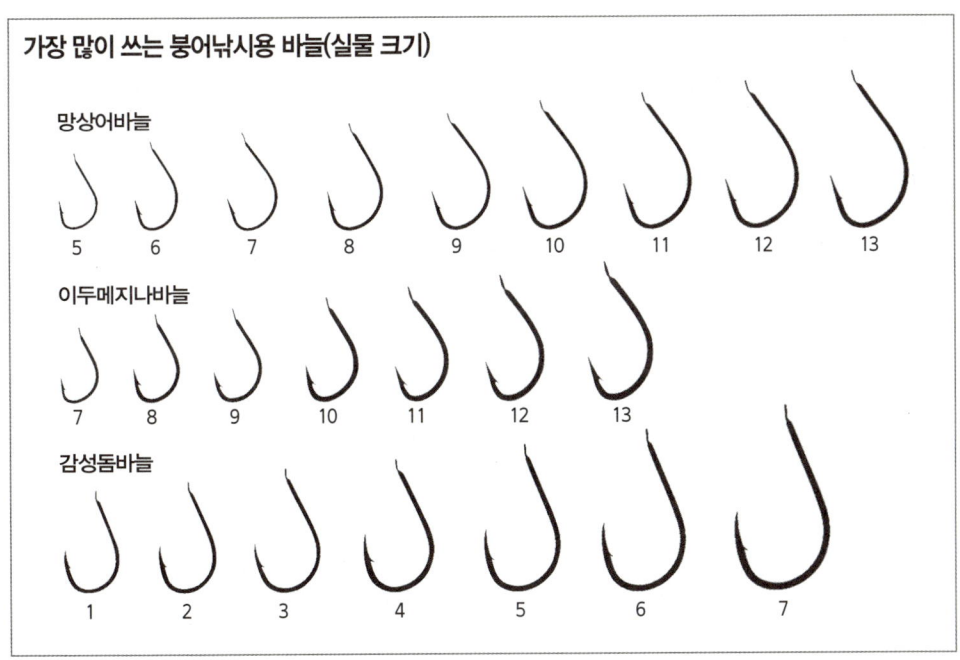

제9강

기타 소품

붕어낚시를 하기 위해서 필요한 용품으로는 위에서 나열한 기본 장비와 손전등, 장갑 등의 비품, 그리고 원줄, 목줄, 바늘 등의 소품 외에도 자잘한 기타 소품이 많이 필요하다. 가령 봉돌, 찌고무, 찌멈춤고무, 케미고무, 케미컬라이트 등이 그런 것이며, 이러한 소품들은 그 크기나 종류가 쓰임새에 따라서 다양하다.

● 봉돌

봉돌(낚시추)은 낚시 간에 채비 정렬을 해주는 중요한 역할을 하고, 바늘에 달린 미끼가 빠르고 안정되게 원하는 자리에 안착하도록 해주는 역할을 한다. 또한 찌와의 부력맞춤을 통해서 붕어의 수중행동을 적절하게 찌에 전달하여 우리가 찌를 보고 입질감을 파악할 수 있도록 하는 중요한 역할을 한다. 따라서 봉돌은 찌와의 부력맞춤이 필수다. 만약 찌의 부력에 비해서 봉돌이 너무 무거우면 붕어가 입질을 하여도 그 모습을 찌에 전달하지 못할 뿐만 아니라 이물감을 느낀 붕어가 미끼를 포기하고 뱉어버리게 되며, 반대로 너무 가볍게 맞춰 놓으면 미끼가 둥둥 뜨거나 물 흐름을 따라서 떠다니게 되고 만다. 따라서 찌의 부력과 봉돌의 침력이 잘 조화가 되도록 맞추어서 사용해야 한다.

선사시대 낚시에서도 돌을 갈아 묶어서 사용한 봉돌이 있었으며, 고대로부터 현대에 이르기까지는 주로 납을 이용한 봉돌을 사용해 왔다. 그러나 2013년 9월부터 시행된

▲ 납봉돌(맨 왼쪽)과 주석, 황동 등으로 만든 친환경봉돌. 2013년 낚시관리 및 육성법 시행 후 종전의 납봉돌은 사용이 금지되었다.

'낚시관리 및 육성법'에서 납추를 사용하지 못하게 함으로써 요즘은 세라믹, 텅스텐, 황동 등 대체소재로 만든 봉돌을 사용하고 있다. 그러나 이런 대체재 봉돌은 비중이 납보다 가볍고 정밀하게 깎아서 맞추기가 어렵다는 단점이 있다.

● 찌고무, 유동찌고무, 찌멈춤고무

찌고무와 찌멈춤고무는 원줄에 찌를 장착하기 위한 소품이다. 찌고무에는 고정찌고무와 유동찌고무가 있는데, 고정찌고무는 원줄의 일정한 위치에 찌가 고정되도록 찌날라리를 끼워서 사용하도록 하는 소품이며, 유동찌고무는 두 개의 찌멈춤고무가 원줄을 타고 위 아래로 오르내릴(유동) 수 있도록 하되, 위의 찌멈춤고무를 수심에 맞춰 위치시켜서 그 자리가 찌 높이가 되도록 사용하는 소품이다. 찌멈춤고무는 유동찌고무를 사용할 때 필요한 소품이다. 원줄에 끼워서 찌가 오르고 내리는 것을 한정하는 역할을 한다. 이러한 찌멈춤고무는 찌채비뿐만 아니라 바늘채비에서도 덧바늘이나 유동바늘 채비 시에 간격을 맞추는 데 사용되기도 한다. 찌멈춤고무는 원줄의 호수에 맞춰 쓰도록 다양한 규격이 있다. 2호 이하의 원줄을 쓸 때는 M 사이즈, 2.5호 이상의 원줄을 쓸 때는 L 사이즈가 알맞고, 1호 이하의 아주 가는 원줄을 쓰는 중층낚시에서는 S사이즈도 사용한다.

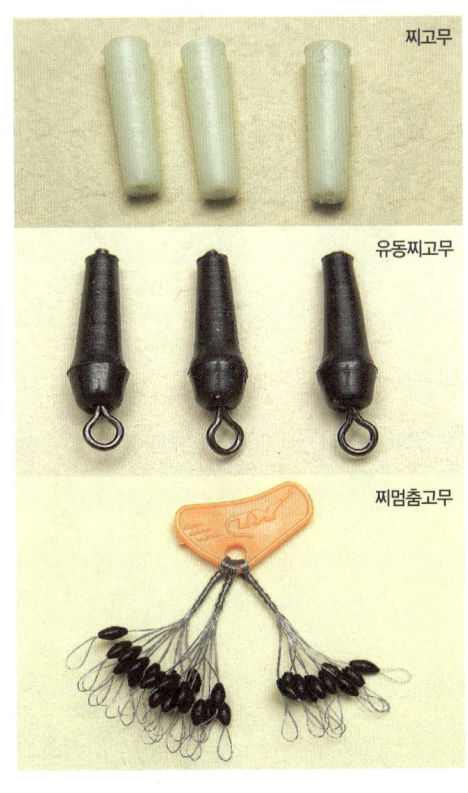

● 케미꽂이와 케미컬라이트

케미꽂이(케미고무)는 찌톱 끝에 장착하여 케미를 끼우는 소품으로, 케미컬라이트의 규격에 맞게 사용할 수 있도록 2mm, 3mm, 4mm 등의 종류와 다양한 색상이 있다. 붕어낚시에선 대부분 3mm짜리를 사용한다.
케미컬라이트는 전자케미와 일반 화학케미로 대별되며, 2mm, 3mm, 4mm 등 다양한 구격과 색상이 있다. 무게가 가볍고 값이 싼

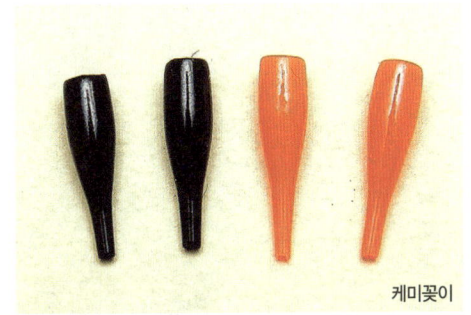

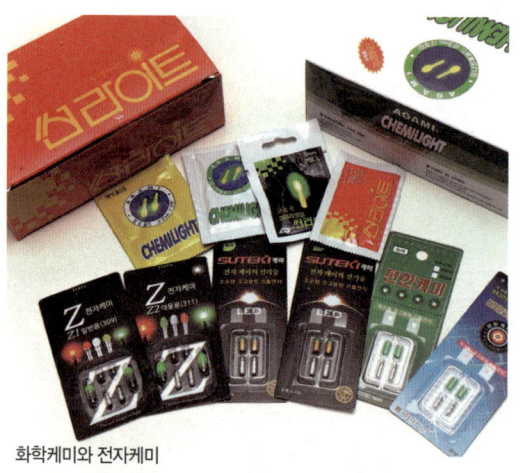

화학케미와 전자케미

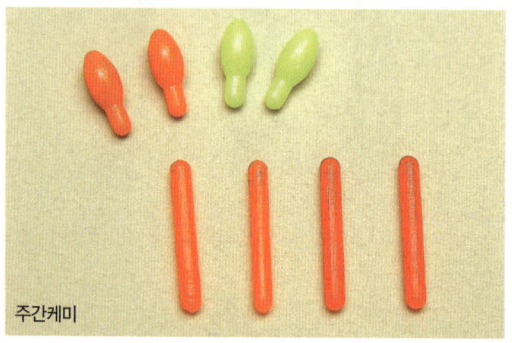

주간케미

일반 화학케미가 주로 사용되지만, 최근에는 밤 시간이 긴 동절기낚시 등에서 빛이 밝고 오래 가는 전자케미도 많이 사용된다. 전자케미는 빛이 밝고 아침까지 똑같은 밝기를 유지하며 일회용이 아니라 여러 번 밤낚시에 사용할 수 있다는 게 장점이지만, 값이 비싸고 불빛이 과도하게 밝아서 낚시 간에 눈을 자극하는 단점도 있다.

한편 낮시간에도 찌의 부력맞춤을 균일하게 사용하기 위해 케미 대신 꽂아 쓰되 더 잘 보이는 형광색을 입힌 주간케미도 있다.

● **줄감개와 야간줄잡이**

줄감개는 낚싯대 끝의 원줄에 장착하여 원줄의 길이를 짧게 조절하는 데 사용하는 소품이다. 이러한 줄감개는 평소에는 따로 떼어서 다니다가 수초직공낚시나 얼음낚시 등 원줄을 짧게 조절하고자 할 때에만 장착하여 사용한다. 야간줄잡이는 원줄의 봉돌 위에 끼워서 케미를 꽂는 소품으로, 어두운 밤에 낚싯대를 들면 아래로 흘러내려 원줄을 손으로 잡는 데 용이하게 하기 위한 소품이다. 이러한 야간줄잡이는 간혹 수초를 공략하는 포인트에서 찌톱 하단에 꽂아서 원줄을 찌톱에 고정시키는, 일반 찌의 고리찌 전환 용도로도 사용한다.

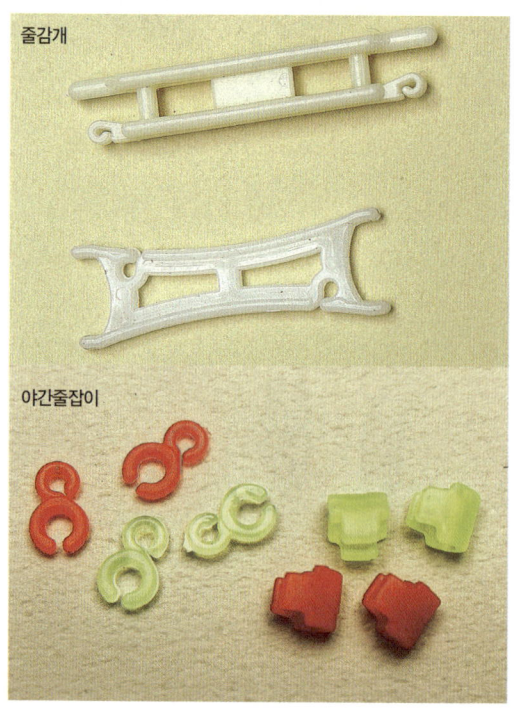

줄감개

야간줄잡이

찌불을 밝히며 밤낚시를
준비하는 필자.

찌

낚싯대에 세팅된 채 입수를 기다리는 각종 붕어찌.

제1장 붕어낚시의 기초

붕어낚시에서 가장 중요한 소품은 찌이다. 찌는 우리가 전혀 들여다 볼 수도 없고 물고기가 어떻게 하고 있는지를 알 수도 없는 물속의 상황을 실시간으로 우리에게 전달해주는 수면의 전령사이고 낚시의 감각기관이기 때문이다. 낚싯대도 중요하고 낚싯줄도 중요하고 다른 모든 장비나 비품, 소품들이 다 중요하지만 궁극적으로 낚시행위의 맛을 극대화시켜주는 소품은 바로 찌이다.

이러한 찌를 잘 선택하고 제대로 찌맞춤을 하여 잔잔한 수면에 던졌을 때 벌떡 일어서서 서서히 자리를 잡아가는 찌의 모습은 마치 차분한 승무(僧舞)의 한 동작을 보는 것과 같고, 아름답게 선 수줍은 모습을 바라보고 있노라면 내가 마치 시공(時空)을 초월한 선비의 모습이 된 듯한 무아(無我)의 상태가 된다. 그러면서도 곧 올라올 것 같은 기대감 끝에 살짝 움직거리는 예신의 모습은 한 순간에 엔도르핀을 급속 상승시켜 주는데, 이것이 바로 가슴에 닿는 찌맛의 첫 시작이다. 그리고 '붕어가 와서 입질을 시작합니다! 자, 입에 물었습니다! 이제 물고 올라옵니다! 채십시오' 하는 일련의 과정을 찌 스스로의 몸동작으로 보여주는데, 찌가 우리에게 전달해주는 이러한 긴장 속의 과정을 보고 즐기는 것 전부가 다 황홀한 찌맛이며, 우리 낚시인은 그 모습을 보면서 환상적인 낚시세계 속으로 빠져들게 되는 것이다. 그러므로 붕어낚시에서 나와 잘 맞는 좋은 찌를 신중하게 선택하여 잘 사용하는 것은 무엇보다도 중요하다.

1. 몸통 재료에 의한 찌의 분류

● **오동찌**

예로부터 붕어찌로 가장 많이 쓰이는 오동찌는 오동나무를 쪄서 진을 뺀 뒤 건조한 나무를 다듬어서 찌의 몸통으로 사용한 찌이다. 이 오동찌는 몸통 재질이 비교적 견고하면서도 잘 깎여서 작업이 손쉬운 반면 사용 간에 흠이 잘 생기지 않아 오래 쓸 수가 있으며, 수온이 변하여도 부력의 변화가 크지 않아서 전천후로 사용하는 데 좋다.

● **발사찌**

발사찌는 주로 남미지역에서 수입한 발사(balsa)목을 깎아 만든 찌로서 비중이 오동나무보다 가벼워서 부력이 강하다. 다만 나무 재질이 너무 물러서 사용 간에 흠집이 생기기 쉬우니 주의해야 하며, 수온 변화에도 비교적 민감한 편이다.

● 삼나무찌

통상 스기찌라고 부른 찌가 바로 삼나무 소재로 만든 삼나무찌이다. 나무 재질이 단단하고 오동나무보다 무거우며 부력이 약하다.

● 공작찌

공작새의 꼬리 깃털의 굵은 부분에서 유지를 빼고 건조한 뒤 몸통 소재로 사용한 찌이다. 주로 예민한 막대형 찌로 많이 제작되나 여러 겹을 합해 붙여서 제작한 유선형의 찌도 있다. 깃털소재 속은 스티로폼 형태로 채워져 있어서 아주 가볍고 예민하여 오래전부터 고급 찌로 대접받아온 찌다.

● 갈대찌

갈대의 마디를 몸통 소재로 사용한 찌이다. 공작찌처럼 막대형 찌가 주를 이루나 여러 개를 합해서 붙인 찌도 있다. 속이 비어 있어서 수온에 따라 민감하게 변화하여 부력이 달라지기도 하여 출조 때마다 혹은 밤과 낮으로 찌맞춤을 확인해서 조절해야 한다.

▼ 찌를 낚싯대 케이스에 수납할 때는 원줄에서 분리하여 수납하는 것이 찌 파손 방지 차원에서 좋다.

● 기타 소재의 찌

물에 뜨는 소재는 무엇이나 찌 재료로 활용이 가능하므로 다양한 찌가 많다. 예를 들면 코르크, 수수깡, 나무열매, 수초줄기, 스티로폼, PVC, 나무껍질, 메추라기 알 등이 있고, 심지어는 돌(石)을 부력을 갖도록 가공해서 만든 돌찌도 있다. 또한 갈대와 오동, 갈대와 공작 등 여러 가지 재료를 모아 붙여서 찌몸통을 만든 '합성찌'도 있다.

2. 몸통 형태에 의한 찌의 분류

● 막대찌

몸통이 가늘고 긴 막대 모양을 가졌다. 주로 떡밥콩알낚시나 전층낚시, 전내림낚시용으로 많이 쓰이며 찌놀림이 비교적 민감하나 물의 흐름에는 약하다. 몸통 형태가 날씬하여 물의 저항이 적어 찌올림이 특별하게 좋다고 설명하기도 하지만 다른 형태와 비교하여 찌올림 폭이 차이가 나지는 않는다.
그것은 유체(물)의 저항 중 표면에서 이루어지는 마찰저항(摩擦抵抗)의 영향이 여타 찌와 크게 다르지 않고, 몸통 형태에 따라 달리 올 수 있는 형상저항(形狀抵抗, Form Resistance)의 영향도 '찌 올림'의 속도가 너무 느려서 거의 제로에 가까우므로 여타 형태의 찌와 다르지 않기 때문이다.
다만 '찌 올림' 모습이 아니고 순간적으로 빨아 내리는 내림낚시에서는 순간속도에 따른 형상저항의 영향으로 '찌 내림'이 민감하다. 그래서 내림입질이 많은 중층낚시나 내림낚시에서는 다 막대찌를 쓰는 것이다.

● 유선형찌

몸통을 유선형으로 만든 찌로서 붕어낚시 전 분야에서 가장 많이 쓰이는 형태의 찌다. 입수자세가 좋고, 물의 흐름이나 바람 영향에도 비교적 안정된 모습을 보여주는 찌이며, 전층낚시, 떡밥콩알낚시, 대물낚시 등 모든 분야에서 공히 사용한다. 유선형찌는 물속에서의 저항계수가 0에 가깝다. 따라서 찌 형태 중에서 가장 많이 사용하는 형태이며, 사실상 막대찌를 제작할 때에도 위아래 끝마무리는 유선형을 이루도록 마감하여 저항의 발생을 최소화하는 형태로 제작한다.

● 원구형찌(오뚜기찌)

몸통이 둥근 원구형으로 제조된 찌를 말하며, 수중에서 안정적인 모습을 유지하는 데 유리하다. 중심점이 찌의 몸통 한 곳에 집중되어 물 흐름에 강한 편이고, 직립성이 강하며, 채비 정렬 시에 천천히 입수하여 아름다운 모습을 연출하기도 한다. 원구형 찌는 몸통 형태로 보아 물의 저항이 커서 찌 올림에 지장을 줄 것이라 염려하는 사람도 있으나 찌몸통에 영향을 주게 되는 형상저항은 거의 0에 가까울 정도이므로 찌 올림낚시에서는 사실상 문제가 되지 않는다. 다만 찌 내림낚시에서는 형상저항에 영향을 받으므로 잘 사용하지 않는 형태다.

● 이중부력찌

찌의 몸통을 두 개 이상 결합하여 제작한 찌를 말한다. 본래의 취지는 부력을 분산시켜서 찌 놀림을 부드럽고 크게 한다는 것이 목적이었으나 사실 찌 올림에는 별 영향이 없고, 그보다는 입수 간의 유체저항이 커져서 천천히 입수하므로

| 토막상식 |

길이에 따른 찌의 분류

짧은 찌(단찌)
1척(30.3cm=한 자) 이내의 찌로 주로 수심이 얕은 지역이나 수초지대 또는 전층낚시 분야에서 사용한다. 특히 대물낚시에서 단찌(短찌)를 주로 사용하는데 수심이 얕은 수초지대를 공략하는 데 적합하기 때문이다. 전층낚시에서 단찌를 많이 사용하는 것은 유체저항을 줄여서 민감성을 강조하기 위한 것이다.

중간 찌
1.5척(45cm=자 반) 전후의 찌로 가장 흔히 사용하는 길이의 찌다. 이 정도면 떡밥콩알낚시에서는 보통 길이의 찌에 속하고, 대물낚시나 전층낚시에서는 긴 찌에 속한다.

긴 찌(장찌)
2척(60cm=두 자) 이상의 찌로 대부분 장찌(長찌)는 떡밥콩알낚시를 하면서 주로 사용하는데, 아주 길게는 1m에 도달하는 찌를 사용하기도 한다. 이러한 장찌는 수심이 깊은 곳에서 찌맛을 즐길 목적으로 많이 사용한다. 이 경우 찌가 길어서 붕어가 더 올린다기보다는 짧은 찌톱보다 충분하게 올릴 수 있는 시간과 공간을 보장해주면서 높이 올라오는 찌를 감상한다는 의미다. 주로 깊은 수심대에서 사용하나 멋을 느끼기 위해서 수심에 상관없이 사용하는 사람도 많다.

채비정렬을 수직으로 하는 데
도움이 되는 효과가 일부
있다고 볼 수 있는 찌 형태이다.

● **수초직공찌**

수초직공찌는 관통찌와
고리찌가 있다. 관통찌는
원줄이 찌톱으로부터 찌
다리까지 완전히 찌몸통 전체를
관통하는 형태가 있고,
찌몸통만을 관통하는
반관통형이 있다. 고리찌는
찌톱 끝이나 찌몸통 상단부에
작은 고리를 설치하여 그
고리에 원줄을 통과시켜서 수초
구멍낚시나 얼음낚시에
사용하도록 제작된 찌이다.

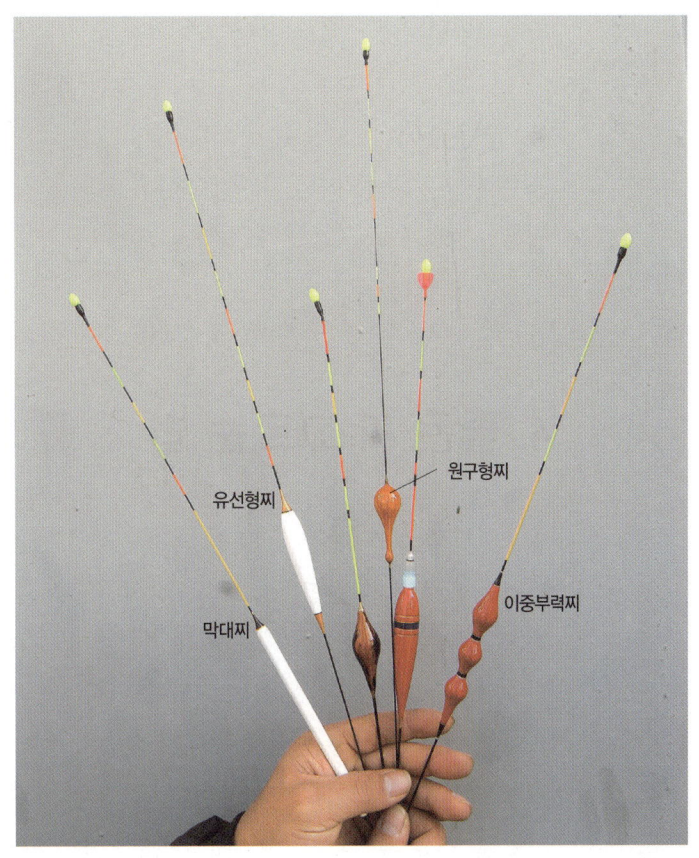

▲ 여러 가지 몸통 형태를 가진 찌들.

3. 부력에 따른 분류

● **저부력찌**

저부력찌란 1돈중(3.75g=10푼) 이내의 부력을 갖는 찌를 말한다. 시중에 유통되는
모든 봉돌에는 무게(g) 표시가 되어 있다. 그 봉돌 중에 3.75g짜리를 선택해서
찌다리에 매달아 물에 넣었을 때 가라앉는 정도의 부력을 가진 찌라면 저부력의
찌라고 할 수 있다. 저부력의 찌는 전층낚시나 전내림낚시에 사용한다.

● **중부력찌**

중부력찌는 4~6g 정도의 부력을 갖는 찌를 말한다. 이러한 중부력의 찌는

떡밥콩알낚시에 주로 사용한다.

● **고부력찌**

고부력찌는 2돈중 이상, 약 7g 이상의 부력을 갖는 찌를 말한다. 이러한 고부력찌는 대물낚시에 주로 사용한다.

4. 좋은 찌 고르는 법

붕어는 찌를 통해 말한다. 그리고 낚시인은 찌를 통해서 붕어의 행동을 읽어낸다. 즉 낚시를 할 때 물 속의 붕어와 물 밖 낚시인과의 교감은 오직 찌를 통해서만 이루어진다는 것이며, 붕어는 찌를 통해서 물속에서의 자기행동을 물 밖으로 표현해 주고, 낚시인은 찌를 통해서 물속의 붕어의 행동을 감지한다는 것이다. 따라서 찌를 잘 선택해서 사용하고 그 움직임을 잘 읽어내는 것은 붕어와의 대화를 가능케 할 뿐만 아니라 낚시의 즐거움을 결정하는 것이며, 궁극적으로는 수중 붕어와의 승부에서 이기는 길이다.

▶ 수초 속에 세워놓은 찌. 억센 수초대에서 사용하는 찌는 몸통이 견고하고 찌톱이 약간 굵어서 시인성이 높은 찌가 좋다.

그런데 낚시용품 중에서 가장 단순한 듯하면서도 가장 다양한 것이 바로 이 찌이다. 낚시점에 가보면 붕어낚시용 찌만 하더라도 수백, 수천 개나 진열되어 있는데, 그중에서 내가 사용할 찌 한 개를 고르기란 쉬운 일이 아니다.
이제부터는 내가 사용할 찌의 선택에 대해서 알아보자.

● 외형적 품질로 보는 선택

육안 균형 식별 : 일단 눈으로 봐서 찌의 균형이 전체적으로 잘 잡혔는가를 확인한다. 예를 들면 부력에 비해 찌톱과 찌다리 길이가 과도하게 길거나 짧지 않도록 균형을 이루어야 하고, 육안으로 가늠하여 찌톱과 몸통, 찌다리까지 일직선이 되어야 하며, 찌몸통에 굴곡이 없어야 한다.

돌려보기 : 찌를 똑바로 세워서 찌톱과 찌 다리를 잡고 돌려보아 똑바로 회전이 되지 않고, 불규칙하게 회전하면 불량품이다.

도포 : 매끈하고 고르게 도포가 되어 완전한 방습이 되어야 한다.

색상 : 산뜻하고 찌톱의 마디 구분이 명확해야 하며, 내 눈에 맞는 색상 및 배열인가를 고려한다.

● 기능 예측을 통한 선택

무게중심 : 찌몸통의 중심점을 삼각뿔의 꼭짓점에 놓았을 때 찌 전체가 기울지 않고 수평을 유지할수록 균형이 잘 맞는 찌다.

부력중심 : 찌를 물에 띄우고 찌몸통의 중심점을 지그시 눌렀을 때 찌가 기울지 않고 수평상태로 잠길수록 좋다. 실제로는 찌가 수중에 똑바로 서서 부력 영향을 받으므로 부력의 중심은 주 부력통인 찌몸통의 부력이동 중심점을 찾는 것이나 전체적인 찌의 상하 균형을 확인하는 의미가 있다. 이러한 부력중심이 가급적 찌몸통의 무게중심 부분에 일치되어야 수직입수와 부드러운 찌놀림의 효과가 크다.

● 찌톱 소재별 특징

솔리드찌톱 : 소재는 글라스파이버(glass fiber)를 사용하고 형태는 속이 꽉 찬 솔리드(solid) 형태로 제작한 찌톱을 말한다. 비중이 카본 소재보다 무거운 것이 단점이나 반투명하기 때문에 역광 시에 시인성이 좋고 잘 부러지지 않는 것이 장점이다.

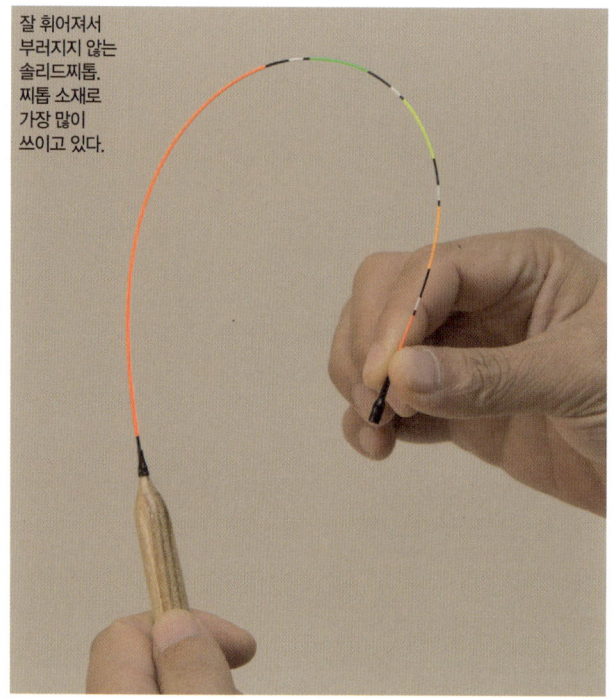

잘 휘어져서 부러지지 않는 솔리드찌톱. 찌톱 소재로 가장 많이 쓰이고 있다.

카본찌톱 : 소재는 카본파이버(carbon fiber)이며 형태는 솔리드 타입이다. 재질이 빳빳하고 똑바르며, 비중은 약 1.5 정도로 가벼우나 역광 시에 잘 보이지 않는 단점이 있다. 따라서 카본소재의 찌톱은 시인성을 높이기 위해서 찌톱 마디 도색을 형광페인트 등으로 선명하게 한다.

튜브찌톱 : 찌톱의 속이 비어 공기층을 갖는 튜브 형태의 찌톱을 말한다. 소재는 셀룰로이드를 사용한다. 튜브 형태라서 찌톱 자체가 갖는 부력이 있고, 중층낚시에서 많이 사용한다.

5. 낚시장르에 따른 찌의 선택

● 떡밥콩알낚시용 찌

양어장이나 호소의 수초가 없는 깔끔한 포인트에서 떡밥콩알낚시를 할 때는 저부력의 찌를 사용하는 것이 좋다. 그 이유는 우리가 떡밥콩알낚시를 할 때는 예신 동작에서 민감한 찌의 반응을 필요로 하며, 씨알보다는 마릿수에 초점을 맞추기 때문에 작은 입질에도 예민한 찌 놀림이 있어야 하기 때문이다.

또한 떡밥콩알낚시를 구사할 때는 주로 연질 낚싯대를 사용하게 되는데, 봉돌이

▼ 떡밥콩알낚시용 찌. 찌톱이 가늘고 부력이 작은 찌가 적합하다.

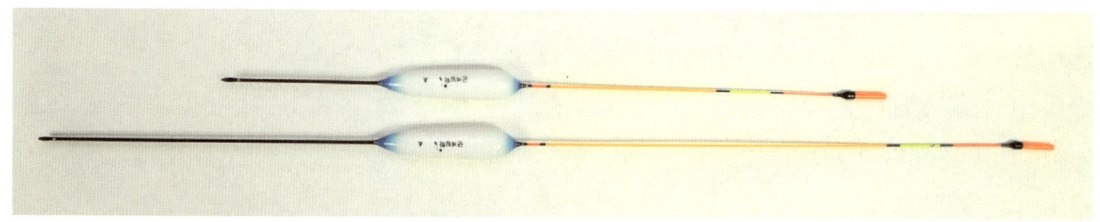

무거운 고부력의 찌를 사용하면 앞치기 할 때 낚싯대 끝이 봉돌의 무게를 이기지 못하고 처지는 현상이 생겨서 정확한 투척이 어려워진다. 더불어서 최대한 묽게 반죽해서 달아 던지는 떡밥도 날아가는 도중에 잘 떨어져 나간다. 또 수면에 착수할 때도 상당한 소음을 일으키며, 입수 동작도 비교적 빠르게 나타난다. 따라서 떡밥콩알낚시를 구사할 때는 저부력의 찌를 사용하는 것이 좋다.

▼ 대물 낚시용 찌. 찌톱이 굵고 부력이 큰 찌가 적합하다.

● **대물낚시용 찌**

반면에 수초지대를 주요 공략 대상으로 하는 대물낚시에서는 고부력의 찌를 사용하는 것이 좋다. 그 이유는 대물낚시에서는 잔챙이급의 경박스럽고 민감한 입질보다는 큰 붕어의 무겁고 정확한 입질을 읽어내는 낚시를 하기 때문이다. 또한 대물낚시를 할 때는 대부분 경질대를 사용하기 때문에 고부력의 무거운 봉돌도 낚싯대의 탄력만으로 충분히 감당해낼 수가 있다. 더불어서 수초지대의 작은 구멍이나 수초 언저리에 투척하여 찌를 세울 때도 부력이 큰 찌가 유리함은 당연하고, 바닥층에 있는 침수수초나 삭은 수초 줄기 등을 봉돌이 누르고 채비를 안착시키는 데도 유리하기 때문이다.

특히 대물낚시를 하면서 수초구멍을 직접 공략하는 직공낚시를 할 때는 흔들림과 바람의 영향을 줄일 수 있는 고부력찌의 중요성이 증가한다. 따라서 대물낚시를 구사할 때는 고부력의 튼튼한 찌를 사용하는 것이 좋다.

● **낚싯대에 맞는 찌의 길이와 부력 선택**

사실 자신이 주로 사용하는 찌의 형태와 길이 그리고 부력의 선택은 개인의 취향이 크게 작용한다. 다만 찌의 길이와 부력 정도는 사용하는 낚싯대의 길이와 경질을 충분히 고려해서 선택하는 것이 좋다. 즉 자신이 1칸 대부터 5칸 대까지 다양한 길이의 낚싯대를 가지고 있다면 천편일률적으로 같은 길이, 같은 부력의 찌를 사용하는 것은 좋지 않다는 것이다. 짧은 대에는 그에 맞는 저부력의 짧은 찌를, 긴 대에는 그만큼 길고 부력이 큰 찌를 채비하여 사용하는 것이 합리적이다.

여기에서 수초를 주로 공략하는 대물낚시 분야를 제외하고, 일반적인 낚시 상황을 기준으로 대략적인 기준을 예시한다면 2칸 낚싯대에 40cm 길이의 찌를 채비한다면 2.5칸 대에는 45cm, 3.0칸 대에는 50cm와 같이 순차적으로 길이와 부력 정도를 적용하여 채비하는 것이 좋다는 것이다.

근래 들어 예민한 낚시가 유행을 타면서 찌 길이는 점점 길어지고, 반대로 부력 정도는 점점 작아지는 경향이 있다. 그러나 찌란 주 부력(몸통의 부상능력)과 그 길이의 균형이 적절히 맞아야 제대로 된 기능을 수행한다. 만약 찌 길이가 50cm가 넘는 데 반해서 부력이 3g 미만이라면 그 기능을 정상적으로 수행해 주지 못한다. 찌는 저부력찌이든 고부력찌이든 그 길이와 부력 정도의 균형이 맞아야 좋은 찌로서 기능을 수행한다.

● 좋은 찌는 개인 취향과 기법 선호도에 달렸다

어떤 낚시인은 저부력의 아주 날렵하고 찌톱이 가는 예민한 찌를 좋아한다. 반대로 다른 낚시인은 고부력이면서 무게감이 있는 찌를 선호한다. 또 어떤 이는 긴 장찌를 선호하고, 어떤 이는 단찌를 선호한다. 이렇듯이 자신의 취향에 맞는 찌는 낚시인마다 다르다. 찌의 형태에서도 어떤 이는 날씬한 막대형을 좋아하고, 어떤 이는 안정감이 있는 원구형 찌를 좋아하며, 또 다른 이는 유선형이나 그와 유사한 혼합형 찌를 좋아한다.

그렇다면 어떤 찌는 좋은 찌이고 또 어떤 찌는 좋지 않은 찌라고 단정할 수 있을까? 단정할 수 없다. 잘 제작된 찌는 어느 형태, 어느 크기, 어느 정도의 부력을 가진 찌이든 그 특성상에 약간의 차이가 있을 뿐 그것만 가지고는 호불호를 결정할 수가 없다. 즉 찌를 선택할 때 어떤 찌가 좋은 찌인가 하는 것은 기본적으로 제대로 제작된 찌라면 그 다음은 자기의 취향과 낚시기법을 고려한 선호도에 의해 결정된다고 이해하면 되겠다.

6. 찌에 관한 상식

● 찌놀림은 붕어가 하기 나름이다

우리가 낚시를 하면서 불만스러운 찌놀림을 보고 찌 탓을 하는 경우를 더러 볼 수가 있다. '찌가 너무 적게 올라온다' '붕어가 찌를 못 올린다' 등이 그것이다. 그러면서 찌 형태가 어떻고, 품질이 어떻고 하는 얘기를 한다. 모든 것을 찌 탓으로 돌리는 것이다. 그러나 대부분의 찌놀림은 붕어가 할 나름이다. 즉 제대로 제작된 찌라면 붕어가 물속에서 행동하는 모습 그대로를 찌톱을 통해서 우리에게 보여준다는 것이다. 그러니 찌를 선택함에 있어서 찌의 형태나 상표에는 크게 구애받을 필요가 없다.

● 균형이 잘 맞는 찌가 좋은 찌이다
좋은 찌의 첫째 조건은 균형이다. 여기에서 균형이란 찌 전체의 부력 정도에 맞게 길이가 적절해야 하고(고부력찌는 길고, 저부력찌는 짧고), 부력통(찌몸통)의 크기에 맞게 찌톱과 찌다리의 굵기가 균형을 이루어야 하며(고부력찌는 굵고, 저부력찌는 가늘고), 또한 부력통을 중심점으로 하여 찌 전체의 상하 무게균형이 맞아야 하고, 찌 전체가 뒤틀림이 없이 똑발라야 한다는 것이다.

● 몸통이나 찌톱 재료가 찌 올림을 결정하지는 않는다
혹자는 찌몸통 소재나 찌톱 소재에 대해서 과민반응을 한다. 즉 몸통 소재를 어느 것으로 하면 붕어가 아주 잘 올리는데 어느 것으로 하면 못 올린다는 것이 그것이다. 그러나 우리는 몸통 소재가 어느 것이든 그 부력에 맞게 봉돌을 맞추어서 사용한다. 즉 어느 소재의 찌이든 봉돌이 들려 올라오는 만큼 비례해서 찌가 부상하게 되는 것이다. 이는 찌톱도 마찬가지여서 필자는 찌톱을 철사 소재로 제작해서도 붕어가 입질 시에 이상 없이 올라오는 모습을 영상으로 촬영하여 필자가 진행하는 방송을 통해서 소개하기도 했다.

● 찌는 몸통 형태에 따라서 입수형태가 다르게 나타난다
우리가 사용하는 찌에는 다양한 형태가 있다. 몸통이 긴 막대형 찌, 몸통이 둥근 원구형 찌, 몸통이 유선형인 찌 등이 그것이다. 그런데 찌맞춤을 할 때나 낚시 간에 찌가 일어서 입수하는 모습을 보면 몸통 형태에 따라서 그 모습이 각각 다르게 나타난다. 왜 그럴까? 물(유체) 속에서 물체에 미치는 물의 압력은 좌 우 위 아래 방향에서 동일하게 받는다. 그러나 물의 저항은 움직이는 방향의 역으로 영향을 받는다. 고로 추(봉돌)가 억지로 끌고 내려가는 힘에 의한 저항이 찌몸통의 아랫부분에 미치게 되는데, 이때 찌몸통 아랫부분의 닿는 부분면적이 클수록 저항을 크게 받게 되므로 몸통이 원구형에 가까울수록 느리게 입수하는 것이다. 그렇다면 찌 올림에도 영향을 크게 주는가?

● 찌의 몸통 형태에 따른 찌 올림의 차이는 무시해도 된다

찌의 몸통 형태에 따른 찌 올림의 차이는 무시해도 된다. 위에서 찌가 내려가는 과정에서는 봉돌이 억지로 끌어내리는 힘에 의해서 물의 저항을 받는다고 했으나 찌가 올라올 때는 찌가 봉돌을 달고 스스로 떠오르는 모습을 가진다. 그리고 물의 저항을 유발할만한 속도(힘)를 갖지 못한다. 따라서 찌몸통이 위로 뾰족한 형태이든 역삼각형이든 찌의 상승운동에는 크게 차이가 나지 않는다. 즉 무시해도 된다.

● 수초를 공략할 땐 고부력의 짧은 찌를 선택하라

대물낚시에는 대부분 고부력의 짧은 찌를 사용한다. 그것은 다른 이유가 아니고 대물낚시=수초 공략, 즉 수초를 노려야 하기 때문에 고부력의 짧은 찌를 선택하는 것이다. 전혀 수초가 없는 포인트의 대물낚시라면 꼭 고부력의 짧은 찌를 사용할 필요는 없다. 고부력의 짧은 찌는 우선 튼튼하고, 침하력이 강하여 수초에 걸림이 없이 미끼가 바닥에 안착하는 데 도움이 된다.

● 수초 공략 찌로는 튼튼한 재료의 찌를 선택하라

수초를 공략하는 낚시를 구사할 때는 찌몸통이나 찌톱 소재가 튼튼한 것을 택하는 것이 좋다. 만약에 찌몸통이 발사나 공작깃털 등 연약한 소재로 된 찌를 사용하게 되면 쉽게 흠이 생겨서 물이 스며들게 되어 낚시에 지장을 초래하고, 찌톱이 가늘고 잘 부러지는 소재를 사용하게 되면 수초에 부딪혀서 쉽게 손상되어 버린다.

● 수초직공을 하려면 고리찌나 관통찌를 준비하라

대물낚시를 구사하다 보면 밀생한 수초를 직접 공략해야 할 경우가 많다. 앞치기로는 좁은 수초구멍에 넣기 힘들거나 용케 찌를 던져 세워도 대물붕어를 안전하게 끌어내기 힘든 지형이 많은데, 이때를 대비해서 수초직공용 찌인 고리찌나 관통찌를 별도로 선택하여 준비해두는 것이 좋다.

● 전내림용 찌는 막대형 저부력이면 어느 찌나 통한다

매번 얘기하지만 물고기가 찌를 보고 입질하고 안 하고 하지는 않는다. 그러므로

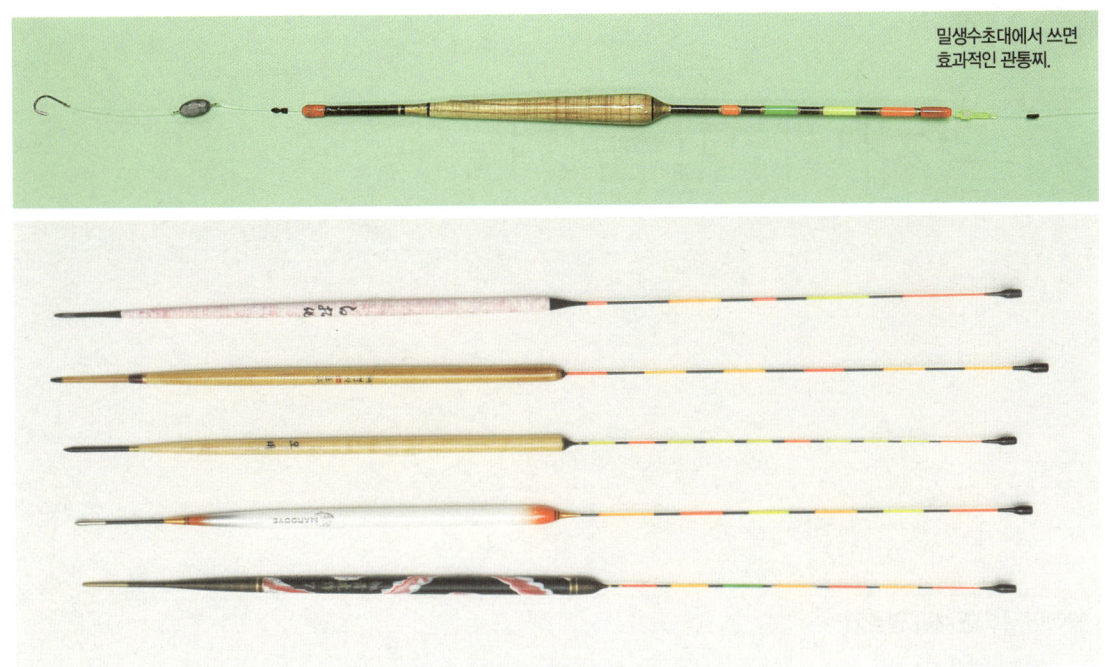

밀생수초대에서 쓰면 효과적인 관통찌.

▲ 내림낚시용 찌. 막대형의 저부력 몸통이 특징이다.

최소한의 붕어 입질행동이 감지되는 기능을 할 수 있는 찌라면 어느 기법의 낚시에나 다 사용할 수가 있다. 즉 내림낚시 전용찌가 아니라도 유사한 기능을 수행할 수 있는 찌는 전내림(노지내림낚시)용으로 활용해도 통한다는 것이다. 다만 아주 민감성을 요구하는 경기낚시 등의 경우에는 그에 맞는 찌를 사용하는 것이 당연하다.

● 찌는 무생물이면서도 감각을 가진 생물과 같다

찌는 분명히 무생물이다. 그러나 우리 앞에서 움직이는 찌는 물속 붕어의 행동에 맞춰서 생물과 같이 살아 움직여 준다. 그리고 모든 언어를 스스로의 몸짓으로 표현해서 우리가 그것을 보고 수중 붕어의 행동을 읽어내어 대화가 가능하게 해 준다. 그러므로 내가 사용할 찌는 살아있는 나의 낚시 동반자로 인식하고 잘 골라서 선택하고 정성들여서 잘 관리해야 한다.

제 11 강

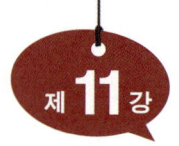

기본채비 만들기

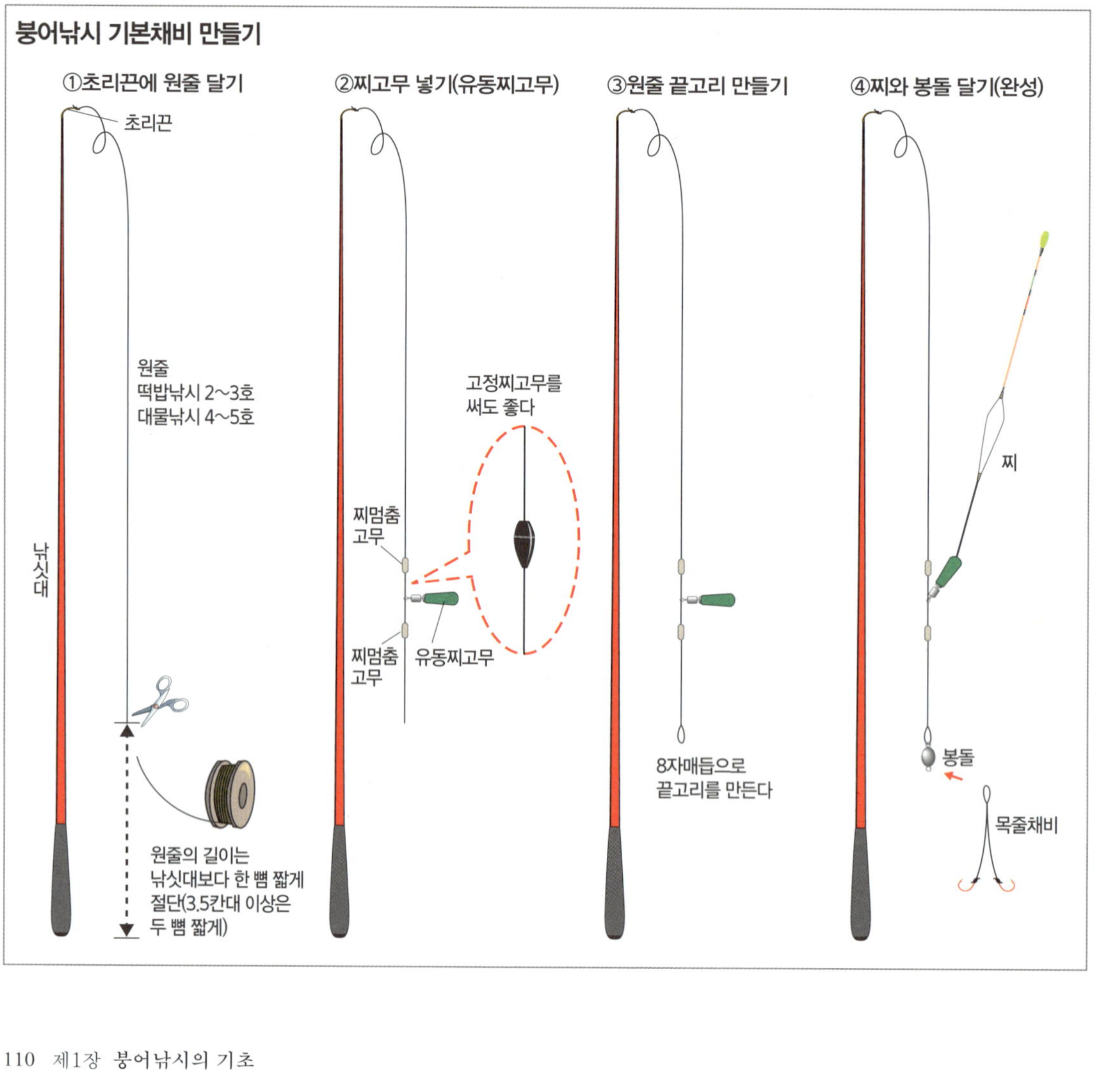

붕어낚시 기본채비 만들기
①초리끈에 원줄 달기
초리끈
원줄
떡밥낚시 2~3호
대물낚시 4~5호
낚싯대
원줄의 길이는
낚싯대보다 한 뼘 짧게
절단(3.5칸대 이상은
두 뼘 짧게)
②찌고무 넣기(유동찌고무)
고정찌고무를
써도 좋다
찌멈춤
고무
찌멈춤
고무
유동찌고무
③원줄 끝고리 만들기
8자매듭으로
끝고리를 만든다
④찌와 봉돌 달기(완성)
찌
봉돌
목줄채비

붕어낚시 채비는 기법에 따라 크게 4가지로 나뉜다. 즉 떡밥콩알낚시, 대물낚시, 전층낚시, 전내림낚시의 4가지 기법을 기본으로 한 4대 기본채비가 있다.
또한 각각의 기본채비는 찌고무의 형태에 따라 고정채비와 유동채비로 나뉜다. 고정채비는 찌고무에 바로 찌를 꽂아서 수심에 맞는 원줄의 높이에 위치시켜 사용하는 채비이고, 유동채비는 찌고무 상하에 찌멈춤고무를 장착하여 위 찌멈춤고무는 수심을 맞추고, 아래 찌멈춤고무는 봉돌 위의 적당한 높이에 찌톱 끝이 위치하도록 고정시켜서 찌가 상하로 자유롭게 유동하도록 만든 것을 말한다. 이는 낚시환경에 따라서 달리하는 것이 아니고 자기의 취향에 따라서 선택하는 것이다.

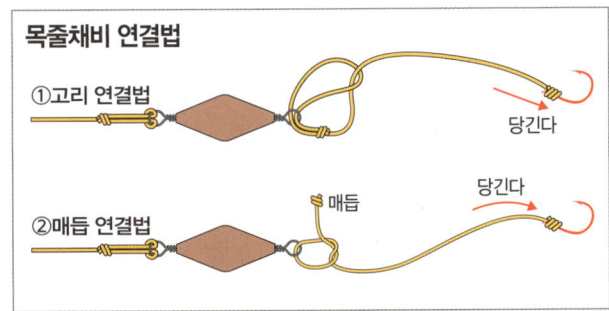

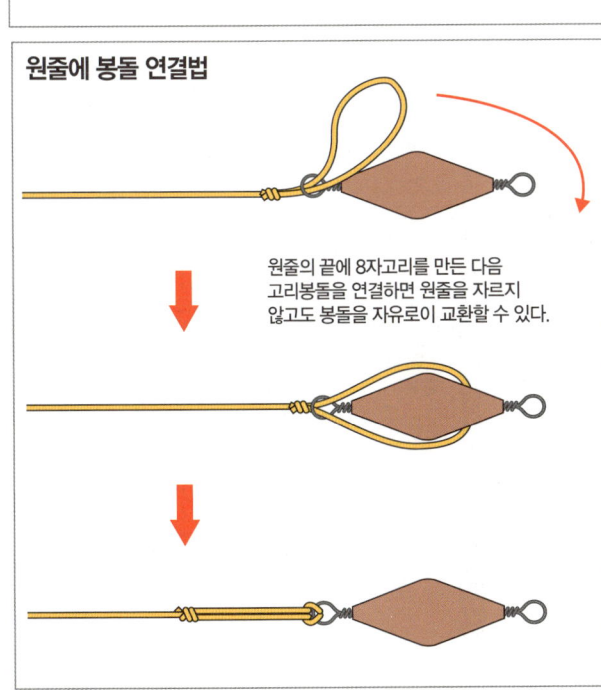

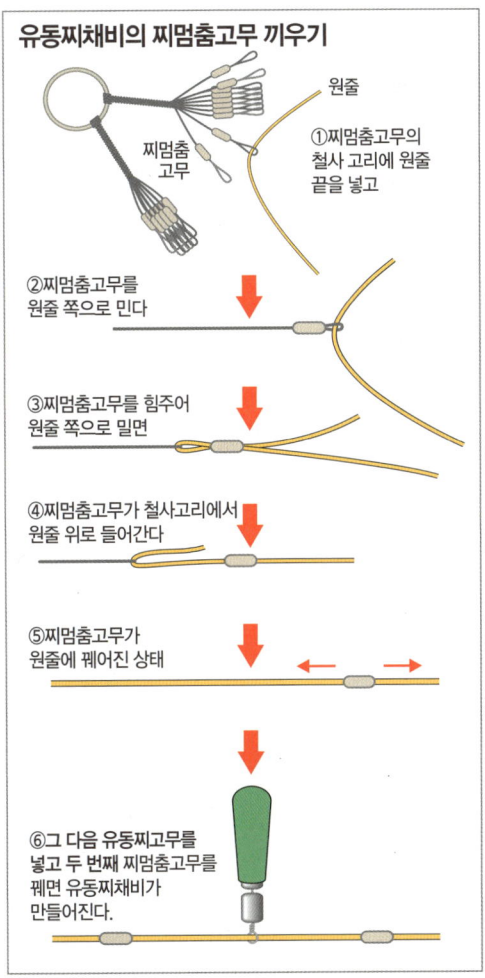

제11강 기본채비 만들기 111

4대 기본채비

① 떡밥콩알낚시 채비

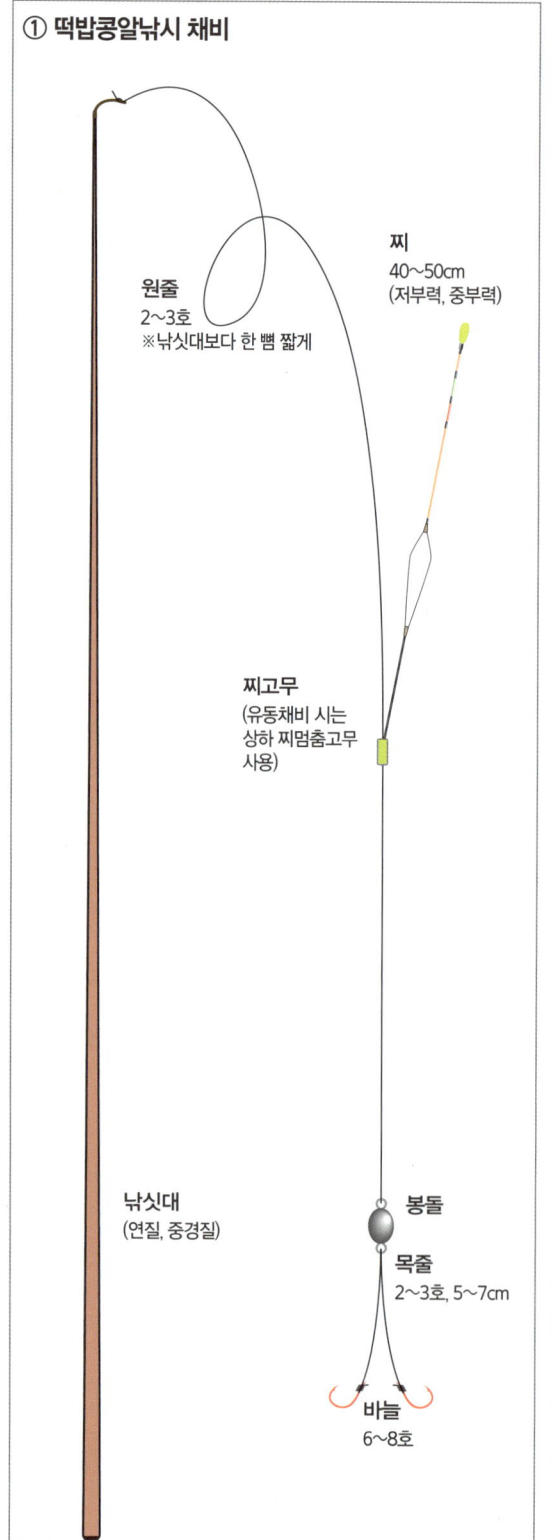

② 대물낚시 채비

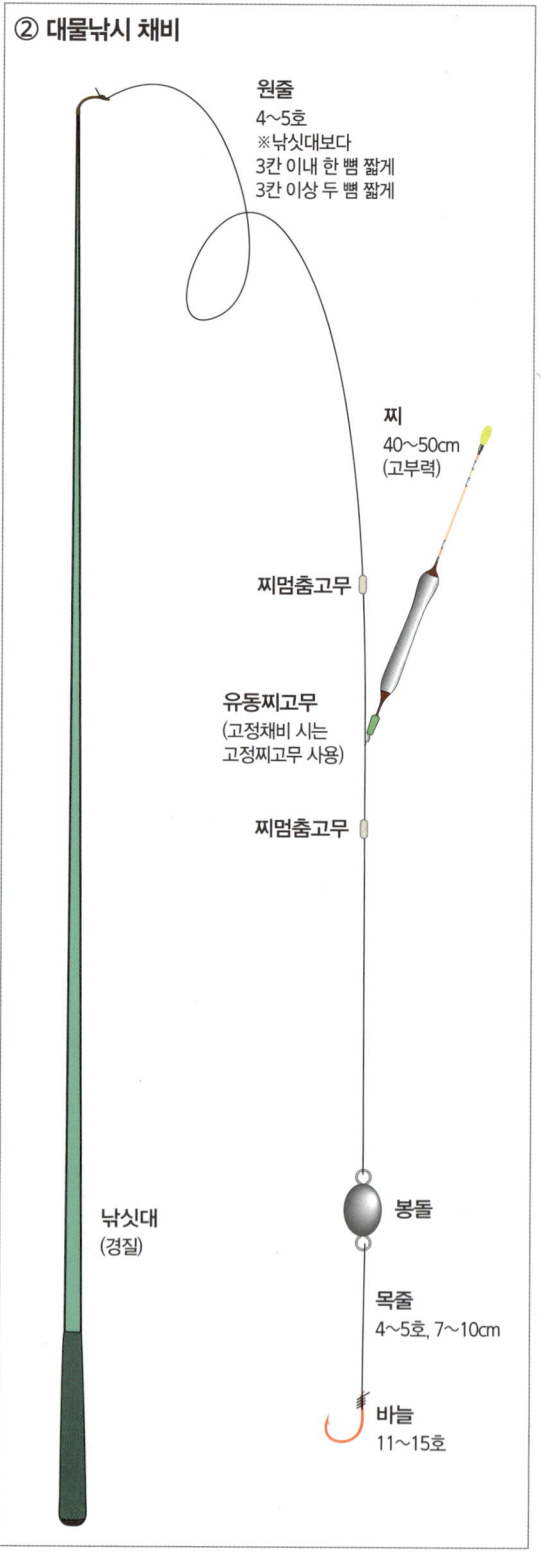

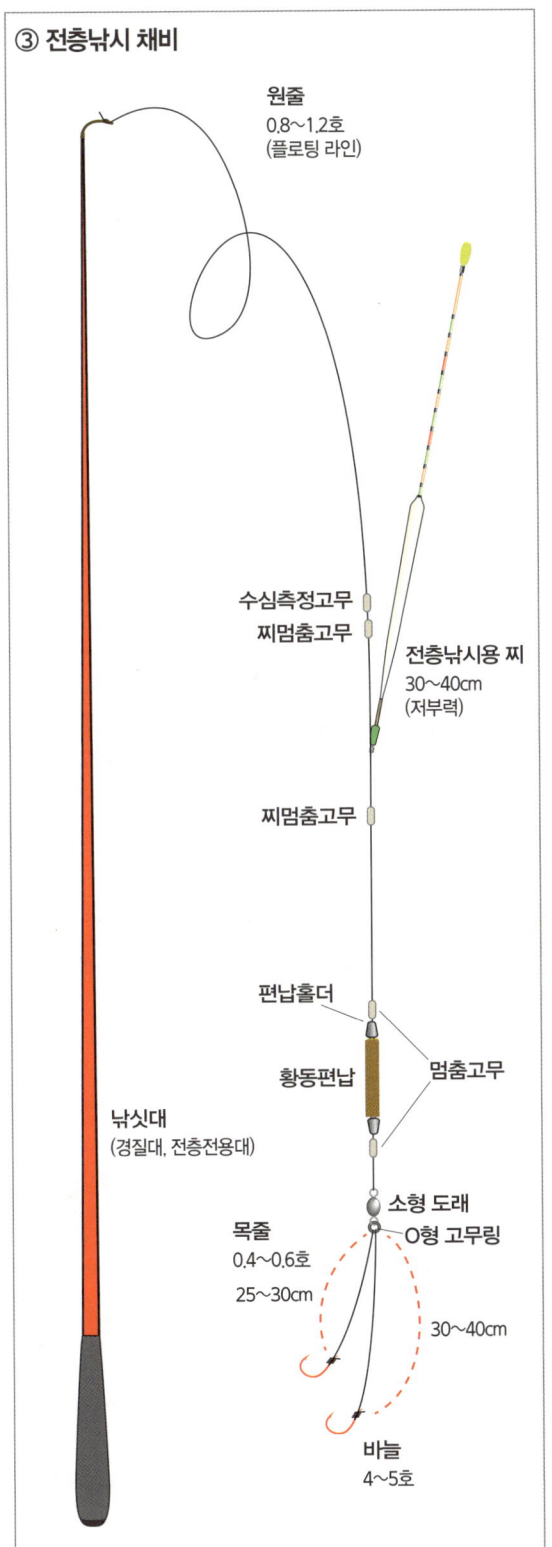
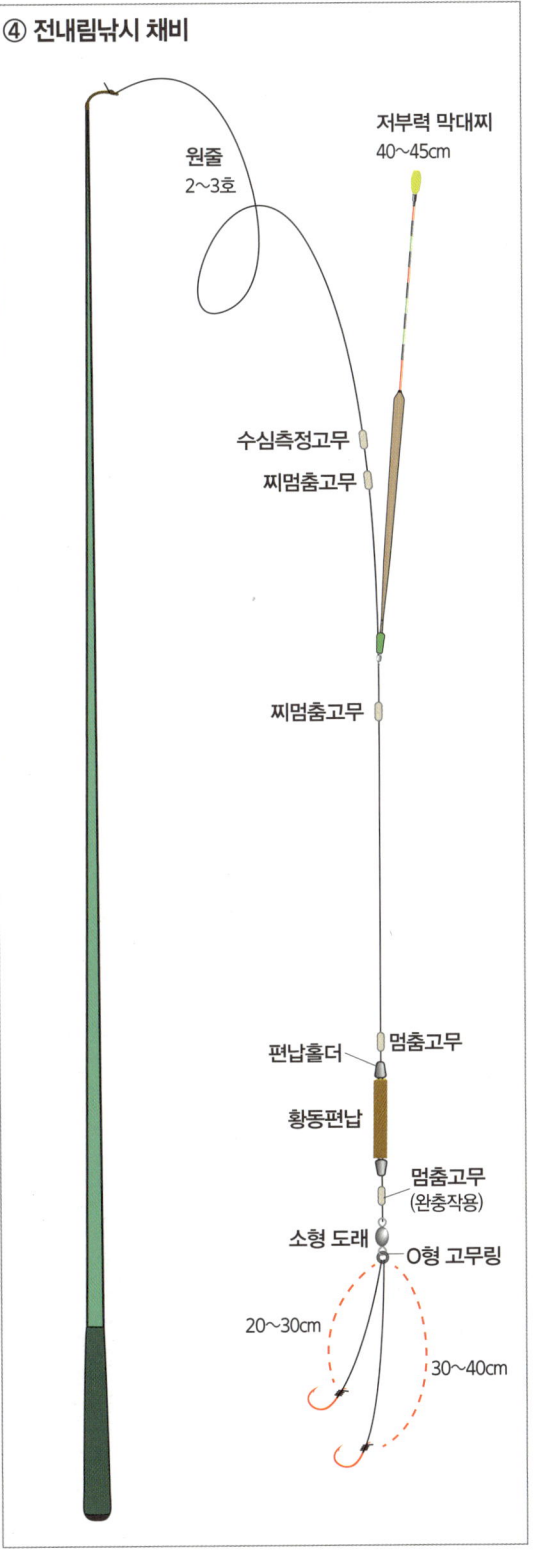

제11강 기본채비 만들기

낚싯바늘 묶음법

① 바깥돌리기

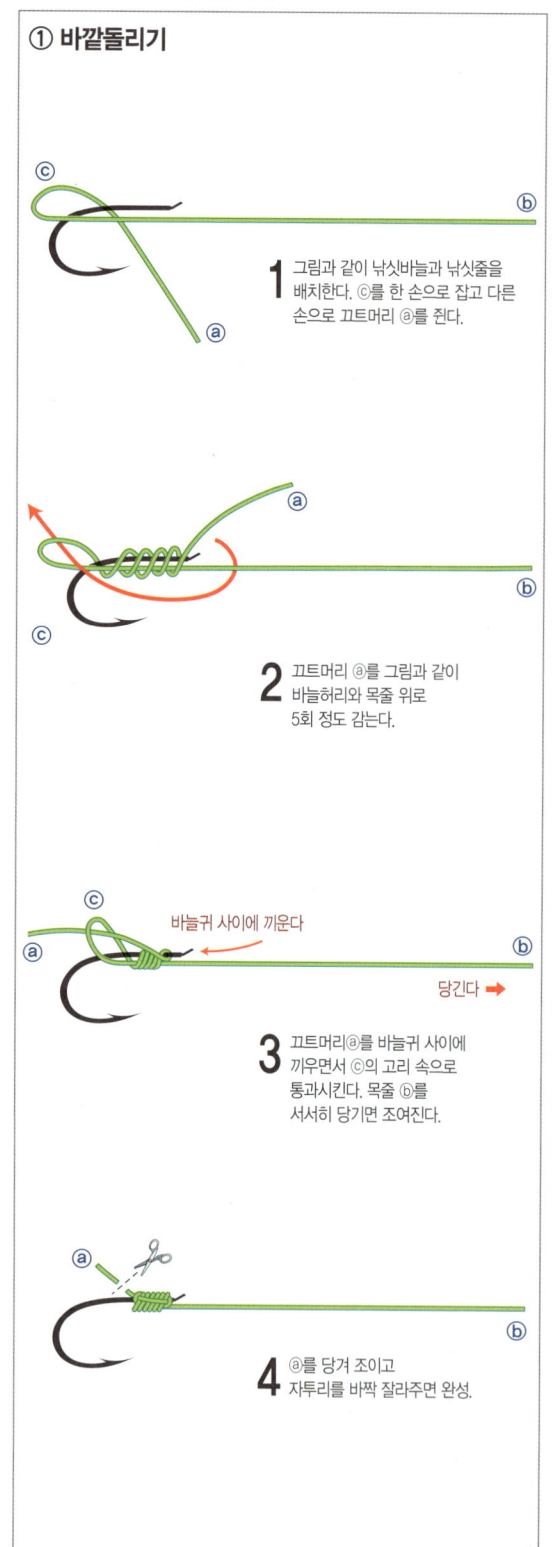

1 그림과 같이 낚싯바늘과 낚싯줄을 배치한다. ⓒ를 한 손으로 잡고 다른 손으로 끄트머리 ⓐ를 쥔다.

2 끄트머리 ⓐ를 그림과 같이 바늘허리와 목줄 위로 5회 정도 감는다.

3 끄트머리 ⓐ를 바늘귀 사이에 끼우면서 ⓒ의 고리 속으로 통과시킨다. 목줄 ⓑ를 서서히 당기면 조여진다.

4 ⓐ를 당겨 조이고 자투리를 바짝 잘라주면 완성.

② 안돌리기

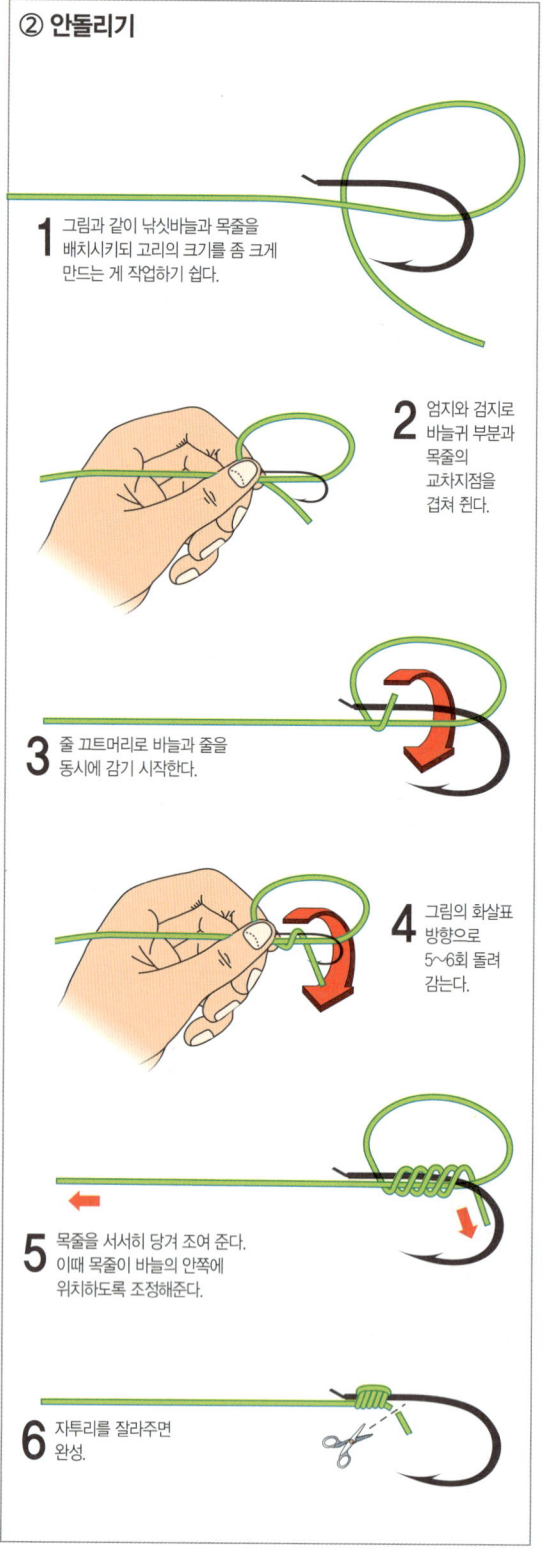

1 그림과 같이 낚싯바늘과 목줄을 배치시키되 고리의 크기를 좀 크게 만드는 게 작업하기 쉽다.

2 엄지와 검지로 바늘귀 부분과 목줄의 교차지점을 겹쳐 쥔다.

3 줄 끄트머리로 바늘과 줄을 동시에 감기 시작한다.

4 그림의 화살표 방향으로 5~6회 돌려 감는다.

5 목줄을 서서히 당겨 조여 준다. 이때 목줄이 바늘의 안쪽에 위치하도록 조정해준다.

6 자투리를 잘라주면 완성.

낚싯대에 원줄 연결하기

원줄에 8자매듭 끝고리 만들기

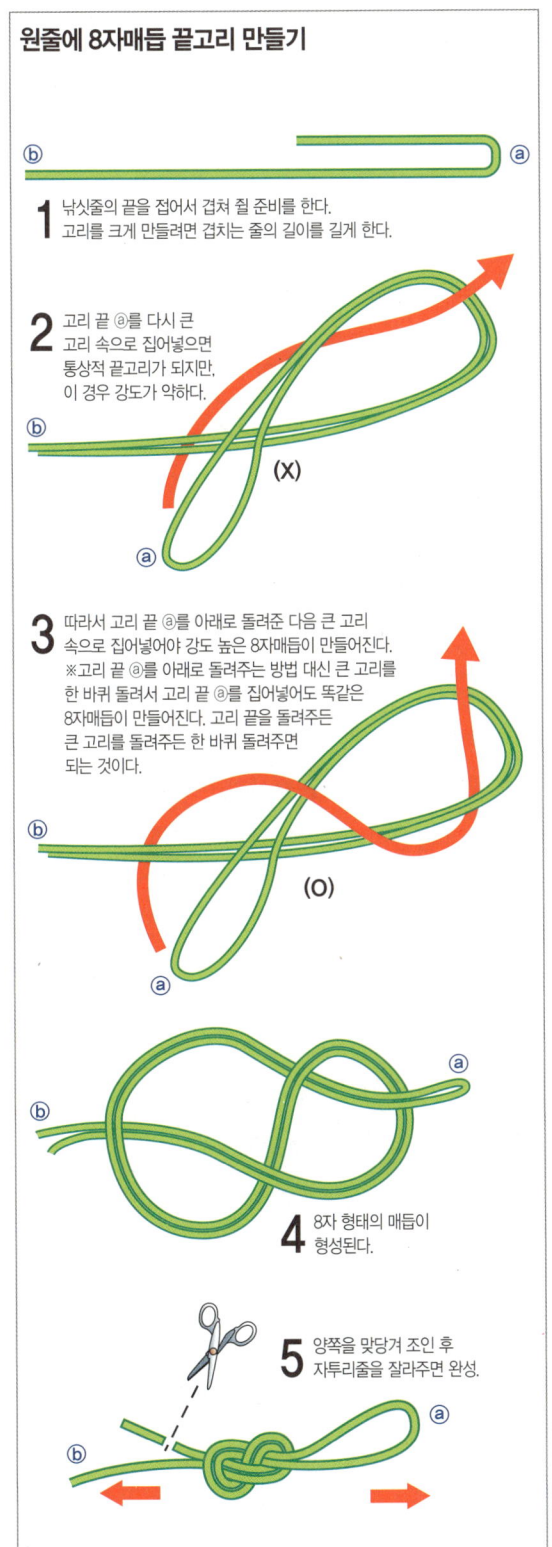

초리끈에 원줄 연결하기

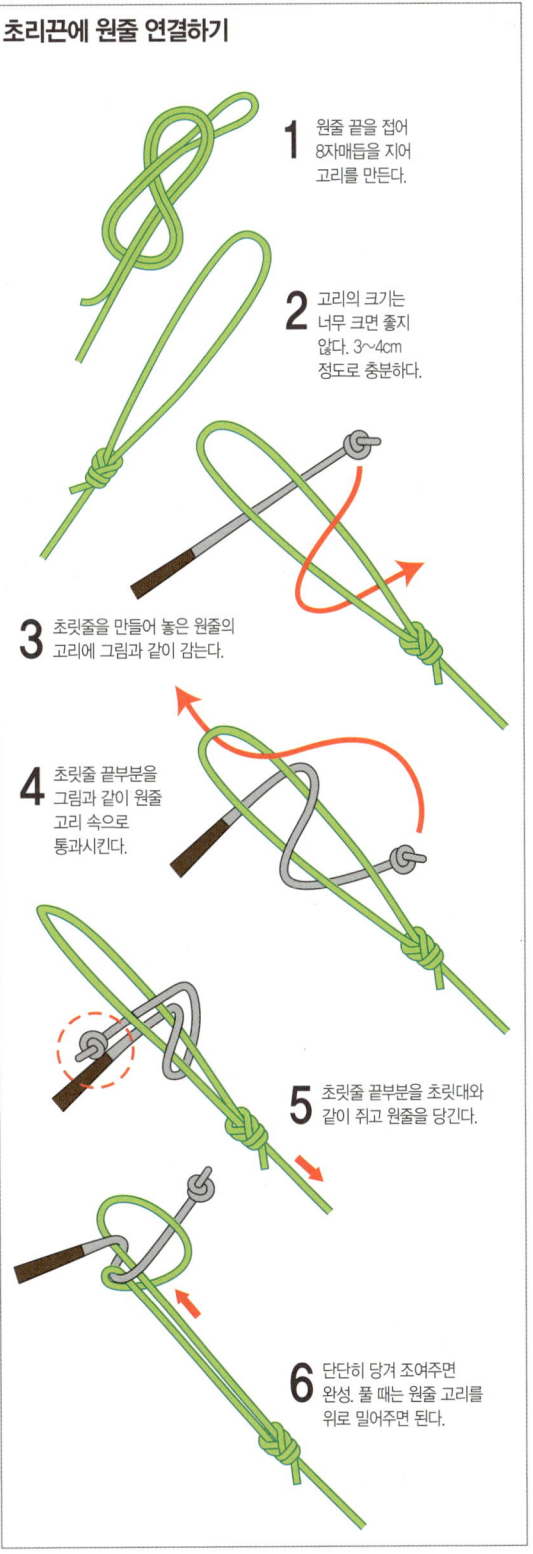

실전채비 연구

1. 고정찌 채비 vs 유동찌 채비

고정찌 채비는 우리나라에서 전통적으로 이어져온 채비 방식이며, 유동찌 채비는 1980년대에 유행한 채비다. 당시엔 유동찌 채비를 사용하는 사람만이 고수인 듯 여겨지기도 했으나 세월이 지나면서 각각의 장단점이 있음을 알게 되었고, 각자의 취향에 맞는 채비를 선택적으로 사용하게 되었다.

● 고정찌 채비

고정찌 채비는 붕어낚시에 입문하면서 가장 먼저 접하게 되는 채비이다. 고정용 찌고무는 우레탄, 카본, 실리콘 등의 탄성이 좋은 고급 소재로 만들어지고 있다. 고정찌 채비를 만드는 순서는, 원줄을 초릿대에 연결한 후→낚싯대 길이에 맞춰 자르고→찌고무를 원줄에 끼운 다음→8자고리를 원줄 하단에 만들어→봉돌을 연결한다. 그리고 그 봉돌에 바늘을 연결하면 채비가 완성된다. 이후 실제 낚시를 할 때는 찌고무에 찌를 끼워 쓰면 된다.

고정찌 채비의 수심조절은 원줄에 있는 찌고무를 상하로 이동시켜서 한다. 찌가 원줄에 고정되어 있어서 채비를 들어 올리더라도 찌의 위치는 변동이 없다.

● 유동찌 채비

유동찌 채비는 고정찌 채비로 입문한 낚시인들이 어느 정도 붕어낚시에 재미를 느낄 무렵 사용하기 시작하는 채비다. 유동찌 채비를 하는 순서는, 원줄을 초릿대에 연결한 후→낚싯대 길이에 맞춰 자르고→위 찌멈춤고무를 한 개(혹은 두 개) 끼운 다음→유동찌고무를 끼우고→아래 찌멈춤고무를 끼운 후→8자고리를 원줄 하단에 만들어→봉돌을 연결하고 바늘을 연결하면 끝이다. 이후 낚시를 할 때는 유동찌고무에 찌를 끼워 사용한다.

유동찌 채비에는 찌날라리가 없는 찌를 사용한다. 찌날라리가 있는 찌를 사용하면 찌가 원줄에 자주 감기는 현상이 있어 불편하다.

● **입수와 채비 정렬 형태 비교**
채비를 투척한 후 찌가 자리를 잡고 일어서서 입수할 때 고정찌 채비와 유동찌

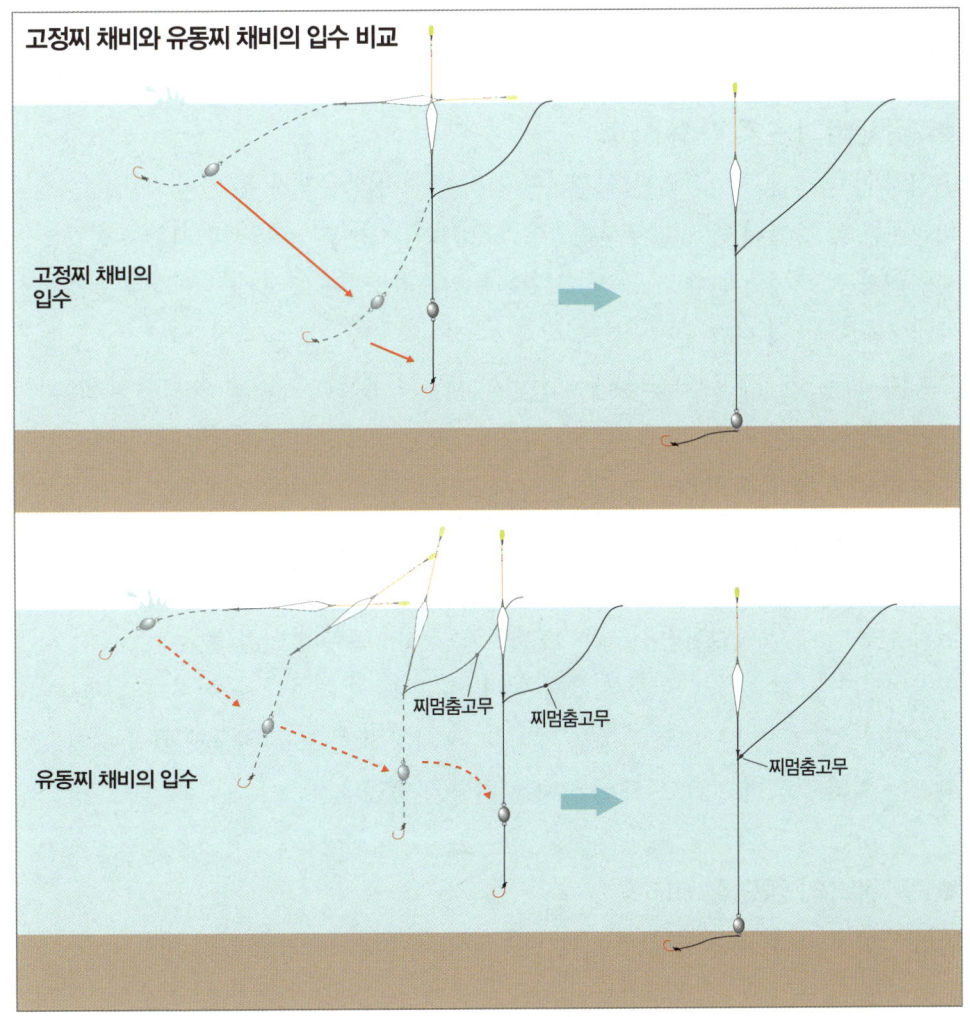

채비는 서로 그 모습이 다르게 나타난다. 고정찌 채비는 투척 후 찌가 일어선
자리에서 이동하지 않고 곧바로 입수한다. 즉 정확한 투척을 하였다면 찌가
떨어져서 일어선 그 자리가 자신이 공략하고자 하는 자리인 셈이다.
그러나 유동찌 채비는 수면에 떨어진 찌가 낚시인 앞으로 끌려오면서 일어서고,
일어선 다음에도 계속 끌려와서 자리를 잡고 선다. 이 모습을 옆 방향에서 관찰해
보면 찌가 약간 비스듬히 기울어진 상태에서 낚시꾼 앞 쪽으로 이동하는 모습을
보인다. 따라서 유동찌 채비 사용 시는 찌가 최종적으로 자리 잡고 선 자리가 공략할
지점이 된다.
그림에서 보는 바와 같이 두 가지 채비의 입수형태는 상당한 차이가 난다. 이러한
입수 모습을 보고, 유동찌 채비를 즐겨 사용하는 사람들은 "유동찌 채비가
수직입수에 가장 가깝기 때문에 그 방법을 즐겨 사용한다"고 말한다. 그러나 실험
결과 두 채비 간에 수직입수의 차이는 없었다.

● 두 채비의 수직입수 비교
수직입수 즉 원줄과 바닥의 각도가 수직인지 아닌지의 문제가 두 가지 채비 활용을
비교하는 데 대단히 중요한 부분이었다. 그래서 필자는 지난 1999년에 낚시방송
촬영팀과 찌 생산업체 대표, 그리고 프로낚시인들과 함께 고정찌 채비와 유동찌
채비 간의 원줄의 사각 발생 비교실험을 한 적이 있다.
그때 우리는 각각 두 대의 낚싯대에 고정찌 채비와 유동찌 채비를 하여 수심 2m의
수영장 물에 투척한 후, 찌가 안착한 다음 그 채비 정렬상태를 관찰했다. 그때
수중의 원줄 옆에 긴 플라스틱 막대를 수직으로 세우고, 수중카메라를 가지고
잠수하여 촬영했다.
촬영을 해보니 두 채비가 다 거의 수직에 가깝게 나타났다. 그리고 수심이 2m인데도
바닥 봉돌이 수직과 벌어진 거리는 육안으로 식별이 곤란할 만한 불과 10cm
미만이었다. 또한 그러한 현상은 고정찌 채비나 유동찌 채비나 별 차이가 없이
유사했다. 즉 고정찌 채비와 유동찌 채비는 두 가지 방법 모두 원줄과 바닥이 이루는
각도는 거의 수직에 가깝고, 채비에 따른 차별은 없었다.

● 두 채비의 장단점 비교
바람이 불 때는 봉돌과 찌가 거의 한 덩어리가 되어 날아가는 유동찌 채비가 바람을
극복하는 데 유리하다. 그러나 물이 흐르는 곳에서는 찌가 봉돌을 들고 흘러가면서

자리를 잡아야 하는 유동찌 채비가 흐름을 더 타서 불리하다.

또한 단순히 채비 투척의 용이성만 가지고 따지자면 저부력의 찌인 경우는 유동찌 채비가 유리하고, 고부력의 찌는 고정찌 채비가 유리하다. 유동찌 채비의 경우는 낚싯대 탄력이 무거운 봉돌과 찌 무게를 동시에 감당해야 하기 때문에 투척 시에 지장을 받는다.

그러나 두 가지 채비 중 절대적으로 유리한 채비는 없으며, 스스로의 개성과 취향에 따라서 적절히 선택하여 사용하는 것이 바람직하다.

2. 수초 공략 채비

대물붕어를 낚으려면 수초를 노릴 수밖에 없고, 복잡하고 거친 수초를 제대로 공략하기 위해서는 그에 걸맞은 채비가 필요하다. 일단 수초지대에서 낚시를 할 때 예상할 수 있는 상황은 크게 세 가지이다.

첫째, 수초 사이에 찌를 세우기가 어려울 것이다.
둘째, 수초에 채비 걸림이 많을 것이다.
셋째, 붕어를 걸었을 때 제압 및 유도가 어려울 것이다.
이 세 가지 상황에 안전하게 대처하기 위해서는 낚싯대부터 바늘에 이르기까지 모든 채비가 그에 맞아야 한다.

▼ 수초직공 낚시를 하는 낚시인(아래)과 밀생수초 속에 들어간 수초직공 찌(위).

● 수초직공채비

수초지대를 공략할 때 구멍치기 채비 즉 직공채비를

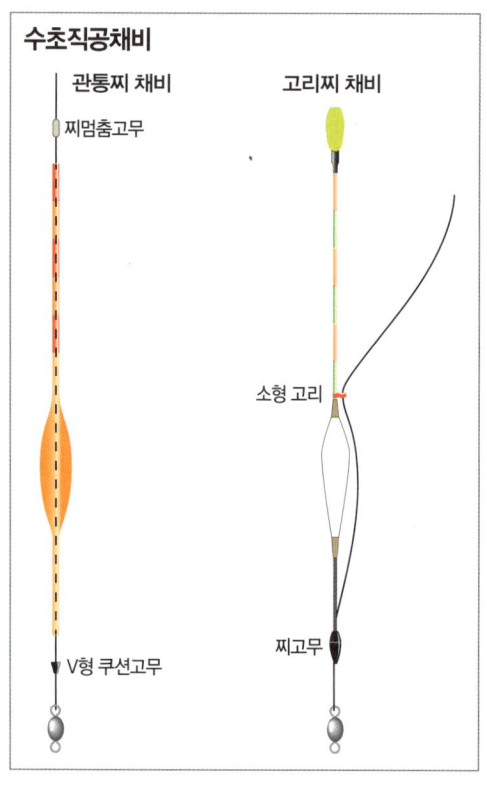

준비하지 않고서는 완벽한 수초채비를 했다고 말할 수가 없다. 직경 한 뼘도 채 못 되는 수초의 작은 구멍을 직접 공략하기 위해서는 이 채비가 필수적이며, 이러한 수초직공채비를 회피하고 일반 채비로 앞치기를 하여 수초 구멍을 공략하려 한다면, 찌가 서는 부분의 수초 일부를 일부러 훼손시켜서 제거하거나, 아니면 작은 수초 구멍을 포기하고 수초 언저리에 찌를 세우거나, 조금 넓은 수초 공간에 찌를 세우는 간접공략을 해야만 한다. 수초직공은 수초가 밀생하여 수면을 덮고 있는 포인트에서 직경 10cm도 채 못 되는 수초의 작은 틈새라도 그 구멍에 직접 찌를 세워 공략하는 방법이다. 수초밭을 공략할 때는 가급적 수초를 건드리지 않는 것이 좋으므로 이 방법이 유용하게 쓰인다.

낚싯대

수초직공낚시를 위한 채비 시 낚싯대는 무조건 경질대를 사용하는 것이 좋다. 그리고 낚싯대 길이는 가급적 5칸 대 이상까지 긴 대를 준비하는 것이 좋다. 수초직공 기법에서는 수초 속에서 붕어를 걸면 곧바로 뽑아내야 하므로 낚싯대 허리힘이 특히 좋은 경질대라야 붕어와 힘겨루기를 할 때 낚싯대가 손상되지 않고 붕어를 제압하기가 용이하다. 긴 대가 필요한 이유는 5칸 대라고 해봐야 9m이므로 직공법으로 공략하는 거리는 3칸대로 앞치기 하는 거리(10.8m)도 못되기 때문이다.

원줄

구멍치기로 수초를 공략할 때 원줄은 4~5호를 사용한다. 항상 수초 줄기와 씨름해야 한다는 것을 고려하여 약간 둔한 듯하지만 굵고 튼튼한 원줄이 적합하다. 원줄의 길이는 낚싯대 길이에 무관하게 3m 정도면 충분하다. 혹은 미리 원줄의 길이를 정하지 않고 일반 채비에 줄감개를 이용하여 줄 길이를 조정해 사용할 수도 있다.

목줄
케블라합사 3호나 모노필라멘트 3호 정도면 적당하다. 직공낚시에서는 챔질 순간의 충격이 일순간에 목줄로 집중되기 때문에 목줄을 4호 이상 강하게 사용하는 경우도 많다.

바늘
바늘은 12~15호의 큰 바늘을 쓴다. 그리고 수초직공채비에서는 필히 외바늘채비를 하여야 한다. 만약 쌍바늘채비나 가지바늘채비를 했을 경우에는 십중팔구 빈 바늘이 수초에 걸려서 애를 먹기 때문이다.

찌
수초를 직공하기 위한 찌는 고리찌와 관통찌(원줄 관통형 찌) 두 가지를 사용하며, 찌의 길이는 30~40cm 정도가 좋다. 고리찌는 찌톱의 꼭대기 부분과 중간에 원줄을 통과시켜서 고정할 수 있는 고리를 부착한 찌를 말한다. 이 고리찌는 찌고무를 이용하여 수심에 맞게 고정하여 사용하는 고정채비 방식이다.
관통찌는 필자가 최초로 연구제작하여 1998년에 낚시잡지에 소개했던 것으로, 지금은 사용이 보편화되어 수초직공채비를 하는 사람이면 거의 관통찌를 가지고 있게 되었다. 이러한 관통찌는 찌톱부터 찌다리까지 원줄을 통과시키고 찌멈춤고무를 이용하여 유동채비를 한다.

● 수초앞치기채비
수초앞치기채비는 작은 구멍을 직접 공략하는 수초직공채비와 달리 멀리 있는 수초를 앞치기 기법으로 광범위하게 공략하기 위한 채비이다. 주로 수초대 공간이나 수초 언저리에 찌를 세우는 간접공략 방법으로 사용한다.

낚싯대
수초군을 공략하기 위한 낚싯대는 최소한 중경질대이거나 아니면 경질대이어야 한다. 그중에서도 가급적이면 경질대를 사용하는 것이 좋다.

원줄
원줄은 3~5호 정도의 카본사를 사용하는 것이 좋고, 너무 부드러운 줄보다는

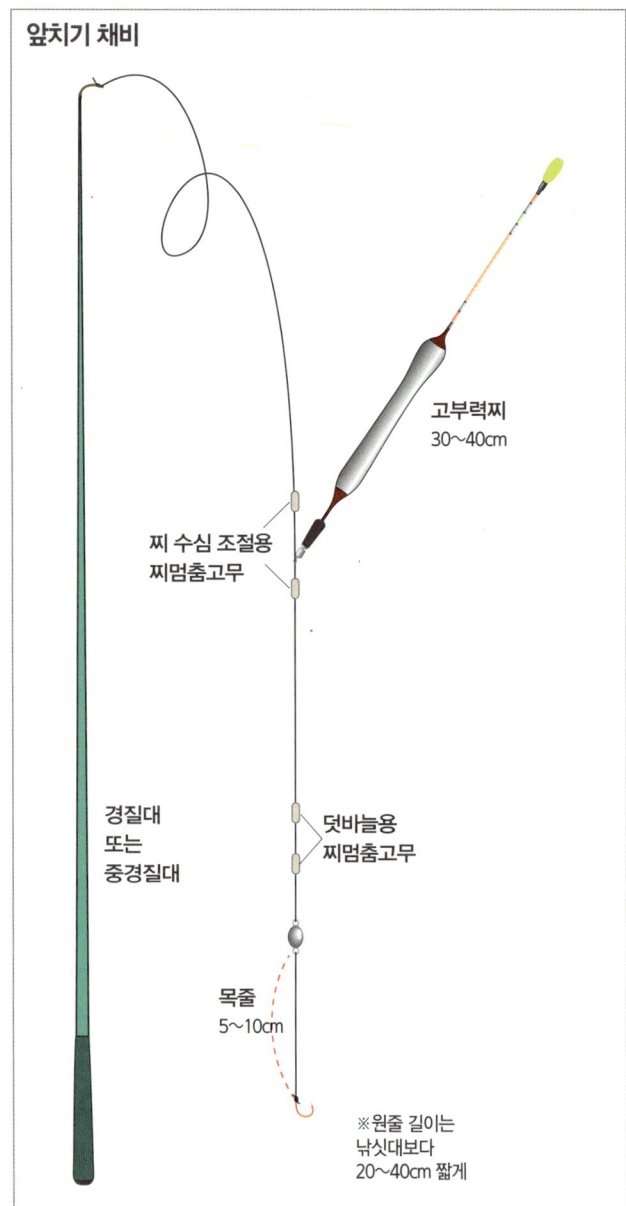

여유줄이 수초에 엉킴을 방지하기 위해서 약간 뻣뻣한 느낌이 드는 줄이 좋다. 채비를 할 때 원줄의 길이는 낚싯대보다 한두 뼘 짧게 한다. 그 이유는 정확한 채비 투척에도 유리한 면이 있지만, 챔질을 한 후 붕어를 제압 및 유도하기가 용이하기 때문이다.

목줄

목줄은 합사나 모노필라멘트 줄을 사용하며, 합사의 경우는 케블라 3호 정도, 모노필라멘트의 경우는 사용하는 원줄과 같은 굵기를 사용한다. 원줄과 목줄의 굵기가 같아도 실전에서는 긴 원줄의 인장강도가 높아서 목줄이 먼저 끊어진다. 수초 속에서 큰 붕어를 걸어 힘겨루기를 할 때 목줄이 약하면 쉽게 끊어져 버리므로 가급적 굵고 튼튼한 목줄을 써야 한다.

바늘

외바늘채비를 원칙으로 하며, 바늘은 굵고 강해야 한다. 만약 수초낚시를 하면서도 마릿수 낚시를 한다면 8~9호 바늘을 사용하고, 대물낚시를 하고자 한다면 12~15호 바늘을 사용하는 것이 좋다.

찌

수초앞치기 채비에 사용하는 찌는 짧고 부력이 크며 찌톱이 튼튼한 일반 찌 혹은 수초직공용 찌 중에서 취향에 따라서 선택 사용한다. 길이는 30~40cm면 적당하고,

▲ 수초앞치기 채비로 수초대를 노리고 있다.

예비로 20cm 정도의 아주 짧은 찌를 한두 개 따로 준비하여 아주 수심이 얕은 수초지대를 공략할 때 사용하면 좋다. 고정채비보다 유동채비로 하는 것이 좋다. 잘 부러지는 소재를 사용하게 되면 수초에 부딪혀서 쉽게 손상되어 버린다.

응용채비 연구

1. 가지바늘 채비 vs 덧바늘 채비

우리나라 붕어낚시에서 전통적인 바늘채비의 기본은 외바늘 채비였다. 그러다가 언제부터인가 봉돌 위에 바늘이 하나 더 추가된 가지바늘 채비가 등장하였다. 이 가지바늘 채비는 주로 지렁이를 미끼로 한 낚시에서 사용한다고 하여 '지렁이 정식'이라고도 불린다. 지금도 이 가지바늘 채비는 일부 고전적인 낚시를 구사하는 사람들이 사용하고 있다.

● **가지바늘 채비**
가지바늘 채비는 낚시점에 가면 쉽게 구입할 수가 있다. 이 가지바늘 채비는 그림에서 보는 바와 같이 조개봉돌을 중심으로 위 바늘과 아래 바늘이 일정한 간격으로 고정되어 있다. 바늘의 크기는 7~9호 정도며, 봉돌의 크기에 따라서 호수가 매겨져 있다. 이 가지바늘 채비를 구입해서 사용할 때는 찌의 부력에 맞게 몇 푼 찌에 몇 호 바늘채비 식으로 표시된 호수를 어울리게 하여 사용한다. 이는 대략적인 찌맞춤의 의미를 갖는다.

● **덧바늘 채비**
필자가 사용하는 덧바늘 채비라는 말의 '덧'은 '추가한다'는 의미다. 즉 봉돌 아래에 외바늘을 기본으로 두고, 봉돌 위에다가 필요에 따라서 바늘 하나를 더 추가한다는 뜻이다. 따라서 평소에는 외바늘로 낚시를 하다가 필요시에 봉돌 위 원줄에 바늘 하나를 추가로 달아서 유동식 가지바늘 형식으로 사용한다.

또한 경우에 따라서는 봉돌 아래 바늘을 제거하고 위에 있는 덧바늘만을 사용한 낚시를 하기도 하고, 덧바늘이 필요 없어지면 위에 있는 덧바늘을 제거해 버리고 다시 외바늘 채비로 사용하기도 한다. 그러므로 덧바늘은 가지바늘과 달리 항상 탈착이 가능하다.

또한 봉돌 위에 추가하는 덧바늘은 유동식으로 채비를 하므로 바늘의 높이를 언제든지 조절하여 요망하는 붕어의 눈높이에 맞출 수가 있다. 그것이 고정식 가지바늘 채비와 다른 점이다. 예를 들면 바닥에서 20cm 높이에 바늘이 있게 하고 싶거나, 50cm 높이에 바늘이 있게 하고 싶을 때는 덧바늘 높이를 그만큼 밀어 올려서 맞추면 된다.

이러한 덧바늘 채비의 활용이 요구되는 경우는 의외로 많다. 퇴적물, 청태 등 바닥상태에 따라서 바늘을 약간 띄워 사용해야 할 경우와 붕어가 떠서 먹이사냥을 할 때 등 유영층에 따라서 바늘 높이를 조절해야 할 경우가 많이 있기 때문이다.

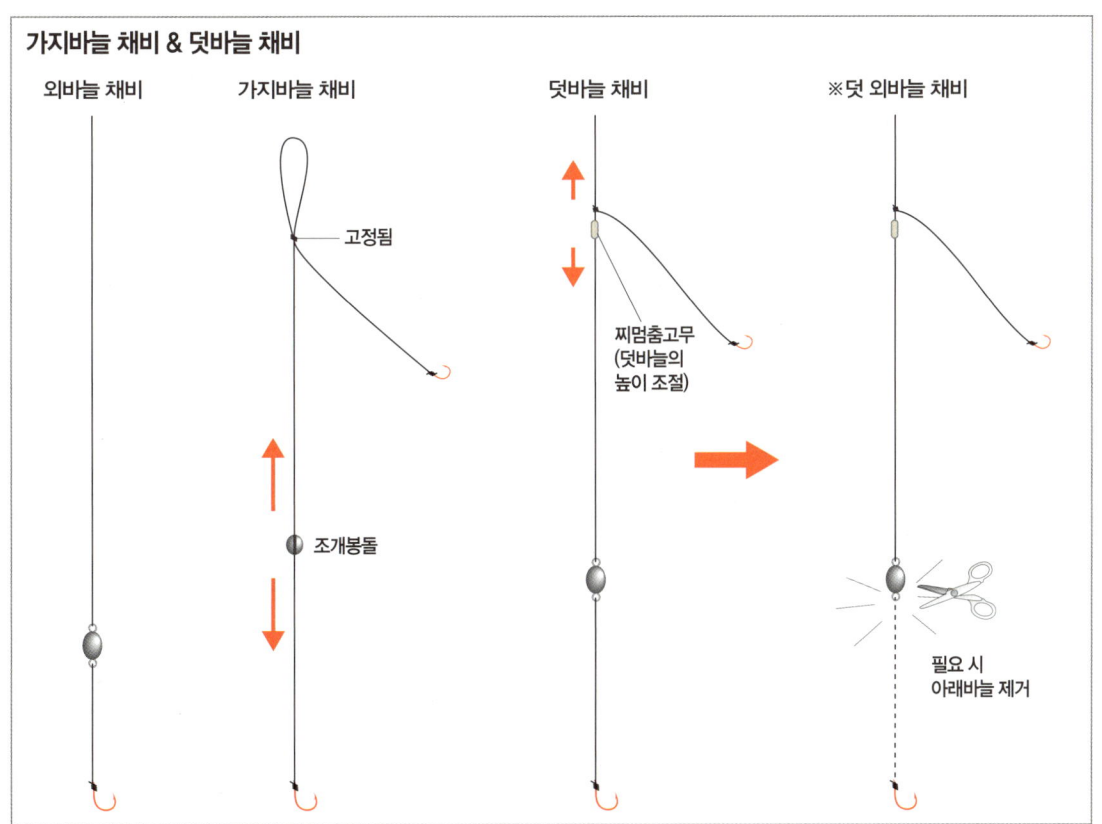

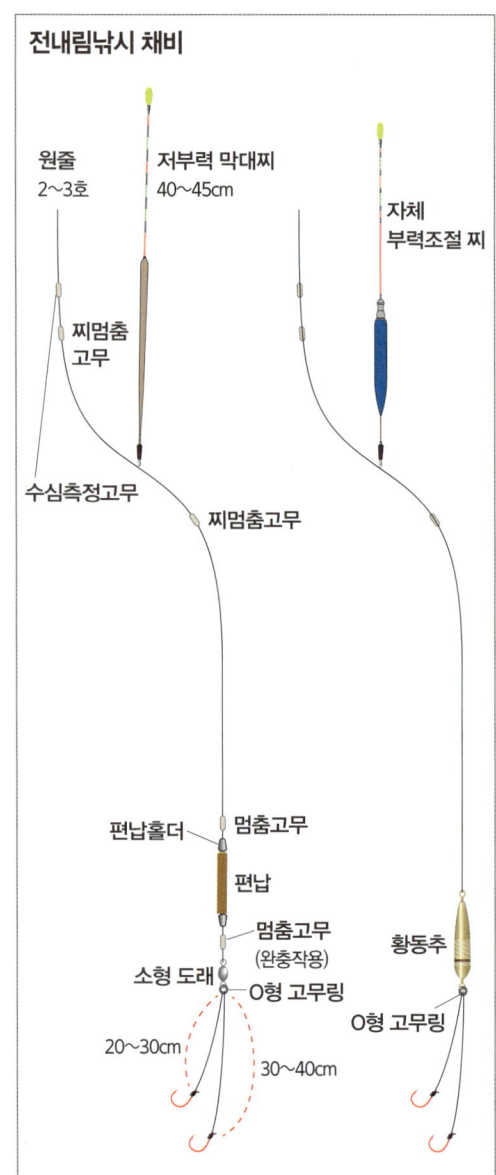

2. 전내림 채비

2010년대 들어서 대구, 경북을 중심으로 발전한 새로운 기법의 붕어낚시가 '옥수수내림낚시(옥내림)'다. 이 낚시는 내림낚시채비에 옥수수를 주 미끼로 사용하는데, 옥수수슬로프낚시, 놀림낚시 등으로도 불리고 있다. 그러나 필자는 이 낚시가 옥수수 외에도 지렁이, 새우, 떡밥 등 거의 모든 미끼를 쓸 수 있다는 점에 착안하여 옥수수내림보다는 '전미끼내림'이라 부르는 게 맞다고 보고 채비의 다양성과 미끼의 다양성 등을 고려하여 '전내림낚시'로 명명하였다.

이 전내림낚시 채비는 전층낚시와 유사한 채비이나 일반 자연노지에서 마릿수, 대물 등 다양한 기법 구사가 가능하다는 점과 떡밥부터 옥수수, 지렁이, 새우 등 모든 미끼 사용이 유용하며, 특히 찌 놀림이 차분하고 동작이 커서 다대편성의 대물낚시를 구사할 수가 있다는 점이 전층낚시와 차별된다.

낚싯대

낚싯대는 허리휨새와 탄성이 좋은 연질대나 중경질대를 사용한다. 연질대를 쓰는 이유는 연약한 채비를 사용하면서도 대물과 대결해야 할 경우가 많으므로 챔질과정이나 제압과정에서 채비의 한 부분에 전달되는 충격을 낚싯대 탄성으로 흡수할 뿐만 아니라 주로 장애물이 없는 포인트에서 이루어지는 낚시이므로 손맛을 극대화하기 위해서다.

원줄

원줄은 2~3호 나일론줄을 주로 사용한다. 보통의 내림낚시에서는 1호 전후의

▲ 전내림 채비. 저부력찌에 긴 목줄이 특징이다.

원줄을 주로 사용하나 전내림낚시에서 실험한 결과로는 3호 원줄도 사용 가능하다. 원줄의 길이는 채비운용이 용이하도록 낚싯대 길이보다 30~50cm 정도 짧게 한다.

목줄
목줄은 1~1.5호 카본사 또는 나일론사 모노필라멘트 줄을 사용한다. 보통의 내림낚시에서는 0.6호 전후의 목줄을 주로 사용하나 전내림낚시에서는 1.5호 이상 목줄 사용도 가능하다. 목줄의 길이는 20~40cm로 조절해가면서 활용할 수 있도록 다양하게 준비하는데, 평균적으로는 짧은 목줄 25cm, 긴 목줄 30cm 정도로 사용한다.

바늘
바늘은 망상어 5~7호를 쓴다. 바늘이 크면 흡입과정에서 지장을 초래할 수가 있으므로 가급적이면 작은 바늘을 사용한다.

찌
찌는 5g 이하의 봉돌에 맞는 찌로서 막대형이나 긴 유선형의 몸통을 가진, 30~40cm 길이를 사용한다. 보통 내림낚시에서는 3g 이하의 초저부력 찌를 선호하나 전내림낚시에서는 5g 전후 중부력의 찌까지 사용 가능하다.

기타 소품
추가적인 채비 소품으로는 찌멈춤고무, 유동찌고무, O형 고무링, 소형 도래,
편납홀더 등이 필요하며, 사용 요령은 전층낚시 채비와 유사하다.

3. 붕어낚시 채비의 일반상식

● **대물낚시 채비라고 무식한 채비는 아니다**
2000년도 이전에 필자의 대물낚시 채비를 본 사람들은 "한마디로 무식한 채비"라고
했다. 당시에는 흔히 사용하지 않았던 밧줄 같은 5호 원줄에 손가락 마디만 한
봉돌이 달린 고부력의 찌 그리고 13~15호 바늘을 사용했으니 그럴 만도 했다.
그러나 오늘날의 대물낚시인들은 필자보다도 더 튼튼한 채비를 즐겨한다. 대물낚시
채비는 튼튼해야 하는 것이다. 그러나 튼튼하게 한답시고 너무 둔감해서 무식하게
보이는 채비는 불합격 채비다. 제대로 된 채비는 튼튼하면서도 원줄-찌-바늘 등의
상호 균형맞춤이 잘 된 채비다. 즉 무식하게 튼튼하게만 한 채비가 아니라
튼튼하면서도 민감한 채비를 해야 한다는 것이다.

● **목줄 길이는 챔질 습관에 맞춰라**
전통붕어낚시에서 가장 적합한 목줄의 길이는 6~7cm다. 이보다 목줄이 짧으면
찌에 나타나는 입질 동작이 급하게 전달되고, 이보다 목줄이 길면 너무 차분하게
전달된다. 성미가 급한 사람은 6cm 이내로, 성미가 느긋한 사람은 7cm 이상으로
채비를 하는 것이 스스로의 챔질습관에 맞춘 채비이다.

● **대물낚시 목줄은 합사나 모노필라멘트를 구분할 필요 없다**
전통기법의 대물낚시를 하면서는 목줄의 재질을 합사나 모노필라멘트나 특별히
구분할 필요가 없다. 봉돌이 바닥에 닿아있고 목줄이 바닥에 깔려서 놓여있는
상태에서는 붕어가 그 목줄의 재질을 식별하여 그 때문에 회피하지는 않기

때문이다. 다만 바닥에 이물질이 많거나 목줄을 과도하게 길게 사용할 경우에는
합사보다 모노필라멘트가 좋다.

● 바늘은 종류보다 크기가 중요하다

바늘 크기와 붕어 입질은 연관이 있다. 떡밥이나 작은 미끼를 사용하는 민감한
낚시에서 큰 바늘은 쉽게 뱉어버리기 십상이고, 또한 큰 미끼를 사용하는
대물낚시에서 작은 바늘을 사용할 경우 헛챔질이 자주 발생하거나 설 걸려서 쉽게
떨어져 나가버린다.

그러나 바늘의 종류는 크게 고민하지 않아도 된다. 망상어바늘이든 감성돔바늘이든
구분하지 말고 구사하고자 하는 낚시기법과 사용하고자 하는 미끼의 크기에 맞춰서
바늘 크기만 선택하면 되는 것이다. 입걸림이 잘 되고 잘 안 되고는 바늘 종류의
문제가 아니라 바늘의 크기와 챔질동작의 문제인 것이다.

따라서 대물낚시를 하면서 새우, 참붕어, 메주콩, 옥수수 여러 알, 지렁이 여러 마리,
건탄(고탄) 등 큰 미끼를 사용할 경우에는 그에 맞는 큰 바늘(11~15호)을 사용하고,
떡밥콩알낚시나 지렁이, 옥수수 한 알로 마릿수 낚시를 하고자 할 때는 작은
바늘(6~7호)을 사용한다. 다만 새우나 참붕어를 쓰더라도 아주 작은 개체를 쓸
때에는 그에 맞는 작은 바늘을 사용하는 것이 좋다.

▼ 뗏장수초 가에 붙여 찌를 세운 모습. 수초에 근접하여 노릴 때는 대물낚시 채비가 알맞다.

● 유동채비냐 고정채비냐 고민할 필요 없다

낚시를 조금 알기 시작한 중급자들이 가장 고민하는 부분이다. 유동채비는 찌올림이 좋고, 고정채비는 찌올림이 안 좋다는 주장도 있는데 실제로는 유동채비와 고정채비의 찌올림이 다르지 않다. 필자는 이미 이에 대한 실험과 수중촬영을 수차례 해보았고, 방송을 통해서도 현장 비교 모습을 여러 차례 영상으로 보여준 바가 있다.

● 봉돌이 떠있는 채비에선 유동봉돌 채비는 무의미하다

자주 쓰지는 않지만 흐르는 물에서는 봉돌이 바닥에 무겁게 자리 잡게 하고 긴 목줄채비가 바닥에 깔려있는 유동봉돌 채비가 유용하다. 그러나 바늘만 바닥에 닿고 봉돌이 떠있는 채비를 사용할 때에는 유동봉돌 채비를 사용할 의미가 없다. 어차피 입질을 하게 되면 떠있는 봉돌을 그대로 두고 원줄만 봉돌 구멍을 통해서 아래쪽으로 반응한다는 것은 물리적으로 불가능하기 때문이다.

● 수초직공채비와 덧바늘 채비를 항상 준비하라

'들어뽕은 낚시가 아니다'라는 말을 흔히 듣는다.(이 들어뽕이란 용어가 적절치 않아서 필자가 1996년부터 '수초직공낚시'라고 처음으로 용어를 바꿔서 사용했다.) 그러나 밀생한 수초를 전투적으로 공략하는 낚시에서 낫 등으로 자연 상태의 수초를 다 잘라 없애놓고 하는 낚시보다는 수초를 건드리지 않고 꼭 필요한 곳에만 찌를 세운 수초직공낚시가 훨씬 친환경적이고 조과에도 효과적인 낚시다.
또한 바닥에 이물질이 많은 곳, 청태가 묻어 나오는 곳에서는 봉돌 위에 바늘이 위치하는 덧바늘 채비가 유리하니 항상 준비하는 것이 좋다. 특히 봄에 표층수온이 올라 붕어가 떠오른 상태에서 참붕어가 수초에 올라붙어 산란을 할 때에는 떠있는 붕어의 회유 눈높이인 수초의 높이에 맞추는 덧바늘 채비 활용이 특효일 경우가 많다.

● 예민한 내림채비를 활용하라

기온이 떨어진 동절기와 저수온의 냉수대가 형성될 때에는 붕어 입질이 아예 없거나 지극히 미약한 상태로 나타난다. 이처럼 붕어 행동이 극도로 민감한 때에는 그에 맞춰서 미세하면서 이물감을 주지 않는 내림채비(전내림) 활용이 유리하다.

연꽃 만발한 여름날의 휴식.
경산 감못에서.

제14강

찌맞춤

1. 찌맞춤 이해하기

● **찌맞춤이란?**

찌맞춤이란 찌의 부력(부상력)과 봉돌채비의 침력(침하력)을 일치시켜서 봉돌채비의 수중 무게감을 제로에 가깝게 만드는 것이다. 찌맞춤이 제대로 이뤄지면 수중 채비의 무게감이 사라져 붕어는 시원한 입질을 전개하며 찌는 예민하고 깨끗한 어신을 표현해준다.

만약 찌맞춤이 제대로 되지 않으면 부력이 더 크거나 침력이 더 큰 상태가 될 것이다. 찌의 부력이 더 크면 수중의 봉돌이 바닥에 있지 않고 떠있는 상태가 될 것이고, 봉돌의 침력이 더 크면 봉돌이 바닥에 너무 무겁게 자리 잡게 되어 붕어가 입질을 하더라도 그 반응이 제대로 전달되지 않을 것이므로 우리가 원하는 붕어의 입질을 제대로 받아내기가 어려워진다. 그래서 찌맞춤의 기본은 부력과 침력을 동일하게 맞춰서 부력도 침력도 모두 0인 상태를 만드는 것이라 할 수 있다.

● **낚시분야별로 적합한 찌맞춤이 다르다**

그런데 가장 좋은 찌맞춤은 각 낚시인이 어떤 기법의 낚시를 구사할 것인가에 따라서 달라지는 것이며, 그에 맞게 찌의 부력과 봉돌의 침력을 조절하는 것이 실전 찌맞춤이다. 즉 스스로가 구사하고자 하는 낚시기법을 고려하여 찌와 봉돌의 균형을 어떻게 할 것인가에 맞게 조절하는 것이 찌맞춤이다.

찌맞춤 방법은 표준으로 할 것인가, 가볍게 할 것인가, 무겁게 할 것인가의 세 가지로 대별된다. 그런데 이 세 가지 범주 안에서 어느 것이 표준인가, 얼마나 가볍게 해야 하는가, 얼마나 무겁게 해야 하는가 하는 것은 낚시인마다 추구하는 기법의 차이가 있고, 각각의 개성과 취향이 다르기 때문에 교과서적인 통일이 어렵다. 또한 자연 노지에서 적합한 찌맞춤법과 양어장 낚시터나 하우스 낚시터에서 적합한 찌맞춤법이 다르며, 대상어종이 토종붕어냐 떡붕어냐 중국산 양식붕어냐에 따라서도 적합한 찌맞춤법이 다른 것이다.

● 찌맞춤의 딜레마에 빠지지 말자

사실 우리가 낚고자 하는 토종붕어를 낚기 위한 찌맞춤은 단순하다. 그런데 우리는 아주 미세한 변화에 너무 민감하게 반응하여 스스로 찌맞춤의 혼란에 빠지는 수가 많다. 예를 들면 수온의 변화에 따라서 찌맞춤을 매번 달리해야 한다는 것이나, 물의 탁도나 수심에 따라서도 찌맞춤을 달리해야 한다는 등의 생각이 그것이다.

필자가 그런 각각의 경우별로 다양한 찌맞춤을 직접 다 해보니, 사용하고자 하는 찌 한 개에 17가지 경우의 다양한 찌맞춤이 된 봉돌을 표시해서 가지고 있어야 할 지경이었다. 또 그때그때 상황에 따라서 하루에도 몇 차례씩 교체하면서 낚시를 해야만 하는 경우가 발생했다. 과연 이렇게 복잡해야만 찌맞춤이 완전하게 해결되는

◀ 수조에서 다양한 찌맞춤을 실험하고 있는 필자.

것인가? 결론적으로 말하면 그렇게까지 할 필요는 없다. 이런 생각은 그 주장에 논리성이 있기는 하나, 실제 자연 상태의 수중에서 일어나는 현상은 우리가 생각하는 만큼의 큰 변화가 없다. 다소 미세한 변화가 있기는 하나 이는 붕어의 능력을 우리가 과소평가하고 접근한 데서 비롯된 것이다.
그렇다면 찌맞춤을 하지 않거나 대충 하여도 된다는 뜻인가? 그것은 아니다. 수중에서 붕어가 움직이는 동작을 미세한 동작까지 읽어낼 수 있도록 도와주는 것이 정확한 찌맞춤이므로 찌맞춤은 꼭 필요한 것이다.

● 복잡한 찌맞춤법 4가지로 단순화

찌맞춤에 관해선 각각의 주장이 첨예하여 영원한 논쟁거리이기도 하며 수많은 낚시이론에서 찌맞춤법에 대한 많은 명칭과 상세한 방법들을 설명하고 있다.
이를테면 전통 찌맞춤, 정통 찌맞춤, 표준 찌맞춤, 수평 찌맞춤, 영점 찌맞춤, 수조 찌맞춤, 현장 찌맞춤, 마이너스 찌맞춤, 플러스 찌맞춤, 무거운 찌맞춤, 가벼운 찌맞춤 등이다. 그런데 이런 모든 경우를 다 찌맞춤 방법으로 적용하려고 하다가는 끝이 없고, 꼭 그래야만 할 필요성도 없다.
따라서 필자는 예전부터 다양한 경우의 수를 크게 대별해서 찌에 봉돌만 달고 수면과 일치시키는 '표준 찌맞춤'을 기준으로 하여 '무거운 찌맞춤'과 '가벼운 찌맞춤'의 세 가지로 크게 대별하여 정리해 왔다.
1999년 낚시잡지에 수평 찌맞춤, 가벼운 찌맞춤, 무거운 찌맞춤으로 구분 정리하여 기고하였고, 2002년부터 이것을 다시 표준 찌맞춤, 가벼운 찌맞춤, 무거운 찌맞춤으로 재정립하여 오늘날까지 글과 방송을 통해서 발표하고 있다.
그리고 이번 붕어학개론에서는 전통붕어낚시의 찌맞춤 세 가지에 추가하여 근래 많이 구사하는 내림 찌맞춤을 구분에 포함하여 정리한다. 즉 붕어낚시 찌맞춤은 '표준 찌맞춤, 무거운 찌맞춤, 가벼운 찌맞춤, 내림 찌맞춤' 방법의 네 가지로 구분하고자 하는 것이다.

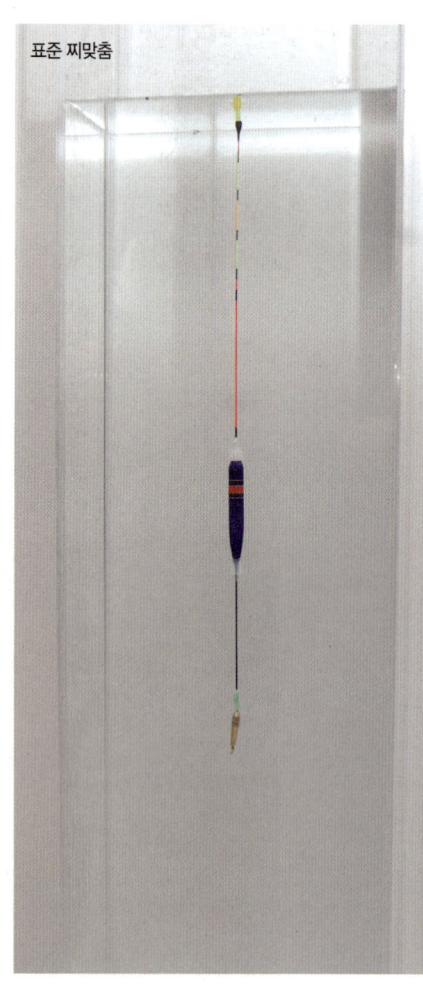

표준 찌맞춤

2. 찌맞춤의 4대 구분

● **표준 찌맞춤**

표준 찌맞춤은 우리 붕어낚시인들이 가장 오랫동안 전통적으로 사용해온 방법이고, 자연 저수지나 대형 호수, 물이 흐르는 강, 수로 등 어느 곳에서나 전통 바닥낚시를 구사하는 경우라면 전천후로 사용할 수 있는 방법이다. 이러한 표준 찌맞춤의 가장 큰 특징은 봉돌이 바닥에 안정적으로 안착하는 상태가 되는 것이다. 따라서 물돌이(逆流)나 물 흐름, 수온변화에 의한 대류(對流)현상에도 비교적 잘 지탱해주어서 안심하고 사용할 수가 있다. 이 방법은 붕어가 입질을 할 때 예신과 본신의 구분이 명확하고, 찌 올림이 차분하고 중후하다.

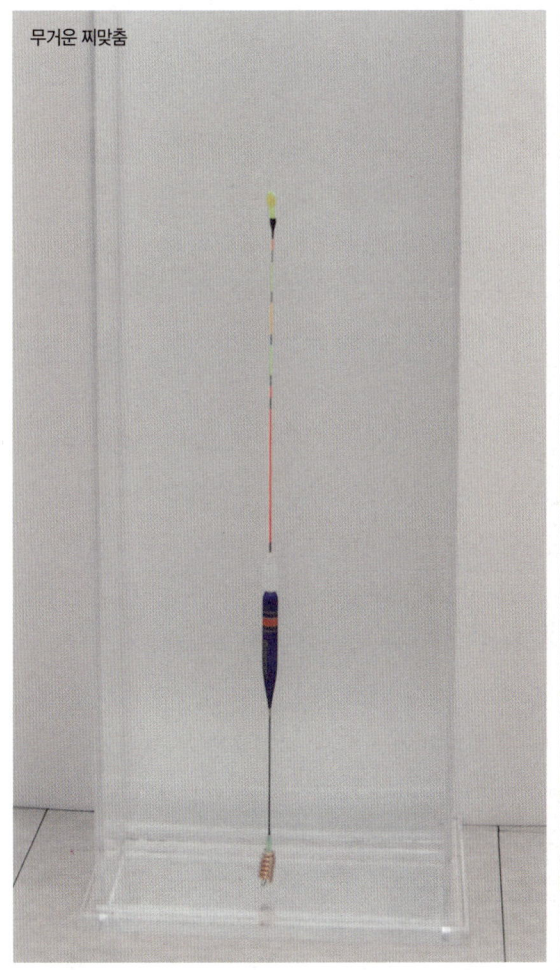
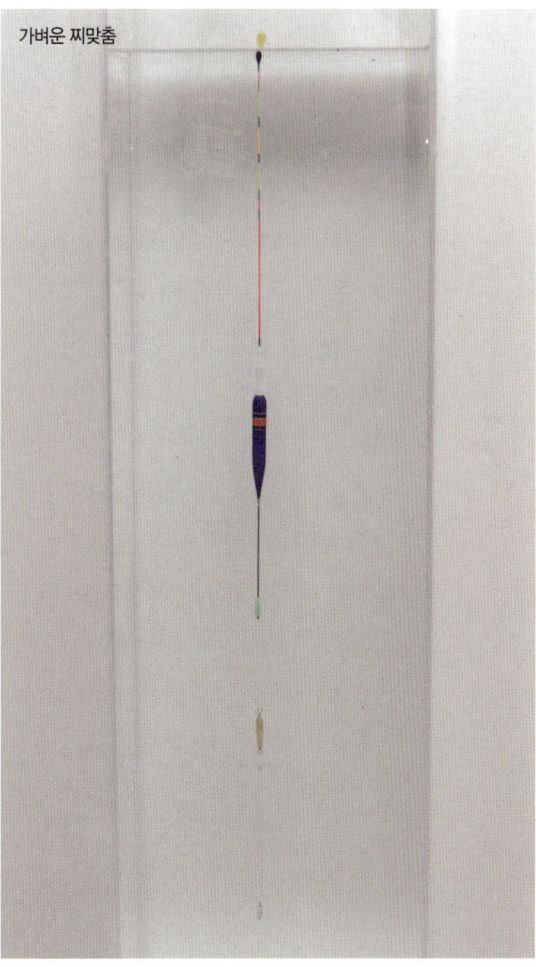

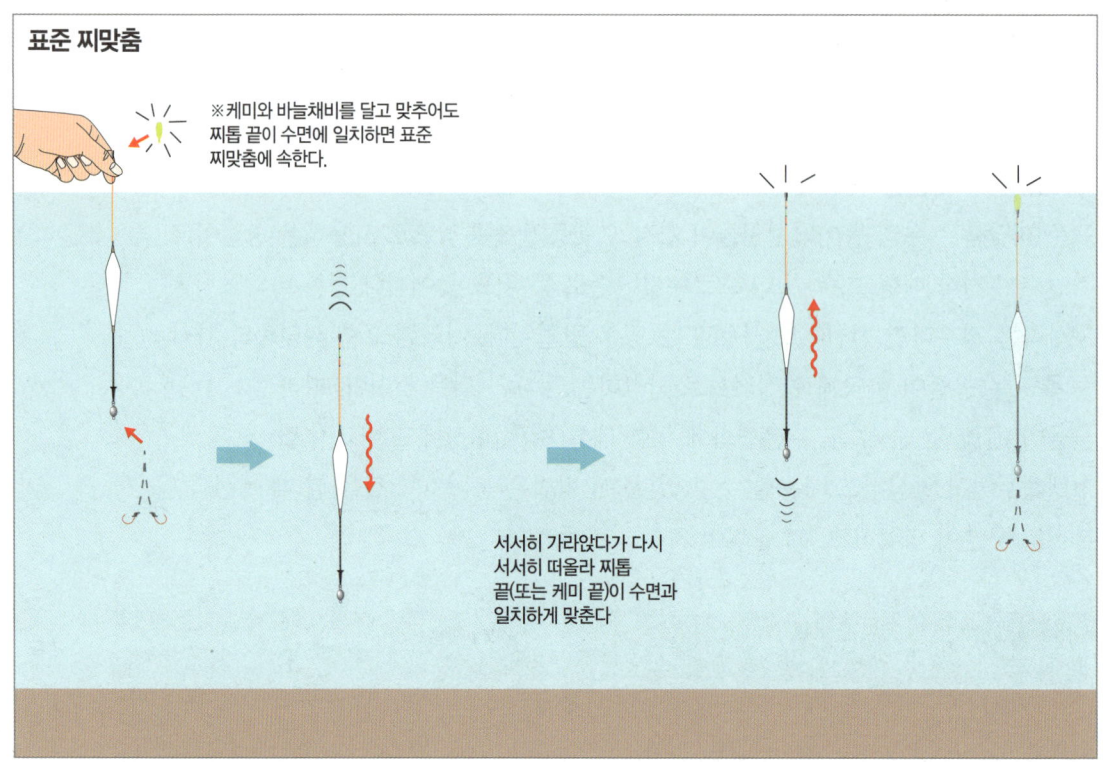

①봉돌만 달고 맞추기(표준 찌맞춤의 기본방법)

전통적인 표준 찌맞춤의 기본은 찌에 봉돌만 달고 수조에 담갔을 때 찌가 서서히 가라앉았다가 잠시 멈춘 후 다시 서서히 상승하여 찌톱 끝이 수면과 일치되게 맞추는 것이다.

이렇게 맞추기 위해서는 처음에는 바닥까지 내려가서 정지할 정도의 약간 무거운 봉돌을 선택해서 조금씩 가벼워지도록 봉돌 무게를 조절해 가면서 요망하는 상태로 맞춰 나간다. 이렇게 몇 차례의 조절을 통해서 찌톱 끝이 수면에서 오르락내리락 하다가 수면과 일치한 상태로 멈추는 모습이 표준 찌맞춤이 완성된 모습이다.

이렇게 기본적인 표준 찌맞춤을 하여 바늘만 달아서 넣어보면 찌가 서서히 가라앉아서 다시 떠오르지 못하고, 바닥에 바늘이 닿고 봉돌은 떠있으면서 목줄이 약간 휜 상태로 정지하게 된다. 그러나 원줄까지 채비해서 넣어보면 봉돌이 더 내려가서 바닥에 살포시 안착한 상태가 된다. 그리고 찌톱을 한 마디 정도 노출하고 바닥의 봉돌을 관찰해 보면 아주 안정적인 자세로 자리 잡고 똑바로 서있는 모습이 된다. 이 상태가 바로 우리가 실제로 낚시할 때에 표준 찌맞춤을 한 채비의 수중 안착 모습이다.

②케미 끼우고 맞추기
표준 찌맞춤에서 조금 더 예민성을 높이기 위해 케미의 무게를 감안하여 아예 케미를
끼우고 맞추는 방법이다.
맞춤하는 요령은 표준 찌맞춤의 기본 방법과 같은 요령으로 케미 끝이 수면과
일치하게 하며, 이렇게 맞춤을 한 경우에도 실제로 채비를 다 하여 현장에서 낚시를
할 때는 봉돌이 바닥에 내려가서 살포시 닿은 상태가 되어 표준 찌맞춤의 기본방법과
같은 모습이 된다. 그리고 예신과 본신 등 입질반응에서도 케미 없이 맞춘 기본
찌맞춤 경우와 뚜렷하게 차이가 나지 않는다. 따라서 비록 케미를 끼우고 맞추더라도
넓은 의미의 표준 찌맞춤의 범주에 포함한다. 실제로 기본방법의 표준 찌맞춤을 한
찌에 케미를 깊이 끼워 넣어보면 찌가 서서히 내려가서 올라오지 못하고 바닥에
가라앉은 상태가 되지만 케미를 케미고무의 절반만 끼우고 케미고무에 공기층을
남겨주면 찌는 다시 떠올라서 기본 찌맞춤과 유사한 모습을 보인다.
혹자는 케미를 끼우고 맞춘 후에 케미를 빼고 수조에 넣었을 때 찌톱이 높이
솟아올라버리는 모습을 보고 케미 없이 맞춘 후에 케미를 사용하면 그만큼
무거워져서 찌올림에 손해를 본다고 생각하는데, 걱정할 필요가 없다. 케미 없이
맞춘 후에 무거운 전자케미나 4mm 케미를 끼워도 붕어는 큰 차이 없이 올려준다.

③바늘 달고 맞추기
표준 찌맞춤의 기본방법에서 한층 더 예민성을 강조하기 위한 찌맞춤이다. 이 방법은
찌에 케미를 꽂고, 실제로 사용할 낚싯바늘까지 달아서 맞추는 방법이다. 즉 케미에
낚싯바늘의 무게까지 추가 감안하여 맞춤으로써 기본 찌맞춤보다 더 예민하게
맞추는 것이다. 이때도 찌톱의 케미 끝을 수면과 일치하게 맞춘다.
이렇게 바늘을 달고 찌맞춤을 했을 경우도 평소에 우리가 낚시하듯이 찌 끝을 수면에
노출되게 세우고 바닥의 채비 상태를 관찰해보면 봉돌은 바닥에 안착된 상태로 기본
표준 찌맞춤과 동일한 모습의 채비 정렬상태가 된다. 그리고 실제 낚시 간에 입질
전달 모습에서 예신 전달은 민감해진 모습을 보이나 본신의 모습은 별다른 차이가
나지 않는다. 따라서 이 방법도 봉돌이 살포시 안착한 상태의 채비정렬인 표준
찌맞춤의 범주에 포함한다.

찌 끝이 수면과 일치하는 찌맞춤은 다 표준찌맞춤의 범주에 속한다
이처럼 찌맞춤을 할 때 봉돌만 달거나, 케미 끼우고 하거나, 바늘까지 달고 하거나

상관없이 찌 끝이 수면과 일치하는 수평찌맞춤을 하면 낚시 간에는 모두 봉돌이 바닥에 닿는 표준찌맞춤의 범주에 속한다. 즉 원줄까지 모든 채비를 다 하여 수평찌맞춤을 하였더라도 낚시 간에 찌톱을 단 한 마디라도 수면 위로 노출시키고 찌를 세우면 봉돌이 바닥에 살포시 닿게 되므로 바닥낚시가 되는 것이다. 그리고 붕어가 입질을 하면 우리에게 보이는 찌의 모습은 초기 예신에서 미세한 차이가 있을 뿐 본신에서는 유사한 찌놀림으로 보인다. 각각의 경우 예신 반응의 민감성과 본신 간에 목줄의 휘어지는 각도에서 미세한 차이가 생기지만 그 정도가 크지 않으므로 무시하고 모두 표준 찌맞춤의 범주에 포함한다.

● 무거운 찌맞춤

이 방법은 주로 수초지대를 공략하는 대물낚시를 구사할 때 많이 사용하는 찌맞춤 방법이다. 수초지대를 공략할 때 바닥의 삭은 수초 줄기나 침수수초 가닥에 채비가 얹히는 것을 방지하고 원활하게 바닥에 안착시키기 위한 것이다.

무거운 찌맞춤 방법은 찌에 봉돌만 달고 찌가 서서히 내려가서 살포시 바닥에 안착한 후 올라오지 못하고 그대로 자리 잡고 서있는 상태로 맞춘다. 이때에는

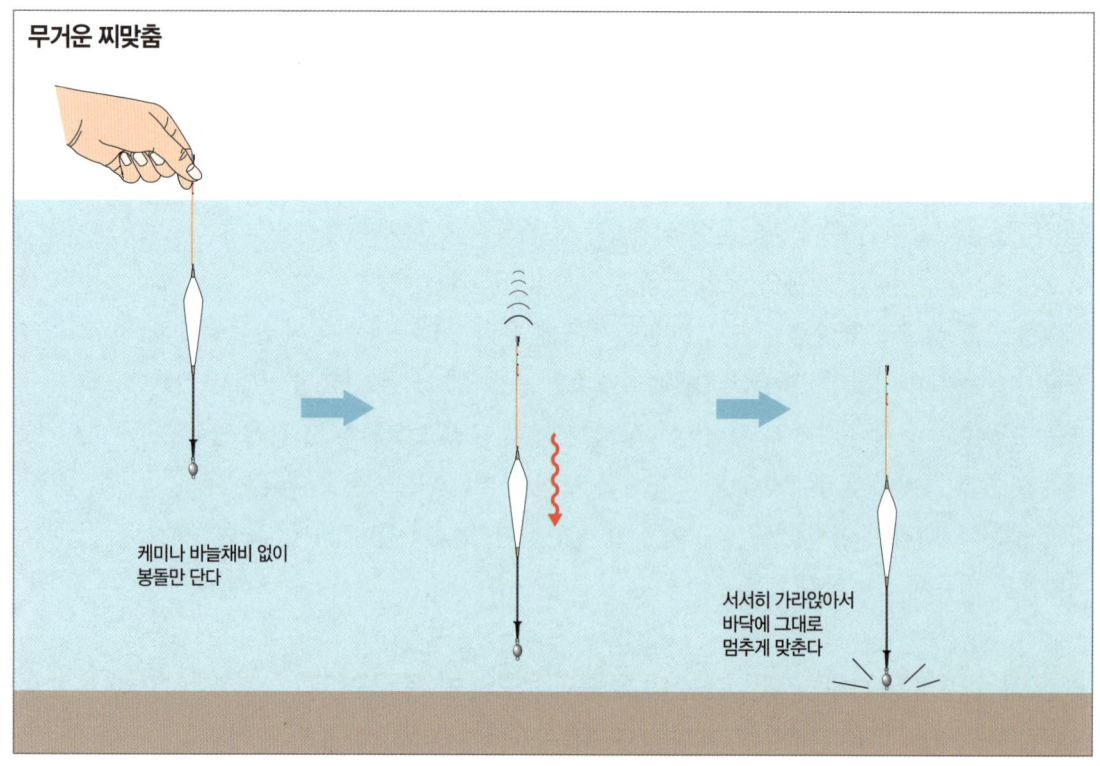

처음에 빠르게 내려가는 무거운 봉돌을 선택해서 조금씩 조절해 가면서 아주
서서히 내려가서 안착하도록 맞춘다. 만약 무거운 찌맞춤을 할 때 찌가 빠른
속도로 내려가서 봉돌이 바닥에 닿는 소리가 툭! 하고 크게 날 정도면 조금씩 더
가볍게 조절해서 소리가 나지 않고 살포시 자리를 잡고 서도록 맞추는 것이 좋다.
이러한 무거운 찌맞춤을 하면 예신 시에 미세한 반응은 전달이 더디나 큰 붕어의
정확한 입질은 어김없이 차분한 모습으로 찌에 전달되므로 약간 무거운 것에
대한 걱정은 하지 않아도 된다. 그러나 이 경우는 찌를 떠오르도록 해서 찌 끝이
수면에 일치하도록 맞춘 것이 아니고 바닥에 가라앉도록 맞춘 것이니 수중의
채비 정렬 모습은 유사하더라도 표준찌맞춤의 범주는 벗어난 것이다.

● **가벼운 찌맞춤**

가벼운 찌맞춤 방법은 자연 노지에서 아주 예민한 떡밥콩알낚시를 즐기는 경우나
양어장낚시에서 많이 사용하는 방법이다.
우리가 실제로 낚시를 할 때 모든 채비를 다 포함한 상태에서 찌를 세워서 봉돌은
뜨고 바늘과 미끼만 바닥에 닿는 상태를 원한다면 이런 가벼운 찌맞춤을 하는데,

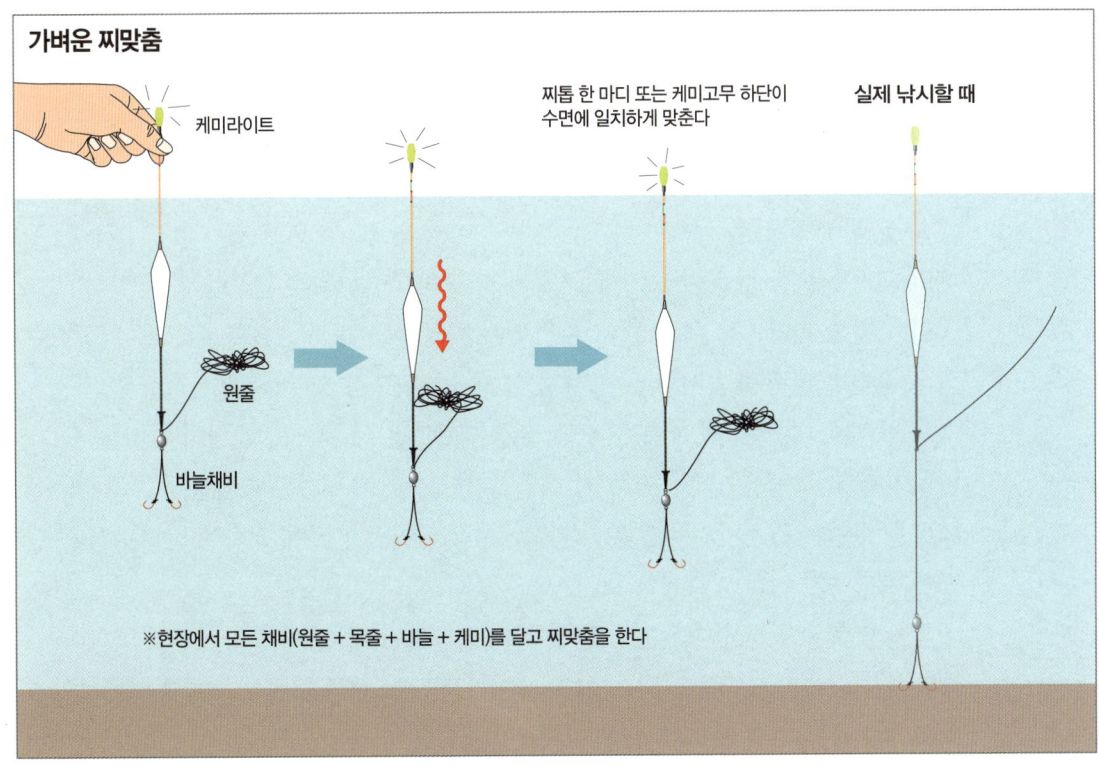

가벼운 찌맞춤 요령은 찌와 케미, 바늘, 원줄까지 모든 채비를 다 해서 실제 낚시할 때의 찌 모습과 같이 케미꽂이 하단의 찌톱 첫 마디 잘록한 부분이 수면과 맞도록 맞춘다. 이 경우는 실제 낚시 간에 찌톱을 한 마디쯤 노출시켜서 낚시를 하여도 봉돌은 바닥에 닿아있지 않고 떠있는 상태가 된다. 따라서 아주 미세한 입질에도 찌가 예신 반응을 민감하게 표현한다. 그러나 찌에 나타나는 본신의 입질 동작은 오히려 폭이 작고 빨리 끝나는 특징이 있다. 그러므로 체질적으로 챔질 동작이 빠른 낚시인에게 적합한 방법이다.

특히 가벼운 찌맞춤은 마릿수 낚시에서는 유용하나 대물낚시에서는 오히려 불리하다. 또한 대류현상이 발생하거나 강, 수로 등 물의 흐름이 있는 곳에서는 사용이 곤란하며, 피라미 등의 잡어가 성화를 부리는 곳에서도 불리하다. 또한 기본 표준 찌맞춤이나 무거운 찌맞춤의 경우는 수조에서 맞춘 상태를 낚시터 현장에 가서 현장 찌맞춤을 별도로 하지 않고 사용해도 되나 가벼운 찌맞춤의 경우는 필히 현장에 도착해서 그 채비정렬 상태를 확인하고, 현장상황이 달라진 경우에는 다시 조절해서 현장 찌맞춤을 해야 한다.

● **내림 찌맞춤**

내림 찌맞춤에는 위로부터 내리면서 맞춰가는 방법과 바닥으로부터 올리면서 맞춰가는 방법이 있으며, 어느 방법을 사용하든 결과는 같으므로 스스로가 편리하다고 생각되는 방법을 사용하면 된다.

①수조 예비 찌맞춤

내림 찌맞춤을 할 때는 수조에서 1차로 예비 찌맞춤을 한 후 현장에 가서 필히 정밀한 현장 찌맞춤을 해야 한다. 수조에서 찌맞춤을 할 때는 모든 채비를 완성하여 짧은 목줄과 긴 목줄의 바늘을 모아서 바늘에 찌맞춤용 고무(혹은 옥수수 2알 정도)를 달아 수조에 넣고 봉돌(편납 혹은 부력조절추) 무게를 가감하여 바늘이 바닥에 닿고 봉돌은 떠있으면서 찌톱이 일치한 상태로 서있도록 맞춘다.(여기에서 찌톱을 수면과 일치시키는 맞춤은 현장에서 2차 찌맞춤 시에 정확한 바닥수심을 쉽게 측정하기 위한 맞춤이다.)

이러한 맞춤은 현장에 가서는 약간 무거운 상태가 되며, 그럼에도 이렇게 대략적인 수조에서의 예비 찌맞춤을 하는 이유는 미리 적당한 봉돌을 준비하여 현장에서의 최종 찌맞춤 시간과 노력을 줄이기 위함이다.

②현장 최종 찌맞춤

현장 찌맞춤은 아래 설명과 같은 순서로 하며, 이때에는 시간이 걸리더라도 순서에 입각하여 정밀하게 해야만 낚시 간에 정상적인 채비정렬을 할 수가 있다. 내림기법의 낚시 성패는 이 현장 찌맞춤에서 결정된다고 해도 과언이 아니다. 그러므로 처음 낚싯대를 펼 때의 찌맞춤 외에도 낚시 간에 수온 변화나 물의 대류 등에 따라서 미세한 부력 차이가 발생할 때에는 그때마다 찌맞춤을 확인하여 재조절해야 한다.

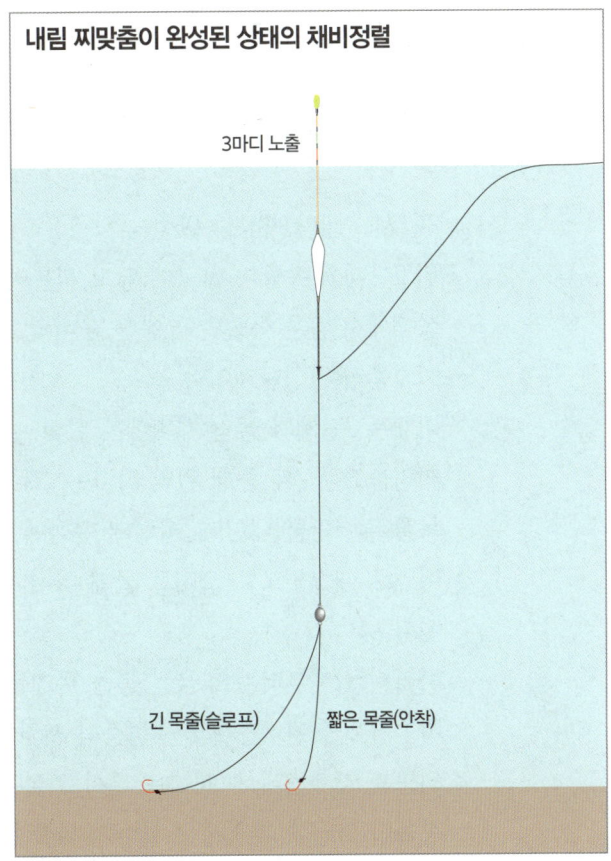

1단계 : 약간 무거운 맞춤(편납 감기 혹은 봉돌 가감하기)

사전에 수조에서 1차 찌맞춤을 한 상황이라면 편납홀더에 편납(봉돌)이 약간 무거운 상태로 감겨 있는 상황일 것이다. 그러나 현장에 와서야 비로소 찌맞춤을 시작하는 경우라면 편납을 감되 찌가 가지고 있는 부력보다 약간 무거워서 서서히 잠길 정도로 감는다. 편납이 아닌 무게 조절이 가능한 봉돌을 사용하더라도 서서히 잠기는 기본 맞춤을 먼저 한다.(봉돌과 바늘, 케미를 달고 하는 표준 찌맞춤과 유사한 정도면 된다.)

2단계 : 수심 측정(당일 포인트의 수심을 측정하여 고정)

이 2단계는 당일 낚시할 포인트의 공략 수심을 측정하는 단계이다. 수조에서 1차 찌맞춤 상태를 해왔거나 현장에 도착해서 위 1단계의 봉돌 조절이 된 상태에서 미끼(또는 찌맞춤 고무)를 달아 수면에 투척하면 찌가 서서히 내려가서 찌톱이 수면에 일치하게 된다.

이 상태에서 위의 찌멈춤고무를 조금씩 올려 가면서 여러 차례 투척하여 봉돌이 바닥에 닿고 찌톱 세 눈금이 수면에 노출되어 정지할 때까지 찌멈춤고무를 위 아래로 조절해 가면서 맞춘다. 그러다가 찌톱 세 마디가 노출 상태로 자리 잡고 안정되게 서면 그 상태가 그 자리의 측정된 수심으로, 이는 봉돌이 바닥에 닿고 찌톱이 세 마디 노출된 상태의 수심이다. 이때 원줄의 위 찌멈춤고무 두 개를 합하여 수심이 측정된 그 자리에 고정시킨다.

3단계 : 내림 찌맞춤 완성

위 2단계의 봉돌이 바닥에 닿고 찌톱이 세 마디 노출상태가 되도록 수심을 맞춘 상태에서 짧은 목줄만큼 봉돌을 바닥으로부터 띄워서 정밀하게 맞추는 것이 내림 찌맞춤의 완성단계이다.

이때는 2단계가 끝난 채비에서 위의 수심측정이 끝나고 고정시켜둔 위 찌멈춤고무 2개 중에 위의 하나는 그대로 두고 바로 아래 찌멈춤고무를 짧은 목줄 길이만큼 내린다. 이렇게 수심에 맞춘 찌멈춤고무를 짧은 목줄 길이만큼 아래로 내렸으므로 그대로 물에 다시 투척하면 찌가 그만큼 물속으로 잠기게 된다.

따라서 이제부터는 조금씩 봉돌 무게를 덜어내 가면서 떠오르게 해서 찌톱 세 마디가 노출된 2단계의 수심측정 시와 같은 찌 높이 상태로 회복하여 채비정렬이 되도록 맞추는데, 이때에는 앞서 조절이 된 위 찌멈춤고무는 일체 손을 대지 않고 봉돌만 조금씩 가볍게 조절하여 찌를 원하는 위치까지 떠오르게 해야 한다.

이렇게 정밀맞춤이 다 된 상황의 채비정렬 상태는 봉돌이 짧은 목줄 길이만큼 떠있고, 짧은 목줄의 바늘은 바닥에 살짝 닿아있게 되며, 긴 목줄의 바늘은 바닥에 슬로프 상태가 되어있는 채비정렬 상태가 된다. 이제부터는 대류의 발생, 케미 부착 등의 변화가 없는 한 그 상태로 낚시를 하면 된다.

3. 찌맞춤에 관한 상식

낚시인이 붕어낚시에서 가장 소중하게 여기는 것은 찌이고, 우리는 찌를 통해서 붕어와 교감한다. 즉 찌는 우리와 붕어를 연결하는 첨단의 통신수단이며, 아기자기한 대화채널이기도 하다. 그러나 이러한 찌도 찌맞춤이 잘못되면 그 기능을 잘 해주지 못해서 고장난 통신수단이 되고 말아 붕어가 우리에게 보내는

신호를 전달하지 못하거나 왜곡되게 전달하여 우리가 낚시를 하는 중에 오류를
범하는 요인이 된다.

● 찌맞춤은 중성부력을 유지시키는 것이다

중성부력(中性浮力, Neutral Buoyancy)이란 중력(重力)과 부력(浮力)의 일치
상태를 말한다. 즉 떠오르려는 성질의 양성부력(찌)과 가라앉으려는 성질의
음성부력(봉돌)을 적절한 지점에 일치시키는 것이다. 이렇게 찌맞춤을 하여
중성부력을 유지시키고 나면 수중에 잠겨있는 찌몸통은 외부의 다른 힘이 작용하지
않는 한 동일한 부력 상태를 유지하고 대기 상태가 된다.
여기에서 작용하는 외부의 힘이란, 수압과 표면장력, 물의 저항 등인데, 이러한
것들은 그 작용 정도가 극히 미미하여 중성부력 상태에서 균형을 유지하고 있는
찌에 영향을 주지 못한다. 오로지 결정적인 외부의 힘은 물고기의 입질 시에 받는
힘(운동에너지)이다.

● 아르키메데스의 부력의 원리가 찌맞춤 속에 있다

찌몸통의 모양에 따라서 찌 올림이 현저히 달라진다? 원뿔형의 찌몸통을 거꾸로
하여 위로 뾰족하게 제작하여 사용하면 붕어가 입질할 때 찌가 확실히 높이
올라온다? 결론을 말하자면 수중에 잠겨있는 찌몸통의 형태가 달라져도 체적이
달라지지 않는 한 그 찌의 부력은 변화되는 것이 아니며(아르키메데스의 부력의
원리), 따라서 찌몸통의 뾰족한 쪽이 어느 쪽으로 향하든 떠오르는 찌 높이는
변화하지 않는다. 즉 동일한 질량으로 액체 속에 잠긴 물체의 자체부력은 어떤
형태이든 불변이어서 찌몸통을 거꾸로 하든 바로 하든 근본적인 부력의 변화는
발생하지 않는 것이고, 따라서 찌 오름의 정도에 변화가 발생하지 않는다는 것이다.
여기에서 의문을 가질 만한 것이 찌 오름에 지장을 주는 물의 저항 문제인데, 물체가
운동 간에 받는 유체의 저항은 속도와 형태에 좌우된다. 그런데 입질 시에 찌가
오르는 속도는 물의 저항에 영향을 받을 정도의 속도가 아니다. 즉 찌몸통의 위쪽이
넓다고 하더라도 붕어가 입질을 할 때 물의 저항을 받아서 원줄이 느슨하게 되도록
못 오를 경우는 없다는 얘기다.

● 예민한 찌맞춤일수록 2단 입수 현상이 나타난다

원줄까지 채비를 다 하여 맞추는 등의 예민한 찌맞춤일수록 찌가 자리 잡는

▲ 저부력찌의 2단입수 현상. 바늘이 바닥에 닿는 순간의 찌톱 높이(왼쪽)보다 원줄이 수면 아래로 잠기면서 봉돌을 누르는 힘으로 작용할 때 찌톱이 한 마디 정도 더 가라앉는다 (오른쪽).

과정에서 2단 입수 현상이 두드러지게 나타난다. 그것은 채비정렬 과정에서 바늘이 먼저 바닥에 닿는 순간 잠시 찌가 멈칫하다가(1단) 원줄이 수면 아래로 내려가서 무게로 작용하면서부터 다시 봉돌이 목줄을 누르고 내려가서 바닥에 닿아 자리 잡는 모습(2단)이 찌에 2단계로 나타나기 때문이다.

● 몸통 소재에 따라서 찌맞춤을 달리할 필요는 없다

찌몸통의 소재에 따라서 찌맞춤을 달리해야 한다고 하는 사람들도 있다. 그러나 그것은 찌맞춤을 제대로 하는 한 의미 없는 걱정이다. 찌맞춤 간에 이미 그 몸통 소재가 지니고 있는 특성에 맞게 봉돌을 조절하여 맞추게 되므로 염려할 필요가 없다는 것이다. 즉 발사목이라서, 오동목이라서, 삼나무라서 등 소재에 따라서 무겁게 혹은 가볍게 달리 맞출 필요가 없다는 것이다.

● 찌맞춤의 굴레에서 벗어나라

낚시에 입문하여 가장 긴 시간 동안 마음 쓰는 부분이 바로 찌맞춤에 대한 고민이다. 그러나 고수들은 찌맞춤에 크게 고민하지 않고 바닥낚시를 하는 한 주로 표준찌맞춤을 하여 전천후로 사용한다. 떡밥콩알낚시나 대물낚시나 크게 구분하지도 않는다. 다만 내림기법의 낚시를 할 때만 그에 맞는 찌맞춤을 달리할 뿐이다.

낚시터에서 찌맞춤으로 한나절을 보내는 고수는 없다. 그렇게 시간과 노력을 허비하는 것은 고수 흉내를 겨우 내는 중급 이하의 사람이 고정관념에 빠져서 하는 행동인 것이다. 찌맞춤은 스스로의 적용 기법에 맞게 잘 하되 너무 그것에 집착하여 깊은 고민을 하지는 말아야 한다. 찌맞춤의 굴레에서 벗어나야 비로소 고수 반열에 오른다.

● 찌 올림은 붕어가 할 나름이다

천하 없는 찌맞춤 방법으로도 붕어더러 찌를 억지로 올리게 할 수는 없다. 찌맞춤이란 붕어가 바닥에서 해주는 만큼을 정확하게 표현해줄 수 있어야 잘된 찌맞춤인 것이다. 만약 붕어의 행동보다 과장된 찌놀림이 나타나거나 모자라는 찌놀림이 나타난다면 그것은 찌맞춤의 실패다. 즉 잘된 찌맞춤이란 붕어의 입질행동을 그대로 잘 표현해주는 찌맞춤이다.

제15강
찌놀림의 이해

1. 찌놀림은 찌맞춤보다 붕어에 달렸다

낚시에 입문하여 채비를 스스로 하기 시작할 때쯤이면 찌맞춤의 고민에 빠지게 된다. 즉 봉돌이 바닥에 닿아있는 무거운 찌맞춤을 하면 붕어가 느끼는 이질감이 크므로 빨리 뱉어 버리기 때문에 찌를 못 올릴까봐 걱정이 되고, 반면에 가벼운 찌맞춤을 하면 붕어가 살짝만 건드려도 찌가 상승하기 시작하여 이질감을 느끼지 못하고 잘 올려줄 것이라고 생각은 하는데, 그러면서도 어느 정도 가벼운 것이 가장 적합한 찌맞춤인가에 대해 고민을 하게 된다. 그러다가 많은 경험과 조력이 쌓이게 되면 이러한 찌맞춤의 굴레에서 스스로 벗어나서 대범하게 되는데, 이때가 되면 자신도 모르게 고수 반열에 올라있게 된다. 그리고 이렇게 고수 반열에 오르게 되면 찌놀림은 물속에서 붕어가 할 나름이라는 평범한 진리를 비로소 터득하게 된다.

● 붕어는 의외로 채비 이물감을 안 느낀다
일반적으로 무거운 찌맞춤을 했을 때는 가벼운 찌맞춤 시보다 붕어가 봉돌 무게에 의한 이물감을 빨리 느껴서 이내 뱉어내 버린다고 생각한다. 그래서 최대한 예민하고 가벼운 찌맞춤을 해야만 붕어가 이물감을 덜 느껴서 찌를 제대로 올려 준다고 생각한다.

그런데 5봉낚시를 해보면 큰 납덩이와 다섯 개의 바늘, 그리고 탱자만 한 떡밥을 돌처럼 딱딱하게 달아서 찌맞춤과는 전혀 무관하게 넣어두어도 입질을 하면 대부분

▲ 붕어의 입질을 받아 서서히 떠오르는 찌.

찌를 몸통까지 올린다. 혹자는 이미 바늘에 걸린 붕어가 그런다고 하지만 실제로는 찌를 올릴 때 적절히 챔질을 해주지 않으면 뱉어버리고 입질이 끝나는 경우가 더 많다. 때로는 너무 무거워서 올리려다가 말고 끌고 가는 모습이 나타나기도 하는데, 이는 붕어가 한번 선택한 먹이는 이물감을 느껴서 즉각 뱉어낸다기보다는 어떻게든 먹이를 취하려고 노력한다는 것을 보여주는 행동이다.

필자는 이 부분의 의문을 풀기 위해 수중촬영을 해 보았다. 수중카메라가 설치된 앞에 하나는 가벼운 찌맞춤을 하여 지렁이를 꿰어놓고, 하나는 과도하게 무거운 찌맞춤을 하여 지렁이를 꿰어 넣어 찌를 세운 후 붕어가 실제로 입질하는 모습을

제15강 찌놀림의 이해 147

관찰한 것이다. 그 결과 붕어는 흡입과 뱉음을 여러 차례 반복하면서도 봉돌의 무게에 의한 감각은 별로 느끼지 않는 듯했고, 일부 약간의 무게감을 느끼더라도 아무렇지도 않게 무시하듯이 행동했다. 붕어가 흡입 후 곧바로 뱉어낼 때는 가벼운 찌맞춤이나 무거운 찌맞춤이나 어느 경우든 흡입과 뱉음을 습관적으로 하고, 흡입하여 차분하게 취하는 동작을 할 때는 어느 경우든 쉽게 뱉어내지 않고, 입 안에 흡입한 후에 그 자리에서 올라서거나 서서히 떠오르면서 후진 동작을 했다. 이로써 붕어가 먹이를 취할 때 찌맞춤에서 오는 차이 정도의 무게감으로 인한 이물감은 우리가 염려하는 만큼 크게 문제가 되지 않는다는 것을 알 수 있었다.

그럼에도 불구하고 찌맞춤을 해야 하는 이유는 무엇일까? 그것은 찌를 통해서 수중 붕어와의 교감을 가장 정확하게 소통하기 위함이고, 그 정확한 찌놀림에서 오는 맛 즉 찌맛을 통한 낚시의 참맛을 극대화하기 위함이다. 즉 자기 취향과 채비에 맞는 찌맞춤을 잘할수록 찌가 표현해주는 붕어의 행동이 내가 바라보는 찌를 통해서 정확한 모습으로(올리거나 내리거나) 나타나게 된다는 것이다.

2. 찌맞춤 종류에 따른 찌 올림

● 표준 찌맞춤과 찌 올림

표준 찌맞춤의 경우는 봉돌이 바닥에 안착해 있으면서도 무거운 찌맞춤과는 달리 봉돌의 중량감이 거의 없이 살포시 닿아있는 상태가 된다. 따라서 비교적 미세한 자극에도 봉돌에 충격이 전달되어 붕어의 행동만큼 고스란히 찌에 반응으로 나타난다. 그러므로 표준 찌맞춤 시에는 붕어가 입질을 하면 예신과 본신 동작이 찌를 통해서 정직하게 잘 전달된다. 즉 찌 놀림 모습이 경박스럽거나 둔감하지 않고 붕어의 입질 현상을 비교적 정확하게 전달한다는 뜻이다.

표준 찌맞춤에서의 찌 올림은 차분하고 중후하게 나타나는 것이 특징이다. 먼저 예신이 들어오면 붕어가 1차 강한 흡입을 하는 동작이 봉돌의 충격을 통해서 찌에 전달되는데, 대부분 찌톱 반 마디에서 한 마디 정도까지 차분하게 나타난다. 그리고 이어서 나타나는 본신은 미끼를 흡입한 붕어가 본격적인 섭이행동을 하는 그 동작만큼 아주 중후한 모습으로 밀고 올라서면서 보여준다.

◀ 찌 올림을 바라보며 챔질시기를 가늠하고 있는 필자.

그러나 냉수대가 형성되거나 붕어가 긴장을 하여 아주 민감한 입질을 보일 때, 혹은 양어장의 양식붕어의 경우는 아주 미세한 입질 형태로 끝나는 경우도 있다. 그것은 붕어의 입질 행동이 너무 미약하고, 미끼를 물고 들어주는 각도가 작아서 봉돌을 크게 움직여주지 못하기 때문이다.

● 무거운 찌맞춤과 찌 올림

무거운 찌맞춤의 경우는 수중에서 벌어지는 입질현상에 대해 찌가 나타내주는 반응의 민감성이 떨어진다. 그것은 봉돌이 비교적 무게감 있게 자리를 잡고 있어 아주 미세한 충격에는 즉각적인 반응을 해주지 못하기 때문이다. 그러나 붕어가 접근하여 정상적인 흡입동작 즉 확실한 예신을 하는 정도면 그 반응이 찌에 전달되며, 이때의 반응은 비록 작더라도 차분한 모습으로 나타난다. 그리고 붕어가 본격적인 흡입을 하고 본신으로 연결되면 찌는 무거운 모습으로 상승 동작을 보여준다. 이러한 것은 비록 무거운 찌맞춤을 했더라도 찌의 부력과 붕어의 들어 올림이 합작하여 봉돌을 들고 자체 상승을 할 최소한의 능력이 되기 때문이다. 따라서 대물낚시를 하면서는 무거운 찌맞춤법을 사용하더라도 대부분 시원한 입질을 볼 수가 있는데, 그것은 큰 붕어의 경우 어느 정도 무게감이 있는 봉돌의 영향 정도는 문제가 되지 않기 때문이다. 그러나 씨알보다는 마릿수 위주의 예민한 떡밥콩알낚시를 구사한다면 무거운 찌맞춤법으로는 활성도가 떨어졌을 때를 비롯하여 일부 찌 올림에 영향을 받는다.

● 가벼운 찌맞춤과 찌 올림
가벼운 찌맞춤의 경우 붕어가 입질을 했을 때 찌 끝에 나타나는 예신 반응은 가장 민감하다. 그러한 현상은 봉돌이 바닥에서 떠 있기 때문에 붕어의 아주 작은 입질 동작에도 찌 끝에 즉각 반응이 나타나기 때문이다. 그러나 실제로 본신에서 나타나는 찌 올림 현상은 꼭 그렇지만은 않다.

이에 대해 실험관찰을 해보면, 가벼운 찌맞춤을 해서 채비를 수조에 넣고 밑에서 들채를 들어 올려보면 분명히 바늘이 봉돌 위로 올라오기 전에 찌가 상승하기 시작한다. 이 형상은 무거운 찌맞춤이나 표준 찌맞춤 시에 바늘이 봉돌 위로 어느 정도 들어 올려져야만 찌가 상승하기 시작하는 것과는 차이가 있다. 따라서 여기에서 실험을 그만두면 틀림없이 가벼운 찌맞춤 시에 찌 올림은 현저히 높게 나타날 것이라고 생각할 수가 있다.

그러나 두바늘채비를 하여 각각의 바늘에 미끼를 달고 넣은 다음 두 바늘을 동시에 들어 올리지 말고, 한 바늘만 붕어가 입질하는 모습과 똑같이 들어 올려 보자. 그리하면 예신 반응은 즉각 나타나지만 이후 연속되는 본신상황에서는 한 바늘은 봉돌 아래로 처져있고, 들어 올리는 바늘이 봉돌 위로 들어 올려져야만 찌가 본격적으로 상승하기 시작하는 것을 관찰할 수가 있다. 바로 봉돌이 바닥에 닿아있을 경우보다 봉돌이 떠 있는 거리 즉 목줄 길이만큼의 사각이 더 발생한다는 것을 확인할 수 있는 것이다.

따라서 가벼운 찌맞춤이라서 찌가 더 많이 상승한다고 상상하는 것과는 달리 붕어가 동일한 높이를 들어 보일 경우 오히려 그 반대로 나타날 수 있다는 것이다. 다만 가벼운 찌맞춤의 경우에 입질을 더 민감하게 전달해주기 때문에 붕어의 활성도가 떨어졌을 때나 입질이 민감한 양어장 낚시에서는 가벼운 찌맞춤이 유리하다고 하는 것이다. 그러나 가벼운 찌맞춤에서 말하는 찌의 민감성은 찌 올림의 높이와 같은 의미는 아니다.

● 내림 찌맞춤과 찌 놀림
내림 찌맞춤은 전층낚시 분야에서 주로 하는 찌맞춤 방법이지만 자연 노지에서 전내림낚시를 할 때에도 그 채비에 맞는 내림 찌맞춤을 한다. 이러한 전내림 찌맞춤을 했을 때 찌놀림은 찌를 올렸다가 다시 끌고 들어가는 찌 내림 현상으로 주로 나타난다. 그것은 높이 떠있는 봉돌의 위치와 긴 목줄 그리고 붕어의 섭이행동에서 나타나는 역학관계에서 비롯된 것이다.

전내림에서 예신은 아주 차분한 모습으로 찌 끝이 움직이는데, 입질이 활발한 경우에는 찌를 끝까지 밀어 올리기도 하나, 보통은 약간 밀고 올라오다 두세 마디 정도에서 멈추는 모습으로 나타나고, 미약한 입질을 할 때는 찌 끝이 살짝살짝 미동하는 모습으로 나타난다. 이러한 예신은 한 차례로 끝나는 것이 아니고 2~3회 혹은 그보다 여러 차례 반복하기도 하며, 지속 시간도 단숨에 끝나는 경우보다는 상당한 시간을 두고 반복하는 경우가 많다. 따라서 이러한 예신이 들어오면 너무 긴장하지 말고 다른 찌까지 다 시야에 두고 차분하게 관찰을 한다.

전내림에서 찌에 나타나는 본신은 예신 때에 아주 차분하게 끝까지 밀어 올린 상태에서 다시 천천히 끌고 들어가는 경우와, 두세 마디 올리다 잠시 멈추는 예신 후 천천히 끌고 들어가는 경우, 그리고 그 자리에서 살짝 미동하다가 슬그머니 잠겨드는 경우가 있다.

이러한 본신이 나타나면 어느 경우이든 차분하게 기다리다가 찌가 수면에서 잠겨드는 모습을 보고 챔질하면 실수 없이 입걸림된다. 만약 찌올림 모습이 중후하고 멋지다고 생각해서 올리는 모습에 챔질을 하면 거의 헛챔질이 되는데, 이것은 어디까지나 예신일 뿐이기 때문이다. 다만 찌를 올려서 옆으로 이동하는 모습은 본신에 해당되므로 적절한 타임에 챔질을 해야 한다.

또한 목줄을 20cm 정도로 약간 짧게 하고, 찌맞춤을 조금 무겁게 하여 봉돌이 바닥에 닿게 하면 올리는 입질의 정점에 챔질타임을 맞출 수도 있는데, 이는 찌 올림을 즐길 수 있는 전내림낚시의 응용법이다.

3. 목줄 길이에 따른 찌 올림

목줄이 긴 경우와 짧은 경우 찌 올림에 나타나는 현상은 어떨까? 그리고 적절한 목줄의 길이는 어느 정도가 좋을까?

이러한 의문은 붕어낚시에 입문한 사람이면 누구나 가지는 것이며, 어쩌면 끝까지 시원한 답을 얻지 못하고 마감하는 경우도 있을 것이다. 하기야 시원한 답을 얻지

목줄 길이에 따른 찌올림 반응

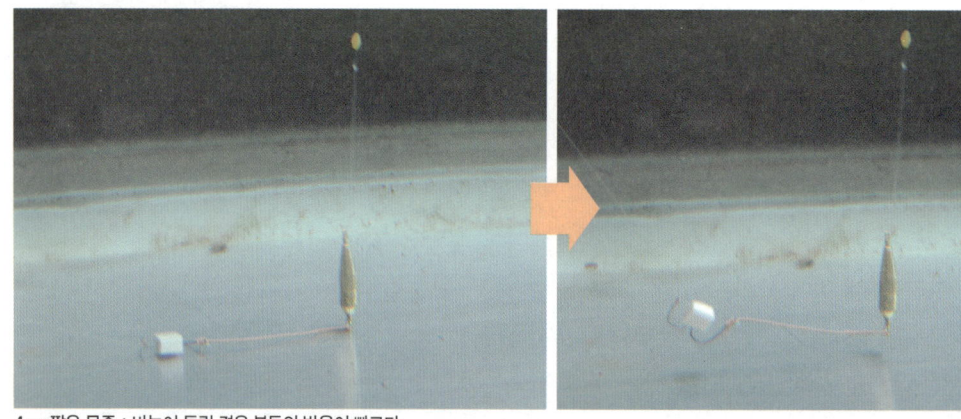

4cm 짧은 목줄 : 바늘이 들릴 경우 봉돌의 반응이 빠르다.

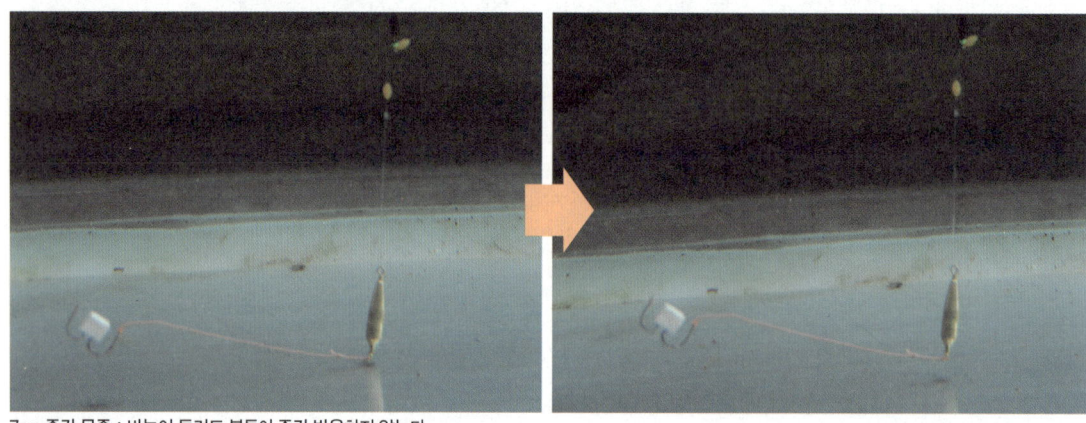

7cm 중간 목줄 : 바늘이 들려도 봉돌이 즉각 반응하지 않는다.

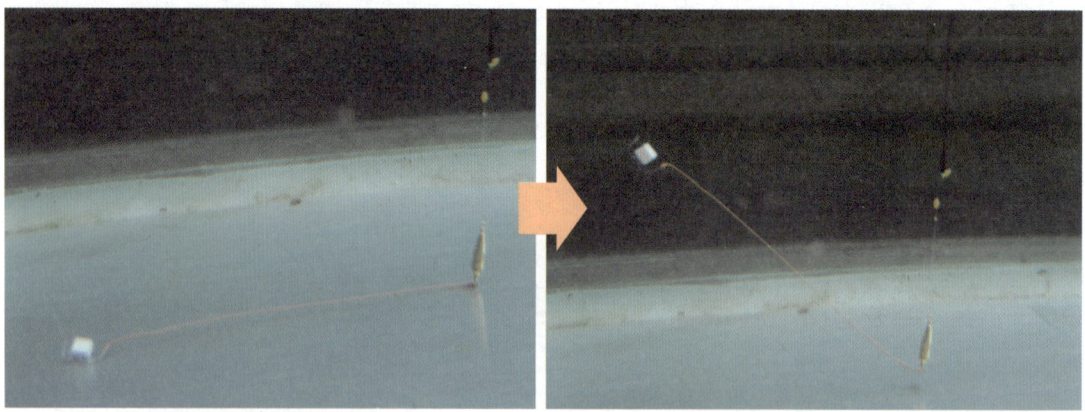

15cm 긴 목줄 : 바늘이 많이 들려야 봉돌이 반응한다.

못하는 것이 정상일 수도 있다. 왜냐하면 목줄의 길이를 어느 정도로 해야 좋은가의 문제는 각자의 체질과 취향에 따라서 관점을 달리할 수 있기 때문이다.

즉 반응이 빨라서 성급하게 챔질을 하는 사람이면 붕어가 입질을 할 때 입질감이

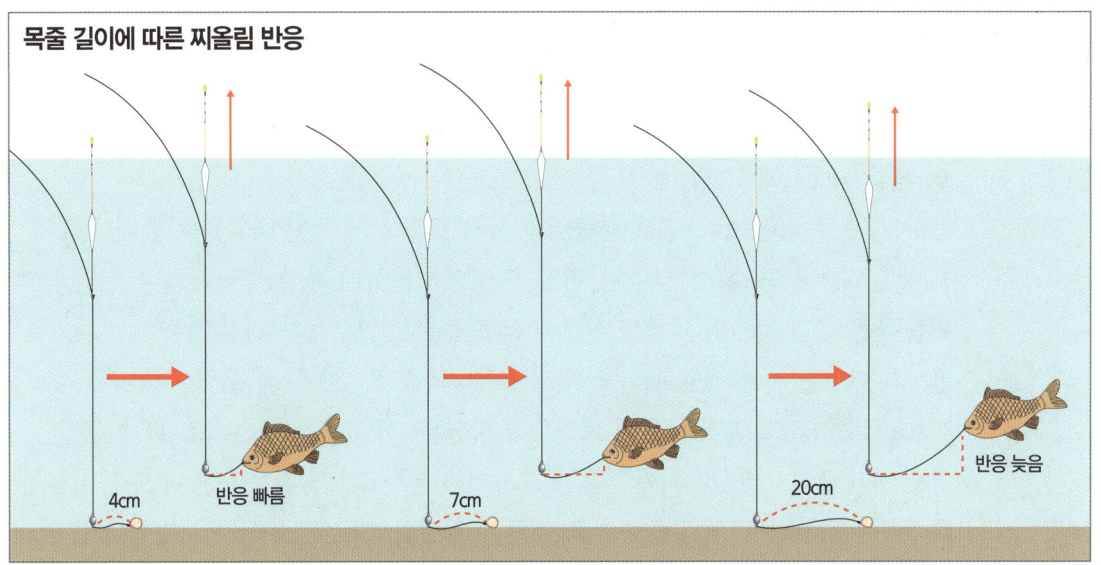

빨리 전달되어야 하고 찌 올림은 한두 마디 진행 중일 때 챔질로 들어가고 말 것이므로 그에 맞는 목줄 길이를 선택해야 할 것이고, 차분한 사람은 붕어가 입질을 할 때 예신과 본신의 전개와 충분한 찌 올림을 맛보고 챔질로 들어갈 것이므로 그에 맞는 목줄 채비를 해야 할 것이다.

그렇다면 목줄 길이와 찌 올림의 관계는 어떻게 될까? 목줄의 길이 차이로 찌 올림의 민감성과 높낮이를 달리할 수 있을까? 이 부분을 해결해야 체질과 습성에 맞는 목줄 채비를 할 수가 있을 것이다.

● **목줄이 짧을 때 : 4cm 이하**

목줄이 4cm 이하로 짧을수록 붕어가 최초 흡입 시의 반응이 빠르다. 즉 예신 전달이 즉각적으로 찌에 나타나고, 비교적 짧은 찌 올림으로 연결된다. 생각 같아서는 목줄의 사각이 최소로 이루어지므로 찌 올림의 폭이 가장 클 것 같아도 실제로는 웬만큼 오르다가는 입질이 끝나고 그만 찌가 내려가 버린다. 그것은 봉돌의 중력 영향을 붕어가 그만큼 빨리 느끼고 뱉어내는 동작으로 가기 때문이다.

● **목줄이 중간 길이 정도일 때 : 6~9cm**

이때는 예신동작이 비교적 차분하게 나타나며, 잠시 시차를 두고 본신으로 연결된다. 이 경우는 본신의 찌 올림이 비교적 중후하고 폭이 크게 나타난다.

이러한 현상은 붕어가 입질을 할 때 봉돌의 즉각적인 충격을 목줄이 일부 완충하므로 충분한 높이까지 먹이를 물고 올라서서 취하는 동작을 하기 때문이다.

● 목줄이 길 때 : 10cm 이상

목줄이 10cm 이상으로 길 때는 붕어의 초기 흡입 시 충격이 목줄의 완충에 의해서 아주 차분한 모습으로 나타나며, 본신 모습도 느긋하게 나타난다. 그러나 본신의 올림 폭은 중간 길이의 목줄보다 크지 않고 올려서 멈추다가 내려간다.

필자가 한창 낚시를 배울 때는 선배조사들이 목줄이 길수록 찌 올림이 좋다고 하여 20cm 목줄까지도 즐겨 사용해 보았으나 사실은 그와 달랐다. 선배조사들이 찌 올림이 좋다고 한 것은 찌 올리는 모습이 차분하고 멋있다는 표현이었고, 실제로 찌 올림의 폭은 중간치 목줄에 비해서 높지 않았다. 그것은 붕어가 미끼를 흡입 시에 목줄의 길이가 길면 봉돌이 들리는 시점이 그만큼 늦게 되고, 붕어가 먹이를 물고 오르는 범위가 차분하고 높더라도 목줄의 길이에서 오는 사각의 범위가 넓어지기 때문이다.

속세를 벗어난 산중 소류지의 아침.
상주 원통지에서.

채비의 수중세계

1. 원줄의 사각

● 봉돌이 먼저냐 바늘이 먼저냐?

우리가 낚시터에서 채비를 물에 던지면 채비는 서서히 가라앉으면서 찌가 제자리를 잡고 선다. 이때 바늘이 먼저 바닥에 닿아 자리를 잡는다고 생각하는 낚시인이

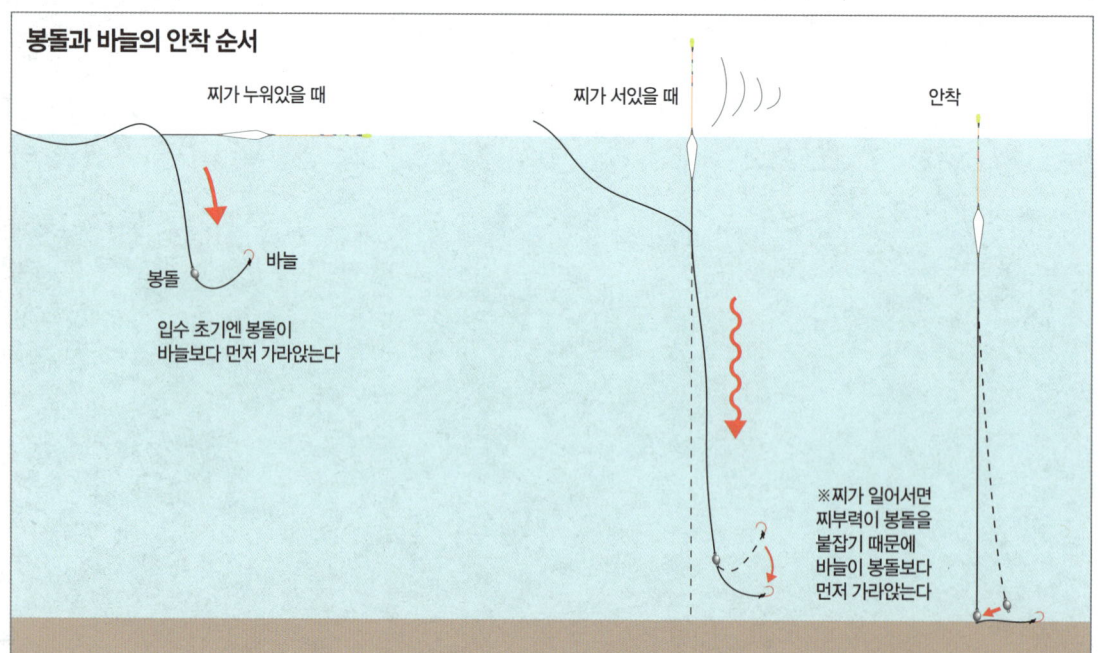

있는가 하면, 비중이 큰 봉돌이 빠르게 내려가서 봉돌이 먼저 바닥에 안착한 후 비로소 바늘이 뒤따라 내려가서 자리를 잡는다고 생각하는 사람이 있다. 얼핏 생각하면 위의 두 가지 생각은 모두 그럴듯하다. 그러나 수중세계에서 일어나는 진실은 하나다.

채비를 수면에 투척하고 나면 그림과 같이 처음에는 봉돌이 먼저 빠른 속도로 바늘을 끌고 가라앉다가 찌와 원줄의 각이 약 70도 각도를 이룰 때쯤 수면에 누워있던 찌가 표면장력을 털고 일어서고, 이 순간에 봉돌이 멈칫한 후 하강이 느려지면서 바늘이 봉돌 아래로 내려간다. 이후는 그 모습대로 찌 밑에 수직방향으로 와서 바늘이 먼저 바닥에 닿고, 이어서 봉돌이 살포시 바닥에 닿는다. 이런 상황은 표준 찌맞춤을 했을 경우를 그림으로 설명한 것이지만 무거운 찌맞춤이나 가벼운 찌맞춤의 경우도 채비정렬 순서는 같다. 만약 가벼운 찌맞춤의 경우라면 최종적으로 바늘이 바닥에 닿고 봉돌은 살짝 떠있는 채비정렬이 된다.

● 원줄의 사각은 걱정할 정도가 아니다

예민한 낚시를 즐기는 사람일수록 바닥과 원줄의 사각(斜角)에 대해 많은 신경을 쓴다. 즉 내가 사용하고 있는 채비가 수중에서 바닥과 과도한 사선을 그리며 비스듬히 서있는 것은 아닐까 하는 의구심이다. 물속을 볼 수 없으니 이러한 의구심은 당연하나 특히 찌 올림이 생각보다 시원하지 않을 때는 결국 답답함으로 이어진다. 그리고 많은 낚시인들은 원줄과 바닥이 직각을 이루지 못하고 사선을 그리고 서있으면 찌 올림에 지대한 영향을 준다고 생각한다.

그러나 이 문제는 그렇게 크게 걱정할 문제는 아니다. 중심 유지가 잘된 찌로 찌맞춤을 제대로 해서 사용한다면 물속에서 나타나는 채비와 바닥의 사선은 우리가 우려하는 만큼 크지 않고, 설령 약간의 사선이 발생하더라도 찌 올림에 지대한 영향을 줄 정도는 아니다.

원줄의 찌 밑 정렬 과정을 살펴보자. 앞에서 채비를 수면에 투척하면 봉돌이 먼저 가라앉다가 찌가 일어설 때 바닥을 향해 내려가던 봉돌이 주춤한다고 설명했다. 이때 찌는 몸통과 수면에서 생기는 표면장력에 의해 잠시 누운 채로 채비가 더 내려가기를 기다리다가 벌떡 일어서서 다시 잠시 멈춘 후에 서서히 입수한다. 이어서 찌가 서서히 입수하는 동안 원줄은 계속해서 바닥과의 각도를 수직에 가깝게 접근해 간다. 그리고는 수직상태에 거의 도달할 무렵에 바늘이 먼저 바닥에 닿는다. 따라서 바닥 장애물에 걸림이 없는 한 원줄과 바닥이 이루는 사선의 각도는

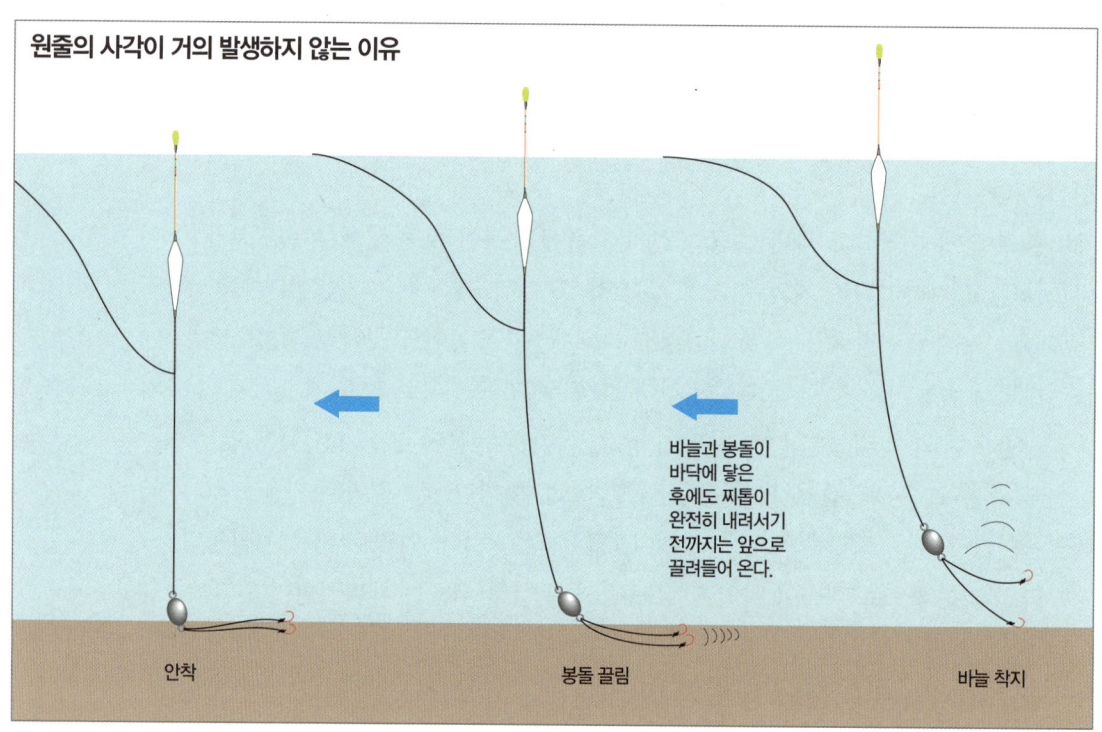

육안으로 그 차이를 구분하기 어려운 정도로 수직상태이고, 수직에서 벌어지는 거리는 목줄 길이의 범위를 벗어나지 않는다.

● 봉돌과 목줄은 눕지도 않고 꼬이지도 않는다

우리는 물속에 들어가서 봉돌과 목줄이 놓인 상태를 확인할 수 없다. 그래서 항상 어떤 상태일까 궁금한데, 간혹 책이나 인터넷 자료를 보면 어떤 사람은 봉돌이 바닥에 누워있는 그림을 그리고, 또 어떤 사람은 봉돌이 서있는 그림을 그린다. 목줄 또한 어떤 사람은 물속에 들어간 목줄이 쉽게 꼬이게 되어 지장을 받으므로 벌린 채비를 하거나 아예 목줄에 순간접착제를 발라 뻣뻣하게 만들어 사용한다고 한다. 어느 쪽이 사실일까?

필자의 오랜 실험과 관찰에 따르면 봉돌은 찌맞춤이 되어 있는 한 물 밑바닥에서 절대로 눕지 않는다. 또한 목줄은 채비를 억지로 수직으로 떨어뜨리지 않는 한 꼬이는 일이 없다. 그 이유는 찌와 봉돌과 목줄이 갖는 수중에서의 채비 정렬과 안착 과정에서 찾아 볼 수 있다. 즉 채비가 물속에 가라앉을 때, 봉돌이 바닥에 닿기 전까지는 찌의 부력이 봉돌의 중력을 위에서 당기고 있다. 그리고 바늘이 아래로 향한 상태에서 천천히 바닥으로 내려가서 바늘이 바닥에 살며시 닿으면서 찌 밑

목줄의 사각 발생을 관찰하기 위해 수중촬영하는 모습(낚시춘추 2001년).

사각 측정 실험에 사용된 5cm 목줄.

수직방향으로 살짝 끌리게 되며, 이렇게 살짝 끌리는 목줄은 꼬이지 않고 펴진 상태로 봉돌이 바닥에 닿아 자리를 잡게 되고, 이때 봉돌은 찌의 부력에 의해서 눕지 못하고 서있게 되는 것이다. 따라서 우리가 낚시를 하는 동안에 봉돌은 눕지 않고 목줄 또한 꼬이지 않는다.

2. 목줄의 사각

우리는 목줄이 가지고 있는 사각지대 때문에 붕어가 입질 시에 목줄의 길이만큼 부동영역이 생겨서 찌 올림 폭에 손해를 본다고 생각할 수가 있다. 그런데 실제로 낚시를 하면서 관찰해보면 목줄이 5cm 이내로 짧을 때와 20cm로 길 때에, 그 차이만큼인 15cm 정도의 찌 올림 차이는 발견할 수가 없다.

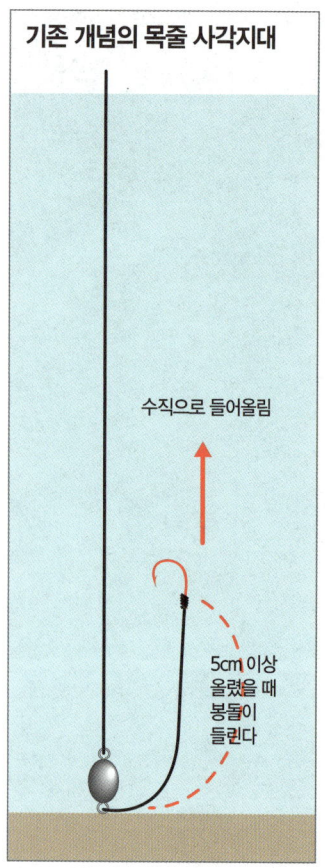

사각지대가 목줄의 길이에 비례하여 발생한다면 분명히 그만큼의 차이가 나타나야 한다. 그러나 초기 입질 반응 시에 민감성의 차이가 있고, 입질 모습의 경박함과 중후함의 차이, 그리고 찌 올림 높이에서 약간의 차이는 있지만, 그 큰 폭의 사각지대 즉 부동영역을 느낄만한 찌 올림 현상의 차이는 발생하지 않는다.

그 이유는 붕어가 찌 밑에서 완전히 거꾸로 서서 수직방향으로 먹이를 흡입하고 다시 수직으로 들고 올라서는 것이 아니라 봉돌과 거리를 두고 접근하여 먹이를 흡입하고는 역시 봉돌과 거리를 두고 서서히 상승하기 때문이다. 이때 붕어가 들고 올라서는 시점에 찌는 자체 상승력으로 같이 부상하면서 봉돌의 무게부담을 반분하게 되고, 따라서 목줄의 각도는 수직 방향이 아니라 대각선 방향이 된다. 이것을 실험을 통해서 알아보자.

● **목줄의 길이에 따른 사각 발생 실험**

제1실험

일단 목줄 5cm의 채비를 수조에 넣는다. 첫 번째 실험은 바늘을 수직으로 들어 올리면서 목줄을 관찰했는데, 이 실험에서는 목줄이 완전히 수직 방향으로 다 들린 다음에야 봉돌을 끌고 올라오는 형상을 보였다. 즉 목줄의 길이만큼의 사각이 발생한 것이다. 만약 붕어가 거꾸로 서서 수직으로 들어 올리는 입질을 한다면 이러한 현상이 맞을 것이다.

제2실험

이번에는 붕어가 실제로 수중에서 입질을 하는 형상을 고려하여 바늘을 45도 각도로 당기면서 들어 보자. 이것은 붕어가 먹이를 취할 때 45~60도 각도로 몸을 숙여서 미끼를 흡입한 후 다음 동작으로 서서히 들고 올라온다는 것을 고려하여 그대로 실험한 것이다. 이 실험에서는 초기 45도로 당기는 과정에서 목줄이 바닥으로부터 약 20~30도 각도를 이룰 때 봉돌이 살짝 들리기 시작한다. 그러면서 수면에 있는 찌에 예신 반응이 나타난다. 이후 연속해서 들어 올리는 과정에서도 목줄은 위로 수직 형상이 되지 않고 대각선 형상으로 지속적인 찌 올림을 보인다.

● 찌맞춤 방법에 따른 목줄의 사각 발생은?

일반적으로 가벼운 찌맞춤일수록 부동영역이 없거나 적게 발생하고 무거운 찌맞춤은 부동영역이 많이 발생한다고 생각한다. 그래서 가벼운 찌맞춤법으로 부동영역을 극복하려고 한다. 실제로 그런 시도는 효과가 있을까?
이 부분은 이미 〈월간 낚시춘추〉에서 수중실험을 해서 그 결과를 3개월에 걸쳐서 게재한 바 있다.(낚시춘추 2001년 10월호, 11월호, 12월호) 그 내용을 일부 참고하고 필자가 따로 수중실험한 결과를 토대로 하여 찌맞춤 방법에 따른 목줄의 사각현상 즉 부동영역에 대해서 그림으로 다시 설명해보겠다.

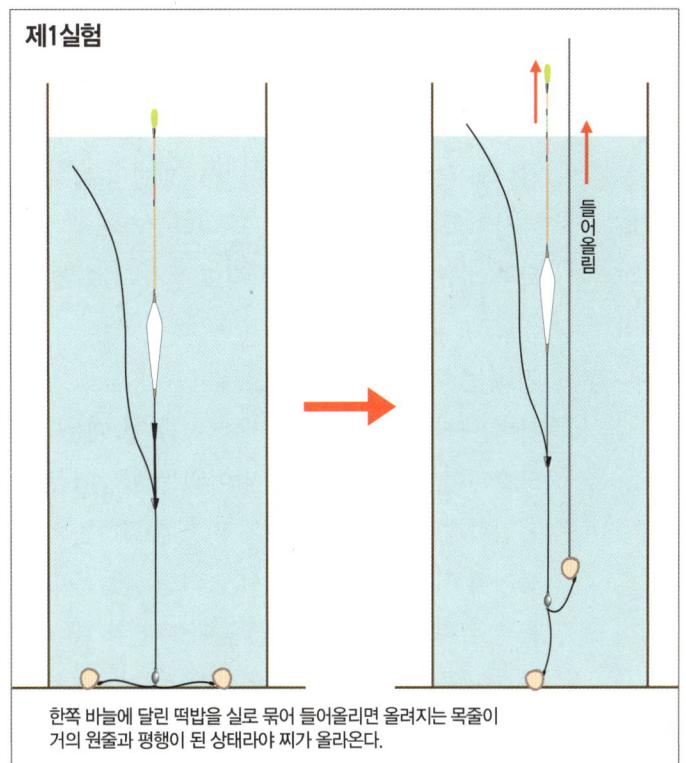

제1실험

한쪽 바늘에 달린 떡밥을 실로 묶어 들어올리면 올려지는 목줄이 거의 원줄과 평행이 된 상태라야 찌가 올라온다.

들어올림

표준 찌맞춤의 경우

표준 찌맞춤을 하여 실제 낚시를 할 때는 봉돌이 바닥에 닿아있고, 목줄은 봉돌에서 바늘까지 바닥에 똑바로 펼쳐져 있게 된다. 이때 붕어가 접근하여 미끼를

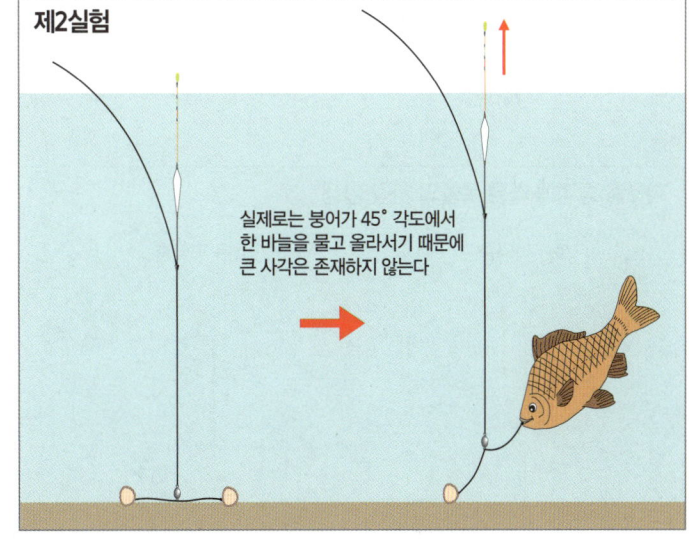

제2실험

실제로는 붕어가 45° 각도에서 한 바늘을 물고 올라서기 때문에 큰 사각은 존재하지 않는다

빨아들이게 되면 그 충격이 곧바로 목줄을 통하여 봉돌에 전달되어 찌가 살짝 오르는 반응을 보이게 되며, 이후 붕어가 미끼를 물고 떠오르면 그림처럼 목줄 각도가 약 20~30도인 상태에서 찌의 자체 상승력이 작용하고 그 상태로 붕어의 동작에 맞춰서 찌가 차분하게 솟아오른다.

만약 6cm 목줄을 사용한 경우라면 이때의 부동영역은 '밑변이 6cm이고 빗변과 밑변이 만나는 내각이 30도인 직각삼각형'과 유사한 모습이 되므로 표준 찌맞춤 채비에서의 부동영역은 이 직각삼각형의 높이와 유사하게 발생한다.(입질 동안에 붕어와 봉돌의 움직임에 따라서 밑변의 길이와 각도에 변화가 발생하므로 정확한 계산수치는 아님) 그러니 꼭 피타고라스의 정리를 빌리지 않더라도 대략 사용하는 목줄의 1/2 길이(약 3cm) 정도의 사각 즉 부동영역이 생긴다고 보면 된다.

가벼운 찌맞춤의 경우

가벼운 찌맞춤을 하여 실제 낚시를 할 때는 봉돌은 떠있고 목줄은 똑바로 선 모습이며, 바늘만 바닥에 닿아있는 형상이 된다. 이때 붕어가 접근하여 미끼를 흡입하게 되면 초기 반응은 찌가 움찔하는 정도의 충격이 봉돌에 전달된다. 이후로 붕어가 미끼를 물고 올라서게 되면 봉돌은 그 위치에 멈춰서 잠시 기다리고 있고, 목줄이 떠있는 봉돌의 수평높이보다 약 20~30도 위로 진행된 다음에야 비로소 봉돌이 들려 올라가서 우리가 바라보는 찌 상승으로 나타난다. 따라서 오히려 가벼운 찌맞춤일 때 부동영역의 폭이 거의 목줄의 곱절+α만큼 커진다.

다만 채비를 다 하여 현장에서 가벼운 찌맞춤을 할 때 미끼 무게까지 다 고려하여 위로부터 내려맞추면서 찌톱이 한 마디 정도 수면 위로 노출된 상태로 맞추고 바늘만 바닥에 닿도록 조절하여 맞춘다면 붕어가 초기 흡입 시부터 찌는 솟아오르게

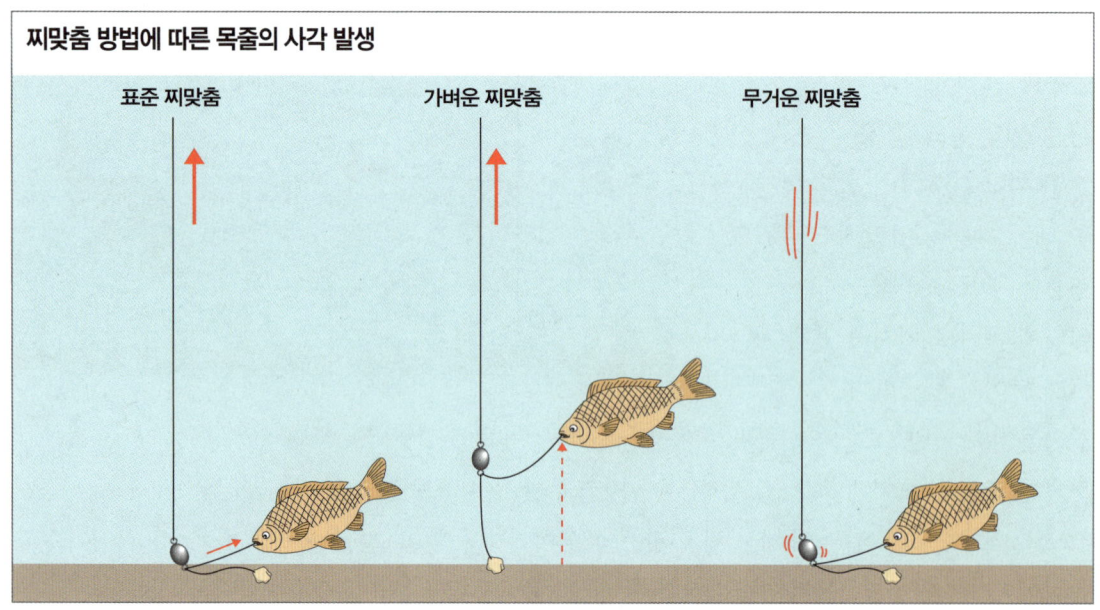

되어 부동영역은 거의 제로가 된다. 그러나 자연 노지에서 구사하는
전통바닥낚시에서 이러한 정밀찌맞춤은 물의 흐름이나 바람 등에 지장을
초래하는 경우가 더 많고 찌맞춤의 노력에 비해 성과가 크지 않으므로 실제로는
거의 사용되지 않는다.

무거운 찌맞춤의 경우
무거운 찌맞춤을 하여 현장에서 낚시를 할 때는 표준 찌맞춤을 했을 때와 같이
봉돌이 바닥에 안착하여 서있게 되고 목줄은 펴져서 바닥에 깔려있게 된다.(이때
무거운 찌맞춤을 하였더라도 봉돌은 눕지 않고 서있는 모습을 한다.) 따라서
붕어가 입질을 할 때의 반응은 표준찌맞춤 때와 유사하게 나타나지만 봉돌에
전해진 충격이 무게감을 가진 봉돌에 완충이 되어 꿈질하는 반응으로 약하게
나타나게 되며, 본신으로 이어지는 목줄의 각도도 60~70도 정도로 커진다.
따라서 이 경우에는 표준 찌맞춤 시보다 목줄의 각도가 갑절로 커지는 만큼 대략
갑절 정도의 부동영역이 발생한다.

● 목줄의 사각지대는 우려할 정도가 아니다

앞의 실험을 통해서 본 바와 같이 목줄의 사각지대는 일부 발생은 하나 우려할
정도는 아니다. 붕어가 실제로 먹이를 흡입하는 모습을 수중촬영을 해서 보면
붕어가 접근하여 초기 흡입 시에 우리의 상상보다 대단히 강한 흡입력을 보이고,
그 흡입동작 시에 곧바로 예신 상태의 모습을 찌가 보여주게 된다. 그리고는
이어서 본격적인 찌 오름, 즉 본신으로 진행된다. 그리고 이때 목줄의 형상은
봉돌과 붕어의 입과 대각선을 이룬 상태로 상승한다. 그러므로 목줄이 6cm일 때
부동영역이 6cm가 다 발생하여 손해를 본다거나, 아니면 일부에서 말하는
것처럼 6×2=12cm, 즉 붕어가 목줄의 곱절인 12cm를 들어주어야만 비로소
봉돌이 바닥에서 들리고 찌가 상승하기 시작한다는 생각은 사실과 무관한
생각이라는 얘기다.
다만 낚시를 하는 그날 그 현장의 자연환경에 따라서 붕어가 입질을 달리하는
경우가 많이 발생하므로, 그러한 현상에 맞춰서 찌 끝을 분별하여 예신과 본신을
읽어낼 수 있는 능력을 갖는 것이 더 중요하다. 그래서 진정한 고수들은
사각지대에 대한 걱정을 하지 않을 뿐만 아니라 사각지대를 장황하게 설명하고자
말을 꺼내면 그냥 웃고 만다.

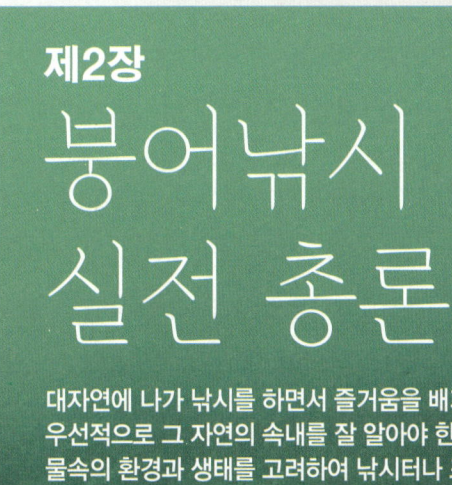

제2장
붕어낚시 실전 총론

대자연에 나가 낚시를 하면서 즐거움을 배가하려면 우선적으로 그 자연의 속내를 잘 알아야 한다. 보이지 않는 물속의 환경과 생태를 고려하여 낚시터나 포인트를 선정하고, 자연현상 변화에 따른 붕어의 취이습성을 고려하여 미끼를 선정하여야 한다. 대자연을 가슴에 품어 호흡하는 즐거움이 호연지기(浩然之氣)라면 붕어와 교감하며 찌맛과 손맛을 보는 쾌감은 가슴을 시원하게 해주는 힐링이다.

제17강
낚시터 선정

낚시터 선정은 당일 낚시의 성패를 좌우한다. 그러므로 낚시를 출발하기 전에 항상 충분한 자료 수집과 분석을 통해서 스스로 확신이 가는 장소를 선정하거나 또는 정확한 최근의 정보를 수집하여 마땅한 장소를 선정하는 등 신중을 기해야 한다. 특히 우리가 찾아가는 낚시터는 단순히 붕어만 많이 낚아내기 위한 목적으로 선정해서는 곤란할 경우가 있다. 출조시기의 대자연 변화와 잘 어울려야 하고, 동행하는 동료의 취향을 고려해야 하며, 나 스스로가 즐기고 만족할 수 있는 장소라야 하기 때문이다. 아무리 붕어가 입질을 잘 한다고 하더라도 그 물의 수질이 좋아야 하고, 눈에 보이는 경관과 분위기가 좋아야 하고, 내가 구사하고자 하는 낚시기법이나 목적에 부합되어야 하는 것은 물론이고, 동행하는 사람이 같이 즐거워할 수 있는 장소여야 하는 것이다. 그런데 이렇게 딱 맞는 낚시터를 선정한다는 것은 출조 때마다 겪는 낚시인의 영원한 숙제다. 자연을 상대로 하는 낚시는 일정한 공식이 적용되지 않고, 자료와 정보는 참고하되 오직 자신의 경험에서 오는 감각적 느낌을 따라서 선정해야 하는데, 기껏 선정해서 현장에 찾아가보면 현상은 생각과 다르기 일쑤인 것이다.

▼ 지도를 펼쳐놓고 낚시터를 고르고 있다.

그렇다면 어찌해야 하는가? 우선 큰 욕심을 버려야 한다. 무조건 100% 만족만을 목표로 장소를 선정할 것이 아니라 '불확실성 속에서 확률을 높일 수 있는 장소' 그리고 '마음으로 즐길 수 있는 힐링의 장소'를 선정해야 한다. 다음으로는 나의 주관이 아닌 자연의 변화와 물속 붕어의 생태를 고려한 상식에 입각해서 결정하는 것이 좋다.

1. 계절별 낚시터 선정

우리나라는 뚜렷한 사계절의 자연현상 변화에 따라서 뭍에 있는 동식물뿐만 아니라 물속 생태계의 상황도 변화하며, 이에 따라 붕어의 활동도 계절 특성에 맞게 그때그때 변화한다. 따라서 낚시터는 1년 내내 같은 물이라고 하더라도 계절마다 낚시에 미치는 영향은 크게 차이를 보인다.

● **봄의 낚시터 선정**
만물이 소생하는 계절인 봄에는 수중세계에서도 활발한 생태활동이 시작되어 겨울 동안 움츠리던 붕어들이 연안으로 접근하여 적극적인 섭이활동을 시작한다. 종족보존을 위한 산란기를 앞두고 연안지역에 새로 생성되는 플랑크톤이나 수서곤충들을 취하기 위함이다.
초봄에 출조지를 선정할 때는 해안가 수로나 햇볕이 잘 드는 평지형 소류지를 우선으로 고려하고, 점차 봄이 무르익어가면서 내륙의 저수지까지 확산하여 고려한다. 그러다가 개나리꽃이 활짝 피어나는 때부터 산란이 본격화되는데 이 시기를 즈음하여서는 거의 모든 낚시터가 출조지로서 고려 대상이 된다.
이때 출조지는 겨울 동안 수위가 잘 유지된 낚시터로서 일조량이 많고, 수초가 잘 어우러진 장소가 유리하며, 대형지보다는 소류지가 유리하다. 회피해야 할 장소는 겨울 동안 수위가 많이 줄어든 상태로 봄까지 연안이 드러나 있거나 산그늘이 한나절 이상 드리워진 저수지, 그리고 수초가 전혀 없는 상태이거나 계곡물의 유입이 많아 수온이 낮은 저수지다.
그리고 늦봄이 되어 저수지의 물을 빼서 논에 대는 배수기가 되면 배수여부를 사전

▶ 봄철 낚시터로 선호되는 평지형 저수지.

봄철의 낚시터 선정 요령

선호할 장소	회피할 장소
해안가 수로	산간 계곡지
평지형 저수지	물이 흐르는 강이나 대형 수로
동절기간 수위 유지된 곳	연안 수위가 드러난 곳
일조량이 많은 곳	내륙의 대형지나 댐
수초가 잘 발달한 곳	냉수 유입이 많은 곳
배수가 적은 곳	배수가 진행 중인 곳
대형지보다는 소류지	산란이 진행 중인 곳

확인하여 가급적 배수가 이루어지지 않는 곳을 택하는 것이 좋다. 또한 산란기가 되어 붕어들이 한창 산란 중인 장소는 출조지에서 피한다.

● **여름의 낚시터 선정**

여름철의 무더위는 만물의 활성을 떨어뜨린다. 붕어도 여름의 따가운 햇볕 아래에서는 활발한 활동을 하지 못하고 그늘에 안주하거나 중간 쪽 수면에 떠서 일광욕을 즐기다가 적정 수온대가 되는 시간이라야 활발한 활동을 한다.
이러한 여름철에 출조지를 선정할 때는 낚시인 자신이 시원함을 느낄 수 있는 장소를 우선 고려하는 것이 좋다. 내가 시원한 곳은 붕어도 시원한 곳이기 때문이다.

여름철의 낚시터 선정 요령

선호할 장소	회피할 장소
그늘이 지고 선선한 장소	물의 순환이 적고 정체된 장소
정수수초가 발달한 장소	수량이 극도로 적은 저수지
최근 물이 불은 장소	삭은 수초에 의해 갈색물인 장소
물 순환이 잘 되는 장소	밀생수초 속 가스 발생 장소
장마 시 큰물 유입 장소	흙탕물이 심한 장소

무더운 여름철에 선호할 장소는 연안에 갈대 부들 등 키가 큰 정수수초가 있어서 그늘을 제공하고 붕어의 은신과 활동을 보장해 주는 저수지, 또는 호우로 인해 물이 갑자기 불어나고 있는 저수지, 그리고 산간 계곡물이 시원하게 흘러드는 등 물의 순환이 잘되는 저수지가 유리하다. 특히 장마기 큰비로 인해 물이 다량으로 흘러드는 장소는 오름수위 특수의 대박 조황을 맛볼 수 있는 장소가 된다. 또한 여름철은 소형지보다는 대형지가 충분한 손맛을 전해주는 장소가 되는 경우가 많다. 회피해야 할 장소는 장기간 물이 정체되어 물의 순환이 없이 용존산소량이 적은 저수지, 갈수 상태로 있어서 수량이 극도로 적은 저수지, 밀생한 침수수초나 부엽수초의 하단부가 삭으면서 농도 짙은 갈색의 물색을 띠고 있는 저수지 등이다. 특히 다년생 뗏장수초(물잔디, 겨풀, 물참새피 등)가 전면을 덮고 있는 장소는 자칫 수중 가스현상이 심화되어 있을 우려가 많으므로 직접공략은 피하는 것이 좋으며, 비가 온 후 흙탕물이 심한 장소도 피해야 할 장소다.

◀ 여름철 오름수위 낚시터로 선호되는 댐의 상류.

● **가을의 낚시터 선정**

가을이 되면 선선한 기후변화에 따라서 수중세계에도 신선한 기운이 돈다. 여름철에 과도하게 올라있던 수온도 내려오고, 각종 풀씨앗 등 붕어의 먹잇감도 풍부해지며, 겨울을 대비한 붕어의 섭이활동도 활발해지는 계절이다.

이러한 가을철에 유리한 장소는 연안에 뗏장수초가 잘 발달해 있으면서 갈대나 부들이 혼재되어 있는 장소다. 밀생한 뗏장수초 지대도 수온이 내려가면서 물벼룩 등의 수서곤충이 다량 서식하는 장소가 되어 여름과는 달리 유망한 장소로 변모한다. 가을철로 접어들어서는 대형지와 소류지를 다 같이 고려할 수 있으나 가을이 깊어가면서는 소류지를 우선으로 고려하는 것이 좋다.

가을에 회피해야 할 장소로는 산간 계곡의 냉수가 직접 다량으로 흘러드는 장소, 수중의 수초 밑동이나 돌무더기에 물때가 많이 끼어있는 장소다. 특히 다른 여건이 다 좋더라도 물색이 샘물처럼 맑아져 있는 장소는 피하는 것이 좋다.

가을철의 낚시터 선정 요령

선호할 장소	회피할 장소
연안에 물잔디 등 수초가 발달한 장소	냉수가 흘러드는 산간 계곡지
갈대, 부들, 줄풀이 발달한 장소	수초에 물때가 많은 곳
소류지 우선	물색이 샘물처럼 맑은 곳

▶ 가을철에 각광받는 간척호 수로. 갈대, 부들 등 수초가 발달한 곳이 좋다.

● **겨울의 낚시터 선정**

겨울이 되면 만물이 움츠린다. 물론 수중의 붕어도 겨울이 되면 자연현상에 맞춰서 본능적으로 활동을 제한한다. 이때 붕어는 활성집단과 비활성집단으로 구분되는데 가급적 활성집단의 활동이 많은 장소를 출조지로 정해야 붕어를 만날 수가 있다. 겨울철 활성붕어가 많은 장소로는 해안가의 수로나 해풍의 영향을 받는 평지형 저수지이다. 따라서 겨울철에 낚시터를 선정할 때는 섬이나 해안가 수로, 그리고 넓은 들 끝자락의 평지형 저수지를 고르는 것이 유리하다. 불가피하게 내륙지방으로 출조하여야 한다면 일조량이 가장 많고 정수수초가 삭아 수면을 덮고 있는 지대나 침수수초 새싹이 바닥에서 자라 오르고 있는 평지형 저수지를 선택하는 것이 좋다. 겨울철에 회피해야 할 장소로는 강, 댐, 계곡지다. 우선 강이나 댐은 서식하는 붕어 전체가 비활성을 보이므로 피해야 하고, 산간의 계곡지도 활성붕어 개체수가

겨울철의 낚시터 선정 요령

선호할 장소	회피할 장소
해안가 수로	강과 댐
해풍이 닿는 평지형 저수지	산간의 계곡지
일조량이 많은 저수지	그늘이 많이 지는 저수지
삭은 정수수초가 많은 저수지	물색이 맑은 장소
침수수초 새싹이 자라는 저수지	눈이 전면을 덮고 있는 저수지

◀ 겨울철에 해안가 수로에서 물낚시를 즐기는 모습.

극미하므로 피한다. 특히 겨울 동안에 샘물처럼 맑은 물을 가지고 있는 장소는 비록 해안가라고 하더라도 그날은 피하는 것이 상책이다. 만약 얼음낚시를 한다면 눈이 낚시터 전체를 덮고 있는 장소도 피해야 할 장소이다.

2. 취향에 따른 낚시터 선정

낚시터를 선정할 때 사실상 가장 중요한 요소는 자신 혹은 동행하는 사람의 취향 즉 어떤 낚시를 구사할 것인가이다. 그리고 이 취향이라는 것은 낚시의 '운치와 멋'을 즐기는 낚시를 할 것인가, 아니면 '조황 위주'의 낚시를 할 것인가가 고려되어야 하고, 한편으로는 대물낚시를 할 것인가, 아니면 마릿수낚시를 할 것인가가 고려되어야 한다.

● 운치를 즐기기 위한 낚시터 선정

운치와 멋을 즐기는 낚시를 하려 한다면 그에 걸맞은 장소인 강이나 댐 또는 주변 경관이 수려한 저수지를 선택하는 것이 좋다. 이러한 곳에서 대자연 속에 한 점으로 녹아 들어가서 하루 낚시를 즐기는 것도 낚시의 참맛 중의 하나이며, 이런 경우는 혼자서도 좋고 지인들과 어울려서도 좋고, 가족과 함께해도 좋다. 그야말로 좋은 사람과 어울려서 대자연 속의 운치를 가슴으로 낚고 돌아올 만한 장소를 찾아가는 것이다.

따라서 운치를 즐기기 위한 낚시터는 우선 주변 경관(景觀)의 풍치(風致)가 수려해야 하고, 어울릴 낚시공간과 앉을자리가 편안해야 하며, 주변에 볼만한 관광지나 역사유적, 오가는 길에 들러 음미할 만한 지방 특색이 있는 음식점이 있으면 더욱 좋다. 이러한 낚시터를 선정할 때 최우선적으로 고려할 사항이 운치이고, 다음으로 고려할 사항이 조황이다. 즉 운치만을 고집하여 조황을 너무 경시하지 않는다는 의미이다. 그것은 물고기와의 만남에서 오는 맛이 낚시의 맛을 최종적으로 완결하는 것이기 때문이다. 따라서 운치도 있고 조과도 있는 곳을 찾아야 한다.

● 낚는 맛을 즐기기 위한 낚시터 선정

낚는 맛을 즐기기 위한 조황 위주의 낚시터는 일단 자주 입질이 와서 낚아내는 맛에 주로 재미를 느끼고자 할 경우에 선택하는 낚시터이다. 초보자를 낚시에 입문시키고자 할 때, 아내에게 낚시의 맛을 들이고자 할 때, 동행하는 사람의 취향이 마릿수낚시를 즐기는 사람이거나 자기 스스로 가벼운 손맛을 잠시 즐기고자 할 때 이런 곳을 택하는 것이 좋다. 이런 때는 낚이는 붕어의 씨알에 무관하게 자주 입질을 하여 많이 낚이는 장소를 택해야 한다. 만약에 주변에 이런 장소가 없다면 인근의 양어장형 유료낚시터를 찾는 것도 한 방법이다. 공연히 초보자나 어린이 혹은 여자와 동행하면서 입질이 없어 무료한 장소를 찾는 것보다는 유료낚시터를 찾아가서 짜릿한 손맛을 보게 하고 자기 자신도 가벼운 손맛을 즐기는 것이 멋진 낚시모습이다.

3. 낚시터 선정 시 고려할 상식

● 사람이 많은 곳은 사연이 있는 곳이다

애써 낚시터를 선정하고 찾아가보니 수많은 사람이 진을 치고 있으면 어찌할

◀ 낚는 맛을 즐기기 위한 낚시터는 붕어 외에도 다양한 물고기가 낚이는 강이나 편의시설이 잘 갖춰진 유료낚시터가 적합하다.

것인가? 포기를 하고 돌아서야 하는가? 아니면 적당한 공간을 찾아서 자리 잡고 낚시를 해야 할 것인가?

이런 때에는 상호 불편함이 없는 적당한 공간이 있다면 그곳에서 낚시를 하는 게 좋다. 사람이 유독 많은 곳은 특별한 사연이 있는 곳이다. 즉 현재진행형으로 조황이 좋다는 것을 말해주고 있다. 다만 공간이 여유롭지 못한 상황인데도 먼저 자리 잡은 동호인에게 결례가 되도록 끼어들면 절대로 안 된다. 또한 사람이 많은 이유가 어느 동호회가 단체출조를 해서 그렇다면 그 낚시터에는 공간이 있더라도 자리를 잡지 않는 것이 현명한 처사다. 사실상 동호회 출조의 경우는 조황보다는 행사하기 좋은 장소를 택한 경우가 대부분이고(그래서 단체 출조 시에는 조황이 좋지 못하다), 더구나 정숙이 유지되지 않아서 오히려 더불어서 꽝치는 일이 발생할 소지가 많기 때문이다.

● 장기간 갈수상태는 호황 기회다

저수지 물이 빠져서 절반 이하의 수량으로 장기간 갈수상태가 지속되고 있는 낚시터는 일반적으로 물이 없다고 장소 선정에서 기피하는 곳이다. 그러나 이런 상황의 수중에는 만수 시보다 붕어의 밀도가 높아져 있으며 이미 붕어들도 지속된 갈수상황에 적응이 된 상태이므로 훨씬 입질을 받기가 쉽다. 배수가 진행되는 일정기간 동안은 수중 붕어가 긴장하여 먹이활동을 중단하기도 하나 장기간 이러한 갈수상태가 지속되면 평상적인 섭이활동을 하게 되어 오히려 떼 월척을 만날 수 있는 호기가 되기도 하는 것이다.

● 말랐던 저수지에도 붕어는 살아있다

완전히 물을 다 빼고 제방공사나 무넘기 공사를 한 저수지에 물이 차고 나면 과연 붕어가 살아남을까? 더구나 바닥 준설까지 한 저수지라면 물고기가 살아남는다는 것이 불가능하지 않을까? 그래서 낚시터를 선정할 때 이런 곳은 적어도 3년 이상은 회피하는 곳이다. 그러나 아무리 말랐던 저수지에도 붕어는 살아남아 있다. 물이 없어질 때 땅 속으로 파고들어서 생존하다가 물이 차오르면 다시 나와서 활동을 하는 것이다.

필자는 이러한 현상에 대해서 많은 곳을 대상으로 시험낚시를 하여 실제 방송을 통해서나 화보 글을 통해서 증명해 보인 바가 있다. 가령 물을 다 빼고 6개월간 준설공사를 했던 충북 진천 석장지에서 물이 다시 찬 뒤 5개월 만에 찾아서 두 사람이 각각 30여 수씩 붕어를 낚은 적 있다.

● **수초가 전 수면에 발달한 장소는 보기에만 좋다**
붕어낚시와 수초는 불가분의 관계다. 그래서 붕어낚시인은 누구나 수초가 잘 발달한 낚시터를 선호한다. 그러나 수초가 전 수면을 덮고 있거나 너무 넓은 범위로 발달한 낚시터는 썩 좋은 장소가 못된다. 그 이유는 붕어들이 광범위한 수초 사이사이로 다 분산되어서 활동하기 때문이다. 따라서 수초를 고려하되 어느 한 구역에 특징적으로 수초가 형성된 낚시터를 찾는 것이 유리하다. 그 물의 붕어들이 안정된 은신처를 찾아서 특징적으로 수초가 발달한 그 속으로 대부분 집중되기 때문에 입질을 받기가 수월한 것이다.

● **지령이 오래된 곳이라고 꼭 대물터는 아니다**
일반적으로 대물낚시터를 선정할 때 주요 요소 중 하나로 고려하는 것이 '지령이 오래된 곳'이다. 즉 저수지가 생긴 지 오래된 곳일수록 그만큼 나이 먹은 대물붕어가 많다고 생각하는 것이다. 그러나 필자가 경험한 통계를 종합한 바에 의하면 꼭 그렇지는 않다. 해방되던 해인 1945년도에 축조된 필자 고향의 한 저수지에서는 필자가 어렸을 때나 지금이나 50년이 넘게 중치급 일색이고 월척급은 거의 만나기가 힘들다. 그 저수지는 계곡의 찬 물이 들고 나기 때문이다. 그러나 2002년에 담수한 강진 사내호(사초호)에서는 불과 4년 만인 2006년에 이미 출조 회원 전원이 월척을 만나는 경험을 한 바 있고, 10년 만인 2012년부터는 4짜급 붕어가 많이 낚이는 전국구 대물낚시터로 변모하였다.
이렇게 지령과 다르게 붕어 씨알의 차이가 나는 것은 우선 그곳에 서식하는 붕어의 유전적인 요인이 있겠고, 특히 영양소가 되는 유기물의 유입과 플랑크톤의 번성, 그리고 지속 성장에 필요한 수온 유지가 붕어의 성장을 다르게 하는 요인으로 사료된다. 찬물이 흘러드는 산간 계곡의 10년 된 소류지보다 생활유기물이 흘러들고 일조량이 많은 마을 앞의 5년 된 소류지에 대형 붕어 개체수가 더 많은 것이다.

● **녹조가 있어도 낚시는 된다**
녹조는 영양염류의 과다유입과 수온의 상승으로 인하여 번성하게 된다. 주로 주변 농지에서 흘러들거나 삭은 수초에서 발생하는 인과 질소가 원인이 되는데, 아주 극심한 경우가 아니면 이것으로 인하여 붕어가 죽거나 떠오르지는 않는다.(바다의 적조와는 다르다.)
다만 녹조는 낮에는 탄소를 흡수하고 산소를 배출하는 반면 밤에는 산소를
흡수하고 탄소를 배출해 냄으로써 녹조의 농도가 과도하게 짙은 장소에서는 야간에
수중 용존산소량이 급격히 줄어들어 간혹 물고기가 떠오르는 일이 발생하기도 한다.
또한 녹조가 붕어의 아가미에 흡착이 되면 호흡곤란으로 죽게 되는 경우도 있다.
그러나 아주 극심하지 않은 경우에는 대부분의 녹조가 수면에 떠있게 되고 바닥
층에는 그 영향이 크게 미치지 않으므로 웬만한 녹조가 있어도 붕어는 입질을 한다.
그러니 악취가 날 정도로 아주 심한 녹조상태가 아니라면 출조해도 된다.

● 완전 흙탕물이 된 곳은 피하라
많은 비가 내려 흙탕물이 흘러 들어와서 온 수면이 농도 짙은 흙탕물화가 되어버린
곳은 피해야 할 곳이다. 붕어는 아가미로 호흡을 하는데 흙탕물이 지면 아가미
새파에 흙탕물 입자가 엉겨 붙게 되어 호흡을 할 수 없게 된다. 그러므로 이런 곳의
붕어는 자꾸 수면으로 떠올라서 공기호흡을 하게 되고, 결국에는 먹이활동을
중단하게 된다. 따라서 완전 흙탕물이 된 곳은 적당한 출조 장소가 되지 못한다.
다만 흙탕물이 유입되는 초기에는 흙탕물과 함께 흘러드는 유기물을 찾아서 물골로
모여드는 붕어를 대상으로 오름수위 특수를 노릴 수가 있다.

● 물색이 너무 맑은 곳은 피하라
어느 곳, 어느 경우이든 물색이 샘물같이 맑은 곳은 피해야 한다. 비록 어제까지
폭발적인 조황을 보인 곳이라고 하더라도 오늘 샘물같이 맑아져버렸다면 적절한
출조 장소가 못 된다는 의미이다. 물색이 샘물같이 맑아져버렸다는 것은 수온이
급격히 하강했다는 것이고, 수중에 번성하던 플랑크톤이 소멸되어 버렸다는
의미이며, 이렇게 플랑크톤이 소멸되고 없는 상태가 되면 붕어가 섭이활동을 위한
접근을 하지 않는다.
이렇게 기상변화에 따라서 물색이 순간순간 맑아지는 현상은 낚시를 하고 있는 중에
눈앞에서 관찰할 수도 있다. 그리고 이런 때에는 자주 오던 입질도 딱 끊기고 만다.

신록이 아름다운 늦봄의 수로낚시.

제18강
포인트 선정

1. 포인트 선정의 순서

낚시터를 선정하여 그곳에 도착하면 다음 단계로 포인트를 분석한다. 즉 그날 하루 대 편성을 하여 찌 세울 자리를 결정하는 것이다. 포인트를 분석할 때에는 필히 붕어의 입장에서 생각하고 판단해야 한다. 즉 붕어가 머무르고 있다면 어디에 있을까? 붕어가 먹이를 찾아서 회유활동을 한다면 어디로 와서 먹이활동을 할까?

▶ 물가에서 바라본 저수지 풍경. 우선 붕어의 은신처와 이동경로를 예측하고 다음으로 낚시의 편의성을 감안해 포인트를 잡아야 한다.

현재 관찰되는 수중 여건은 붕어가 연안활동을 하기에 좋은 여건을 가지고 있는가? 등을 고려해서 선정해야 한다는 것이다.

짧은 대 한 대를 편성하거나 긴 대 열 대를 편성하거나 우리가 낚싯대를 펼쳐놓은 자리, 즉 포인트는 그 낚시터 전체로 보아서는 아주 작은 점을 찍어놓은 정도의 좁은 공간에 불과한데, 바로 이런 작은 점을 선택하는 것이다. 그러므로 그 공간을 결정하는 과정은 많은 고민을 해야 하고, 눈에 보이지 않는 복잡한 수중세계를 연상하면서 차근차근 세밀하게 판단해야만 한다.

그리고 이러한 포인트를 선정하는 데는 당일의 출조 목적에 따라서 스스로가 구사하고자 하는 낚시기법에 맞게 선정하는 것 또한 중요하다. 즉 거친 수초 속에 찌를 세워놓고 큰 붕어만을 기다리는 대물낚시를 할 것인가 아니면 편안한 자리에서 자주 해주는 입질을 받으면서 찌맛 손맛을 즐기는 떡밥콩알낚시를 할 것인가를 고려해야 하는 것이다.

● 붕어는 주로 어디에 있을까?

물속 어디에나 붕어가 있다? 아니다. 붕어는 주로 머무르는 곳에 모여 있는 습성이 있다. 그렇다면 그곳이 어디일까? 붕어 입장에서 생각해보자. 첫째로는 은신처를 제공받을 수 있는 수초나 수중 장애물이 있어야 할 것이고, 둘째 먹잇감이 있는 곳이어야 할 것이며, 셋째 용존산소량이 많고 플랑크톤이 번성한 곳이어야 할 것이다.

대부분 깊은 물에 물고기가 많을 것으로 생각하기 쉽지만 실제로 손으로 더듬어서 물고기를 잡거나 족대를 이용해서 물고기를 잡는 사람을 보면 다 가장자리 수초 속에서 물고기를 잡아낸다. 또한 그물을 걷는 모습을 관찰해 보면 물고기는 주로 얕은 가장자리 그물에 걸려 나오는 것을 볼 수가 있다.

● 붕어는 어디에서 먹이 사냥을 할까?

붕어들이 먹이사냥을 하는 곳, 그곳이 바로 입질을 가장 잘 받을 수 있는 곳이고 그러므로 가장 유망한 포인트가 된다. 그렇다면 그곳이 어디일까?

앞에서 붕어가 주로 머물러 있을 만한 곳을 포인트로 한다고 했는데, 이는 그곳에 안주하는 붕어를 고려하여 판단한 것이고, 사실상 대부분의 붕어는 한 곳에 안주하지 않고 회유를 하는 습성이 있으며, 이런 붕어는 끼니 때가 되면 먹이사냥을 나선다. 이럴 때 붕어가 즐겨 찾는 먹이활동 장소는, 먹이활동 중에라도 유사시에

즉각 은신이 가능한 수초나 장애물이 있고, 사냥감인 수서곤충이나 새우, 참붕어 등 먹이사슬 하층의 생물이 많이 서식하는 곳이며, 물색이 탁하여 노출되지 않으면서도 아가미 호흡을 통한 플랑크톤 섭취가 자유로운 곳이다. 먹이사냥을 나온 붕어는 이런 곳을 접근하여 끼니를 때우고는 다시 안정된 지대로 이동하는 습성이 있다. 즉 먹이사냥을 하는 바로 그곳이 포인트가 되는 것이다.

● '코끼리 다리 만지기'를 조심하라

코끼리를 본 적 없는 사람의 눈을 가리고 코끼리를 만지게 한 후에 코끼리가 어떻게 생겼느냐고 물으면 통나무처럼 생겼다고 할 것이다. 그것은 코끼리가

▲ 포인트 선정의 순서. 먼저 낚시터 전체를 조망한 다음(위) 설정한 낚시구역으로 접근하여 포인트를 정한다(아래).

너무 커서 다리밖에 만져볼 수가 없었기 때문이다. 즉 전체를 보지 못하고 부분만 보면 판단의 오류를 범한다는 것이다. 우리가 낚시터에 도착하여 포인트를 분석하는 것도 무조건 물가로 가서 그 부분만 보고 포인트를 선정하게 되면 이러한 '코끼리 다리 만지기'가 될 우려가 많다. 그러니 시행착오를 범하지 않기 위해서 시야를 넓게 보고 차근차근 좁혀나가면서 세밀하게 판단하는 다음의 포인트 선정 절차를 따르는 것이 대단히 중요하다.

● 포인트 선정의 3단계 순서

①낚시터 전체를 조망할 수 있는 원거리에서 '낚시구역'을 설정한다

낚시터에 도착하여 한눈에 전 수면이 보이는 장소에서 그 낚시터 전체를 조망하면서 햇볕과 산그늘 방향, 물골 형성과 유입량, 수위의 변화, 연안 지형의 형성, 수초의 종류와 분포, 진출입 여건, 선점한 낚시인의 위치 등을 고려하면서 자기가 선택할 포인트 구역을 선정한다.

② 설정한 낚시구역으로 더 접근하여 '낚시지점'을 판단한다
구역이 설정되면 그 구역을 향해서 더 접근하여 살피면서 낚시할 지점으로 좁혀
나간다. 이때에는 그 구역 일대의 경사도, 예측되는 수심, 물골의 방향, 연안 수초의
구성, 붕어의 예상 회유로, 낚시할 공간의 편의성 등을 고려하여 한 지점을
판단한다.

③ 판단한 낚시지점으로 접근해서 '낚시자리'를 결정한다
이제 판단지점으로 접근하여 물가에 도달하면 비로소 발길을 멈추고 최종
낚시자리를 결정한다. 이때에는 최우선적으로 물색을 보고, 다음으로 수초의 분포와
구성을 보아야 하며, 바닥토양을 비롯하여 청태 등의 바닥상황, 찌 세울 공간 및
수심, 먹이사슬 수생생물 관찰, 그리고 의자자리를 비롯한 낚시자리 공간 등을
고려하여 최종 포인트로 결정한다.

2. 포인트 선정의 5대 판단기준

● **물색으로 판단**
물색이 샘물같이 맑은 곳은 붕어가 머무르지 않는다. 물색이 맑다는 것은 수중에
플랑크톤이 생성되어있지 않다는 뜻이다. 붕어는 일생 동안 영양 공급의 90%
이상을 수중의 미세 플랑크톤에 의지한다고 한다. 그러므로 미세 플랑크톤이 없는
맑은 물에는 잘 머무르지를 않는다. 우리가 현장에 도착하여 물가를 돌아보면서
같은 저수지에서도 위치에 따라 물색의 차이가 나는 것을 발견할 수가 있는데, 이런
때에 포인트로 선정할 만한 곳은 가급적 물색이 탁한 쪽이다. 그러나 탁한 물색도
제한 사항이 있다.

탁한 물과 오염된 물은 다르다
물색이 탁하다는 것은 흐리다는 뜻을 내포하고는 있으나 여기에서 탁하다는 것은
단순히 흐리다는 뜻뿐만 아니라 농도가 짙다는 뜻을 포함하고 있다. 우리가 단순히
흐리다고 하는 것은 외부에서 흙탕물이 유입되거나 풍랑으로 인해 바닥이 뒤집어진

경우를 말하는데 이런 경우에는 붕어의 입질을 받기가 오히려 쉽지 않다. 따라서 여기에서 물의 탁도가 높다고 하는 것은 수중에 플랑크톤이 번성하여 물의 농도가 높아져서 물색이 진하게 보이는 경우를 말함이다. 물의 오염은 샘물같이 맑은 속에서도 그 속에 녹아들어 있는 성분이 무엇이냐에 따라서 오염도가 달라지는 것이지 꼭 탁도만으로 나타나는 것은 아니다.

찌몸통 하단부가 비치지 않아야 한다
물색이 맑더라도 수심이 깊으면 바닥이 보이지 않아 언뜻 보기에는 물색이 좋아 보인다. 그러나 아무리 깊은 물이라도 표층의 물이 샘물같이 맑은 형상을 띠고 있으면 그곳은 물색이 좋다고 말할 수가 없다. 우리가 연안에서 바라보아서 수심이 얕은데도 불구하고 발 앞의 바닥이 비치지 않는 물색, 또는 찌를 세워놓고 보았을 때 찌몸통의 하단부, 즉 찌다리 부분이 보이지 않을 정도의 물색이면 좋은 곳이다. 특히 토사 유입 등의 외부 영향이 없이 물색이 탁하다면 대부분 좋은 조건이 된다.

탁류가 흘러들어 황토물이 된 곳은 불리하다
비가 많이 오거나 상류에서 공사 등의 이유로 토사와 함께 밀려드는 황토물은 흘러들기 시작한 초기이거나 적은 정도의 물이라면 호조건이 될 수도 있으나 많은 양이 범람하여 전체를 황토물화 하였다면 불리하게 작용한다. 이런 때에 포인트는 황토물의 바깥쪽으로 본래의 물과 합수되는 지점이 된다.

큰 암반계곡의 많은 물은 불리하게 작용한다
큰 암반계곡에서 흘러드는 물은 대부분 냉수현상을 갖는다. 이러한 물은 하절기에 수온이 높을 때는 신선한 작용을 하여 오름수위 특수 호황을 불러오는 등 유리하게 작용하기도 하나 동절기에는 수온을 급격히 떨어뜨려서 냉수대가 형성되므로 붕어가 회피하는 구역이 되어 불리하게 작용한다.

갈색이 진한 물은 포인트로서 불리하다
간혹 낚시터에서 진한 갈색 물을 볼 수 있다. 침수수초가 많은 저수지나 전역에 수초가 번성한 저수지에서 수초가 삭아서 그 삭은 수초에서 나온 퇴비화된 물이 전역에 퍼져있는 현상이거나 상류 축사에서 축산폐수가 흘러들어서 나타나는 현상이다. 이러한 곳은 수중에 용존산소량이 적고 신선도가 떨어지므로 붕어가 활발한 입질을 하지 않는다.

● 수초 분포로 판단

붕어는 수초를 끼고 일생을 보낸다고 해도 과언이 아니다. 즉 수초 있는 곳에 붕어가 있다. 그러므로 포인트를 분석할 때 우선적으로 고려할 것은 수초의 유무다. 우리가 포인트를 분석한다는 것은 붕어가 있을 만한 곳, 즉 입질을 자주 받을 수 있는 곳을 찾는 과정이다. 따라서 수중에 붕어가 많이 있을 만한 곳이 곧 유리한 포인트가 된다. 그래서 수초를 두려워하지 말고 가급적 수초에 접근하라는 것이다. 그러나 수초가 만능으로 통하는 것은 또 아니니 이것에 대해서 알아보자.

수초하고 승부를 해서 이길 마음자세로 포인트를 선정한다

초보시절에는 수초가 우거져 있으면 수초가 두려워서 쉽사리 포인트로 삼을 생각을 못하고 그만 포기해버린다. 첫째로는 수초 사이에 찌를 세울만한 자신이 없기 때문이고, 둘째로는 수초에 채비가 걸릴까봐 겁이 나기 때문이며, 다음으로는 붕어를 걸었더라도 수초에서 꺼내올 것이 걱정되기 때문이다. 그러나 가장 유망한 포인트는 항상 수초를 가까이 한 장소에 있게 마련이다. 그러니 용감한 마음으로 수초하고 정면승부를 해서 이기겠다는 마음자세로 포인트를 선정해서 경험을 쌓고 숙달해야 한다. 그리하면 수초는 생각보다 쉽게 극복할 수가 있다.

▼ 오름수위에 물에 잠긴 육초대를 노리고 있다. 불어난 물에 잠긴 육초대는 수몰 초기에는 수초의 역할을 하여 명당이 된다.

독립적이고 특징적으로 발달한 수초가 유리하다

어느 낚시터에 갔을 때 전면에 수초가 덮여 있다면 그런 곳은 특징이 없는 곳이다. 붕어가 전역에 분산되어 있어 어느 특정 포인트로 집결되지 않는다. 따라서 이러한 곳은 유망한 포인트를 선정하기가 어렵다. 상류나 중류 작은 물골 쪽이나 어느 한 곳에 특징적으로 발달한 수초가 있는 곳이 유망한 포인트가 된다.

특정 정수수초가 혼재해 있는 곳이 유리하다

만약에 넓은 분포로 수초가 발달해 있다면 그것이 어느 종류의 수초이든 간에 그 수초밭의 한 부분에 특정한 정수수초 무더기가 혼재하여 발달해 있는 곳이 바로 포인트가 된다. 예를 들면 전역에 발달한 마름수초 어느 부분에 갈대나 부들, 혹은 줄풀이 무더기로 혼재해 있는 곳, 또는 전 연안에 뗏장수초가 띠를 두르고 발달해 있는데 정수수초 무더기가 한 곳에 발달해 있는 곳, 또는 전체가 연밭인데 어느 한 부분에 갈대나 부들이 발달해 있는 곳 등이 유망한 포인트가 된다.

어로가 형성된 곳이 유리한 포인트다

어로라고 하는 것은 밀생한 수초지대의 공간과 공간이 적절히 연결된 곳, 또는 안쪽으로부터 연안으로 수초가 종으로 이어진 선이 형성되어 붕어가 은신처를 제공받으면서 접근할 수 있는 곳이다. 즉 붕어가 회유를 하면서 공간지대를 따르든지 아니면 수초 선을 따르든지 어느 쪽이든 한 가지가 충족된 상태를 말함이다. 이렇게 어로가 적절히 형성되고 찌 세울 자리에 특징 있는 수초 공간이 있다면 그곳이 유망한 포인트가 되는 것이다.

너무 밀생하여 가스현상이 있는 수초대는 불리하다

물 흐름에서 벗어난 지역이거나 홈통을 이루는 곳에서 하절기에 주로 나타나는 현상이 부패로 인한 가스 발생이다. 하절기 고수온에 의해 수중의 수초 잎이 삭아 내리면서 가스현상이 발생하는데, 대부분 이러한 포인트는 물의 순환이 되지 않아서 수중에 용존산소량이 극히 모자라게 되어 붕어가 잘 접근하지 않고, 혹 접근하더라도 바로 떠서 빠져나가버린다. 이런 곳에서는 붕어를 낚아서 넣어 놓아도 금세 죽어 버리고 만다. 그러니 이런 곳은 좋은 포인트가 될 수가 없다. 수초 사이에 기름띠가 보이거나 수초를 손으로 뒤집어 보아서 퀴퀴한 가스 냄새가 심하게 나면 그런 곳은 피해야 한다.

수초줄기나 바닥에 물때가 많이 낀 곳은 불리하다

주로 정수수초대에서 많이 나타나는 현상이다. 수초 밑동을 잘 관찰해보면 수초 줄기나 바닥에 많은 물때가 끼어 흐느적거리는 현상을 볼 수가 있다. 이런 곳에는 붕어가 잘 접근하지도 않고, 혹 접근하더라도 먹이활동을 하지 않는 곳이다. 따라서 이런 곳에 찌를 세워두고 기다려 봐야 입질 받기가 어렵다.

청태(물이끼)가 있는 곳은 불리한 포인트다

수초가 잘 어우러져서 육안으로 보아 아주 훌륭한 조건을 갖추었더라도 파란 청태가 끼어 있으면 일단 그런 곳은 피해야 한다. 붕어는 청태가 있는 곳은 떠서 이동은 하나 바닥층에서 먹이활동을 하는 것은 꺼려한다.

● 수심으로 판단

저수지는 전체적으로 수심이 깊은 계곡형과 수심이 얕은 평지형, 그리고 깊은 곳과 얕은 곳을 고루 갖춘 준계곡형 낚시터가 있다. 이렇게 다양한 낚시터에서 공통적으로 유망한 포인트를 정하는 유리한 수심대는 1~3m 수심대이다. 그중에서도 대물낚시 포인트로 가장 보편적인 수심대는 1m 전후이고, 떡밥콩알낚시 포인트로 보편적인 수심대는 2m 전후다.
여기에서 수심 1~2m 지역을 강조하는 것은 그러한 수심대라야 일조량이 바닥까지

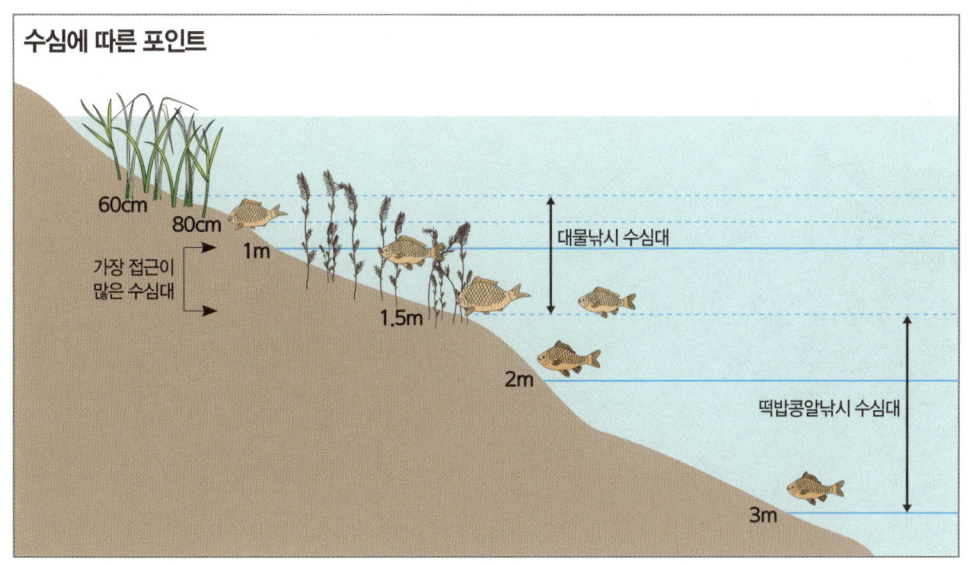

수심에 따른 포인트

영향을 주어 플랑크톤 작용이 활발하게 되며, 그 플랑크톤을 먹이로 일생을 사는 수중 미생물이나 수서곤충이 그곳에 번성하게 되고, 또한 이러한 수중 미생물이나 수서곤충을 먹이로 취하는 새우나 참붕어가 그러한 곳에 주로 서식하게 되므로 붕어가 먹이활동을 하기 위해서는 이러한 곳을 즐겨 찾을 이유가 되는 것이고, 따라서 우리가 낚시를 통해서 입질을 받기가 가장 용이한 지대가 되기 때문이다.

물이 빠지고 있을 때는 안정된 수심층이 유리하다

1~2m 수심층이 포괄적으로 유리하다고 하지만, 수위의 변동에 따라서는 약간 달라진다. 만약에 물이 급격히 빠지고 있다면 오히려 하류 쪽 3m 정도의 안정된 수심권이 더 유리한 경우가 많다. 이런 경우는 제방권이 유리한 포인트가 되며, 최소한 중하류의 2m 수심대 이상을 고려해야 한다.

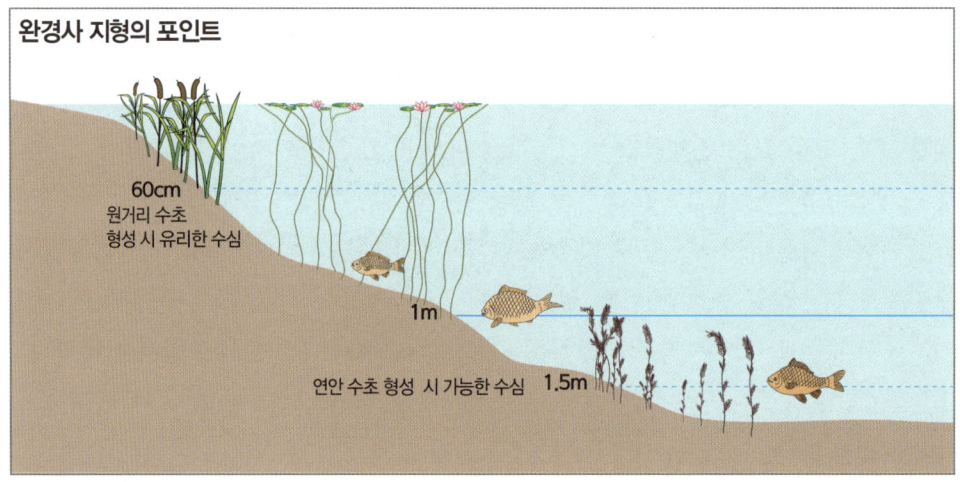

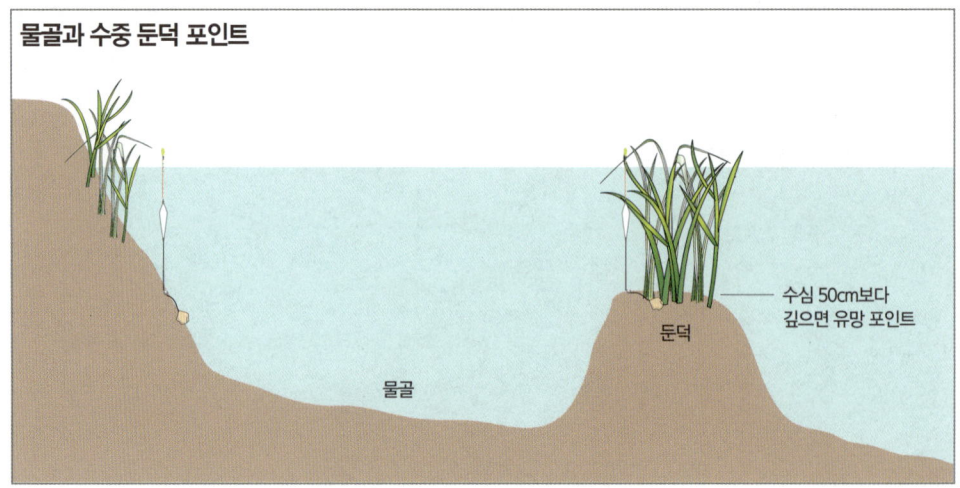

물이 차오르고 있을 때는 얕은 수심대가 유리하다
경사지대에서 혹은 수몰나무나 육초지대에서 물이 차오르는 순간을 만난다면
구태여 1.5m 전후의 수심층을 고집할 필요가 없다. 이런 때에는 붕어가 연안
지근거리까지 차고 올라서 먹이를 찾아다니는 현상을 보이므로 비록 50cm 정도의
수심층이라도 바닥만 훤히 보이지 않으면 좋은 포인트가 될 수 있다.

● **바닥지형을 고려한 판단**

완경사일 경우의 포인트
바닥지형이 완경사로 되어있으면 가까운 곳은 수심이 얕아서 찌 세우기도 어렵다.
그러나 긴 대를 이용하여 멀리 찌를 세우면 붕어의 접근 회유로에 맞출 수가 있다.
특히 긴 대 자리가 50cm 정도로 얕은 경우라도 수초가 잘 어우러져 있고 물색이
좋으면 붕어가 접근한다. 또한 완경사 바닥이라도 연안수심이 1.5m 정도로 비교적
깊으면서 완경사를 이룬 곳이라면 연안수초가 가장자리로만 발달해 있어도 유망한
포인트가 되며 이런 경우에는 긴 대와 짧은 대를 병용하는 포인트가 된다.

급경사일 경우의 포인트
급경사일 경우는 짧은 대를 많이
사용할 포인트이며, 만약 긴 대를
사용한다면 앞으로 보내지 않고
옆으로 펼쳐서 배치하여
가장자리에 찌가 서도록 공략하는
것이 유리한 포인트이다. 아주
근접한 바로 앞의 60cm 전후
수심대라도 연안수초가 있고
물색이 좋으면 공략할 가치가
있으며, 보통은 1~1.5m 수심대가
가장 유리한 포인트가 된다. 그러나
수초가 전혀 없는 급경사 지대라면
수심이 비교적 깊은 2m 정도의
수심대를 포인트로 하는 것이 좋다.

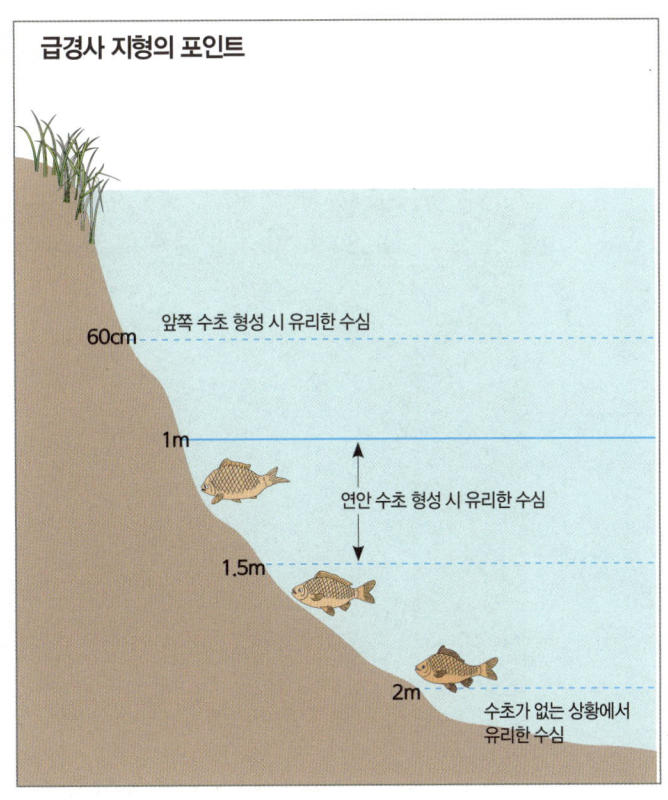

수중 둔덕이 있을 경우 포인트

바로 앞의 수중에 물골과 둔덕이 있다면 물골 너머에 있는 둔덕 위쪽이 포인트가 된다. 이러한 둔덕은 대부분 정수수초나 육초가 자라고 있어서 육안으로 식별하기가 쉬운데, 대부분 수심이 주변에 비해서 현저하게 얕은 특징이 있다. 그러나 이러한 둔덕 위가 바로 수서곤충이나 플랑크톤의 집중지역이고 그로 인해서 붕어의 주요 사냥터가 되므로 아주 유망한 포인트가 된다. 만약 바닥을 점검해 보아서 수초가 없는데도 주변보다 수심이 얕은 둔덕이 있다면 그때에도 포인트로 선정한다.

● 수위를 고려한 판단

수위는 낚시터에 도착해서 포인트 선정 초기 절차에서부터 적용해야 하는 내용으로 물이 얼마나 차올랐는가? 혹은 물이 얼마나 빠졌는가에 따라서 포인트를 판단하는 요령이 달라진다.

첫째, 물이 만수상태라면 상류 일대가 포인트가 된다. 만수 때는 붕어들이 주로 상류지역으로 운집하여 활동하기 때문이다.

둘째, 수위가 70% 정도라면 중류 일대가 포인트가 된다. 이미 상류의 주요지대는 드러나 있게 되고, 붕어들이 중류지역 부근에서 활동하기 때문이다.

셋째, 수위가 50% 정도라면 중류로부터 제방 사이의 하류지대가 주요 포인트가 된다. 수위가 절반으로 줄어든 상황이면 붕어들은 제방 가까운 곳을 중심으로

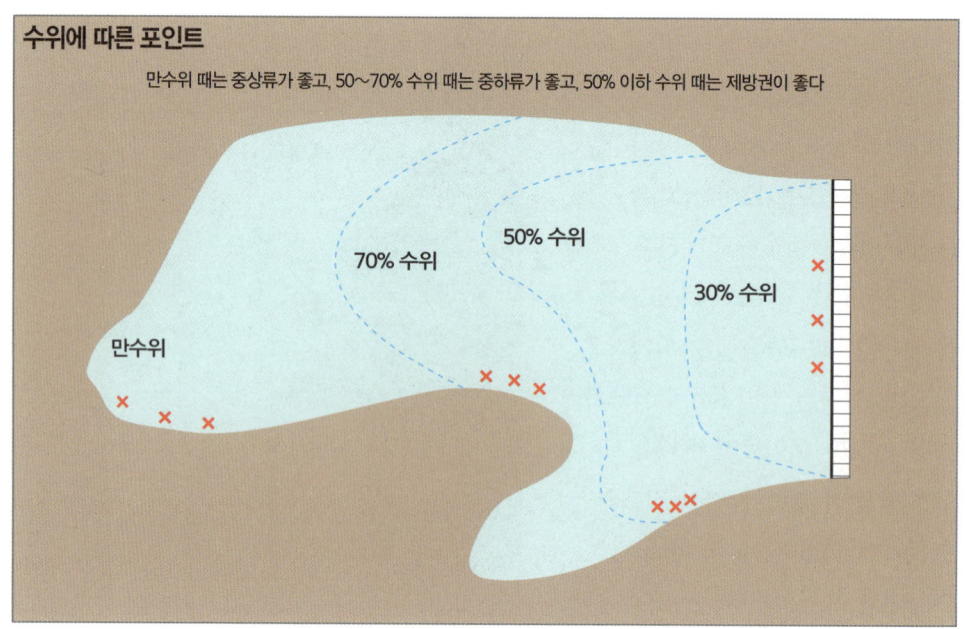

수위에 따른 포인트
만수위 때는 중상류가 좋고, 50~70% 수위 때는 중하류가 좋고, 50% 이하 수위 때는 제방권이 좋다

활동하기 때문이다.

넷째, 수위가 30% 정도로 극심한 갈수상태라면 제방의 배수시설을 중심으로 포인트가 형성된다. 이런 갈수상태가 되면 붕어들은 그나마 마지막까지 물이 남아있을 수문 근처로 집결하기 때문이다.

제 19강

낚시자리 준비

우리가 낚시터에 가서 낚시자리를 잘 준비하는 것은 당일의 '낚시힐링'을 하는 데 대단히 중요한 부분이다. 낚시자리가 불편한 상태에서 억지로 대 편성을 하게 되면 낚싯대 운용에도 제약을 받게 되고, 자세도 불편하게 되어 그런 상태로 입질을 기다리고 있자면 아무리 마음을 가다듬고 애를 써도 편안한 낚시힐링이 되지 못한다. 낚시터에 도착해서 낚시자리를 잘 선정하고 적절히 준비하는 것은 내 몸을 물가에 맡겨놓고 힐링을 하기 위한 안식처를 마련하는 것과 같다. 그러니 스스로의 몸과 마음이 편하도록 낚시자리를 잘 준비해야 한다.

▼ 밤낚시에 대비하여 낚시자리 준비를 완료한 모습.

1. 낚시장비 설치

낚시장비를 마련하여 꼼꼼히 채비를 하는 것은 낚시터로 나가서 이것을 사용하기 위한 준비다. 그리고 실제 낚시 준비의 끝은 현장에 나가서 낚시장비를 적절히 사용할 수 있도록 설치하는 것까지이다. 낚시터 현장에서 실시하는 낚시장비의 설치 순서는 앞받침대(혹은 받침틀) 설치→뒤꽂이 설치→낚싯대 배치→기타 필요한 장비 배치 및 정돈 등이다.

● **앞받침대 설치**

앞받침대 설치는 찌를 세울 방향과 사용할 낚싯대의 길이 그리고 당일 운용할 낚싯대의 수를 고려하여 설치한다. 즉 앞받침대 끝이 찌 세울 자리를 향하여 설치되어야 하고, 그 자리를 공략하고자 하는 낚싯대 길이에 맞는 앞받침대 길이를 선택하여 설치해야 하며, 다대편성을 할 경우 그 숫자에 맞는 앞받침대를 설치하되 앞받침대 설치의 간격과 높이가 곧 낚싯대의 간격과 높이가 되므로 잘 조절하여 설치해야 한다.

앞받침대를 설치할 때는 애초부터 땅에 견고하게 꽂아서 낚시를 마칠 때까지 흔들림이 없이 하고, 앞받침대 끝 주걱의 높이는 낚싯대를 올려놓았을 때 놓인 낚싯대 끝이 수면과 일치하도록 한다. 이렇게 하기 위해서는 최초 앞받침대를 설치 시에 평지의 경우 수면과 약 15도 정도 되는 높이로 설치한 후에 최종적으로 낚싯대 편성을 하는 과정에서 낚싯대를 올려놓고 세밀한 조절을 한다.(높은 곳에서는 앞을 낮추고, 낮은 곳에서는 앞을 높인다.)

초보자는 흔히 앞받침대 끝을 높이 설치하여

낚시자리 준비 순서

①받침틀을 조립한다.

②받침틀을 물가로 옮겨서 찌를 세울 방향에 맞춰 설치한다.

③받침대와 낚싯대를 펼쳐 대 편성을 한다.

④의자는 대 편성을 완료한 후에 배치한다.

⑤햇빛과 이슬을 막기 위한 파라솔을 설치한다.

낚싯대를 하늘로 향하게 해놓고 낚시를 하는 경우가 많은데, 이렇게 하면 보기에 안 좋은 것은 그렇다 치더라도 바람을 많이 타고 원줄이 느슨해지는 등 실제로 낚시간에 많은 지장을 초래한다.

● **뒤꽂이 설치**

뒤꽂이는 앞받침대 바로 뒤에 똑바로 방향을 맞춰서 설치한다. 따라서 뒤꽂이의 숫자는 앞받침대의 숫자와 같으며, 이는 당일 운용하는 낚싯대 숫자와도 같다. 뒤꽂이를 설치할 때는 앞받침대와 맞추어서 간격과 높이를 잘 조절하여야 하는데, 간격은 약 15cm 정도로 하고, 높이는 앉아있는 자신의 무릎 높이보다 약 10cm 정도 낮게 설치하는 것이 적당하다.

● **낚싯대 배치**

낚싯대는 받침대 1조당 한 대씩 올려놓는다. 이 과정에서는 이미 앞받침대를 설치할 때 사용할 낚싯대의 길이와 방향을 고려하여 설치하였으므로 거기에 맞춰서 배치하면 된다. 낚싯대를 배치할 때는 먼저 낚싯대 케이스의 줄감개에 감겨있는 원줄을 풀고→케이스에서 낚싯대를 꺼낸 뒤→낚싯대 끝마디부터 차근차근 뽑아서 편 후→찌고무에 찌를 꽂고→찌 세울 자리의 수심을 맞춘 후→받침대에 올려놓고→앞받침대 높이를 조절하여→낚싯대 끝이 수면에 살짝 닿을 정도로 맞춘다.

이러한 과정은 낚싯대 한 대 한 대마다 순서에 따라서 해야 하며, 서두르거나 무리한 힘을 가하면 안 된다.

● **의자 배치**

의자는 대 편성을 완료한 후에 차분하게 배치하는데 뒤꽂이로부터 약 30cm 정도 공간을 두고 놓는 것이 좋다. 그러나 다대를 편성하는 대물낚시를 할 때에는 20cm 정도 더 뒤로 물러서 50cm 정도의 간격을 두고 앉는 것이 시계 확보에 유리하고 활동이 편리하다.

만약 의자를 놓을 자리가 불편한 포인트에서 낚시준비를 한다면 장비 설치 순서에서 의자 배치가 우선이 될 수도 있다. 즉 의자자리부터 마련한 연후에 앞받침대를 설치하는 순서가 된다는 것이다. 어느 경우이든 의자는 편하게 사용할 수 있도록 설치해야 한다. 만약 조금이라도 의자가 불편하게 설치되면 장시간의 낚시에

낚시텐트 설치 순서

①해충약을 뿌린다. ②바닥에 깔개를 편다. ③낚시텐트를 세운다.
④낚시텐트를 팩으로 고정한다. ⑤방수 플라이를 덮는다. ⑥낚시가방과 소품 등을 낚시텐트 안에 정리한다.
⑦의자 위에 파라솔을 편다. ⑧낚시텐트와 파라솔 설치까지 완료한 모습.

편안하게 집중하는 데 대단한 지장을 초래하기 때문이다. 그러나 의자를 편하게 설치한답시고 함부로 땅을 파거나 자연을 훼손시켜서는 안 된다. 그러니 만약 평지가 아니고 경사지라면 의자 뒷다리를 접거나 앞다리를 높여서 경사에 맞춰 조절하는 것을 숙달해야 한다.

● **파라솔 혹은 텐트 설치**

대 편성을 완료하고 의자 자리까지 정돈이 되면 파라솔이나 텐트를 설치한다. 하절기에는 주로 파라솔을 설치하고, 동절기엔 주로 텐트를 설치한다. 다만 하절기라도 비바람이 예상되는 날이나 장박낚시를 할 때는 텐트를 설치하는 것이 좋고, 동절기라도 낮낚시만을 할 때는 파라솔만 설치하기도 한다.

파라솔을 설치할 때는 필히 파라솔 기둥을 튼튼하게 땅에 박고, 바람이 불어오는 쪽에 팩을 박아서 끈으로 튼튼하게 묶어야 한다. 낚시 간에 파라솔이 순간 돌풍에 날아가서 물에 잠기는 일이 허다하니 주의해야 할 사항이다. 그리고 파라솔의 기둥 설치 위치는 바람이 불어오는 쪽 의자 뒷다리 부근이 적당하고, 파라솔의 높이는 일어섰을 때 파라솔 처마가 머리 위에 있을 정도로 한다.

텐트는 설치 후에 의자가 텐트 안에 놓이고 내 발만 텐트 앞 밖에 디딜 수 있는 위치에 설치하여 낮 시간에는 발을 내놓고 낚시를 하다가 밤 시간이면 발까지 텐트 안으로 들어가서도 낚시를 할 수 있도록 한다. 그리고 사방 모서리를 튼튼히 고정해야 한다.

● **기타 비품 정리**

기타 비품은 파라솔이나 텐트가 설치되면 그 안에 정리한다. 이때 낚시가방을 비롯하여 도구함도 같이 정리를 한다. 그러는 중에 비품과 소모품이 들어있는 도구함과 야간에 사용하게 될 손전등은 필히 항상 손이 닿는 곳에 위치시켜서 즉각 사용이 가능하게 정돈해 놓아야 한다. 다만 낚은 물고기를 넣어둘 살림망은 낚시자리에서 손이 닿는 물속에 설치하고, 새우 보관통, 지렁이통, 떡밥그릇 등 미끼는 의자 앞에 손이 닿는 자리에 위치시킨다.

2. 낚시자리 준비 시 고려사항

● **낚시를 하기에 편안한 공간을 찾는다**

낚시터에 도착해서 가방을 짊어지고 낚시자리를 찾아가면서 물 쪽에만 눈을 두고 가다가 자리를 잡게 되면 나중에 황당한 경우가 발생하기도 한다. 머리 위에 나뭇가지가 있거나 전선이 지나가거나 하여 낚싯대 운용에 지장을 받을 경우가 있고, 수중에 파이프가 있거나 그물이 잠겨있어서 채비 걸림이 자주 발생하는 경우가 있으며, 가까운 곳에 급수모터가 설치되어 있어서 밤새 머리가 아프도록 소음이 나는 것 등이 그것이다. 따라서 낚시자리를 결정할 때는 그 자리에 서서 머리 위와 좌우의 공간 그리고 물속의 장애물과 주변의 시설까지를 다 고려하여 스스로가 편안한 낚시를 구사할 수 있는 공간을 고려해야 한다.

● **맞은편 불빛을 미리 예측한다**

우리가 낚시터에 도착하여 자리를 정하고 낚싯대를 편성하는 시간은 오후시간이어서 어둠이 내린 후의 불빛을 고려하지 못하는 경우가 많다. 그리고

▲ 밤낚시 자리 준비. 작은 낚시텐트 대신 큰 텐트를 낚시자리 옆에 설치하면 야간에 편한 숙면을 취할 수 있다.

어둠이 지고 나면 밤새 맞은편의 불빛에 눈이 부셔 시달리는 낚시를 하게 된다. 이러면 낚시하는 마음이 편하지가 못하다. 따라서 낚시자리를 준비하는 과정에서 필히 맞은편의 가로등이나 가옥에서 나오는 불빛, 혹은 정면 방향에서 마주 오는 자동차의 불빛, 또는 맞은편에 앉은 사람의 손전등 불빛 등을 살펴보고 미리 예측하여 그것을 회피하는 자리를 준비해야 불편함이 없다.

● **움직임을 최소화할 수 있도록 미리 대비한다**

일단 낚시가 시작되면 가급적 움직임을 최소화하고 정숙을 유지하는 것이 정석이다. 더구나 대물낚시를 한다면 정숙은 나뿐만 아니라 옆의 다른 사람을 위해서도 꼭 지켜야만 하는 준수사항이다. 그러므로 처음 낚시자리 준비를 할 때 아예 의자나 받침틀 등이 움직임이 없도록 견고하게 준비해야 하고, 미리 필요한 비품을 손에 닿도록 정리해놓는 등 밤낚시 간에 추가적인 움직임이 발생하지 않도록 철저히 확인하여 대비해야 한다.

● **장애물은 미리 제거한다**

장애물 제거에 게으른 자는 결국 낚시 간 내내 애를 먹는다. 밤낚시를 하는데 찌 앞에서 풀잎이 아른거리면서 가리거나, 채비가 옆에 있는 갈대 모가지나 키 큰 육초에 걸려버리거나, 침수된 나뭇가지나 폐그물 등 수중 장애물에 채비가 걸려 꼼짝도 안 하는 등 여러 가지 불편한 상황이 발생하게 되면 차분한 낚시가 어렵게 된다. 그러니 준비 단계에서부터 밤낚시 간에 우려되는 장애물에 대해서는 사전 제거를 철저히 해야 한다. 특히 소홀히 하기 쉬운 나와 찌 사이의 수초가닥 한두 잎은 주간에는 사소한 듯하지만 야간에는 긴 시간의 밤낚시에 가장 신경 쓰이는 불편을 초래하니 꼭 치우도록 한다.

● 자연을 훼손하지 마라

자연을 보호하는 것은 낚시행위의 모든 것에 우선하여 지켜져야 한다. 극단적으로는 그날 그 장소에서 낚시를 못하는 한이 있더라도 자연은 지켜져야만 하는 것이다. 우리가 낚시자리를 준비하면서 무심코 하는 자연 훼손 즉 나무를 자르거나 수초를 무자비하게 제거하거나 땅을 파서 자리를 다듬거나 하는 것은 절대로 해서는 안 될 자연 훼손이다. 따라서 꼭 나무를 건드려야만 하는 자리라면 그 자리를 아예 포기해야 하고, 수초는 가능하면 그대로 활용하되 꼭 필요하다면 최소한만 건드리고 해야 하며, 땅은 파내지 말고 자연 그대로 준비해야 한다. 이런 이유로 차에 큰 삽이나 톱을 싣고 다니는 것은 자랑이 못되니 수초낫으로 작업할 범위를 벗어나거든 그 자리는 보존하고 다른 자리를 준비하는 것이 좋다.

● 인공구조물(시설)을 훼손하지 마라

낚시터에서 만나는 대표적인 인공구조물은 제방 석축과 논밭의 둑이다. 그런데 일부 낚시터를 가보면 제방 석축의 돌 몇 개를 빼내서 판판하게 자리를 만들었거나 논밭의 둑 일부를 파서 의자자리를 만든 흔적을 볼 수가 있다. 이러한 행동은 절대로 해서는 안 될 행동이다.
또한 급수모터를 설치한 전선이나 말뚝 등을 주의해야 하며, 특히 농로에 설치된 급수배관을 차로 지나가는 행위는 그 급수관을 파손시키므로 절대 지나가서는 안 된다. 따라서 낚시자리를 준비하려고 돌아볼 때 인공구조물이 있는 곳은 아예 접근하지 않는 것이 정답이다.

● 농작물 혹은 농토를 아프게 하지 마라

우리는 낚시를 즐기는데 그 시간에 농민은 일을 하고 있다. 물론 우리가 낚시를 하는 것은 열심히 일을 하고 모처럼 시간을 내어 하루 힐링을 위해 물가로 나온 것이니 당연한 즐길 권리를 누리고 있는 것이 맞다. 그러나 땀 흘려 일하고 있는 농민은 그것을 이해하기에 너무 현실이 힘들다. 그러니 말은 못하더라도 속으로는 인생 한탄을 하고 있을 수도 있다. 그런데 조금이라도 농작물을 다치게 하거나 농토를 아프게 하면 용서가 되겠는가. 그러므로 애초에 낚시자리로 진입하면서부터 농작물의 근처에도 가지 말아야 하고(모르는 사이에 다치게 된다), 비록 겨울철에 농사가 끝나 비어있는 농토이더라도 차를 가지고 들어가거나 논바닥에 불을 피우는 등의 행동은 절대 하지 말아야 한다.

▲ 논둑을 걸어갈 때는(특히 우기나 해빙기에) 논둑이 무너지지 않도록 각별히 조심해야 한다.

● **우기엔 급격한 수위 변동을 미리 예측한다**

물이 불어나거나 줄어들 상황이 예상되는 경우라면 낚시자리를 준비할 때 꼭 급속한 수위변동을 미리 예측해서 안전을 고려해야 한다. 특히 예보를 확인해서 호우예보가 있을 때는 과도하다고 생각할 정도로 높은 곳에 준비하는 것이 좋고(텐트에서 잠이 들어도 안전할 정도), 수문을 확인하여 급속한 배수가 이루어지고 있다면 하룻밤 사이에 물이 빠질 정도를 예측하여 자리를 준비하는 대책이 필요한 것이다. 수위변동에 의한 안전문제뿐만 아니라 낚시하는 포인트가 변해버리기 때문이다.

● **자리 욕심에 자기 몸을 혹사시키지 마라**

어찌 보면 건강한 낚시힐링에 있어서 가장 중요한 부분이다. 특히 대물낚시를 할 때 적용하는 좋은 자리 개념은 생자리 공략인데, 이 생자리라는 것이 대부분 앉을 자리가 아주 불편한 경우가 많다. 그렇다고 땅을 파서 편하게 다듬는 것은 해서는 안 될 행동이니 물가에 가까이 앉아 낚시를 하려면 몸을 혹사시킬 수밖에 없다. 바로 물가에 가까이 앉아야 한다는 생각, 이것이 맹점인 것이니 이럴 때는 뒤로 훌쩍 물러나거나 옆으로 조금만 이동해서 편안한 장소를 찾아 자리를 준비하는 것이 좋다. 낚시를 즐기러 가서 밤새 불편한 자리에 억지로 버티면서 자기 몸을 혹사시키는 것은 바람직한 힐링행동이 아니다.

제20강

낚싯대 편성

▲ 낚싯대 편성을 위해 찌를 세울 방향에 맞춰 받침대를 설치하는 필자.

낚싯대 편성은 곧 하루 낚시를 위한 세밀한 포인트 공략이 되므로, 찌 세울 자리를 정확하게 고려하여 편성하지 않으면 안 된다. 한번 낚싯대를 잘못 편성해 놓으면 낚시 간에 많은 불편을 감수해야 하므로 애초부터 그날의 낚시터 특성과 당일 구사하고자 하는 낚시상황을 세심하게 고려해서 편성해야 한다. 낚싯대 편성의 기본은 붕어가 입질할 만한 곳에 찌를 세우되, 낚시 간에 대 운용이 편리하도록 하는 것이다.

1. 낚싯대 편성의 순서

낚시터를 돌아보아서 낚싯대를 편성해 놓은 모습만 보고도 그 사람의 낚시 수준을 대략 짐작할 수 있다. 초보자의 경우 낚싯대 편성이 산만하고 앞받침대 각도를 지나치게 높이 꽂아 초릿대가 하늘을 향해 있으며, 낚싯대 길이나 방향은 두서가 없고, 대부분 찌는 수면 위로 서너 마디쯤 올려놓고 바람이나 물결에 흔들리는 모습을 하고 있다.

또한 중급자의 경우는 낚싯대 배열은 그럴 듯해 보이나 포인트 여건에 따른 세부적인 분석이 미흡하며, 좌에서 우로, 혹은 우에서 좌로 가지런히 정렬시키기를 좋아한다. 만약 밀생한 수초지대에서 좌우로 잘 정렬시켜 놨다면 사실은 중급자 수준을 벗어나지 못하고 멋만 부리고 있는 것이다.

그러나 고수의 대 편성을 보면 가지런히 질서가 있는 듯하면서도 일률적이지 않고 요소요소에 찌가 위치하도록 편성돼 있는 것을 볼 수 있다. 즉 세밀한 분석에 의해서 대 길이와 수량, 찌 세울 위치까지를 다 고려한 편성을 한 것이다.

● 대 편성의 6단계 순서

① 스스로가 즐겨 사용하는 기준이 될 낚싯대를 이용하여 중앙, 좌, 우 순서로 수심의 변화와 바닥의 수초 분포 및 장애물 여부, 그리고 바닥의 토양상태(청태, 감탕, 물때 등)를 세밀히 확인한다.
② 찌 세울 위치를 판단하고, 상황에 맞는 대 편성을 구상하여 받침대(받침틀)를 설치한다.
③ 낚싯대를 펼쳐서 배치한다.
④ 찌의 부력맞춤과 수심맞춤을 한다.
⑤ 의자를 안정되게 배치한 후 주변 정리를 하고 나서, 낚시 간 사용될 소도구를 의자 옆에 정돈한다.
⑥ 미끼를 달아 투척하여 찌를 세운다.

떡밥낚시용 두 대 편성. 흔히 '쌍포'로 불리는 떡밥 집어용 편성법이다.

2. 상황별 낚싯대 편성 요령

● **수심을 고려한 대 편성**

붕어는 그때그때의 수온이나 수압상태에 적응하여 물밑 바닥 등고선을 따라서 활동하게 되며, 수심이 얕은 곳은 경계심 때문에 지근거리 접근을 꺼려하기 때문에 이를 고려하여 짧은 대는 연안 수심이 깊은 쪽으로, 긴 대는 연안 수심이 얕은 쪽으로 배치한다.

● **물 흐름에 따른 대 편성**

물의 흐름이 있을 때는 물이 흘러오는 상류 쪽에 짧은 대를 배치하고, 하류 쪽에 긴 대를 배치한다. 그래야 낚시 간에 채비의 엉킴을 방지할 수가 있다. 물이 흐를 때는 그림과 같이 물의 흐름을 탄 원줄이 하류 쪽으로 반달 모양으로 굽어져 있게 된다. 이럴 때 상류에 긴 대가 있게 되면 채비 투척 시나 챔질 시에 줄의 엉킴이 자주 발생한다.

● **바람의 방향에 의한 대 편성**

이 부분은 바람이 심하지 않을 때는 고려하지 않아도 된다. 그러나 원줄이 쏠릴 만큼 심한 바람이 불 때는, 물이 흐를 때와 같이 바람이 불어오는 방향에 짧은 대를 배치하고, 그 반대쪽에 긴 대를 배치한다. 바람이 불어서 원줄이 쏠리게 되면 물이 흐를 때와 똑같은 불편함이 발생하기 때문이다.

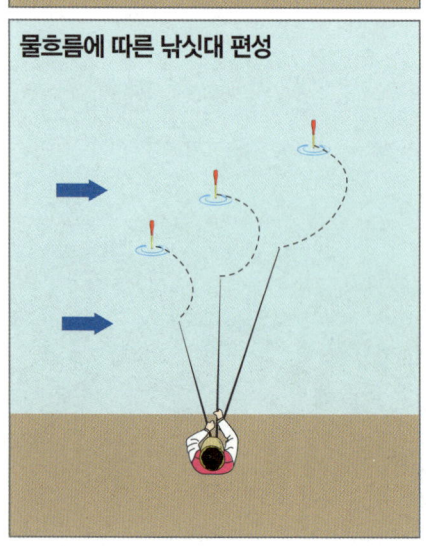

● **수초 분포에 따른 대 편성**

수초가 분포되어 있는 포인트에서 대 편성을 할 때는 낚싯대의 길고 짧은 정렬이 문제가 되는 것이 아니고, 수초가 어우러져 있는 어디에 찌를 세울 것인가를 고려하여 낚싯대 길이를 정하고 대 편성을 한다.

● 투척 요령에 따른 대 편성

투척요령이 휘둘러치기인가, 아니면 앞치기인가에 따라서 낚싯대의 배치는 상반된다. 휘둘러치기를 할 때는 채비가 왼쪽에서 오른쪽으로 회전하게 되므로 긴 대가 오른쪽에 있는 편이 용이하며, 앞치기를 할 때는 긴 대가 왼쪽에 배치되어야 긴 대를 원거리로 날려 보내기에 유리하고, 투척 간에 받침대에 부딪치는 일이 발생하지 않는다.

● 여러 대 운용 시 낚싯대 편성

낚싯대를 여러 대 편성할 때는 입질을 한 눈에 파악하기 용이하도록 편성하는 것이 기본이다. 수초 분포 등 특별한 경우가 아니라면 가장 긴 대를 중앙에 놓고, 좌우로 교차하여 멀리는 긴 대, 가까이는 짧은 대를 순차적으로 편성한다.

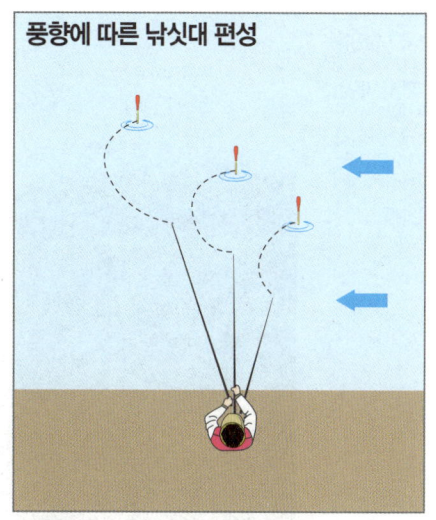

풍향에 따른 낚싯대 편성

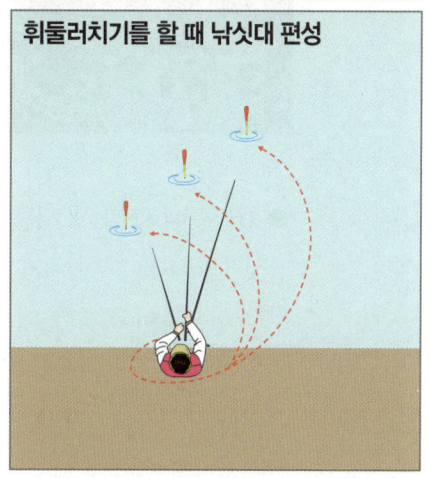

휘둘러치기를 할 때 낚싯대 편성

3. 낚싯대 편성에 고려할 사항

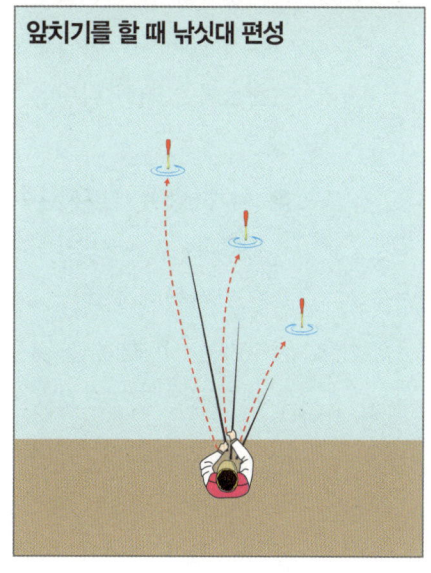

앞치기를 할 때 낚싯대 편성

필자의 경우는 떡밥콩알낚시의 경우는 두세 대를 운용하고, 대물낚시의 경우는 주로 여섯 대를 운용하고 많으면 여덟 대까지 운용한다. 물론 이것은 필자의 개인 취향이기도 하지만 필자의 시계범위와 찌 세울 공간 배치 등을 고려한 것이다. 떡밥콩알낚시는 집어군(集魚群)을 좁은 공간에 형성하기 위해서 대 수를 적게 하고, 대물낚시의 경우 확률을 높이기 위해서 다대편성을 한다. 그러나 이러한 대 편성에는 대 수의 적고 많음뿐만 아니라 필히 고려해야 할 사항이 있다.

▶ 대 편성을 마치고 입질을 기다리는 필자. 어떤 낚시를 구사할 것인가에 따라 대 편성의 방법이 달라진다.

● 어떤 낚시를 구사할 것인가?

낚싯대를 펴기 전에 내가 어떤 기법의 낚시를 구사할 것인가를 미리 생각하고, 현장의 상황이 어떠한 대에 적합한가를 고려해야 하며, 최종적으로는 내가 자유롭게 운용할 수 있는 능력에 맞는 낚싯대를 선택해야 한다. 대물낚시를 구사하려 한다면 다대를 편성하여 운용할 것이고, 떡밥콩알낚시를 한다면 두세 대를 운용할 것이고, 전층낚시를 한다면 단 한 대를 편성하여 운용하게 될 것이다. 이러한 것은 다 그만한 이유가 있어서 분야별로 그렇게 운용하는 것인데 당일 낚시를 하기 위해서는 스스로가 그러한 판단을 하고 몇 대나 운용할 것인가를 결정해야 한다.

● 시계(視界)통제범위는 어디까지인가?

시계통제범위는 사람마다 그 능력에 차이가 있고, 수초 분포, 장애물 등의 전방 포인트 상황에 따라서도 차이가 발생한다. 보통 사람의 두 눈은 180도 정도를 감지하는 시계범위를 갖는다. 이 글을 읽고 있는 지금 스스로 양팔을 180도로 벌린 후에 얼굴을 정면으로 하여 손가락을 움직여 보면 그 움직임이 양쪽 다 어렴풋이 감지될 것이다. 즉 180도 정도까지 대를 펼쳐 놓아도 붕어가 찌에 신호를 보내면 감지가 가능하다는 것이다. 그러나 이러한 현상은 눈을 한 방향에 집중하지 않고 편하게 했을 때이고, 정면의 한 곳을 주시하는 상황이 되면 우리 눈의 시계범위는

90도로 반감되고, 그 나머지 부분은 사각이 되어버린다. 즉 우리가 낚시를 하면서 전방의 찌를 지속적으로 집중해서 관찰하는 상태에서는 중앙에서 좌로 45도, 우로 45도 정도가 적합한 시계통제범위라는 것이다. 그러므로 이 범위 내에 찌가 서도록 대 편성 공간을 고려하는 것이 적합하다. 또한 수초더미나 장애물 등에 의한 차폐구역이 발생하거나 텐트 속에서 낚시를 할 때 좌우로 가려지는 구역을 고려하여 대 편성 운용범위를 상황에 맞게 정해야 불편함이 없다.

● 자연적인 찌 공간이 얼마나 되나?

찌 세울 공간은 수초제거작업을 하여 얼마든지 여러 개를 만들어낼 수가 있다. 그러나 여기에서 말하고자 하는 것은 인위적으로 찌 세울 자리를 만들기 전에 자연 그대로의 수초와 장애물 형성에 따른 붕어의 회유로와 먹이활동을 고려한 공간을 말한다. 찌 세울 공간을 확보하기 위한 수초작업은 자연적인 공간을 먼저 고려하고 나서 최소한의 변화만으로 공간 조성을 해야 한다. 만약에 무리하게 작업하여 포인트를 망가뜨리고 나면 오히려 입질 받을 확률이 떨어지고 낚시행위만 불편하게 되므로 가급적이면 있는 그대로의 공간을 고려하여 대 운용을 판단해야 한다.

● 투척은 어떤 방법을 쓸 것인가?

다음으로 고려해야 하는 것은 투척방법이다. 대부분 정상적인 원줄채비의 낚싯대로 적당한 공간에 채비를 투척하여 찌를 세우지만 수초가 아주 밀생해 있는 지점에 찌를 세우려 한다면 원줄이 짧은 직공낚시로 운용하는 것이 타당할 것이다. 그리고 채비 투척 시 앞치기를 많이 하지만 긴 대를 사용하는데 바람이 심하게 불어서 불편하다면 휘둘러치기 방법이 타당하다. 이렇듯 낚싯대 운용은 경우에 따라 달리하는 것이 맞다.

4. 낚싯대 길이의 선택 기준

● 수초 등 포인트 여건

연안에 가까이 형성된 수초대가 있어 공략할 거리가 짧은 직벽의 포인트라면 주로

3.0칸 이내의 짧은 대만 배치한다. 이런 경우 봄 산란특수기라면 아예 2.0칸 이내로만 운용하기도 한다. 그러나 갈수기에 연안수초가 드러나 있거나 완만한 경사의 포인트라면 4.0칸 이상의 긴 대로 운용한다. 붕어의 원거리 회유선을 고려한 배치인 것이다.

한편 연안부터 안쪽으로 수초가 고루 발달해 있으면서 붕어의 활동예상 공간이 넓게 형성된 포인트의 경우엔 긴 대와 짧은 대를 혼용한다. 이러한 때에는 긴 대와 짧은 대를 요소요소에 배치하여 예상되는 붕어의 회유목에 찌가 서도록 한다.

● 공략 목표지점의 거리

수로나 둠벙 낚시터에서 맞은편의 수초선(횡으로 길게 펼쳐진 수초대의 언저리 선)을 공략하고자 할 때, 또는 넓은 수로나 저수지에서 멀리 있는 수초를 공략하고자 할 때 그에 맞는 길이의 대를 운용한다. 또 좌우로 펼친 갓낚시를 구사하고자 할 때는 찌를 세울 원거리 목표지점을 고려하여 그에 맞는 긴 대를 운용한다.

● 물색과 수심

포인트에 도착해서 관찰 결과 물색이 탁하면 짧은 대 운용을 고려하고, 물색이 맑으면 긴 대 운용을 고려한다. 물색이 맑으면 붕어가 원거리 회유를 하고 지근거리까지 접근을 꺼려하기 때문이다. 그러나 물색이 비교적 맑아도 가까운 연안을 따라서 수심이 갑자기 떨어지는 턱이 진 포인트에서는 뒤로 물러나 앉아서 그 턱 앞에 찌가 서도록, 짧은 대는 가운데에, 긴 대는 좌우로 편성하여 운용한다.

● 보기만 좋은 대 편성은 실리가 없다

항상 일정한 간격과 거리로 나란히 정돈하여 찌를 세우는 부채꼴 편성이나 일률적인 대각선형의 대 편성은 보기에는 좋으나 실리가 없는 낚싯대 운용이다. 공략할 포인트 여건에 맞추어서 찌 세울 자리에 대해서 세밀한 분석을 먼저 하고 그 자리에 맞추어서 대 운용을 해야 한다. 그러다보면

▼ 긴 대를 사용해 수면 안쪽의 갈대수초에 찌를 붙인 대 편성.

▲ 대 편성이 완료된 낚시자리. 휴대용 좌대 위에 장비와 비품이 깔끔하게 정리돼 있다.

W자 형식이 될 수도 있고, 일자 형식이 될 수도 있고, 때로는 부채꼴이나 대각선 형식이 될 수도 있다. 그러나 항상 간격이 일정하고 모양이 똑같은 모습으로 잘 정돈된 편성은 없다. 만약 그런 모습이 있다면 그중에 몇 개의 찌는 그 모양을 맞추기 위해서 서있는 찌인 것이다. 그러므로 실리 있는 대 편성 운용이란 보기에는 들쭉날쭉하더라도 꼭 찌가 서야 할 자리에 서있는 대 운용이다.

그리고 꼭 장검필승(長劍必勝)은 아니다. 필자의 경우는 3.0칸 이내의 짧은 대만 운용하기도 하고, 4.0칸 이상의 긴 대만 운용하기도 하며, 긴대와 짧은 대를 혼용하기도 한다. 사실 의미 없이 긴 대만을 고집하는 것은 불편할 뿐이고, 습관처럼 짧은 대만을 고집하는 것도 자기 아집일 뿐이다.

제20강 낚싯대 편성 205

채비 투척

모든 준비가 끝나고 비로소 낚시를 시작하기 위한 단계로서 바늘에 미끼를 달아서 낚싯대를 휘두르는 동작, 이것을 채비 투척이라 한다. 이러한 채비 투척 행동은 낚시에서 고수와 하수의 구별이 가장 극명하게 나타나는 분야이다. 따라서 낚시터 실전에 임하기 전에 채비 투척의 방법과 원리를 먼저 이해하는 것은 대단히 중요하다.

1. 채비 투척 방법

● 앞치기

앞치기는 붕어낚시에서 가장 많이 쓰이는 투척방법으로, 정확성이 장점이며 특히 주변 장애물이 있는 협소한 포인트에서 적합한 투척방법이다. 앞치기를 할 때는 몸이 정면을 향한 채 낚싯대의 끝이 수면 가까이에 위치하도록 들고, 봉돌을 바지주머니 부분 혹은 양 허벅지 사이에 오도록 살짝 당겨 잡고 방향을 겨눈 뒤, 대를 순간적으로 들어 올리면서 동시에 팔을 뻗어 채비를 정면으로 날려 보내는 투척 방법이다.

이때 순간 힘은 낚싯대 허리에 있지 않고 낚싯대 끝에 집중되어야 시원하게 날아간다. 힘을 실어서 날려 보내려고 봉돌을 뒤로 많이 당기는 것은 적절치 못한

물안개 피는 아침, 앞치기로 채비를 투척하는 낚시인.

앞치기 연속동작

① ② ③ ④

◀ 낚싯대 파지법. 짧은 대는 손바닥으로 받치고(위) 긴 대는 팔목으로 받친다(아래).

자세이며, 특히 봉돌을 잡은 뒷손이 앞으로 던지듯이 따라 나가면서 앞치기를 해서는 대 끝의 탄성이 없어져서 제대로 되지 않으니 주의할 일이다.
앞치기는 4.0칸 대까지는 별 무리 없이 활용할 수 있으나 그 이상의 긴 대는 자칫 팔에 무리가 갈 수 있으므로 주의해야 하며, 긴 대일수록 힘으로 멀리 보내려고 억지힘을 쓰지 말고 유연하게 동작을 해야 부드럽고 정확하게 날아가 준다. 이 앞치기 방법은 투척방법 중 가장 정확도가 높아서 작은 수초구멍에 찌를 세우는 데 유리한 방법이며, 특히 떡밥콩알낚시에서 묽은 떡밥을 유연하게 날려 보내는 데 유리한 투척방법이다.

● 옆치기

옆치기는 포인트 공간이 제약을 받거나 바람이 심하게 불어서 앞치기가 곤란할 때 혹은 수몰나무 그늘 아래에 찌를 세우고자 할 때 유용한 투척방법이다. 봉돌을 왼쪽 옆으로 잡고 낚싯대를 좌에서 우로 튕겨 당기면서 팔을

옆치기 연속동작

뻗어 정면으로 투척하는 방법이다.
옆치기를 할 때는 몸을 옆으로 돌려서 봉돌을 잡은 손을 앞치기 때와는 달리 옆으로 벌리면서 뒤로 많이 당긴다. 그리고 시선은 찌를 세우고자 하는 목표지점을 향하며, 봉돌을 놓는 것과 동시에 낚싯대 끝을 튕기듯 힘을 주어 측면 쪽으로 원을 그리면서 목표지점을 향해서 날려 보낸다. 이러한 옆치기를 할 때에도 앞치기 때와 같이 몸에 힘이 들어가서는 안 되며, 동작 하나하나가 유연해야 정확한 투척이 된다.

● 휘둘러치기(스윙낚시)

휘둘러치기는 강한 바람이 불거나 4.0칸 이상의 긴 대를 사용할 때 유용하게 사용하는 투척방법이다. 휘둘러치기를 할 때는 앞치기 때와 같이 정면을 향하여 자세를 잡고, 낚싯대를 세워서 든 후, 봉돌을 슬쩍 앞으로 던져 보낸 다음, 낚싯대 끝을 머리 위로 큰 원을 그리게 돌려서 날려 보낸다. 이때는 낚싯대를 축으로 한 원심력을 잘 이용하여 봉돌이 부드럽게 돌아 날아가도록 하는 유연한 몸동작이 중요하며, 무리하게 힘으로 돌리면 오히려 원줄이 바람의 저항을 받아서 잘 날아가지도 못할 뿐만 아니라 정확성도 현저히 떨어지니 주의해야 한다.

휘둘러치기 연속동작

휘둘러치기 투척에서 찌를 원하는 자리에 떨어뜨려 세울 때는 머리 위로 돌린 낚싯대의 끝이 찌 설 자리를 가리키게 하고 잠시 기다리다가 봉돌이 돌아오는 순간에 손을 뻗어서 안착시키면 된다. 다만 이러한 휘둘러치기를 할 때는 주변에 전선이나 나뭇가지 등 장애물이 없는지를 꼭 살펴야 하고, 옆 사람과의 간격도 유념해야 한다.

● 내리치기(당겨치기)

내리치기는 휘둘러치기와 유사한 포인트와 기상상황에서 활용하는 고전적인 투척방법이며, 특히 공간이 좁아서 머리 위로 크게 돌리지 못할 상황일 때 유용한 방법이다. 내리치기의 자세는 휘둘러치기처럼 정면을 바라보고 낚싯대를 추켜든 상태이며, 봉돌을 잡은 손은 허리 뒤쪽에 위치시킨다. 채비를 날려 보낼 때는 뒷손의 봉돌을 놓는 것과 동시에 세우고 있는 낚싯대를 앞쪽으로 당겨서 원하는 방향으로 내리치는 동작을 한다. 그리고 낚싯대가 수면에 닿기 전에 멈추고 기다리면 채비가 안착하는데, 이러한 모든 동작은 거의 동시에 이루어지는 것이다.

내리치기를 할 때에도 몸의 유연성이 중요하며, 큰 바람소리가 나도록 힘으로

내리치기 연속동작

당겨서 강하게 내리치게 되면 오히려 채비가 날아가다가 떨어지기도 하고, 미끼가 떨어져 나가버리기도 한다. 그러니 툭! 당긴 후에 낚싯대를 원하는 방향으로 가볍게 내리치고 기다리면 채비가 부드럽게 날아가준다.

● **제동치기(끊어치기)**

제동(制動)치기는 앞치기나 휘둘러치기 등의 채비 투척을 하면서 채비가 끝까지 다 날아가지 못하게 원줄에 제동을 걸어 요망하는 위치에 떨어뜨려서 찌가 자리 잡고 서도록 하는 투척기법으로 끊어치기라고도 하며 많은 숙달이 필요한 투척방법이다. 제동치기를 하는 요령은 앞치기나 휘둘러치기의 동작을 시작해서 채비가 날아가는 모습을 보면서 원줄이 완전히 펴지기 전에 살짝 제동을 해서 요망하는 위치에 봉돌이 떨어지도록 하고, 봉돌이 떨어진 위치에 찌가 겹쳐서 떨어지도록 손을 살짝 밀어주면서 마무리를 한다. 따라서 제동치기를 할 때에는 찌 세울 자리에 비해서 한 칸쯤 더 긴 낚싯대를 운용한다. 이러한 제동치기는 작은 수초구멍에 봉돌과 찌를 동시에 떨어뜨려서 공략할 때나 맞은편 수초 선에 바짝 붙여서 찌를 세울 때 꼭 필요한 투척방법이다.

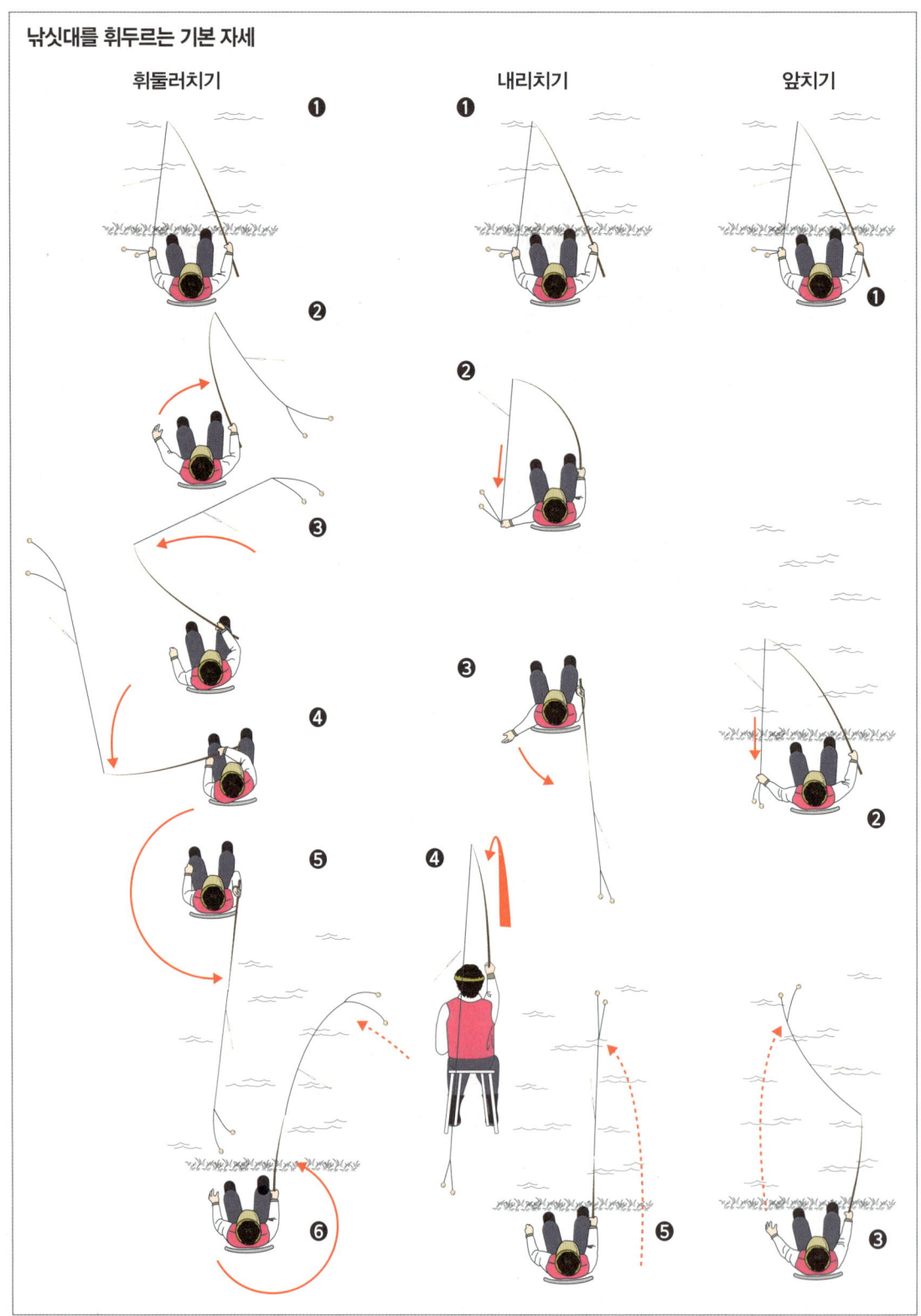

2. 채비 투척 상식

● 채비 투척에 애를 먹는 날은 꽝이 십상이다

낚시를 가서 대 편성을 하면서 채비를 투척하는데 유난히 잘 안 되는 날이 있다. 그러니 이런 날은 당연히 요망하는 위치에 찌가 제대로 서 주지를 못한다. 더구나 수초를 공략하는 포인트에서의 낚시라면 채비가 수초에 걸리는 일이 자주 발생하게 되어 여간 불편한 것이 아니다. 이런 날 심리적으로 자기 안정을 취하지 못하고 낚싯대와 씨름하게 되면 그날의 조황은 꽝일 경우가 대부분일 뿐만 아니라 몸의 컨디션도 최악의 상태로 낚시를 마감하게 되어 즐거운 낚시가 되지 못한다. 그런데 잠시 채비 투척을 멈추고 자신의 동작을 다시 생각해보면 이런 때는 대부분 자기 몸에 힘이 들어가 있는 날이다. 따라서 이런 때는 자신의 컨디션이 안 좋음을 빨리 인식하고, 단전 깊이 심호흡을 하여 심리적 안정을 찾은 후에 몸의 힘을 빼고 유연하게 투척하면서 감을 잡아야 한다.

● 고수는 낚싯대의 바람소리가 크게 나지 않는다

캄캄한 밤중에 여러 사람이 어울려서 낚시를 하는데 뒤에서 관찰해 보면 사람이 없는 듯이 조용하면서 낚싯대의 바람 가르는 소리는 들리지 않는데 찌불만 간혹 날아다니는 모습을 보이는 쪽은 물어볼 필요도 없이 고수다. 반대로 밤새 낚싯대가 바람 가르는 소리를 크게 내는 쪽은 아무리 고수인 척해도 하수다. 고수는 긴 대를 쓰면서도 힘으로 투척하지 않고 몸에 익은 기술로 힘들이지 않고 사용하기 때문에 억지힘으로 날려 보낼 때 나는 큰 바람소리는 나지 않는다.

● 원줄의 길이를 조절하여 자기 체질에 맞춰라

채비 투척을 정확히 하기 위해서 중요한 부분은 원줄의 길이를 자기의 체질에 맞추는 것이다. 그렇다면 얼마나 짧아야 하는가? 가장 쉽고 정확하게 사용할 수 있는 길이를 결정하면 되는데 대개의 경우 낚싯대 길이보다 한 뼘 또는 두 뼘 정도 짧은 것이 적합하다.

● 일단 투척을 했으면 추가 몸동작을 하지 마라

채비 투척에서 잘못된 버릇 중의 하나가 채비를 날려 보낸 후에 추가적인 몸동작을

▶ 앞치기로 채비를 투척하고 있다. 정확성이 높은 앞치기는 가장 많이 쓰이는 투척방법이다.

하는 버릇이다. 간혹은 실수로 엉뚱하게 날아가는 것을 추가적인 동작으로 약간 조절하거나 날아가는 채비를 다시 거두어들일 경우는 있지만, 가능하다면 초기 동작으로 투척한 연후에는 그대로 날려 보내는 것이 요망하는 위치까지 더 정확하게 잘 날아간다. 버릇처럼 하는 추가동작은 오히려 원줄의 비행에 영향을 끼쳐서 부정확하거나 수초에 걸리게 되는 요인이 된다.

● 수초밭은 눈 딱 감고 과감하게 날려 보내라

수초의 틈새에 앞치기를 하여 찌를 세우거나 작은 수초구멍을 직공채비로 공략하고자 할 때, 혹은 수초를 넘겨 쳐서 찌를 세워야 할 때, 하수들은 수초에 대한 자신감이 없어서 주저주저하면서 투척하게 된다. 그러나 고수들이 하는 것을 보면 아무렇지도 않게 마치 수초가 없는 포인트를 공략하듯이 채비를 투척하여 찌를 세우고 낚시를 한다. 물론 고수들은 그만큼 숙련된 동작으로 수초를 극복하는 것이지만 초보자라고 하더라도 눈 딱 감고 과감하게 공략하는 용감성을 가지면 쉽게 이러한 동작을 몸에 익힐 수가 있다. 그리고 주저하면서 채비 투척을 하면 자주 수초에 걸리지만 과감하게 채비를 날려 보내면 오히려 수초에 걸리는 일이 적어진다. 바로 이렇게 하면서 수초에 대한 두려움을 극복하게 되는 것이다.

● 앞치기 할 때 줄을 너무 과도하게 당기지 마라

간혹 앞치기를 하는 모습을 보면 뒷손을 최대로 몸 뒤로 잡아당겨서 낚싯대 끝을 크게 휘게 한 연후에 그 힘으로 날려 보내려고 하는 동작을 볼 수가 있다. 그러나 이러한 동작은 오히려 정확도가 떨어지는 투척요령으로 애초부터 잘못이다. 힘을 조금도 주지 말고 봉돌을 놓으면서 낚싯대를 똑바로 들기만 해보라. 봉돌은 진자운동에 의해서 자연스럽게 요망하는 거리 가까이까지 날아가 준다. 여기에 약간의 탄력만 더해주면 되는데 굳이 강한 탄력을 작용케 하면 오히려 방향이 빗나가거나 날아갔던 봉돌이 되돌아와 떨어지는 현상이 생긴다.

● 뒷손이 따라 나가지 마라

특히 앞치기를 잘못하는 습관 중의 하나가 뒷손이 따라 나가면서 던지는 것이다. 사람 심리상 강하게 멀리 날려 보내기 위한 동작이지만 이러한 것은 낚싯대 끝의 탄력을 잃게 해버리므로 오히려 원줄이 느슨해져서 날아가는 힘이 약해져버린다. 그러니 많이 당기든 적게 당기든 절대로 뒷손은 앞으로 던지지 말고 낚싯대 끝의 탄성만을 이용하여 날려 보내야 봉돌이 시원하게 비행해 준다. 그래야 거리도 멀리 날아가고 정확성도 유지된다.

● 낚싯대 허리힘으로 멀리 투척하려 하지 마라

채비 투척 간에 낚싯대 허리의 힘을 많이 쓰면 쓸수록 채비는 멀리 날지를 못한다. 그러면 낚싯대 어느 부분의 힘을 이용해야 하는가? 바로 초릿대 끝의 힘을 이용하는 것이다. 낚싯대를 잡고 초리대 끝만의 힘을 이용하여 가볍게 '툭' 팅겨서 날려보면 채비가 시원하게 뻗어져서 요망하는 거리로 날아갈 뿐만 아니라 무리한 힘을 주는 것보다 정확도도 높아진다. 이것은 긴 대일수록 더 중요한 테크닉이며, 낚싯대 허리힘과 씨름하는 채비 투척 방법은 대단히 잘못된 습관이다.

● 찌를 세운 후에는 꼭 원줄을 정리하라

마지막으로 채비 투척 및 찌 세우는 요령에서 마무리를 하는 것은 원줄의 정리이다. 특히 수초밭에서 채비를 투척한 연후에는 낚싯대를 받침대에 올려놓기 이전에 꼭 원줄이 어디로 깔리는지를 확인하여 챔질 등 다음 동작으로 낚싯대를 들었을 때 원줄이 수초에 엉키는 현상이 발생하는 것을 방지해야 한다. 특히 바람이 불 때나 물의 흐름을 타는 포인트에서는 특별히 주의해야 하고, 직공채비로 수초구멍을 공략할 때에도 여유줄의 정리를 신경 써서 잘 해야만 줄이 수초에 엉키거나 강한 챔질 시에 낚싯대가 손상되는 등의 불편을 겪지 않는다.

제 22강

미끼

낚시에서 미끼의 선택과 사용은 최대 관심사이다. 그것은 조과와도 직결되고 낚시의 즐거움을 결정하는 중요한 요소가 된다. 그래서 우리가 출조 준비를 할 때에는 어디로 갈 것인가와 더불어서 어떤 미끼를 사용할 것인가를 꼭 확인해야 한다. 그리고 출발 전에 미리 준비를 할 것인가, 현장에 가서 채집하여 쓸 것인가도 미리 판단하고 준비해야 한다.

▼ 다양한 붕어낚시용 미끼.

이러한 미끼 운용은 내가 어떤 낚시를 구사할 것인가(내 입장)와 그 장소의 붕어가
어떤 미끼를 선호할 것인가(붕어 입장)를 염두에 두고 해야 한다. 그런데 수중의
붕어에게 어떤 미끼가 좋은지 물어볼 수도 없고, 주변 사람에게 일일이 물어서 미끼
준비를 하기도 어렵다. 그렇다고 대충 판단해서 마련한 미끼를 가지고 구태의연하게
사용하자니 자신이 없고 발전도 없다.

1. 붕어의 섭이습성과 미끼

미끼를 결정하려면 먼저 붕어가 먹이를 취하는 습성을 알아야 한다. 그래야만
붕어의 눈높이에 맞춘 미끼를 선택 사용할 수 있기 때문이다. 붕어는 잡식성이다.
따라서 어떤 먹이든 취한다. 다만 서식하는 장소와 기상 등의 환경 여건에 따라서
선호하는 미끼와 선호하지 않는 미끼가 있고, 큰 붕어와 작은 붕어의 섭이습성에서
미끼를 선별하는 차이가 있다. 또한 특정 낚시터에서 특정 미끼를 선호하는 경우가
있다. 그리고 당일의 환경여건 변화에 따라서 수시로 그 섭이습성이 변하는 경우도
있으므로, 그때그때 달라지는 붕어의 섭이습성에 맞추어 미끼를 사용해야 한다.

● **미끼의 구분**

붕어낚시에 사용하는 미끼는 크게 동물성 미끼와 식물성 미끼로 대별하며, 그중
동물성 미끼는 지렁이를 대표로 하여 새우, 참붕어, 납자루, 구더기, 피라미, 풀벌레
등이 있고, 식물성 미끼로는 떡밥, 깻묵가루, 감자, 삶은 콩, 옥수수, 밥알, 빵 조각
등이 있다.
만약 잘 모르는 낚시터를 갈 때는 떡밥과 지렁이는 항상 준비해 가야 하고, 아울러서

계절별 장소별 잘 듣는 미끼

구 분	저 수 지	호 수	수 로	강
봄	지렁이, 떡밥, 새우, 참붕어, 옥수수	떡밥, 지렁이	지렁이, 떡밥, 참붕어	떡밥, 지렁이
여름	떡밥, 지렁이, 새우, 참붕어, 옥수수, 메주콩	떡밥, 옥수수	떡밥, 지렁이, 참붕어, 납자루	떡밥, 납자루
가을	떡밥, 지렁이, 새우, 참붕어, 옥수수, 메주콩	떡밥, 옥수수	떡밥, 지렁이, 참붕어, 납자루	떡밥
겨울	지렁이, 새우, 글루텐	지렁이, 글루텐	지렁이	지렁이

새우 채집망을 휴대하여 필요 시 현장에서 새우나 참붕어 등을 채집하여 사용할 준비도 해야 한다.

붕어가 선호하는 미끼를 계절별, 장소별로 분류해보면 앞의 표와 같다. 그러나 이것은 보편적인 분류이고, 한겨울에 특정 낚시터에서 참붕어나 옥수수 미끼로도 많은 붕어를 만나는 등 간혹 의외의 미끼가 잘 듣는 경우도 있다.

2. 상황별 미끼 선택

● 계절별 미끼 선택

봄낚시 미끼

입춘을 지나서 춘분까지(2~3월)는 지렁이 미끼를 우선 선택한다. 이때는 밤과 낮의 일교차가 크고, 냉수대 현상이 자주 발생하는 시기로서 겨울을 난 붕어가 아직 활성도가 떨어져 있어서 소화흡수가 더딘 곡물 미끼나 큰 동물성 미끼보다는 소화흡수가 용이한 지렁이 미끼를 우선으로 취하기 때문이다.

그러다가 산란기(3월 말~4월)가 되면, 산란 전기의 대물낚시에서는 주로 동물성 미끼를 선택하고 마릿수낚시에는 떡밥을 선택하며, 산란 후기의 대물낚시에는 알을 품은 참붕어를 미끼로 선택하는 횟수가 많아지고, 마릿수낚시에는 지렁이나 떡밥을 주로 선택한다.

이후 전 지역이 산란기를 벗어나서 안정기가 된 늦봄에는 낚시터 환경에 따라서 떡밥, 새우, 참붕어, 옥수수, 지렁이 등 다양한 미끼 중에서 그곳에 맞는 특정 미끼를 선택 사용한다.

여름낚시 미끼

하지(6월 21일경)를 전후한 초여름에는 대물낚시의 경우 새우, 참붕어, 옥수수를 낚시터 여건에 따라서 선택 사용하고, 마릿수낚시에는 주로 떡밥을 사용하며, 특이하게 잔 새우를 이용한 마릿수낚시를 구사하기도 한다.

그러다가 장마철이 되면 대물낚시에는 새우와 참붕어, 옥수수 외에 산지렁이나

청지렁이를 선택 사용하고, 마릿수낚시에는 떡밥을 주로 사용하되, 장마기의
오름수위 경우나 황톳물 현상이 되면 지렁이를 사용한다.
그리고 여름 후반부로 들어서 연중 최고수온대가 지속될 때는 대물낚시의 경우
생미끼는 새우나 참붕어를 주로 선택하되, 이 시기에 떡밥을 이용한 떡밥대물낚시를
구사하고, 마릿수낚시에는 떡밥과 잔 새우를 사용한다.

가을낚시 미끼

추분(9월 23일경)을 넘기는 가을이 되면 대물낚시의 경우는 새우와 참붕어,
옥수수를 미끼로 선택하고, 마릿수낚시에는 여전히 떡밥을 우선하여 선택한다.
그러다가 상강(10월 23일경, 첫서리)부터는 대물낚시의 경우는 새우를 주로
사용하고, 마릿수낚시에는 떡밥과 지렁이를 혼용하기 시작한다.

겨울낚시 미끼

입동(11월 7일경)이 지나면서부터는 대물낚시의 경우는 새우 위주로 사용하되
배스나 블루길이 번성하는 곳에서는 옥수수를 주로 사용하고, 마릿수낚시에서는
떡밥과 지렁이를 혼용한다. 그러다가 소설(11월 22일경)이 지나면서부터는
대물낚시든 마릿수낚시든 지렁이를 우선적으로 사용하며, 새우와 떡밥은
동절기에도 잘 먹히는 특정한 곳에서만 사용한다.

● 낚시터별 미끼 선택

평지지

대물낚시의 경우는 새우와 참붕어, 메주콩, 옥수수를 선택 사용하고, 마릿수낚시의
경우는 떡밥과 지렁이를 공히 사용한다.

계곡지

대물낚시의 경우는 새우와 참붕어, 메주콩, 옥수수를 선택 사용하고, 마릿수
낚시에는 떡밥을 주로 사용한다.

댐

대물낚시든 마릿수 낚시든 떡밥미끼를 주로 사용한다. 다만 오름수위 때는 지렁이가

잘 듣는다.

강
대물낚시는 새우보다 납자루와 산지렁이를 주로 사용하고, 마릿수 낚시에는 떡밥과 지렁이를 사용한다.

수로
대물낚시의 경우는 새우보다는 참붕어와 산지렁이를 선택 사용하고, 마릿수 낚시의 경우는 떡밥과 지렁이를 선택 사용한다.

● 기타 고려사항

바닥 토질
바닥지형의 경사는 크게 고려하지 않으나 바닥 토양은 미끼 선택에 있어서 중요시할 필요가 있다. 즉, 바닥이 마사토, 황토, 사토, 암반 등의 포인트에서는 대물낚시의 경우는 새우미끼를 주로 선택하고 마릿수낚시에서는 떡밥을 주로 선택 사용한다. 그러나 개흙(감탕)인 경우에는 대물낚시에서는 참붕어나 메주콩, 옥수수를 많이 사용하고 마릿수 낚시의 경우는 지렁이를 많이 사용한다.

수심
대물낚시의 경우 수심 2m를 기준으로 하여 그보다 얕은 포인트에서는 새우, 참붕어, 메주콩, 옥수수 등을 상황에 따라서 선택 사용하나 수심이 2m를 넘는 경우에는 산지렁이나 옥수수, 떡밥 중에서 선택 사용한다. 그러나 마릿수낚시에서는 수심에

(오른쪽) 외래종 잡어가 없는 곳에서 대물 미끼로 사용하는 새우.

(왼쪽) 육식성 잡어가 많은 곳에서 사용하는 떡밥 미끼.

크게 구분을 두지 않고 떡밥이나 지렁이 미끼를 선택한다.

잡어의 유무 및 종류
육식성 외래어종(배스, 블루길, 청거북 등)이 서식하는 장소에서는 곡물성 미끼인 메주콩이나 옥수수, 떡밥을 사용한다. 그러나 잡식성의 피라미, 납자루 등이 극성을 부릴 때는 납자루나 참붕어나 새우 등의 동물성 미끼를 사용한다.

3. 미끼 운용에 대한 상식

● 미끼에 대한 아집을 버려라
'나는 절대로 지렁이는 쓰지 않는다' '나는 겨울에도 새우만 쓴다' 등 한 가지 미끼만을 스스로 정해놓고 고집스럽게 낚시하는 사람도 있다. 그날 지렁이에 유독 입질을 잘 하는데도 자기는 떡밥콩알낚시를 즐겨한다고 해서 떡밥 미끼만 고집하기도 한다. 이러한 것은 미끼에 대한 아집이다. 그러니 아집을 버리고 그날 그 자리에서 공통적으로 잘 듣는 미끼를 미리 파악하고 능동적으로 사용하여 멋진 입질을 받으면서 낚시를 즐길 줄 알아야 미끼 운용을 잘 하는 것이고 낚시를 잘 하는 사람이다.

● 붕어가 미끼를 선택하게 하라
붕어는 서식하는 장소에 따라서 선호하는 미끼가 다르고, 혹은 같은 장소에 서식하는 붕어라도 그날의 자연조건과 계절에 따라서 선호하는 미끼가 각각 달라지며, 큰 붕어와 잔챙이 붕어가 선호하는 미끼가 각각 다르다. 그러니 내가 낚시를 구사하는 그 장소에서 그 시간에 상대하고자 하는 붕어가 선호하는 미끼를 간파하고, 내가 사용하는 미끼를 붕어가 선택하여 취하도록 운용하여 입질을 하게 하는 것은 대단히 중요한 요소다.

● 그곳에 번성하는 생물을 미끼로 하면 유리하다
붕어의 입맛은 서식하는 그곳 생태환경에 많이 따른다. 특히 서식처의 먹이사슬이 어떻게 되어 있는가에 따라서 붕어가 선호하는 먹잇감에 차이가 난다. 즉 평소에 붕어가 사냥을 해서 주로 취하는 미끼가 당연히 그곳의 유리한 미끼가 되는 것이다. 필자는 물가에 가면 연안 물속을 들여다보면서 어느 미끼를 선택할 것인가에 대한 판단을 많이 하는 편이다. 즉 새우가 바글바글하면 새우를 선택하고, 참붕어가 많이 보이면 참붕어를 선택하며, 아무것도 관찰되지 않으면 떡밥이나 지렁이를 주로 사용한다.

● **그곳에 서식하지 않는 미끼도 가능하다**

간혹 '새우가 채집되지 않는 곳에서도 새우미끼로 낚시가 됩니까' 하는 질문을 받는다. 대답은 '예, 됩니다' 이다. 물론 그곳에 서식하는 생물을 미끼로 하면 유리하다. 그럼에도 불구하고 새우가 서식하지 않는 곳에서도 새우 미끼 낚시가 가능하다고 하는 것은 붕어의 본능적인 섭이활동을 고려한 대답이다. 붕어는 잡식성이며, 그곳에 서식하지 않는 먹잇감도 본능적으로 먹이로 취한다. 다만 서식하지 않는 먹잇감이 '유리하다'가 아니라 미끼로 '가능하다'이다.

● **그곳의 붕어에게 학습된 미끼가 가장 유망한 미끼다**

간혹 어느 특정미끼에만 특징적으로 잘 반응하는 낚시터가 있다. 그것은 대부분 후천적인 먹이학습의 결과일 경우가 많다. 메주콩낚시를 자주 하는 낚시터에서 바늘에 다는 미끼뿐만 아니라 쓰고 남은 메주콩을 물에 던져주고 철수하는 것이 반복되면 그곳의 붕어가 메주콩에 먹이학습이 되어 메주콩낚시가 잘된다. 또한

떡밥 미끼

지렁이 미끼

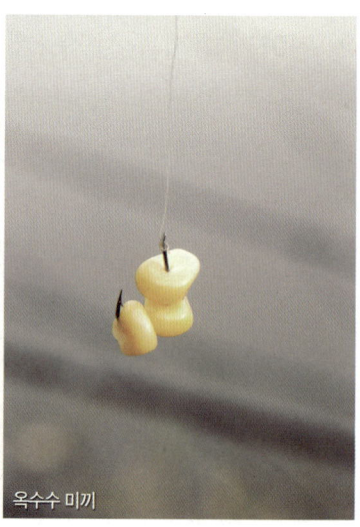
옥수수 미끼

참붕어 미끼

새우 미끼

납자루 미끼

옥수수를 주로 쓰는 낚시터에서는 옥수수가 유리하고, 글루텐을 주로 쓰는 낚시터에서는 글루텐이 유리한 것도 다 먹이학습 결과로 기인한 것이다.

● **미끼의 크기와 낚이는 붕어의 크기는 대부분 비례한다**

미끼로써 대물낚시와 마릿수낚시를 구분하는 기본이 이것이다. 떡밥을 사용하더라도 크게 달아서 쓰면 대물낚시용 미끼가 되는 것이고, 새우를 쓰더라도 아주 작은 새우를 골라서 쓰면 마릿수낚시용 미끼가 된다. 이는 메주콩도 그렇고 참붕어도 그렇다. 다만 지렁이나 옥수수 등은 크기로 구별하는 데 한계가 있으므로 대물낚시 때는 여러 개를 한 바늘에 꿰어서 대물용 미끼로 사용한다. 이는 작은 붕어는 큰 미끼에는 덤비지 않고 그냥 지나치는 현상을 이용한 것으로 대부분 미끼가 클수록 그에 비례해서 큰 붕어를 만날 수가 있다.

● **낚시터 환경변화에 따라서 선호하는 미끼도 변화한다**

계절의 변화 혹은 수위 증감 등 낚시터 환경변화, 수초가 생성되거나 삭아 소멸되는 등 포인트 여건의 변화 등에 따라서 큰 붕어가 선호하는 미끼가 달라지기도 한다. 하절기에는 새우가 주요 미끼였는데 서리가 내리면서부터는 글루텐이 잘 듣는 곳, 만수위 때는 참붕어가 주요 미끼였는데 갈수기가 되면 지렁이가 잘 듣는 곳, 마름이 번성할 때는 새우나 참붕어가 주요 미끼였는데 마름이 삭고 나서부터는 옥수수가 잘 듣는 곳 등 환경변화에 따른 미끼의 변화가 있는 낚시터도 많다. 따라서 사전 정보나

▲ 지렁이를 물고 나온 블루길. 그러나 블루길이 있어도 끈기만 있다면 생미끼 대물낚시가 가능하다.

다양한 미끼의 시험 사용으로 그날 큰 붕어가 선호하는 미끼를 잘 찾아 써야 한다.

● 붕어는 미끼의 향보다는 파장에 일차적으로 반응한다

나는 1980년대에 참기름, 설탕, 콜라 등을 비롯하여 나중에는 우황청심환까지도 떡밥에 가미하여 실험사용을 해보았다. 그런데 실험 결과는 별무효과라는 결론이었다. 나 말고도 당시에 유행했던 이런 것들을 사용해본 사람은 다 안다. 이러한 첨가물의 향이 기대만큼의 효과는 없다는 것을…. 또한 2000년대 초반 메주콩 미끼를 쓰기 시작하던 초창기에 메주콩을 삶을 때 흑설탕이 유리하냐 백설탕이 유리하냐를 놓고 갑론을박하면서 따져서 삶아 쓰던 것도 세월이 지난 지금은 우스개꺼리로 남아있다.

붕어는 미끼가 떨어지는 파장과 진동에 민감하게 1차적인 반응을 하고, 미끼가 바닥에 놓여있을 때는 살아있는 미끼의 움직임에 민감하게 반응하여 접근한다. 그리고 향은 그 다음이다. 붕어가 후각이 발달하여 향을 쫓기는 하나 일차적으로 반응하는 것은 파장이고, 이후 안정된 상태에서 파장이 없을 때는 향을 따라서 접근한다. 그래서 떡밥낚시에서는 부지런한 사람이 집어에 유리한 것이고(착수음과 파장), 대물낚시에서는 빳빳하게 죽어서 굳어있는 미끼보다는 살아 움직이는 미끼(파장과 자극)가 유리한 것이다.

● 배스, 블루길 있어도 생미끼 낚시가 가능하다

배스나 블루길이 번성한 낚시터에서는 곡물류 미끼를 사용하는 것이 맞다. 그러나 이런 곳에서도 끈기만 있다면 생미끼 대물낚시가 가능하다. 동절기에는 외래어종이 잘 덤벼들지 않으므로 지렁이나 새우 등 생미끼를 사용할 수 있고 겨울철이 아닌 하절기에도 이러한 외래어종이 덤벼드는 것을 꾸준히 낚아내면서 끈기 있게 기다리는 낚시를 하면 대물급 붕어를 만날 수가 있다. 지금은 웬만한 낚시터에는

배스와 블루길이 유입되어 있다. 특히 배스가 번성한 곳에서는 잔챙이 붕어나
피라미 같은 잡어의 극성이 거의 없다. 그러니 간간이 덤비는 배스나 블루길을
낚아내면서 그마저 손맛으로 즐기고 있다가 큰 붕어 입질을 받으면 4짜, 5짜 붕어를
만날 수가 있는 것이다. 다만 이렇게 하기까지는 남다른 끈기가 있어야 한다. 배스
10마리, 블루길 100마리에 4짜 붕어 한 마리 만난다는 말이 그것이다.

● 특정한 미끼정보를 활용하라

낚시터의 서식여건이나 먹이학습에 의해서 특정한 낚시터에서 사는 붕어는 특정한
미끼를 유별나게 선호하는 경향을 보일 경우가 있다. 분명히 개흙바닥의 수로인데도
떡밥낚시가 잘 되는 장소가 있을 수가 있고, 강줄기인데도 지렁이낚시가 잘 되는
경우가 있다. 따라서 사전 미끼정보를 파악하고 접근하는 것이 시행착오를 줄이고
마릿수 낚시를 즐기는 지름길이다. 이러한 미끼정보는 목적지인 낚시터와 가장
가까운 낚시점에서 미끼를 준비하면서 얻는 정보가 비교적 정확하다.

● 저수온기 떡밥낚시의 해결사는 글루텐이다

일반적으로 동절기에는 떡밥낚시가 잘 안 된다. 가장 큰 이유는 붕어의 소화흡수가
더디고 영양가 적은 곡물류 먹잇감을 선호하지 않기 때문이고, 다음으로는 낮은
수온 때문에 떡밥이 잘 풀리지 않기 때문이다. 그러나 글루텐은 동절기에도
유용하다. 물을 머금고도 형체를 유지하며 아주 부드럽게 바늘을 감싸고 있게 되는
글루텐은 붕어가 쉽게 취하기 때문이다.

● 지렁이 미끼는 신선함이 답이다

붕어는 지렁이가 꿈틀거리는 움직임의 파장에 가장 민감하게 반응한다. 그러므로
미끼로 쓰는 지렁이는 신선함이 가장 중요하다. 만약 길게 늘어져버려 움직임이
없는 지렁이를 미끼로 한다면 붕어의 외면을 면치 못하게 되며, 붕어가 단숨에
흡입하는 공격적인 입질을 기대하기란 어렵다. 그러므로 늘어진 지렁이를 사용하면
깔짝거리거나 들락날락 춤추는 찌 모습을 보이게 되는 것이다.

● 옥수수 미끼는 크기가 답이다

소설 〈백치아다다〉로 유명한 계용묵 선생이 1939년도에 쓴 〈낚시질 독본〉에 보면
옥수수나 새우를 쓰면 큰 붕어를 골라서 낚을 수 있다는 구절이 있다. 즉 옥수수

미끼=대물낚시 미끼 개념이 이때부터 있었던 셈이다. 그러나 옥수수 알갱이가 작은 것을 골라서 쓰면 마릿수낚시 미끼로도 아주 훌륭한 역할을 한다. 즉 옥수수 미끼는 그 크기가 작은 것을 골라 쓰는 것이 마릿수 미끼의 답인 것이다.

● 작은 새우나 참붕어도 마릿수 미끼로 유효하다

역시 같은 개념으로 새우, 참붕어=대물낚시 미끼의 개념이지만 아주 작은 새우나 참붕어를 골라서 작은 바늘에 꿰어 떡밥이나 지렁이 대신 사용하면 훌륭한 마릿수낚시의 미끼가 된다. 특히 피라미 등의 잡어가 극성을 부리거나 너무 작은 치어급의 붕어가 줄을 서서 덤빌 때 이것들을 회피할 수 있는 아주 유용한 마릿수 미끼 역할을 한다.

● 짝밥미끼가 특효일 때가 많다

짝밥미끼란 두바늘채비에서 각각 다른 종류의 미끼를 달아 쓰는 것을 말한다. 즉 떡밥+지렁이, 떡밥+깐새우, 떡밥+새끼 참붕어, 글루텐+어분 등이 그것인데, 떡밥과 지렁이를 이용한 짝밥낚시가 가장 흔하다. 이러한 짝밥낚시는 주로 마릿수낚시를 할 때 입질을 빨리 유도하기 위한 수단으로 사용되며, 크게 효과를 보는 경우가 많다. 특히 환절기에 붕어의 입맛이 변화되는 시점이거나 특정 장소에 처음 낚시를 하면서 붕어의 선호 미끼를 알지 못한 때 이러한 짝밥미끼 사용이 특효일 때가 많다.

4. 대물낚시 미끼 운용

● 대물낚시를 한다면 큰 미끼를 운용하라

대물낚시용 미끼인 새우나 참붕어, 메주콩이라고 하더라도 그 크기가 아주 작은 것이거나 훼손된 것이라면 잔챙이 붕어나 잡어들이 먼저 덤벼서 취하므로 기다리는 대물낚시가 될 수 없다. 반면 주로 마릿수낚시 미끼로 사용하는 지렁이나 떡밥도 여러 마리 꿰거나 크게 달아서 사용하면 잔챙이는 접근했다가도 포기하고 큰 붕어가 취할 시간을 벌어주므로 대물낚시가 가능하다. 이렇듯 우리가 바늘에 달아서 쓰는 미끼의 크기는 입질을 하는 붕어의 크기를 선별한다. 그러니 대물낚시를 목적으로 한다면 밤새 입질이 없더라도 단 한 번의 큰 입질을 위해서 미끼는 크고 싱싱하게 쓰는 것이 좋다.

● 그날 잘 채집되는 미끼를 써라

낚시터에 도착하여 오늘의 주요 미끼를 무엇으로 할 것인가를 결정할 때는 미리 채집망을 담가두고 대 편성을 한 연후에 미리 담가둔 채집망을 확인하여, 당일 채집되는 미끼를 보고 결정하는 것이 좋다. 즉 당일에 잘 채집되는 미끼가 대물붕어가 쫓는 사냥대상이 되므로 더 유용한 미끼가 되는 것이다. 다만 낮에는 참붕어만 채집되는 경우가 흔하고, 밤에는 새우만 채집되는 경우가 흔하니 딱 낮에 채집된 한 가지만 고집하지 말고, 밤에도 같은 요령으로 채집망을 확인하여 미끼 선택을 조절해야 한다. 어느 경우에는 낮에도 새우가 잘 채집되고, 또 어느 경우에는 밤에도 참붕어가 주로 채집되는 경우가 있는데 이런 경우에는 그 미끼를 그 시간대의 주요 미끼로 사용하면 된다.

▲ 채집망에 든 현장 미끼. 새우와 참붕어가 함께 들었다.

● 참붕어가 산란 중이거든 참붕어를 써라

큰 붕어는 참붕어가 산란 중일 때 가장 활발하게 참붕어를 사냥한다. 이때에는 연안 가장자리의 참붕어 산란장까지 접근하여 사냥하는 것은 물론이고, 수면까지 자란 수초에 산란하는 참붕어를 사냥하기 위해서 지느러미가 다 보일 정도로 수면으로 떠올라서 사냥하기도 한다. 이렇게 참붕어가 산란을 할 때 그 위치에 참붕어를 미끼로 하여 공략하면 쉽게 입질을 받을 수가 있다.

● 작은 새우는 여러 마리를 겹쳐서 꿰어라

새우는 가장 보편적으로 사용되는 대물낚시 미끼이다. 그러나 작은 새우는 잔챙이들이 먼저 덤벼서 취해버리기 때문에 대물낚시 미끼로 효력을 갖지 못한다. 그런데 여름철에는 봄에 태어난 작은 새우들만 주로 채집된다. 낚시점에서 구입해도 마찬가지다. 이럴 때는 어떻게 해야 할까? 새우 여러 마리 꿰기로 대처하면 된다. 즉 지렁이를 한 마리만 꿰면 마릿수낚시 미끼이지만 여러 마리를 겹쳐서 꿰면 대물낚시

미끼로 유용한 것과 같은 것이다. 이때에는 새우의 머리가 어느 쪽이든 상관 말고
대략 세 마리 정도를 한 바늘에 겹쳐서 꿰면 된다.

● **산지렁이는 반건조로 말려서 쓰면 좋다**

대물낚시에는 지렁이 중 대형종인 산지렁이가 더러 쓰인다. 원래 산지렁이는
장어낚시 미끼로 주로 사용하는 것인데, 붕어 대물낚시 미끼로도 유용하다.
산지렁이라는 종류는 따로 구분되어 있지 않고 주로 산자락이나 밭 주변의 낙엽
밑에 서식하는 큰 지렁이를 통칭한 것이다. 그런데 이 산지렁이는 그 크기와 생김새
그리고 촉감이 썩 좋지 않아서 웬만한 낚시꾼도 쉽게 만져지지 않는다. 그리고
바늘에 꿰어놓으면 껍데기만 남고 체액이 다 빠져버리기가 일쑤다.
그래서 산지렁이를 햇볕에 빠득빠득 말려서 사용하면 좋다. 처음 바늘에 꿸 때는
딱딱하지만 물에 들어가면 금세 부드러워지며, 껍질이 비닐코팅처럼 강해져서
하룻밤을 두어도 잘 훼손되지 않고, 체액도 그대로 유지될 뿐 아니라 손으로 만지는
감촉도 거부감이 없어진다.

● **한겨울에는 지렁이 미끼가 우선이다**

붕어는 계절에 따라 섭식습성(攝食習性)에 변화가 생기는데, 하절기에는 수온이
높아 활동량이 많고 소화흡수를 잘할 수 있는 계절이어서 식물성 미끼도 잘
취하지만 동절기에는 주로 동물성 미끼를 취한다. 그래서 하절기에 떡밥 미끼가 잘
듣는 곳이라도 동절기에는 소화흡수가 가장 빠른 지렁이를 사용하는 것이 유리하다.
대물낚시를 할 때 지렁이는 3~5마리를 한꺼번에 꿰어서 쓴다. 이렇게 지렁이 여러
마리를 바늘에 꿰어 물속에 가라앉히면 처음에는 각자 뻗어나가려고 하다가 잠시
후면 바늘을 중심으로 한 덩어리로 뭉치는 습성이 있다. 그러므로 지렁이 여러
마리를 꿰어 쓰면 대물 미끼로 역할을 하는 것이다.

● **글루텐은 동절기에 유용한 대물미끼다**

대체적으로 동절기에는 식물성인 메주콩이나 옥수수, 떡밥은 잘 듣지 않는다.
그러나 글루텐은 식물성이라도 동절기에 유용한 대물낚시 미끼가 된다. 특히 배스나
블루길 등 외래어종이 설치거나 동자개, 얼룩동사리(구구리) 등 육식어류가 심하게
덤비는 낚시터라면 글루텐이 가장 유용한 동절기 미끼 역할을 한다. 이 글루텐은
일반 떡밥과 달리 한번 바늘에 달아 넣으면 두 시간 이상을 지나도 바늘과 분리되지

않고 솜사탕처럼 바늘에 달려있어 기다리는 대물낚시를 할 수 있는 장점이 있다.

● **건탄은 깊은 곳, 고탄은 얕고 잡어가 덤벼드는 곳에 적합하다**

떡밥도 크게 달면 대물미끼가 된다. 건탄떡밥은 입자가 굵은 떡밥을 크게 뭉친 것으로 물에 들어가면 쉽게 풀려서 빠른 입질을 유도할 수가 있다. 그래서 잡어나 잔챙이가 잘 접근하지 않는 깊은 수심에서는 건탄떡밥을 쓴다. 그러나 수심이 얕아서 잡어나 잔챙이가 먼저 접근하여 떡밥을 흐트러뜨려버리는 곳에서는 고운 떡밥을 차지고 딱딱하게 뭉쳐서 잔챙이가 건드려도 형태가 그대로 있게 반죽한 고탄떡밥이 적합하다.

▲ 떡밥을 개는 낚시인.

● **현장채집에만 의존하지 말고 미리 준비하라**

자연생태계의 생물들은 항상 사람보다 민감하게 자연변화에 적응하며 살아간다. 그래서 사람은 평범한 날이라고 생각하는 때도 새우나 참붕어 채집이 전혀 안 되는 경우가 발생한다. 무엇인가 우리가 알 수 없는 자연변화에 수중생태계의 활동이 달라져버린 것이다. 또한 평소에는 옥수나 메주콩을 잘 먹는 낚시터였는데 어느 날은 지렁이에만 입질을 하는 경우도 있다. 그러니 대물낚시를 제대로 하려거든 지렁이는 물론이고, 채집이 안 될 때 대처할 수 있는 대물미끼는 항상 미리 준비해서 출조하는 것이 좋다.

● **새우는 아무리 커도 한입 먹잇감일 뿐이다**

대물낚시에서는 준비된 새우 중에서도 가급적 큰 것을 먼저 골라서 쓴다. 일부러 큰 새우를 아꼈다가 중요한 시간대에 가장 기대가 되는 때에 긴요하게 쓰기도 한다. 그런데 초보자가 보면 과연 그 큰 새우를 붕어가 쉽게 먹을 수 있을지가 의문스럽고 자신이 없어진다. 그래서 작은 새우를 골라서 쓰거나 새우 머리를 떼어내는 등 새우를 손상시켜서 쓰려고 한다. 그러나 염려할 필요가 없다. 붕어의 입장에서 보면 새우는 싸움의 대상이 아닌 그냥 먹잇감일 뿐이고, 아무리 커도 큰 붕어의 한 입 거리에 불과한 것이다. 실제로 큰 붕어가 큰 새우를 취하는 모습을 관찰해 보면 눈 깜짝할 사이에 입속으로 빨아들여버린다.

● 대물미끼와 일반 미끼를 짝밥으로 사용하지 말라

만약 대물미끼와 일반 미끼를 짝밥으로 해 놓으면 일반 미끼에 잔챙이들이 먼저 입질해버리므로 기다리는 대물낚시가 불가능하다. 예를 들면 새우와 지렁이, 메주콩과 떡밥을 짝밥으로 해놓으면 지렁이나 떡밥에 잔챙이 입질이 먼저 들어와서 찌에 반응이 오게 되고, 그때 챔질을 해버리면 뒤에서 차분하게 접근하던 큰 붕어는 그만 돌아서버리고 말아 대물을 만날 기회가 없어져버리는 것이다.

● 처음에는 다양하게 사용하면서 주 미끼를 찾아라

유독 그날 그 포인트에서 붕어가 선호하는 미끼가 따로 있을 수가 있다. 따라서 잘 아는 포인트이거나 정확한 최신 정보가 아니라면 초기에 미끼를 다양하게 사용하면서 감을 잡을 필요가 있다. 미끼의 다양한 사용이란 1번 대는 새우, 2번 대는 참붕어, 3번 대는 옥수수 등 낚싯대를 교차해서 각각 다른 미끼를 달아보거나 아니면 두바늘채비에 한 바늘에는 새우, 다른 바늘에는 메주콩 등으로 대물용 짝밥미끼를 사용해 보는 식을 말함이다.

밀양 초동수로에서 낚은 월척 붕어들을 자랑하는 대구 낚시인들.

제23강

입질 파악

입질 즉 어신 파악이란 찌의 움직임을 통해서 물 속 붕어의 행동을 읽어내고, 적절한 시기를 포착하여 챔질할 시기를 알아내는 것이다. 즉 붕어가 입질할 때 수면에 있는 찌의 움직임을 보고 수중 붕어의 행동을 이해하는 것이 어신 파악이다. 붕어의 어신은 일정하지 않고 여러 가지 형태로 나타나지만 분명한 것은 대부분 예신과 본신으로 구별이 된다는 것이다.

1. 예신

예신(豫信)은 붕어가 먹잇감을 건드려 보는 순간부터 1차 흡입하여 입에 무는 상태까지의 행동이 찌에 나타나는 초기 입질 반응을 말한다. 이 예신 단계에서는 본신을 기다려야지 챔질을 해서는 안 된다.

● 찌 끝이 흔들리는 예신
그림1의 ①의 모습은 찌 끝이 제자리에서 까딱까딱 흔들리는 모습으로 나타나는 예신이다. 이러한 모습은 붕어가 주둥이 끝으로 미끼를 툭툭 건드리거나 몸을 바닥과 가깝도록 최대한 낮추고 살짝 물었다 놓기를 반복하면서 주위를 맴돌 때 나타나는 예신 모습이다. 이러한 예신의 경우는 예신이 나타난 후 시간이 많이

지나야만 본신으로 연결되거나 혹은 예신으로 끝나버리는 경우가 있다. 따라서 이러한 예신현상이 나타났을 때는 본신으로 이어지지 않더라도 자꾸 채비를 꺼내어 미끼를 확인하지 말고 그대로 두고 차분히 기다리는 것이 좋다.

▲ 어두운 수면에서 빛을 발하는 케미라이트 찌불.

● 찌 끝이 살짝 오르다가 멈추는 예신

그림1의 ②는 찌 끝이 제자리에서 슬쩍 오르다가 멈추는 모습인데, 붕어가 미끼를 입 안으로 강하게 흡입할 때 그 충격이 봉돌에 전달되어 찌가 한 마디 정도 슬쩍 오르다가 멈추거나 붕어의 동작이 클 때는 두 마디까지도 솟아오르다가 멈추는 동작으로 나타난다. 이러한 모습은 정상적인 흡입 동작 때에 나타나는 모습으로 붕어낚시에서 가장 흔한 예신

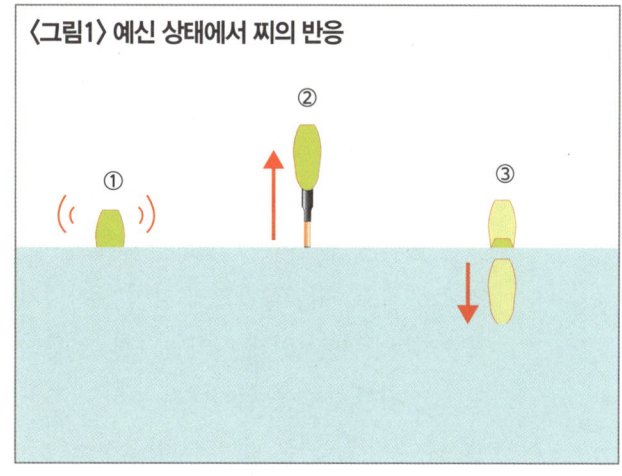

〈그림1〉 예신 상태에서 찌의 반응

모습이다. 이러한 예신의 경우는 대부분 곧바로 본신으로 연결되니 챔질 준비를
하고 긴장해야 한다. 또한 이러한 예신 후에는 만약 본신으로 연결되지 않으면
잠시만 기다려 본 후에 미끼를 꺼내어 검사해서 다시 투척하는 것이 좋다.

● 찌 끝이 살짝 잠기는 예신

그림 1의 ③의 경우는 찌톱이 까딱하고 나서 슬며시 잠기다가 멈추는 현상의
예신으로 바닥이 급한 경사이거나 미끼가 수초 가닥이나 장애물에 얹혀있는 상태일
때 주로 나타나며, 간혹 붕어가 미끼와 거리를 두고 강한 흡입을 하는 동작일 때도
나타난다. 이러한 예신의 경우는 대부분 곧바로 다시 밀고 올라오는 본신으로
나타나나 경사가 급하여 붕어가 언덕 아래쪽으로 움직일 때는 그대로 끌고 잠기는
본신으로 이어지기도 한다.

2. 본신

본신(本信)은 먹잇감을 가볍게 입에 문 붕어가 입속 깊은 곳으로 2차 흡입을 하면서
동시에 머리를 수평상태로 들어 올리거나 안전지대로 이동하려는 동작에서
나타나는 찌의 모습이다. 이러한 본신의 형태는 미끼에 따라서, 수중환경의 변화에
따라서, 또는 씨알에 따라서 아주 다양하게 나타난다. 뿐만 아니라 같은 미끼라고
하더라도 붕어의 수중 섭이동작에 따라서 여러 가지 형태로 나타난다. 이때 붕어가
어떤 모습으로 입질을 하든 그 동작은 우리가 바라보고 있는 찌 끝에 고스란히
나타나는데, 붕어의 입질 동작이 작을수록 찌 끝이 작게 움직이고, 입질 동작이
클수록 찌 끝은 크게 움직인다. 그렇게 찌는 정직한 것이다. 그렇다면 정확한 본신은
어떻게 찌 끝에 나타날까? 일단 공통적인 사항은 찌 끝이 아주 느릿하고 무게감
있게 움직이는 것이다. 그것은 찌가 많이 움직이고 적게 움직이고, 올리고 내리고,
옆으로 끌고 혹은 잠기고의 차이가 아니라 작게 움직이더라도 그 동작이 부드럽고
느릿하며 무게감 있게 나타난다면 그 동작이 바로 본신인 것이다. 그러니 찌 끝을
보고 정확한 본신을 읽어내지 못하면 붕어와 제대로 된 대결을 할 수가 없다. 그래서
필자는 '찌 끝을 잘 읽어라'라고 강조한다.

● 올리는 예신 후의 본신

그림2의 ①의 경우는 1차로 올리는 예신 후에 본신으로 이어지는 경우이며, 찌가 예신에 이어서 연속으로 상승하는 본신의 모습으로 이어지거나 예신 동작 후에 잠시 멈췄다가 상승으로 이어지는 두 가지의 본신 모습을 보인다.

붕어의 활성도가 아주 높고 여러 마리가 먹이경쟁을 할 때에는 주로 예신 후 연속해서 찌가 치솟는 모습으로 나타나며, 이때에는 찌의 상승속도가 빠르고 가볍게 나타나는 것이 특징이다. 반면에 붕어가 단독으로 접근하여 먹이활동을 할 경우는 미끼를 흡입해서 물고 그 자리에서 차분하게 취하는 모습이므로 이때에는 예신 모습도 무겁고 차분하게 나타나며, 본신의 찌 모습이 아주 느릿하고 중후하게 솟아올라서 정점에서 잠시 멈췄다가 내려간다. 이런 경우 아주 많이 올릴 때에는 느린 속도로 찌몸통까지 올리기도 하고 간혹 넘어뜨리기도 하는데, 가장 찌맛이 좋다고 하는 경우가 이러한 모습이다.

● 내리는 예신 후에 올리는 본신

그림2의 ②의 경우는 1차로 슬쩍 내리는 예신 후에 올리는 본신으로 이어지는 경우이며, 미끼가 놓인 바닥이 급경사이거나 미끼가 바닥의 수초에 얹혀있는 경우에 예신 동작을 하면 봉돌이 살짝 내려가게 되는데, 이후 미끼를 입에 문 붕어가 상승 동작을 하면 잠기던 찌가 다시 수면 위로 밀고 올라오게 되는 모습이다. 이때에는 본신에서 찌를 올리는 높이가 크게 나타나지 않을 수도 있으니 주의해서 찌 끝을

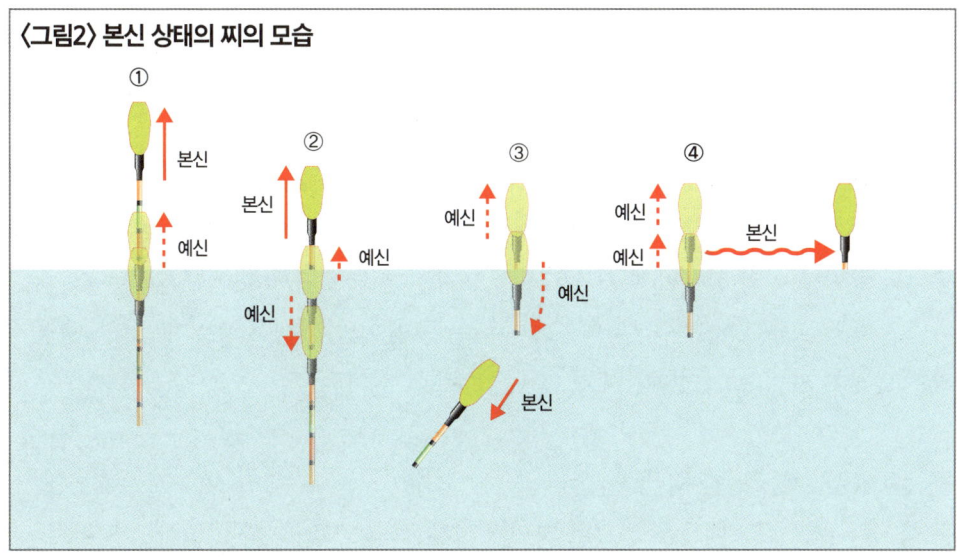

〈그림2〉 본신 상태의 찌의 모습

읽어서 챔질로 연결해야 한다.

● 예신 후 끌고 들어가는 본신

그림2의 ❸의 경우는 1차 예신 후에 찌가 끌려 들어가는 모습의 본신이며, 먹잇감을 흡입한 붕어가 먹이경쟁을 하거나 불안감을 느끼고 빠른 동작으로 그 자리를 회피하여 안전지대로 이동하려는 모습일 때, 급경사 지역에 미끼가 놓여 있을 때, 또는 침수수초에 미끼가 얹혀있을 경우에 이러한 본신 모습이 찌에 주로 나타난다. 이 경우 붕어가 먹이경쟁을 하거나 위협을 느꼈을 때는 찌가 빠르게 끌려들어가고, 경사나 수초에 얹힌 경우에는 서서히 잠겨 들어가는 모습을 보인다.

● 예신 후에 옆걸음질하는 본신

그림2의 ❹의 경우는 1차 예신 후에 찌가 서서히 옆으로 이동하는 모습을 보이는 본신 모습이며, 대개는 수심이 얕은 곳에서 붕어가 먹이를 물고 근처의 수초나 장애물 쪽 안전지대로 이동할 때 나타나는 모습이다. 이때는 찌의 높이 변화가 거의 없이 서서히 수평이동을 하는 경우와 조금씩 들어 올리면서 옆으로 이동하는 모습을 보이는데, 그 이동 속도가 빠르면 잔 씨알의 붕어고, 이동 속도가 무겁고 느릴수록 큰 붕어일 가능성이 높다.

3. 여러 상황에 따른 입질현상

● 붕어의 크기에 따른 찌놀림

어느 정도 낚시 경력이 붙으면 수면에 서있는 찌의 움직임만 보고도 입질하는 붕어의 크기를 미리 짐작할 수가 있다. 그 크기는 본신 모습에서만 구분되는 것이 아니고 예신 모습에서도 구분된다. 그 이유는 큰 붕어와 잔챙이 붕어가 섭이활동을 하는 동작이 차이가 나기 때문이다.

큰 붕어(7치 이상, 뼘치급 이상)

큰 붕어는 주로 단독행동을 하므로 자리경쟁이나 먹이경쟁을 하지 않아도 되어서 행동이 차분하고 여유가 있다. 그러니 입질 간의 예신에서도 급하게 행동하지 않고 찌 끝의 움직임이 올리든 내리든, 높든 낮든 간에 무겁고 차분하게 나타나며, 본신 모습도 아주 중후하게 나타난다. 큰 붕어의 중후한 찌놀림은 올림낚시이든 내림낚시이든 공통적인 현상이다. 그러므로 입질하는 모습이 차분하고 중후하거든 '아! 큰 붕어구나'라고 생각해도 거의 틀림이 없다. 그리고 더 경험이 쌓이면 차분한 입질 중에서도 더 나아가서 월척급 이상의 입질 모습을 구분해낼 수 있게 된다.

▲ 갈대 속의 찌. 갈대 줄기들 속에선 찌톱이 잘 보이지 않으므로 찌톱을 충분히 내놓는 것이 입질 파악에 유리하다.

작은 붕어(6치 이하, 뼘치급 미만)

작은 붕어는 주로 집단행동을 하며 먹이경쟁을 하므로 행동이 빠르고 경박스럽다. 따라서 미끼를 경쟁적으로 급하게 취하므로 예신 때부터 찌 끝이 경박스러운 움직임을 보인다. 또한 먼저 입에 문 개체가 그 자리에서 빨리 떠오르거나 그 자리를 회피해서 이동하므로 본신 때에는 찌 끝이 급작스럽게 솟아오르거나 빠르게 끌려가는 움직임을 보인다. 따라서 찌 움직임만 보고도 이미 붕어의 씨알을 짐작할 수가 있게 되고, 그에 따라서 적절한 챔질을 구사하는 것이다.

● 사용 미끼에 따른 찌놀림

떡밥콩알 미끼

떡밥을 작고 무르게 사용하는 떡밥콩알낚시에서는 단 한 번의 예신과 정확한 본신으로 나타나며, 입질의 시작과 끝이 짧은 시간에 이루어지므로 찌 상승폭이 작은 편이다. 이는 붕어가 빠른 동작으로 흡입하고 빨리 뱉어내기 때문이다. 특히 잔챙이 붕어는 예신이 아주 짧거나 경우에 따라서는 아예 예신 동작이 없이 순간적으로 찌를 올렸다가 내려가기도 하며, 찌 올림은 빠르고 높이 나타난다. 그러나 큰 붕어는 떡밥콩알낚시에서도 예신과 본신이 정확하며, 아주 느릿하고

▲ 경사진 지형에서 낚시하는 모습. 이런 급경사 지대에선 찌를 끌고 들어가거나 작게 올리는 본신이 자주 나타난다.

부드러운 찌놀림으로 나타난다. 찌 올림은 한 마디 정도로 낮거나 몸통까지 올리는 높은 찌 올림으로 구분되며, 동작이 느릿하고 무거운 느낌이 든다.

지렁이 미끼

지렁이를 미끼로 한 낚시에서는 2~3회 또는 그 이상 가지고 노는 예신으로 나타나기도 하며, 이러는 중에도 본신 동작만은 구분이 가능하도록 비교적 차분한 모습을 보인다. 잔챙이 붕어는 지렁이를 한 입에 흡입하지 못하고 꼬리를 물고 흔들어 잘라먹으려 하기 때문에 찌 놀림이 급하게 오르내리거나 또는 이리저리 끌었다 놓거나를 반복하다가 한 순간에 갑자기 올렸다가 놓아버리는 부정확한 본신 모습으로 나타난다. 그러나 큰 붕어는 작은 붕어처럼 지렁이를 물고 다니지 않고 눈 깜짝할 사이에 지렁이를 흡입한다. 따라서 대부분 단 한 번의 예신이 있은 다음에 본신으로 이어지며, 그 모습이 비교적 중후하고 높게 나타난다.

새우, 참붕어, 메주콩, 옥수수 등 대물미끼

새우나 참붕어, 납자루 등 생미끼나 메주콩, 옥수수 등 고형 미끼를 사용했을 때는 약하게 건드리는 감각과 아주 무거운 예신 후에 한참의 시간을 두고 아주 느리고 부드러운 본신으로 나타나며, 찌의 상승 폭이 아주 크거나 약간 올린 후에 한동안

정지하는 정확한 입질 모습으로 나타난다.
새우나 참붕어 미끼에 잔챙이가 붙을 경우에는 찌 끝이 여러 차례 깜빡거리는
모습을 보이며 좀처럼 본신으로 이어지지 않는다. 이는 잔챙이의 경우 대물미끼를
흡입하지 못하고 조금씩 뜯어먹는 동작을 하기 때문이다. 이때 채비를 들어내 보면
새우의 머리나 다리가 훼손되어 있거나 참붕어의 눈과 배가 훼손되어 있는 것을 볼
수가 있다. 그러나 큰 붕어의 경우는 아무리 큰 새우라도 한입에 흡입한다. 따라서
1회의 무거운 예신 후에 시간을 두었다가 아주 무겁고 느리게 본신으로 이어지며,
일단 본신으로 이어지면 부드럽고 높은 찌 올림으로 나타난다. 이는 큰 붕어가
새우나 참붕어를 흡입한 후에 바로 뱉어내지 않고 입안의 인후치로 분쇄하고
소화액을 통해 녹여가며 취할 수 있도록 오랜 시간 동안 입안에 미끼를 물고 있기
때문이다.

● **바닥 형상에 따른 찌놀림**
미끼가 놓인 바닥이 어떤 형상인가에 따라서 먹이를 취하는 붕어의 동작에 차이가
난다. 그리고 이러한 붕어의 섭이동작은 고스란히 우리가 바라보는 찌에 그대로
전달된다.

경사 바닥일 때
바닥이 급경사를 이루고 있을 때는 대체적으로 붕어가 경사 아래쪽에서 접근하여
먹이를 취하므로 찌에 나타나는 예신은 살짝 잠기는 모습으로 나타나고 본신 모습은
끌고 들어가거나 작게 올리는 모습을 보인다. 그러나 완경사일 때는 평지와 같이
몸을 거꾸로 숙여서 먹이를 취하므로 눈에 띄게 차이가 나지는 않는다.

자갈, 수초줄기 등이 깔려 있을 때
바닥이 울퉁불퉁한 자갈밭이거나 가라앉은 수초줄기 또는 수초의 새순이 있는 등
불규칙적일 때는 여러 가지 형태의 찌놀림이 나타난다. 자갈이나 수초줄기 사이
깊은 곳에 미끼가 위치할 때는 붕어가 몸을 완전히 거꾸로 하여 순간적으로 먹이를
빨아올리므로 처음 예신이 빠르게 올라서다 멈칫하는 모습을 보인 후에 서서히
솟구치는 본신으로 연결된다. 만약 지렁이 미끼를 쓰는데 틈새로 파고든 경우라면
지렁이를 찾아서 꺼내는 동작이 몇 차례 있게 되어 찌가 꿈질거리는 동작을 여러 번
하는 예신을 보인 후에 본신으로 이어지기도 한다.

● 기상과 주변 상황의 변화에 따른 찌놀림

기상이 변화할 때
낚시를 하다 보면 방금 전까지 찌를 시원시원하게 잘 올려주는 입질을 하다가도 갑자기 입질이 뜸해지면서 어쩌다가 입질을 하여도 찌를 못 올리고 민감하게 올리다 마는 형상을 보일 때가 있다. 이런 때에 바람의 방향을 점검해보면 동풍 계열로 풍향이 바뀌어 있는 것을 알 수가 있다. 이렇게 기상은 찌놀림에 영향을 미치는데, 그중 가장 흔한 것이 동풍 계열 바람이고, 다음이 밤낮의 기온차가 10도를 넘는 큰 일교차이며, 초봄과 늦가을에 수면에 내리는 찬비의 영향이 그 다음이다.

주변 상황이 불안하게 변할 때
붕어가 경계상태이거나 긴장상태일 때는 정상적인 입질을 하지 않는다. 이러한 것은 주변의 소란, 여러 마리가 접근하여 벌이는 먹이경쟁, 주간이나 밝은 달빛 아래에서 얕은 수심 등의 조건에서 붕어가 먹이를 취할 때 나타나는 찌놀림 현상을 말한다. 붕어가 경계를 해야 할 상황에서 먹이활동을 할 때는 그 동작을 최대한 작게 하면서 또한 민감하게 한다. 그리고 일단 먹이를 물고는 안전지대로 이동하려는 모습을 보이기도 한다. 따라서 이런 경우에는 예신이 없이 단숨에 본신으로 끝나거나, 찌 올림의 폭이 작게 나타나며, 옆으로 끌고 가는 모습으로 나타나기도 한다.

4. 입질 파악에 대한 상식

● 잡(雜)입질과 허(虛)입질과 정(正)입질이 있다
찌에 나타나는 입질형태는 아주 다양하다. 즉 잡(雜)입질과 허(虛)입질 그리고 정(正)입질이 그것이다. 잡입질은 잡어나 잔챙이가 물었다 놓았다를 반복하는 것을 일컬음이고, 허입질은 징거미가 집게발로 들어 올리는 등의 동작을 하거나 대류 등 물고기 외적인 요인에 의해서 찌가 움직이는 현상을 말함이며, 정입질은 붕어가 제대로 먹이를 취할 때 나타나는 현상을 말한다.
이렇게 다양한 동작이 있을 때 찌 끝을 보고 잘 판단하여 잡입질과 허입질의 경우는

◀ 턱을 괴고 느긋이 찌를 바라보는 낚시인.

일정 시간 동안 그대로 놔두고, 붕어 입질이 들어와서 부드러운 입질모습이 찌 끝에 나타날 때를 기다려서 챔질할 수 있도록 찌 끝을 읽어내는 능력을 길러야 적절한 챔질을 할 수가 있다.

● 흡입과 뱉음을 반복하는 것은 붕어의 생태적 습성이다

붕어는 습관적으로 바닥을 훑고 다니면서 모래나 흙을 흡입했다가 뱉어내면서 미네랄을 섭취하는 동작을 반복한다. 특별히 적극적인 먹이사냥을 할 때를 제외하고는 우리가 사용하는 미끼를 가지고도 흡입과 뱉음을 반복한다. 그리고 이러한 붕어의 동작들은 고스란히 우리가 바라보는 찌에 나타난다. 그런데 이러한 붕어의 습성을 고려하지 않고 찌가 움직일 때마다 매번 챔질하게 되면 당연히 헛챔질이 많아지고, 대상 물고기를 만나기가 어려워진다. 그러니 붕어의 생태적 습성까지도 이해하고 있어야 하는 것이다. 혹자는 이물감 때문에 쉽게 뱉어버린다고 하나 수중촬영을 하여 관찰해보면 붕어가 본격적으로 먹이를 취할 때는 이물감 따위는 안중에도 없고, 미끼에 돌을 달아놓으면 그 미끼를 포기하지 않고 뺏어가려고 입에 물고 끝까지 흔드는 모습을 볼 수가 있다.

● 큰 미끼일수록 입질반응이 무겁게 나타난다

큰 미끼를 달아놓고 받는 입질 모습은 아주 무겁게 나타난다. 물론 이러한 현상은 주로 큰 붕어가 접근하여 입질을 하기 때문이다. 따라서 큰 미끼를 달아 놓았는데 가볍게 깔짝대는 모습이 찌에 나타난다면 그것은 무조건 무시하면 된다. 다만 찌 끝의 움직임이 한 마디도 못 되는 아주 조금 올리는 움직임이라도 그 모습이 아주 무겁게 보인다면 그것은 큰 붕어가 작은 입질동작을 한 것이니 그것을 읽어내서 챔질을 해야 한다.

● 붕어가 클수록 입질동작이 유연하다

'양반은 아무리 바빠도 뜀박질을 하지 않는다'는 속담이 있다. 이와 마찬가지로 큰 붕어도 경박스러운 동작을 잘 하지 않는다. 큰 붕어일수록 여러 마리가 접근하여 먹이경쟁을 하지 않으므로 혼자서 차분하게 먹이를 취할 수 있기 때문이다. 따라서 큰 붕어가 접근하여 입질하는 모습이 찌에 나타날 때는 찌가 아주 유연한 모습으로 천천히 오르거나 내리는 반응을 한다.

● 찌가 다 올라 멈추기만 기다리다가는 절반은 놓친다

붕어가 아주 정상적으로 입질하는 날 고수들은 찌맛을 즐기기 위해서 최대한 찌가 다 올라서 멈추는 순간을 기다려서 챔질을 한다. 그런데 실제로는 항상 이렇게 다 올라서 멈추는 동작까지 입질을 해주는 경우는 그리 많지 않다. 그럼에도 후배들에게 찌가 멈추는 순간에 챔질을 하라고 가르치는 경우가 있다. 그것은 잘못된 가르침이다. 찌가 다 올라서 멈추기만 기다리다가는 절반은 놓친다. 그러므로 그날의 입질 반응을 보아서 찌가 한 마디 정도만 올리더라도 '오르다가 멈출 듯이 느려지는 순간'을 읽어내서 그 순간에 챔질을 해야 한다. 만약 찌가 멋지게 다 올라서 멈추는 모습을 보고 챔질을 했는데도 헛챔질이 자주 된다면 오히려 찌 오름이 진행 중일 때 챔질하면 걸린다.

● 어느 미끼이든 완전한 흡입상태라면 찌가 부드럽게 올라온다

다양한 미끼를 사용해보면 미끼에 따라서 찌놀림에 차이가 느껴질 것이다. 특히 지렁이와 새우, 떡밥과 메주콩 등 대비되는 미끼의 찌놀림을 비교해보면 현저하게 차이가 난다. 그것은 붕어가 미끼를 취해서 식도로 넘기는 동작에서 차이가 나기 때문이다. 즉 껍질이나 지느러미를 가진 생물이나 딱딱한 고형 곡물은 입안에서 처리하여 식도로 넘기는 준비 시간이 길다.

그러나 어느 미끼이든 입속으로 완전히 흡입한 상태라면 찌에 나타나는 것은 차분하고 부드러운 모습으로 유사하다. 다만 그 중후한 맛과 체공시간에 약간의 차이가 느껴질 뿐이다. 그러니 비록 지렁이를 사용하여 찌가 춤을 추는 모습을 보이더라도 찌 끝이 부드럽게 움직이는 모습이 보이면 완전한 흡입상태의 정입질이라고 판단해도 된다.

● 여러 개의 찌가 불식간에 올라서 있는 것은 입질이 아니다

낚시를 하다보면 한 개의 찌 혹은 여러 개의 찌가 전혀 올리는 모습을 보지 못했는데 부지불식간에 올라있는 것을 관찰할 때가 있다. 이때 특정한 한 개의 찌가 거짓말 같이 올라서서 그대로 있을 경우는 바닥에 있는 생물(징거미, 새우, 참붕어, 납자루, 개아재비, 물방개 등)이 경사진 곳의 미끼를 위쪽으로 서서히 밀어 올려놓은 것이다.(이것들이 들어 올렸다가 놓으면 찌에 허입질로 나타난다.) 그러나 다수의 찌가 전혀 미동도 못 느끼는 상태였는데 어느 순간에 올라와 서있는 모습으로 보이는 것은 생물의 입질행동과는 전혀 무관하고, 이러한 것은 급격한 수온변화에 따라서 찌들림 현상이 발생한 것이다. 이는 찌몸통과 수중채비에 공기방울이 맺혀 부상하는 현상과 물의 수직대류가 정지하는 성층현상 그리고 물의 상하 밀도 차에 의한 미세부력 변화와 고수온 시 찌몸통의 체적 변화에 의한 미세부력 변화 등 복합적인 영향으로 발생하는 현상이다. 그러나 우리 눈앞에서 일어나는 찌들림 현상은 찌와 채비에 맺히는 공기방울이 미치는 영향이 가장 크다.

● 찌가 멋지게 오르는데 계속 헛챔질이 된다면 붕어의 입질이 아니다

찌가 아주 멋들어지게 솟아올랐는데도 헛챔질이 되는 경우가 반복된다면 우선 작은 바늘로 교체하고 작은 미끼를 달아서 그것을 극복하면 된다. 그러나 작은 바늘로 교체를 하고서도 그러한 현상이 세 번 이상 반복된다면 그것은 붕어의 입질이 아니라고 판단해야 한다. 이런 경우는 징거미나 물방개 등이 앞발로 미끼를 들고 올라서는 소행이 찌에 나타나는 모습인 것이다. 이와는 반대로 물속으로 끌고 가는 모습이 분명히 본신 모습인데도 헛챔질이 된다면 그것은 민물참게의 소행일 가능성이 크다.

제24강
챔질하기

1. 챌 것인가 기다릴 것인가?

붕어낚시에 입문하여 초보 시절부터 중급자 시절까지 가장 어려움을 겪는 것이 입질을 보고 챌 것인가 기다릴 것인가에 대한 학습이다. 초보 시절에는 분명히 찌가 오르락내리락 하는 것을 보고 힘차게 챔질을 하는데도 붕어가 걸리지 않는 헛챔질이 되는 경우가 많고, 간혹 걸리더라도 붕어와 힘겨루기를 하다가 이내 떨어뜨리는 경우가 많다. 이렇게 헛챔질과 떨어뜨리는 일이 많이 발생하는 이유는 정확한 챔질시기를 놓쳤거나 챔질 요령이 잘못되었기 때문이다. 우리는 물속의 붕어가 어떤 동작을 하고 있는지를 보지 못한다. 다만 수면에 있는 찌의 움직임을 보고서 물 속 붕어의 움직임을 유추할 뿐이다. 이렇게 불확실한 상상을 하면서 어떤 사람은 찌가 까딱하는 반응만 왔을 때도 이미 바늘은 붕어가 완전히 흡입한 상태여서 챔질을 하면 걸리게 되어있다고 주장하고, 또 어떤 사람은 찌가 완전히 다 올라와서 멈추는 순간이 완전한 흡입 상태이므로 그 시기에 챔질을 해야 한다고 주장한다. 심지어 앞의 빠른 챔질을 주장하는 사람은 찌 올림을 기다려서 챔질하는 것은 이미 바늘에 자동으로 걸린 붕어를 끌어내는 것이므로 진정한 챔질이 아니고 주낙과 같다고 주장하기도 한다. 진실은 무엇일까?

● **변화무쌍한 붕어의 취이동작**
붕어의 취이동작을 수중촬영을 하여 관찰해 보면, 붕어가 미끼에 반응을 보이고 접근했다가는 그냥 지나쳐 버리는 경우가 다반사이며, 붕어가 먹이를 취할 때도

◀ 어신을 포착하고 챔질을 준비하는 필자.

단숨에 완전한 흡입을 하는 경우와 순간순간 흡입과 뱉어내는 동작을 몇 차례 반복하다가 완전한 흡입을 하는 경우로 대별된다. 붕어의 활성도가 높은 날은 대부분 어떤 미끼이든 간에 단숨에 입 속 깊숙이 흡입하는 동작을 주로 하고, 활성도가 낮은 날이나 경계심을 가질 때는 흡입과 배출을 몇 차례 반복하고 나서야 완전한 흡입을 한다. 경우에 따라서는 먹이를 입술로만 물고 위로 떠오르다가 이내 뱉어 버리는 동작을 하기도 하며, 아주 심한 경우는 먹잇감을 건드려만 보고는 돌아서버리는 경우도 흔히 있다. 이러한 붕어의 동작들이 우리가 낚시를 하고 있는 곳의 수중에서 일어나는 일들이며, 우리가 바라보고 있는 찌에 그때그때 전달되는 내용들이다. 따라서 우리는 수면에 있는 찌놀림의 모습만 보고 이러한 수중세계에서의 붕어가 어떤 동작을 하고 있는지 감을 잡고, 기다릴 것인지 아니면 챔질을 할 것인지 결정해야 한다.

● 찌 끝을 읽어라!

붕어의 입질 형태는 미끼에 따라서, 수중환경 변화에 따라서, 또는 씨알에 따라서 다양하게 나타난다. 뿐만 아니라 같은 미끼라고 하더라도 앞서 제시한 바와 같이 붕어의 수중 동작에 따라서 여러 가지 형태로 나타난다. 이러한 상태에서 찌 끝을 보고 정확한 본신을 읽어내지 못하면 붕어와 제대로 된 대결을 할 수가 없다. 붕어가 수중에서 어떤 모습으로 입질을 하든 간에 그 동작에 관한 모습은 우리가 바라보고

있는 찌 끝에 나타나게 되어있다. 거듭 말하지만 찌는 정직한 것이다. 붕어의 입질
동작이 작을수록 찌 끝이 작게 움직이고, 붕어의 입질 동작이 클수록 찌 끝은 크게
움직인다. 따라서 찌를 완전히 올리기만을 기다려서도 챔질시기를 정확히 하기가
어렵고, 그렇다고 찌 끝이 조금 움직일 때 미리 챔질을 하여서도 붕어를 걸어 낼
수가 없다. 경우에 따라서는 붕어의 본신이 한 마디도 올리지 못하고 끝날 때가
있고, 찌몸통까지 다 올리는 경우도 있기 때문이다. 그렇다면 정확한 본신은 어떻게
찌에 나타날까? 일단 공통적인 사항은 찌 끝이 아주 느릿하고 무게감 있게 움직이는
경우이다. 그것은 찌가 많이 움직이고 적게 움직이고, 올리고 내리고, 끌고 잠기고의
차이가 아니라 적게 움직이더라도 그 동작이 부드럽고 느릿하며 무게감 있게
나타난다면 그 동작이 정확한 본신 동작인 것이다. 낚시를 하면서 여러 차례의
찌놀림 동작을 보고 이러한 본신을 읽어내는 것을 강조하기 위해서 필자가 "찌 끝을
읽어라"하고 표현한 것이다. 이것이 숙달되면 열 번의 가벼운 찌 움직임 속에서도 단
한 번의 정확한 본신을 구별하여 챔질할 수가 있게 된다.

● 자동걸림 확률은 10%에 불과

찌 끝을 읽어내어 본신을 구별하는 내용을 알아보았다. 그렇다면 본신에서는 무조건
챔질로 가야 하는가?
비록 본신이라 하더라도 성급한 챔질을 하면 입걸림이 되지 않고 헛챔질이 되거나
바늘이 입술에 얇게 걸려서 터져버리는 일이 생긴다. 그렇다고 바라만 보다
챔질시기를 지나 버리면 그만 찌가 스르륵 내려가 버리고 상황은 끝난다.
상식적으로, 본신이라면 붕어의 입속에 미끼와 바늘이 들어가 있는 상황인데도 미리
챔질을 하면 왜 제대로 걸리지 않는 것일까?
그것은 우리가 붕어의 입과 유사한 물체 구멍에 미끼를 단 바늘을 넣어놓고 힘차게
챔질 동작을 해보면 알 수가 있다. 바로 입 속의 바늘이 순간적으로 회전하면서 튕겨
나오다가 위로 향한 바늘 끝이 피부에 닿는 부분에서 순간 미끄러지면서 박히기
때문에 완전한 흡입 후 입을 다물고 우물거리는 시점이 아니면 헛챔질이 되거나
튕겨 나오다가 입술에 얇게 걸리는 현상이 되는 것이다. 그렇다면 입질 시에 챔질을
늦게 하면 어떤 현상이 발생할까? 붕어는 먹이를 흡입하고 떠올라서 필요한 만큼
취하고는 이내 뱉어버리는 습성이 있다. 그러한 동작에서 날카로운 바늘도 걸리지
않고 잘 뱉어낸다. 필자가 입질 시에 챔질을 하지 않고 자동으로 걸리는 확률을
관찰한 적이 있는데 그 자동걸림 확률은 10% 정도에 불과했다. 그것도 자동으로

걸린 상태에서 잠시 두고 보면 교묘하게도 약하게 걸린 바늘마저 뱉어내고 말았다. 이 부분은 독자 여러분도 낚시 자리에서 떨어진 곳에 있을 때 찌놀림을 보고도 그대로 두었다가 나중에 건져보면 걸려있지 않은 경우가 더 많은 것을 경험하였을 것이다. 그러므로 챔질시기는 빨라서도 안 되고 늦어서도 안 된다는 것이다.
그렇다면 적절한 챔질시기는 언제일까?

2. 상황별 챔질시기 파악

● 기본 상황에서의 챔질시기(챔질타이밍)

기본 상황에서의 챔질이란 붕어가 정상적인 입질을 해주고 찌에 오는 반응이 교과서적으로 나타날 때 챔질하는 것을 말한다. 이때에는 챔질할 수 있는 시간적 공간적 여유가 많아 초보자라도 어렵지 않게 붕어를 걸어 낼 수 있다.
초기 예신 시에는 낚싯대에 손을 가져가서 챔질할 준비를 하고 본신을 기다린다. 이어서 본신이 한 마디 이상 상승하여 계속적으로 상승이 진행 중일 때 순간적으로 챔질한다.(본능적으로 챔질이 빠른 사람의 경우) 그러나 그때 채지 않아도 찌는 계속 부드럽게 상승하여 찌몸통이 보일 때까지 상승하는 경우가 많으며, 찌가 상승 중일 때는 붕어의 입 속에 미끼와 바늘이 함께 들어가 있는 중이므로 충분한 찌 올림을 보고 챔질하여도 된다. 즉 찌가 서서히 상승하다가 멈추기 직전에 약간 느려지는 모습을 보고 챔질하면 찌맛을 충분히 즐길 수가 있다.(찌맛을 즐기는 챔질을 할 경우)
그러나 찌가 상승하다가 멈추는 순간은 붕어가 먹이를 뱉어내기 직전의 순간이므로 고도로 숙달된 조사가 아니라면 찌가 멈추기를 기다리다가는 자칫 헛챔질로 이어질 수 있다. 따라서 이런 경우는 많은 경험을 해서 완벽하게 찌 끝을 읽어내는 능력을 갖춘 다음의 얘기다.

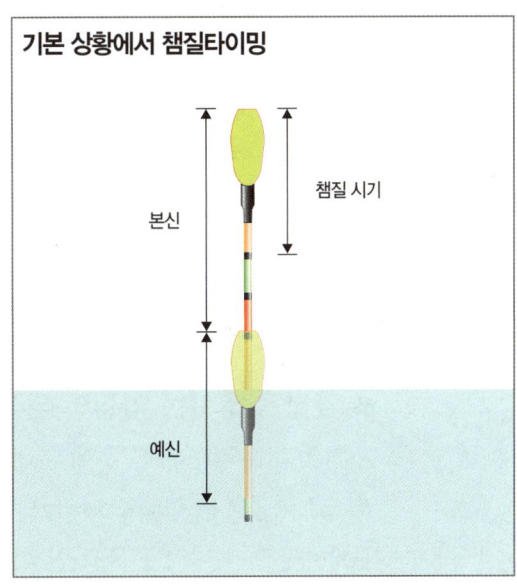

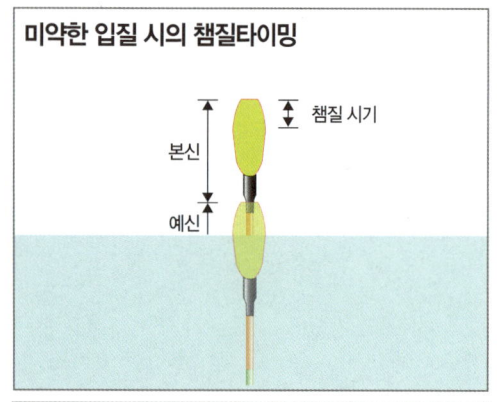

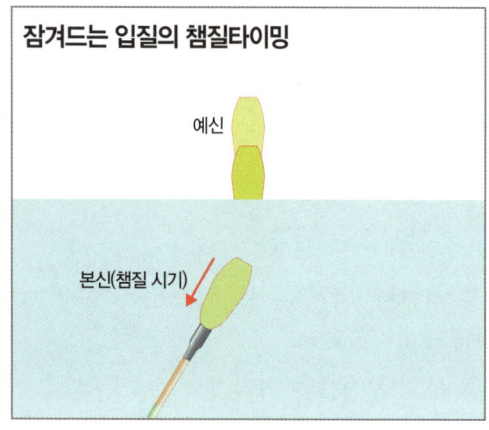

찌는 붕어가 바늘을 뱉어 낸 다음에도 관성에 의해서 잠깐 멈춰 서 있다가 내려가기 때문에 그 순간 오해할 수가 있다.

● 미세한 입질 시의 챔질시기

붕어의 입질 형태는 일정하지 않다. 장소에 따라서 특징적인 입질을 보이는 곳이 있는가 하면, 같은 장소에서도 시간대에 따라서 입질 형태가 변화하는 수가 허다하고, 한 순간의 환경이 달라져도 입질이 미세한 움직임으로 변한다. 이렇게 미세한 입질이 들어왔을 때는 예신과 본신의 구별도 어려울 정도로 찌를 미세하게 올리다가 그만 내려가 버리고 입질이 끝난다. 그러나 자세히 관찰해 보면 비록 미세하긴 하지만 예신 때보다는 본신 때 찌의 모습이 훨씬 무겁고 느릿한데, 이때가 바로 챔질시기이다. 이러한 미세한 입질 형태는 일교차가 아주 큰 날 밤이나 동풍이 불어올 때, 혹은 주변 소란에 의해서 경계심이 발동할 때 주로 나타난다.

● 잠겨드는 입질 시의 챔질시기

급한 경사면에 미끼가 있거나, 수심이 얕으면서 가까운 곳에 은신처가 있어 이동할 때, 동시에 두 마리 이상의 붕어가 먹이 다툼을 할 때 잠겨드는 입질이 자주 나타난다. 이때에는 시야에서 찌가 사라지는 순간을 시점으로 하여 챔질하면 된다. 밤낚시의 경우는 케미 불빛이 아스라이 잠겨가는 모습을 보면서 챔질하면 정확하다. 참고로 찌가 잠겨드는 입질을 할 때 찌가 다시 올라오기를 기다리는 것은 안 된다. 대부분 올리지 않고 입질이 끝나버리기 때문이다.

● 옆걸음질 하는 입질의 챔질시기

찌를 약간 올리는 예신 후에 본신에서 찌를 더 이상 올리거나 내리지 않고 서서히 옆으로 이동하는 형태로 나타나는 입질이다. 이런 형태로 찌를 끌 때는 수심이 얕은 곳에서 붕어가 미끼를 물고 안정된 곳으로 이동하고자 하는 경우가 많다. 이때에는 올릴 듯하다가 옆걸음으로 찌가 서서히 이동하게 되는데 옆걸음 이동이 한두 뼘 정도 진행 중일 때 챔질하면 된다. 특히 잠깐 이동하다가 찌를 올리는 경우가 있는데, 이때에는 올리는 모습이 진행 중일 때 챔질을 해야 한다. 자칫 더 기다리다가는 뱉어버리기 때문이다.

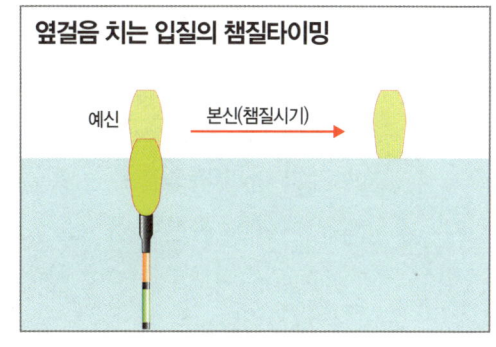

● **사용 미끼에 따른 챔질시기**

어떤 미끼를 사용하느냐에 따라서 입질형태도 달리 나타나는데 이러한 현상은 붕어의 취이습성 및 섭이능력이 사용 미끼에 따라서 달라지기 때문이다. 따라서 사용 미끼에 따른 챔질시기도 알아두어야 정확한 챔질을 할 수가 있다.

떡밥콩알낚시의 경우에 입질은 단 한 번의 예신 후에 한 번의 본신으로 곧바로 이어지며, 이때가 챔질시기이다. 그러나 지렁이낚시의 경우 1차, 2차, 3차 등 여러 차례 가벼운 예신이 있은 후에야 본격적인 본신으로 연결되는 경우가 많으며, 이때에는 찌가 부드럽게 올라오고 상승폭이 클 때를 챔질시기로 해야 한다. 다만 지렁이 미끼를 사용하면서도 1차 예신 후에 차분하고 부드러운 찌 상승이 이어지면 이것이 본신이므로 때를 놓치지 말고 챔질해야 한다.

새우나 참붕어, 메주콩 등 대형 미끼를 쓸 경우에는 미세한 모습의 예신이 한두 차례 시차를 두고 나타난 후에 아주 부드럽고 높은 본신으로 이어진다. 이때에는 찌가 충분히 솟는 모습을 보고 찌 끝이 무거워지거나 멈추는 순간에 챔질을 해야 한다.

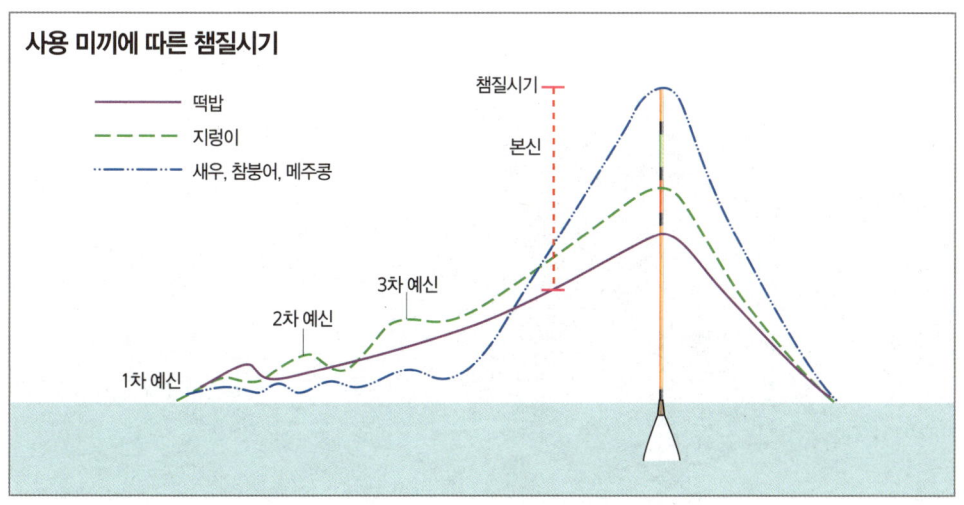

● 기타 입질현상 시 챔질

우리가 '찌가 춤을 춘다'고 표현하는 입질현상처럼 다양한 찌놀림에서의 챔질시기는 어떻게 결정해야 할까? 이 경우는 찌 올림이 높고 낮고 찌를 많이 끌고 조금 끌고의 문제가 아니라 춤을 추는 찌놀림을 그대로 두고 편안한 마음으로 보고 있으면 어느 순간에 찌가 차분한 동작을 보일 때가 있다. 바로 이때가 허(虛)입질이 아닌 정(正)입질이므로 이때에 앞에서 설명한 올리거나, 잠겨들거나, 끌거나 하는 모습의 챔질시기와 같은 개념으로 챔질을 하면 된다.

3. 챔질 방법

● 손목챔질

손목챔질은 일명 스냅챔질이라고도 하며, 손목에 순간적인 힘을 주어 낚싯대 끝을 힘차게 튕겨 올려 세우는 챔질이다. 이 방법은 붕어낚시에 있어서 가장 효과적인 챔질방법이며 가장 많이 사용하는 챔질방법이다. 이 챔질을 할 때는 낚싯대 손잡이를 가볍게 잡고 손목스냅을 이용하여 대 끝을 순간적으로 들어 올리면서 동시에 대를 세우는 동작으로 한다.

▶ 챔질 순간. 가벼운 손목챔질로 대를 세운 후 낚싯대의 방향을 틀어 도주하는 붕어를 제압한다.

이 챔질방법은 챔질하는 순간에 대의 휨새에 의한 탄력을 최대한 이용할 수 있는
방법이며, 챔질 시에 이미 붕어와의 힘겨루기에서 절반 이상을 이기고 들어가는
좋은 방법이다. 특히 월척급 이상의 대형 붕어나 잉어, 향어를 걸었을 때 대를 못
세워서 대의 탄력을 이용하지 못해 원줄이나 목줄이 끊어지거나 바늘이 펴지거나
붕어 주둥이가 찢겨져 나가는 등의 실패를 당하는 경우가 많이 있는데, 손목챔질을
잘 이용하면 챔질 순간에 이미 대가 반 이상 세워지게 되어 대 허리의 탄력을
초기부터 이용할 수 있게 되므로 대물급을 제압하기가 유리하다. 초보자라면
애초부터 손목챔질 습관을 들이는 것이 좋다. 처음에 잘못 길들이면 나중에
고치기가 쉽지 않기 때문이다.

● 들어챔질

들어챔질은 손목스냅을 이용하지 않고 팔을 이용해서 들어 올리는 챔질을 말한다.
이때는 낚싯대 끝에 순간 힘이 가는 손목챔질과는 달리 낚싯대 허리부분에 힘이
전달되는데, 마치 바다낚시에서 챔질하는 모습과 유사하다고 보면 되겠다.
이러한 들어챔질도 챔질 초기에 대를 이미 세우는 효과는 있어서 붕어를 제압하고
유도하는 데는 용이하다. 그러나 챔질 시에 순간적으로 바늘에 전해지는 충격이
미약하여 바늘의 즉각 회전이 붕어의 입안에서 이루어지지 못하고 자칫 미끄러져
나와 버리거나 약한 입걸림이 될 수도 있다.

● 당겨챔질

붕어가 입질을 할 때 낚싯대 손잡이를 잡고서 팔을 옆구리 뒤쪽으로 세차게 당겨서
챔질하는 방법을 말한다. 이 방법은 챔질 순간에 대를 세우는 것이 아니고 챔질을
하고 나서야 2차 동작으로 대를 세우는 단점이 있다. 그러므로 수초 속에서 대물급
붕어를 걸었을 때는 낚싯대를 세우지 못해 붕어를 효과적으로 제압하지 못할 수
있다. 오래 전에 대나무나 글라스 소재의 무거운 낚싯대를 사용할 때 이러한
당겨챔질을 많이 하였으나, 현대에 와서는 낚싯대가 가벼워져 손목챔질이
용이해졌고, 아주 무겁고 긴 대를 사용하여 한 손으로 손목챔질이 힘들 경우라면 두
손으로 들어서 챔질하는 것이 좋다.

● 기타 경우의 챔질 요령

낚시를 하다 보면 특이한 찌놀림을 접할 때가 있다. 찌가 갑자기 빨려 들어간다든지,

순간적으로 급상승한다든지, 끌고 오락가락하는 경우이다. 이런 경우는 대개 잡어 입질이거나 잔챙이 붕어의 소행일 경우인데, 때에 따라서는 큰 붕어도 그러한 입질을 보일 때가 있다. 그러므로 일단 입질을 보았으면 찌를 잘 읽고 낚아내서 사실 확인을 해보아야 한다.

이렇게 급작스런 입질을 할 때는 챔질도 급하고 강하게 하게 되는데, 그렇게 하면 대부분 헛챔질로 끝난다. 따라서 이러한 경우일수록 간명하고 약하게 툭! 하고 손목챔질을 해야 입질을 한 어종이 바늘에 걸린다. 또한 이미 챔질시기를 놓쳐서 찌가 벌렁 누웠을 경우에도 급하고 힘차게 챔질하면 빈 바늘만 튕겨 나오기 일쑤다. 이렇게 늦었다고 생각할수록 슬쩍 약한 손목챔질을 해야 붕어를 걸어낼 수 있다.

4. 챔질에 대한 상식

● 나만의 챔질시기를 찾아라

간혹 '하나 둘 셋에 채라' 혹은 '한 뼘 이상 올리거든 채라' 또는 '몇 마디에서 채라' '올라와서 멈추거든 채라' 등등 미리 정해놓은 챔질시기를 얘기하는 경우가 있는데, 이것은 잘못이다.

챔질시기는 첫째로는 찌 끝을 읽어서 확실한 본신의 모습에 따라서 그때그때 결정해야 하고, 다음으로는 자기 자신의 개성에 맞는 챔질타이밍을 찾아서 챔질을 해야 한다. 어떤 사람은 습관적으로 즉각 챔질을 하고, 어떤 사람은 느긋하게 기다렸다가 챔질을 하는 등 사람마다의 체질과 개성이 다르기 때문이다. 즉 나만의 챔질타이밍이 중요한 것이다.

▼ 연속으로 낚아 올린 준척급 붕어와 여덟치 붕어를 들어보이는 필자.

● 챔질타이밍은 찌 높이가 아니라 찌 동작으로 판단하라

대물이라서 꼭 찌를 높이 올리는

것은 아님을 알아야 한다. 오히려 중치급 이상의 붕어는 찌를 잘 올리지만 대물급의
붕어는 그날의 수중생태환경이나 바닥상태 혹은 기상조건 등에 따라 찌를 높이
올리는 입질을 하지 않을 경우가 의외로 많다. 따라서 찌 올림의 높고 낮음이 아니라
그 찌 끝의 동작을 잘 읽어서 챔질시기를 판단해야 한다.

● 급할수록 약하게! 강한 챔질이 능사가 아니다
미약한 입질 시에는 대 끝을 이용한 약한 챔질에 더 잘 걸린다. 또한 미처 입질을
보지 못하여 찌를 끌고 가는 급한 상황에서도 손목을 이용해서 낚싯대 끝을 위로 툭
치듯이 하는 약한 챔질이 더 입걸림을 확실하게 해 준다. 급하다고 강하게 잡아채면
십중팔구는 헛챔질이 되고 만다.

● 대물일수록 찌를 높이 올린다는 생각은 틀렸다
사람들은 낚시이야기가 나오면 찌를 하늘 끝까지 올려서 동동거리고 나왔다는 대물
무용담을 즐겨한다. 그러다보니 초보자들은 대물붕어는 항상 찌를 높이 올린다고만
생각하게 된다. 그러나 실제는 꼭 그렇지만은 않다. 앞에서도 몇 차례 언급하였지만
생태환경변화에 따라 변화가 아주 심한 것이 찌놀림 모습이다. 어느 경우에는 4짜급
대물붕어도 찌를 한 마디 정도만 올리고 마는 경우가 종종 있다. 다만 아주 정상적인
생태환경상태이고 붕어의 활성도가 아주 높은 경우일 때만큼은 대물일수록 찌를
중후하고 멋지게 그리고 높이 올려준다.

● 헛챔질을 마음에 담아두지 마라
우리는 낚시를 하다가 종종 멋진 입질을 보고도 헛챔질을 경험한다. 이런 경우에는
서운하기가 이루 말할 수가 없다. 그래서 그 환상적인 찌올림 순간이 머리에서
지워지지를 않고 낚시를 하는 내내 마음에 담아져 있게 된다. 심한 경우에는 낚시를
마치고 집에 돌아와서도 며칠 동안 잠을 청할 때마다 그 순간이 생생하게 머리에
떠올라서 뒤척이며 자책하다가 잠을 설치기도 한다. 그러나 당시에 헛챔질을 한
것은 그 붕어와의 운명적인 끄나풀이 그렇게 되어 인연이 아니었다고 접어둘 줄
알아야 한다. 그렇지 못하고 마음에 담고 있는 헛챔질의 기억이 많으면 나중에는
입질을 분석하고 챔질을 감행하는 데 자신이 없어진다. 미련을 오래 간직하는 것은
미련한 사람이 하는 짓이다.

제 25강

제압과 유도

입질을 보고 챔질을 하여 붕어를 걸어서 제압하고 유도해오는 순간은 붕어낚시의 가장 감격적인 순간이다. 그러나 이 과정에서 조금이라도 실수를 하게 되면 앞 단계의 모든 것은 허사로 돌아가고 만다. 이 과정은 마치 골프선수나 야구선수가 공을 때리는 임팩트 순간부터 팔로우 스윙 단계까지 흐트러짐이 없어야 하는 것과 같고, 사격선수가 방아쇠 1단을 당기는 순간부터 격발 후 실탄이 비행하는 동안 흐트러짐이 없이 표적 추적을 해야 하는 것만큼 주의를 요한다. 즉 무리한 힘이나 동작을 하면 안 되고, 스스로 여유를 가지고 붕어와 호흡을 같이 하면서 제압과 유도를 해야 한다는 말이다. 이러한 과정에서 붕어와 겨루는 순간순간의 짜릿한 쾌감은 낚시의 맛 그 자체의 결정판이 된다.

▼ 물가로 끌어낸 월척붕어를 뜰채로 떠내려 하고 있다.

1. 제압하기(힘겨루기)

붕어낚시에서 찌가 솟아오르는 입질을 보고 환희를 느끼는 것이 찌맛이라면, 챔질을 하여 손에 부딪혀오는 육중한 감각과 철퍼덕 하는 초기 힘겨루기는 가슴이 울렁이는 손맛이다. 그러나 모처럼

▲ 붕어와의 힘겨루기. 가장 짜릿한 손맛의 희열을 즐기는 순간이다.

입질을 받고 붕어를 걸었다고 하더라도 적절히 제압을 하지 못하면 그만 떨어뜨리게 되고, 또한 초기 제압을 적절히 하지 못하여 장애물에 걸리거나 옆 낚시채비를 감게 되면 손맛은커녕 난감한 상황에 처하게 된다. 그럼 어떻게 제압을 해야 할 것인가? 작은 씨알의 붕어를 걸었을 때에야 비록 초보자라고 하더라도 웬만하면 제압하여 어떻게든 낚아 올리겠지만 월척급 이상 대물붕어의 경우는 얘기가 달라진다. 월척붕어는 그 자체 무게만 해도 400~500g이나 되는데(이러한 무게를 낚싯줄 끝에 매달아서 깊은 물속에 넣어놓고 꺼내려 하면 낚싯대의 휨새 때문에 수면에 띄울 수가 없다.) 하물며 필사적으로 도망하기 위해서 혼신의 힘을 다하니 그 무게감은 몇 배가 된다. 이러한 상황에서 붕어를 성공적으로 제압하면서 손맛의 희열을 충분히 즐기기 위한 요령, 그것이 여기에서 알아보고자 하는 제압요령이다.

● 대 세우기 - 챔질과 동시에 대를 세운다

챔질을 하여 붕어를 걸었을 때, 대를 세우느냐 못 세우느냐 하는 것이 붕어와의 힘겨루기에서 이기느냐 지느냐를 결정하는 중요한 관건이 된다. 만약 초기에 대를 제대로 세우지 못했다면 월척급 이상의 큰 붕어인 경우 대부분은 낚아내기 어렵다고

제25강 제압과 유도 255

▶ 붕어 힘 빼기. 수면에 띄워 공기를 두어 번 먹이면 붕어는 급격히 힘이 빠진다.

해도 과언이 아니다. 따라서 최초 챔질 후에는 신속하게(챔질과 거의 동시에) 대를 수직으로 세워야 한다. 이렇게 대를 세워야 하는 이유는 낚싯대의 탄력을 최대한 이용하기 위해서다. 만약 대를 세우지 못하면 물고기-원줄-낚싯대가 서로 마주보고 힘겨루기를 하는 형상이 되어 낚싯대의 탄력 없이 물고기의 힘 그대로를 감당해야 한다. 그러나 대를 세우게 되면 낚싯대의 탄성에 의해서 붕어의 힘을 적절히 완화시키는 완충작용을 하여 제압하기가 용이해진다.

그렇더라도 힘이 강한 대물일 경우는 물고기의 힘에 대가 끌려들어 쉽게 세우기가 어렵고, 만약 무리하게 힘으로 당겨 세우려고 하면 대가 부러지거나, 바늘이 펴지거나, 원줄이 끊어져서 물고기가 떨어져 나갈 수도 있으므로, 물고기의 힘이 거세게 전달되어 올 때는 자기의 자세를 적절히 낮춰가면서 힘을 조절하여 대를 세워야 힘겨루기에서 성공할 수가 있다.

● 힘 빼기 - 공기를 먹인다

일단 대를 세우는 데 성공하면 90% 이상 제압에 성공했다고 보아도 된다. 그러나 대를 세우고 나서도 물고기는 순간순간 용을 쓴다. 이렇게 2차, 3차 앙탈을 부릴 때 자칫 세웠던 대를 늦추고 팽팽한 원줄을 느슨하게 해주면 그 물고기는 바늘털이를 하여 떨어져 나가버리고 만다. 그러므로 어떤 자세로 유도하더라도 원줄은 항상 팽팽한 생태를 유지하도록 해야 한다. 그러면서 약간의 시간을 두고 기다리면 붕어가 스스로 물위로 떠올라서 공기 호흡을 하게 되고, 몇 차례 공기 호흡을 한 후에는 힘이 점점 빠지고 항복하게 된다. 이 상태까지가 제압에 성공한 단계다.

● **제압 간의 응급처치**

제압단계에서 아무리 주의한다고 하더라도 챔질 순간 수초에 처박거나 장애물에 감기는 경우가 종종 발생하는데, 이런 때에는 무리하여 당기지 말고 적절한 응급처치를 하여 붕어를 빼내야 한다. 이때의 요령은 내 바늘에 걸려있는 붕어의 움직임을 역이용하는 것이다. 이미 수초를 감고 있거나 깊숙이 박혀 있는 붕어는 한동안 긴장하여 전혀 움직임이 없으므로 빠져 나올 수가 없는 상태가 된다. 그런데 수초에 걸렸다고 하여 처음부터 힘을 주어 잡아당기게 되면 원줄이 끊어지거나, 목줄이 끊어지거나, 아니면 붕어의 입이 찢어지면서 떨어지고 만다. 말풀류 등의 아주 연약한 수초라면 그나마 수초가 뽑히거나 끊어지면서 나올 수도 있겠으나 갈대나 부들, 줄풀, 뗏장수초 등에서는 실패할 확률이 높다.

따라서 이런 때에는 줄을 약간 팽팽하게 하고 잠시 기다리다가 잠깐 느슨하게 놓아주었다가를 반복하면서 인내심을 가지고 붕어가 움직이기를 기다리면 어느 순간에 붕어가 움직이게 되고, 이때에 붕어의 움직이는 힘을 역이용하여 줄에 팽팽한 힘을 가해 잡아당기면 붕어가 서서히 빠져 나온다. 혹 붕어가 강하게 철퍼덕거릴 때는 그 순간을 이용해서 곧바로 뽑아 당기면 쉽게 끌려 나온다. 그러나 그렇게 하고도 빠져나올 기미가 보이지 않는다면 무리하지 말고 낚싯대를 받침대에 올려놓고 다른 낚싯대를 이용한 낚시를 하면서 기다려야 한다. 그래놓고 시간이 경과하면 붕어가 스스로 빠져 나오거나, 혹 붕어가 떨어지더라도 신기할 정도로 바늘이 쉽게 빠져 나온다. 그러나 붕어를 이용하지 않고 힘으로 당겨 빼내려 하면 붕어가 떨어져 나가고 나서도 바늘이 수초에 감겨서 빠져 나오지 않아 애를 먹을 수가 있다.

2. 유도하기(끌어내기)

제압과정을 통해서 일단 붕어가 항복하면 그 다음엔 안전하게 유도한다. 붕어낚시에서 가장 으뜸으로 치는 낚시 맛 두 가지 중에 환상적인 찌맛 다음으로 이 과정에서 극대화되는 것이 짜릿짜릿하고 뭉클뭉클한 손맛이다. 손맛은 챔질과 동시에 초기 제압과정에서부터 시작하여 유도과정에서 극대화하는데, 이러한 손맛을 극대화하면서도 안전하게 낚아내기 위해서는 빠른 판단을 해야 한다. 즉 이리저리 힘을 쓰는 붕어를 놀리면서 손맛을 차분히 볼 것인가, 아니면 손맛이 줄더라도 빨리 강제집행을 해야 할 것인가를 염두에 두고 행동해야 하는 것이다. 놀릴 경우는 안전한 상황에서 붕어를 유도하면서 낚시의 맛을 충분히 느끼기 위함이고, 강제집행을 할 경우는 수초 등 장애물이 있는 위험지역을 우선 탈출하게 하기 위함이다.

● 붕어 머리 돌려세우기

제압 후 유도하는 과정에서도 붕어는 본능적으로 수초나 장애물 등이 있는 안전지대로 처박으려는 습성이 있으며, 더욱이 사람의 인기척을 감지하게 되면 힘이 빠졌던 상태에서도 순간적으로 도망하기 위해서 최종단계까지 힘을 쓴다. 따라서 제압 이후에 최종단계까지 유도를 잘 해야 붕어가 수초나 기타 장애물에 처박는 것을 방지할 수 있고, 또한 옆의 낚싯대에 엉키는 것을 방지할 수 있다.
만약 제압했다고 생각하는 붕어가 다시 수중으로 힘을 쓰고 차고 나갈 때는 머리를 돌려 세우는 요령이 있어야 한다. 방법은 낚싯대의 젖히는 방향에 따라서 대의 탄성에 의해 붕어의 머리 방향을 전환하게 하는 것이다. 즉 붕어가 정면으로 차고 나갈 때면 좌, 우 한 방향으로 대를 눕히면서 탄성을 주어 붕어의 머리가 그 방향을 따라 돌게 하고, 다음으로 만약 붕어가 좌측으로 차고 나가면 우측으로 대를 눕혀주고, 우측으로 차고 나가면 좌측으로 대를 눕혀 주면서 돌아서도록 유도한다. 만약 붕어가 마지막 힘을 쓰는데 대를 좌, 우로 눕히지 않고 똑바로 붙잡고 서서 차고 나가는 붕어를 억지로 제압하려 한다면 힘의 맞대결에 의해서 거의 돌려세우지 못하고 실패할 것이다.
민물이든 바다든 루어낚시든 모든 낚시분야에서 대상어를 걸었을 때 이렇게 물고기의 머리를 돌려세우면서 제압하는 과정은 대단히 중요하다. 그리고 이렇게 물고기를 돌려세워가면서 제압하는 과정에서 손맛을 충분히 만끽하는 것이다.

● 붕어를 미끄럼 태우기

붕어의 힘을 빼고 수면에 띄웠다면 이제부터는 내 앞으로 붕어를 가져오는 단계다. 이때 붕어를 내 앞으로 당겨오는 방법이 미끄럼 태우기이다. 씨알이 작은 붕어야 쉽게 들어내도 되겠지만 월척급 정도의 붕어를 쉽게 들어내려고 하다가는 실패하기 십상이다. 그러므로 이런 경우는 미끄럼을 태우듯이 당겨 와야 하며, 당길 때에도 붕어에게 충격이나 자극이 가지 않도록 주의해야 한다. 붕어는 누워서 따라 오다가도 충격을 받게 되면 그 자리에서 몸부림을 쳐서 떨어져 나가려고 하기 때문이다.

따라서 깔끔한 수면 위라면 일자로 그냥 당겨 와도 되겠지만 만약 밀생한 수초 위라면 수초의 골자리나 가지런한 수초 위로 방향을 유도하면서 요리조리 미끄럼을 태워야 안전하다. 이렇게 미끄럼을 태워 당겨올 때 특히 주의해야 할 점은 낚싯대의 세운 각도가 자기 몸 뒤로 젖혀지면 안 된다는 것이다. 만약 낚싯대를 몸 뒤로 젖히면서 당기게 되면 대 허리가 버티지 못하고 파손될 우려가 많다. 대개의 경우는 월척급 이상의 큰 붕어도 대를 세우고 팔을 높이 뻗어 여유를 가지고 유도하면 대를 뒤로 젖히지 않더라도 스스로 발 앞까지 유도가 된다. 만약 그래도 어렵다면 대를 뒤로 젖히는 것보다는 의자에서 일어나서 뒷걸음질 치는 것이 오히려 좋다. 이때 자잘한 붕어는 천천히 미끄럼을 태워오면 되겠으나, 큰 붕어라면 그럴 여유가 없다. 큰 붕어의 경우는 신속한 동작으로 빠르게 미끄럼을 태운다. 다만 가까이 끌려와서 여유가 생기면 그때부터는 성급하게 하지 말고 느긋한 마음으로 천천히 유도해야 더 안전하다.

● 강제집행

강제집행은 챔질-제압과 동시에 위험지역을 빨리 벗어나게 하여 곧바로 발 앞으로 끌어 오거나 즉시 안전지대로 뽑아내서 유도과정의 손맛을 즐기기 위한 1차적인 안전조치이며, 챔질과 동시에 장애물 밖으로 끌어내는 것이 중요하다.

만약 장애물이나 수초더미를 벗어나서 안전지대로 붕어가 나오게 되면 그때부터는 놀리면서 손맛을 보면 되나, 수초가 전면을 덮고 있는 포인트라면 1차 강제집행을 해서 수초 위로 뽑아 올린 붕어를 지체 없이 미끄럼 태우듯이 끌어와야 하고, 수몰나무 등 수중 장애물이 있는 곳이라면 수면에서 철퍼덕거리는 순간에 내 앞으로 날리다시피 끌어와야 한다.

강제집행에서 중요한 것은 일단 수면이나 수초 위로 띄운 붕어가 다시 수중으로 파고들지 못하도록 끝까지 수면에서 해결해야 한다는 것이다. 일단 수초 위로 올렸던 대물붕어가 잘못하여 다시 수초 속으로 파고들어 버리면 거의 띄우기가 어렵게 된다. 이 과정에서 간혹 수초나 기타 장애물에 붕어가 걸리는 경우가 발생하는데 그때는 서두르지 말고 차분하게 붕어가 스스로 풀고 나오도록 여유를 가지고 유도하되 풀리는 즉시 다시금 강제집행해야 한다.

▶ 수초 속에서 건 붕어를 강제집행으로 끌어내고 있다.

3. 들어내기(마무리)

들어내기는 낚시의 최종 마무리 단계이고, 물고기와의 대결을 완결하면서 마지막 맛을 보는 단계이다. 지금까지 잘해왔더라도 이 과정에서 자칫 잘못하면 허사가 된다. 그래서 필자는 들어내기야말로 붕어낚시 전 과정을 완결하는 맛이라고 표현한다. 이러한 들어내기는 손으로 들어내기와 뜰채를 이용하는 등의 두 가지 방법이 있다.

● **손으로 들어내기**

대부분의 자연노지에서 전통붕어낚시를 즐기는 낚시인들은 뜰채를 휴대하지 않는다. 따라서 제압, 유도 후의 마지막 단계에서 붕어를 손으로 들어 올릴 수밖에 없다. 이때 손으로 들어내기 위한 단계에서는 불가피하게 원줄을 손으로 잡아야 하는데, 이때 손으로 원줄을 꽉 잡는 것은 금물이다. 붕어를 들어내기 쉬운 가까운 지점까지 가져 올 때는 원줄을 손으로 꽉 잡지 말고 낚싯대를 세운 채로 손바닥 안쪽에 원줄을 지긋이 대기만 하고 유도해온다. 즉 붕어가 갑자기 퍼덕일 때 원줄이 손 안에서 유동을 하게 하여 낚싯대의 탄력을 이용하자는 것이다. 만약 원줄을 꽉 잡게 되면 낚싯대의 탄성을 이용하지 못하게 되므로 마지막 퍼덕이는 붕어의 힘과 무게를 감당하지 못하고, 목줄이 끊어지거나, 바늘이 빠지거나, 붕어의 입술이 찢어지면서 떨어뜨리고 만다.

다음으로 붕어를 들 수 있는 상태까지 가져 왔으면 최종적으로 들어내야 하는데, 이때는 원줄에 대고 있던 손을 서서히 내려서 봉돌 가까이의 원줄을 가볍게 잡고 붕어에게 충격이 가지 않도록 조심해서 들어 올린다. 그러나 붕어가 아주 클 경우는 원줄을 꽉 잡고 들어 올리는 것도 위험한 경우가 있으므로 손을 물에 담근 후에 붕어 몸체 아래로 서서히 넣어서 중심을 잡고 조심스럽게 손바닥으로 받쳐서 들어 올린다. 이때 도망가지 못하게 한답시고 손으로 붕어를 꼭 쥐는 것은 금물이다. 손으로 쥐는 순간 붕어는 퍼덕거리거나 튀어 오른다. 붕어는 충격만 주지 않으면 움직임이 없이 들려 나오니 사람이 먼저 안정된 모습을 갖추어야 한다. 그러나 아주 큰 붕어나 잉어 등 무게가 있는 물고기는 수건에 물을 적셔서 몸체를 조심스레 덮고 눈을 가려 감싸서 들어내는 것이 안전하다.

● 뜰채로 들어내기

뜰채를 사용하여 물고기를 들어 올릴 때는 뜰채를 물고기 쪽으로 가져가지 말고 물고기를 뜰채 쪽으로 끌어와서 들어가게 한다. 항복하고 발 앞에 누워있는 붕어도 뜰채가 몸에 닿으면 순간적으로 몸부림을 치게 마련이다. 하물며 아직 저만치에서 움직이고 있는 붕어를 억지로 뜰채로 떠내려 하면 붕어는 계속해서 회피하려고 몸부림을 치고, 이러는 과정에서 떨어뜨릴 수 있다.

따라서 뜰채를 사용할 때는 붕어에게서 조금 떨어진 곳에 뜰채망을 먼저 절반쯤 담그고, 그 뜰채 속으로 붕어를 유도하여 스스로 들어가게 해야 하며, 붕어의 머리부터 몸통 중간 이상이 뜰채에 들어가는 모습을 보고, 뜰채 앞부분을 살짝 들어서 붕어를 안전하게 담아 당겨서 들어 올려야 한다.

이렇게 뜰채를 이용하여 붕어를 담아 올리는 과정에도 그 맛이라는 것이 있다. 대물을 뜰채 쪽으로 유도하면서의 맛, 대물이 뜰채로 빨려 들어갈 때의 쾌감, 마지막 당겨서 들어 올리는 과정에서의 뭉클한 희열이 바로 그것이다.

4. 제압과 유도의 상식

● 챔질은 제압을 위한 첫 동작이다

입질을 보고 챔질을 하는 순간에 어떻게 제압할 것인가를 염두에 두어야 한다. 즉 챔질방향(수초 공간, 장애물 등을 고려한다면 어느 쪽으로 챔질을 할 것인가?), 챔질강도(곧바로 제압할까? 가지고 놀면서 제압할까?), 장비와 채비의 상태(경질대인가 연질대인가? 원줄과 목줄, 바늘의 강도는?) 등등 고려해야 할 사항을 미리 생각하여 그에 맞는 챔질을 해야 초기 제압의 실패를 방지할 수 있다. 즉 챔질은 제압을 염두에 둔 첫 동작인 것이다.

● 내 몸과 낚싯대와 물고기가 일체가 되게 하라

씨름선수가 자기 몸무게보다 무거운 상대를 들어 넘길 때는 상대의 몸과 자기 몸이 일체가 되게 하여 순간 힘을 실어 넘긴다. 또한 역도 선수가 자기 몸무게보다 무거운 역기를 들어 올릴 때에도 자기 몸과 역기가 일체가 되도록 호흡을 조절하여 순간에 들어 올린다. 낚시에서 큰 물고기를 걸었을 때에도 이러한 원리처럼 내 몸과 낚싯대가 일체가 되게 하고 나서 힘을 쓰는 물고기와 호흡을 같이하여 뽑아 올리면 훨씬 쉽게 제압 및 유도를 할 수가 있다. 내 호흡과의 조화를 이루지 못하고 팔의 힘만으로 제압이나 유도를 하려 하면 대부분 실패한다.

● 멀리서 퍼덕거리면 당기고, 발 앞에서 퍼덕거리면 줄을 놓아라

붕어는 바늘털이를 하는 어종은 아니다. 다만 놀란 충격과 도망하려는 본능으로 물에서 퍼덕일 뿐이다. 이런 때에 잘못하면 붕어를 떨어뜨리게 되는데, 만약 멀리에서 수면 위로 퍼덕거리면 원줄을 팽팽히 하여 당겨야 한다. 이때 원줄이 느슨해지면 붕어는 바늘에서 빠져 나가 버린다. 그러나 발 앞에 다 와서 손으로 원줄을 잡았는데 퍼덕거리게 되면 즉시 잡고 있는 원줄을 놓아줘야 한다. 만약 이때 원줄을 꽉 잡고 버티면 붕어의 입술이 찢어지거나 바늘이 펴지면서 떨어져 나가기 십상이므로 일단 놓았다가 붕어를 달래면서 다시 꺼내오기를 시도해야 하는 것이다.

● 원줄을 느슨하게 주지 마라

바늘에 걸린 붕어와 힘겨루기를 하다 보면 원줄이 느슨한 상태가 되었을 때 신기할

정도로 잘 빠져 나간다. 그래서 처음
낚시를 가르칠 때 '원줄을 주지 마라'
혹은 '원줄을 빼앗기지 마라'고 가르치는
것이다. 혹 시간을 두고 천천히
유도하더라도 원줄은 항상 팽팽한
긴장상태를 유지하면서 손맛을 즐겨야
실수가 없다.

● **스스로 항복하고 다가오게 하라**
챔질 이후에 물고기를 제압한다는 것은
물고기에게서 항복을 받아내는 것이다.
이때 시간적인 여유를 가지고 물고기가
점잖게 항복할 때를 기다려서
조심스럽게 다가오게 하는 것이 또
하나의 낚시 맛이다. 필자는 매번 붕어를
항복하게 한 연후에 '이리 오시게' 하는
등 붕어와 대화를 하면서 꺼내오기를
좋아한다. 그것은 곧 붕어에게 이겼다는
승리의 쾌감도 있지만 그렇게 깨끗이

▲큰 붕어는 손으로 쥐지 말고 손바닥으로 배를 받쳐 든 상태에서 들어내면 큰 저항 없이 올릴 수 있다.

항복하고 따라 와주는 붕어의 눈을 마주보면 그 순수함에 한없는 정감이 가기
때문이다. 붕어를 억지로 무자비하게 당겨 꺼내지 말고 스스로 항복하고 다가오게
하는 것이 붕어낚시의 맛을 극대화하는 마무리이다.

● **수건으로 감싸 잡지 말라**
간혹 붕어를 보호한답시고 수건으로 감싸서 잡는 것을 볼 수가 있다. 그러나 이러한
행동은 붕어를 위한 행동이 아니라 붕어에게 해를 끼치는 행동이다. 붕어는 몸을
덮고 있는 비늘의 체액으로 세균이나 해충의 침입을 방지하면서 살아가는데
수건으로 감싸 잡게 되면 체액이 다 수건에 묻어나서 손상되어 버린다. 이것은
붕어에게는 치명적인 것으로 우리가 유료낚시터에서 흔히 볼 수 있는
물곰팡이병(몸이나 지느러미에 하얀 솜처럼 보이며 떠다니는 병), 기생충병의 가장
큰 원인이 바로 이러한 것이다.

▶ 월척급 붕어를 방류하는 낚시인. 방류할 생각이면 아예 처음부터 살림망에 담지 않는 것이 붕어에게 스트레스를 주지 않아서 좋다.

● 방생할 생각이면 아예 살림망에 담지 마라

모든 생명체는 자유를 잃으면 그 순간부터 스트레스에 시달리게 된다. 그리고 그것은 곧 생명을 단축시키는 근본 원인이 된다. 버려진 새우채집망이나 삼강망 그물에 들어가서 오래 방치된 물고기를 보라. 대부분 죽어있거나 야위어서 움직이지도 못할 상태가 되어있다. 바로 그런 것이다. 우리가 붕어를 낚아서 살림망에 넣어놓으면 비록 하룻밤이라고 하더라도 붕어 입장에서는 엄청난 스트레스에 시달리게 되는 것이다. 그리고 비늘이나 지느러미가 심하게 손상된다. 낚은 붕어를 물에 풀어주는 행위는 아름다운 행동이다. 그러나 더 아름다운 것은 기왕에 놓아줄 붕어라면 처음부터 살림망에 담지 말고 나와 만나주었음을 고마워하고 곧바로 방생하는 것이다. 살림망에 담는 것은 꼭 필요로 해서 고이 챙겨 가져갈 정도의 붕어만 담으면 된다.

탐스런 수초 사이에 낚시를 드리우는 설렘.

제 26강

봄낚시

봄은 붕어낚시의 황금시즌이다. 산란기와 맞물린 봄은 붕어가 연중 가장 잘 낚이는 계절이며 월척을 만날 확률이 가장 높은 계절이다. 봄철의 붕어낚시는 해빙기와 산란기의 순서로 진행된다. 해빙기는 아직 수온이 낮은 상태이므로 냉수대 상황의 낚시가 주로 이루어지고, 산란기 때에는 소위 산란특수라고 하는 최고의 호황이 펼쳐진다. 이후 초여름이 되면 영농을 위한 배수가 시작되면서 봄낚시는 마감한다.

1. 해빙기낚시

● **해빙기의 난제**

해빙기란 얼음이 녹아 물낚시가 시작되는 2월 초순부터 산란기 직전의 3월 초순까지를 말한다. 기상연구소 자료에 의하면 영상 5도 이하를 겨울 날씨로 정의할 때 1920년에 비해 겨울이 한 달 정도 짧아졌다고 한다. 해빙기 낚시도 한 달 정도 앞당겨진 셈이다. 그러나 해빙기 즉 초봄은 여전히 춥고 수온이 낮아서 붕어낚시가 쉽지 않은 시기다.

우선 해빙기는 아직 플랑크톤 등 수중 미생물이 희박하여 물색이 맑다. 특히 해빙기엔 낚시를 하고 앉아있는 동안에도 물색이 수시로 변화하는 경우가 잦은데, 이것은 찬 기온으로 인해 수면 온도가 떨어지거나, 동풍계열의 건조하고 냉한

◀ 꽃 피는 봄날의 물가에서 낚시를 즐기고 있다.

바람이 불어와서 수중 플랑크톤이 급격히 소멸하는 현상이다. 이러한 현상이 나타나면 수중의 붕어들도 연안접근을 하지 않고, 수초, 장애물 등의 은신처에 안주하여 움직임을 최소화하게 된다. 주영양소인 플랑크톤이 소멸되어버림에 따라 연안에 접근할 이유가 없어졌고, 맑은 물색으로 인해 경계심만 늘어났기 때문이다. 그렇다면 이런 때는 어떻게 해야 할까?

● 해빙기 포인트 공략

상대적으로 수심이 깊은 곳을 포인트로 한다

연안 물색이 맑아지면 붕어는 수심이 깊고 안정된 곳으로 가서 안주한다. 그러므로 연안 물색이 맑은 샘물처럼 보일 때는 아무리 대물낚시라고 하더라도 최소한 침수수초 새순이 자라고 있는 지대에서 2m 정도의 깊은 수심대를 포인트로 하는 것이 유리하다. 만약 전내림낚시를 구사한다면 3m 전후 수심대가 적당하며, 수초를 공략하는 대물낚시 포인트라면 1.5m 정도의 수초지대도 고려한다.

긴 대로 원거리를 공략한다

만약에 수심이 깊은 포인트 선정이 어려운 상황이라면 긴 대를 사용하여 원거리에 찌를 세우는 것이 좋다. 이런 곳의 붕어는 연안에 접근하지 않고 멀리 떨어진

회유선을 따라서 활동하므로 그 거리에 맞게 공략하는 것이다. 혹 원거리마저도
수심이 얕아서 1m 이내의 수심이라면 4.0칸 이상의 긴 대를 운용하는 것이
유리하다.

뒤로 물러나서 연안을 공략한다
포인트 형성이 연안에서 가까운 곳이라면 사람이 스스로 멀리 물러나서
자리함으로써 붕어의 경계심을 줄여야 한다. 수중에 턱이 지고 물색이 좋을 때는
바로 발밑까지 접근하던 붕어도 물색이 맑으면 사람 그림자조차도 회피하게 되며,
아주 미세한 소음에도 민감한 반응을 하기 때문에 가급적이면 사람이 뒤로 물러나서
연안으로 접근하는 붕어를 편하게 해 주면서 그곳을 공략하는 것이 중요하다.
이러한 요령은 제방 포인트나 논둑 포인트, 급경사 포인트 등에서 특히 효과가 좋다.

침수수초 지대를 공략하라
바닥에서 침수수초가 자라 오르고 있는 포인트에서는 붕어가 노니는 것이 보일 만큼
맑은 물에서도 입질을 받는 경우가 있다. 그만큼 침수수초는 붕어의 은신처 역할을
해주고, 새봄 침수수초의 새순은 붕어의 좋은 먹잇감이 되어주므로 비록 물색이
맑더라도 접근하여 활동하는 것이다. 그러나 이러한 침수수초 지대에서도 물이 깊지
않다면 긴 대를 사용하는 것이 유리하다.

뗏장수초 틈새를 공략하라
수면을 넓게 덮고 있거나 어느 한 부분을 포근하게 덮고 있는 뗏장수초는 붕어에게
최고의 은신처를 제공하며, 먹잇감이 풍부하므로 당연히 그 아래에는 붕어가
자리하고 있다. 이러한 곳은 비록 물색이 맑더라도 그 그늘 아래에 붕어가 들어와
있는 경우가 많고, 우리가 붕어를 볼 수 없듯이 붕어도 우리에게 경계심을 덜 갖게
된다. 다만 이러한 경우라도 가급적 긴 대로 멀리 떨어져서 공략하는 것이 좋다.

수면을 덮고 있는 수초를 직공법으로 공략하라
해빙기에는 줄풀이나 부들 등의 수초가 삭아서 수면을 덮고 있는 포인트가
유리하다. 대물붕어에게는 이러한 곳이 가장 포근한 공간이 되는데, 이런 수초는
건드리지 말고 직공채비를 하여 아주 좁은 구멍에 채비를 내리는 것이 좋다.
직공낚시를 할 때는 한 곳에 오래 머물지 않고 자주 이동하면서 여러 구멍에 찌를

내렸다 거두는 요령으로 낚시를 구사하는 것이 좋다. 아마 수초 구멍에 내리자마자 입질을 받는 경험도 하게 될 것이다.

듬성한 정수수초는 무용지물이다
냉수현상이 발생하여 바닥이 훤히 들여다보일 정도의 시기에는 듬성한 정수수초에는 붕어가 잘 머무르지 않으며, 정수수초의 넓은 공간도 붕어가 노니는 곳이 아니다. 대신 밀생한 정수수초의 작은 틈새를 공략해야 유리하다. 정수수초의 잎이나 그림자가 수면을 많이 덮고 있을수록 좋은 자리다.

● 해빙기의 미끼와 채비 운용

살아 움직이는 미끼로 유혹한다
해빙기 냉수상태일 때는 살아 움직이는 미끼의 파장이 붕어를 유혹하므로 가장 유리한 미끼는 살아서 꿈틀대는 지렁이다. 만약 같은 지렁이라도 축 늘어져있는 지렁이라면 붕어를 자극할 수 없게 되어 입질을 유도하기가 쉽지 않다. 혹 새우나 참붕어 등의 미끼를 사용하더라도 움직이게 하여 파장을 일으키게 하는 것이 좋다. 대신에 작은 것을 골라서 미끼로 해야 유리하다. 붕어는 수중에서 새우 수염이 움직이는 아주 미세한 파장도 감지하므로 비록 냉수현상에 의해서 움츠리더라도 먹잇감이 꿈틀대면서 자극하면 붕어는 접근하여 공격행동을 하게 된다.

가늘고 예민한 채비를 사용한다
냉수현상이 발생하면 붕어의 취이행동이 약해지고 그것이 우리에게는 찌가 민감하고 작게 움직이는 모습으로 보이게 된다.

▼ 눈 녹은 봄물이 찰랑대는 논둑자리에 대를 펼친 낚시인들.

그러므로 투명하고 가는 목줄채비로 교환하여 사용하고, 바늘도 작은 바늘을 사용하는 것이 좋다. 또한 찌도 찌톱이 가늘고 부력이 작은 찌를 사용하여 가벼운 찌맞춤을 하는 것이 붕어의 민감한 입질동작을 나타내주는 데 유리하다. 이때 전내림낚시를 구사하면 예민한 상태를 극복하는 데 크게 도움이 된다.

2. 산란기낚시

● 금줄에 담긴 조상의 지혜를 본받자

옛날 우리 조상들은 자식을 낳으면 대문에 금줄을 걸었다. 금으로 만든 줄이 아니라 새끼를 좌측으로 꼬아서(좌측으로 꼬기가 쉽지 않다) 그 새끼줄에 아들을 낳으면 빨간 고추를 달고, 딸을 낳으면 까만 숯을 달아서 내다 걸었다. 이러한 금줄은 소나 돼지 등 가축이 새끼를 낳았을 때도 걸어두곤 했는데 고추나 숯 대신 하얀 헝겊조각을 달았다.

이 금줄의 의미는 무엇이었을까? 첫째로는 위생관리였을 것이다. 갓 태어난 영아는 외부 환경에 매우 취약하다. 따라서 사람들의 발길을 차단하는 의미에서 금줄을 사용하게 된 것으로 사료된다. 다음으로는 안정감일 것이다. 영아뿐만 아니라 가축의 새끼들도 갓 태어나서는 외부의 충격에 적응되어있지 못하다. 또한 산모의 경우 외부 사람들이 접근하여 말을 많이 시키거나 어려운 어른이 오면 일어나서 접대를 해야 하는 경우가 발생할 것이므로 애초부터 그러한 불편함을 막아주어 산모에게 안정감을 주고자 하였던 것이었다.

필자가 여기에서 뜬금없는 금줄 얘기는 왜 하는가? 그것은 붕어 산란 중에 하는 낚시를 얘기하려 하다 보니 문득 금줄에 담긴 조상의 지혜가 생각나서이다. 우리가 낚시를 고매한 취미생활의 낙(樂)으로 여기고 있는 한 붕어는 우리의 친구다. 그 친구가 몸부림을 하면서 종족 번식을 하고 있을 때 우리는 그들을 보호해 주어야 한다. 그것이 자연에서 얻은 친구에 대한 예의(禮儀)요 범절(凡節)이다. 산모가 있는 집에 금줄을 치고 세이레(21일) 동안 사람 접근을 막아 산모와 영아를 보호하듯이 우리도 붕어가 한창 산란 중인 장소에는 산란 후 안정될 때까지 스스로가 마음의 금줄을 치고서 접근을 피해주는 것이 좋겠다.

◀ 산란붕어의 몸부림. 배를 압박하여 알을 쏟기 위해 수시로 수초를 비빈다.

● 산란 중이나 산란 전보다 산란 후가 호황기

붕어가 산란 중일 땐 그곳을 피해주자고 하는 이유는 어미붕어를 보호하자는 뜻도 있지만 사실 산란하는 붕어는 잘 낚이지 않기 때문이다. 산고에 몰두한 붕어는 먹이를 찾지 않는다. 그래서 산란기 낚시는 실질적으로는 산란 전기와 산란 후기에 이뤄지는데 산란 전기보다 산란 후기에 호황을 만날 확률이 높다.

산란기 조황의 특징은 산란 전기에는 짧은 기간에 몰려나와서 집단적인 취이성향을 보이는 반면, 산란 후기에는 긴 시간을 두고 점진적으로 이어지는 입질현상이 꾸준히 나타나는 것이다. 모르는 사이에 짧게 지나가 버리는 산란 전기의 활발한 입질 시기를 맞추기란 하늘의 별따기만큼 어렵다. 그러나 산란 후기에는 붕어가 적극적으로 먹이사냥을 하는 기간이 배수기 전까지 길게 연결되므로 호황을 만날 가능성이 높다.

● 붕어는 자연현상에 스스로 산란시기를 맞춘다

붕어는 종족보존을 위한 본능으로 자연현상에 적응하여 산란시기를 맞춘다. 그러므로 붕어의 산란시기로 매년 같은 날을 예측하는 것은 대자연 속의 붕어에게는 맞지 않다. 자연현상은 해마다 다르게 나타나고 그에 따라서 붕어의 산란시기도 변화하기 때문이다. 붕어는 수온이 17~20도일 때 주로 산란하는데, 그렇더라도 극심한 봄 가뭄이 예측되면 산란행위를 중지하고 적정 시기를 기다리는 본능적 예지능력을 발휘한다. 그래서 산란기간이 장소별로는 3~6월경으로 길어지는 것이며, 경우에 따라서는 적정시기를 기다리다가 여름 장마기에 산란하거나 드물게는 가을철에 산란하기도 한다.

붕어의 산란은 그 지방의 개나리, 진달래, 벚꽃 등의 개화시기와 맞추어 가는 자연의 시계를 따른다. 즉 수중세계의 생태시계도 지상의 환경변화와 유사하게 진행되는 것이다. 따라서 그 장소 인근에 개나리가 만발하였다면 산란시기로 보고, 이미 개나리꽃이 지고 초록색 잎이 자라고 있다면 산란 후기로 보면 그 가늠이 실제와 유사하다.

● 저수지 형태별 산란기 포인트

산란기의 붕어는 산란할 장소를 찾아 연안으로 접근한다. 산란장은 알을 붙일 대상인 수초나 수중 장애물, 또는 석축, 자갈 등이 있고, 얕은 수심으로 햇볕이 투과되어 수온 상승이 빠른 곳에 형성된다. 이러한 특성을 고려할 때 산란기엔 낚시터 유형에 따라서 포인트 선정방식을 달리하는 것이 좋다.

● 평지지의 산란기 포인트

평지형 낚시터의 경우는 연안과 상류의 수심이 2m를 넘지 않고, 일조량이 많아서 산란시기가 빠르다. 특히 전역에 수초가 고르게 발달해 있는 경우가 많다. 따라서 이러한 평지형에서 붕어의 산란은 연안의 전 지역에서 이루어질 수 있고, 그만큼 포인트가 광범위해진다.

▶ 저수지 상류에 만발한 산수유꽃. 각 지역별 붕어 산란기는 봄꽃의 개화기와 거의 일치한다.

특징적인 수초가 있는 곳이 유리하다.

전체가 뗏장수초인데 어느 한 지역에 줄풀이나 부들 등의 정수수초가 무더기로 있다면 그곳이 가장 유리한 포인트가 된다. 반대로 전체가 줄풀밭인데 한 부분에만 뗏장수초 무더기가 있다면 그도 또한 유망한 포인트가 된다.

일조량이 많은 곳이 유리하다

산란기의 붕어는 일조량이 많은 곳을 즐겨 찾아서 알을 낳는다. 부화를 용이하게 하기 위함이다. 이는 붕어가 그늘진 은신처를 좋아하는 것과는 차원이 다르다. 산란기간 동안만은 자신의 안위보다는 종족번식의 욕구가 강하기 때문이다. 아침에 해가 뜰 때부터 해가 질 때까지 가장 장시간 수면에 햇볕이 드는 곳이 좋다.

물의 환류가 적당한 곳이 좋다

동절기를 제외하고는 어느 경우이든 새물이 유입되는 물골지대를 주요 포인트로 한다. 그러나 산란기에는 많은 계곡물이 유입되어 환류가 많은 곳은 수온 유지가 어려워서 붕어가 잘 머무르지 않는다. 그러나 작은 물골과 연계하여 있으면서 흘러드는 물이 미미하여 물의 환류가 적은 곳은 오히려 용존산소량 유지가 잘 되는 곳으로 산란기에도 좋은 포인트가 된다. 평지형 낚시터에서 흔히 볼 수 있는 상류의 긴 물골이나 작은 물골의 만곡부 쪽이 이러한 곳이다.

● 계곡지의 산란기 포인트

계곡형 낚시터는 수심이 깊고 수초는 부분적으로만 발달해있거나 아예 없으며 대부분 상류 물골에서 냉수가 흘러든다. 따라서 평지형보다 산란시기가 늦다. 이러한 계곡형 저수지에서는 붕어가 산란을 위해 집중적으로 찾아들 만한 장소가 한정되기 때문에 고려사항이 단순하다.

상류의 수초무더기가 있는 곳이 유리하다

계곡지에서는 수초가 상류의 한 부분에 무더기로 있는 경우가 많다. 이런 포인트는 산란기뿐만 아니라 사계절 어느 때고 유망한 포인트가 된다. 더욱이 산란기에는 붕어들이 산란을 위해서 경쟁적으로 찾아드는 장소다. 산란기 때 평지형보다 계곡형에서 더 많은 입질을 받을 수 있는 경우가 이런 포인트에서 제대로 시기를 맞췄을 때이다.

연안에 한 무더기 수초가 있는 곳이 유리하다

계곡지 붕어는 산란을 위해서 연안을 돌다가 수초 무더기가 있으면 그곳을 근거지로 한다. 이러한 곳은 수심이 1m 이내로 얕고 연안 가까이에만 소량의 수초가 있어도 좋은 포인트가 된다. 연안 가까이 발달한 수초무더기를 포인트로 하였을 때는 가장자리에 찌를 세우는 갓낚시 개념으로 낚시를 구사하는 것이 좋다.

제방에 수초 무더기가 있는 곳이 유리하다

계곡지의 제방은 대부분 석축으로 되어있으나 제방의 양 끝이나 중간 부분에 한두 무더기의 수초가 발달한 곳이 더러 있다. 이러한 제방의 수초지대는 비록 석축 부분에 있다고 하더라도 그 수초의 공간이나 앞쪽을 공략한다. 즉 채비가 바닥의 땅이 아닌 제방 중간 석축에 자리를 잡고 있어도 좋다는 말이다.

● 수초가 없는 낚시터의 산란기 포인트

평지형이든 계곡형이든 수초가 전혀 없는 저수지에서는 붕어들이 어디에서 산란을 할까?

수심이 적당한 중류나 상류의 만곡부가 유리하다

수심이 1m 전후이고, 물색이 좋으며, 돌출부에서 안쪽으로 돌아 들어와서 안정된 모습을 하고 있는 만곡지대는 수온의 변화가 적고 일조량이 많아서 알을 낳고 부화를 하는 데 유리하다. 따라서 수초가 없는 낚시터의 붕어는 산란기가 되면 이러한 곳으로 찾아 들어서 영역을 확보하고 산란을 하려고 한다. 알을 낳아 붙이는 곳은 주로 햇빛이 투과되는 수심의 자갈이나 모래, 혹은 깨끗한 토양이다. 만약에 물골이 있는 곳이라면 물골의 중간보다는 물골 가장자리의 둔덕진 곳이 산란장이 되므로 물골 중심부가 아닌 둔덕에 찌를 세워야 유리하다.

수초가 없으면 제방 석축이 산란장이 된다

수초가 없는 저수지의 붕어가 산란장소로 꼽는 1순위는 제방 석축이다. 수초가 없는 각지형 저수지에서는 제방에 산란하는 붕어를 쉽게 볼 수 있다. 그러나 제방 석축 경사가 급하고, 그림자가 하루 종일 있을 정도면 붕어는 그런 곳에 산란하려고 하지 않는다.

물 유입이 적은 물골 최상류가 유리하다

상류나 중류 지역에 좁은 물골이 형성되어 있다면 산란기를 맞은 붕어가 그곳으로 몰려드는 경우가 많다. 그런 곳은 안정되고 수중 플랑크톤이 많기 때문이며, 물골 주변에는 나뭇가지나 낙엽 등의 침수 장애물이 더러 있기 때문이다. 이러한 물골지대에서의 주요 포인트는 눈으로 보아서는 도저히 붕어가 접근하지 않을 것 같은 최상류의 수심 얕은 곳이 될 확률이 높다. 산란기의 붕어는 경계심도 떨어지고 산란 본능이 강하게 작용하여 중간에서는 떠서 최상류까지 접근하기 때문에 오히려 맨 꼭대기 상류 얕은 수심대에서 먼저 입질을 받을 가능성이 높은 것이다.

▲ 만삭의 몸을 한 산란 전기의 봄붕어.

산란 전기의 붕어낚시

● 산란 전기란?

산란 전기라고 하는 것은 뱃속에 알을 가진 붕어가 산란을 위해서 접근하여 알자리를 잡는 시기부터 집단적인 산란을 시작하기 전 단계까지를 말하는데, 24절기 중에서 춘분을 전후한 이른 봄에 해당한다. 입춘(立春, 2월 첫 주)과 대동강물이 녹는다는 우수(雨水, 2월 셋째 주), 겨울잠을 깬 개구리가 튀어 나온다는 경칩(驚蟄, 3월 첫 주)을 지나 춘분(春分, 3월 셋째 주)이 되면, 붕어 뱃속에는 알을 가득 품고 있는 시기가 된다. 성급한 일부 붕어는 춘분 이전에 이미 산란을 하는 경우도 있는데, 그렇더라도 집중적인 산란은 아직 이루어지지 않고, 이후 청명(淸明, 4월 첫 주), 곡우(穀雨, 4월 셋째 주) 때에 본격적인 산란을 한다.

따라서 절기상으로 산란 전기라면 우수-경칩-춘분까지를 말하는 것인데 지역마다 차이가 있으며, 같은 지역이라도 장소 여건에 따라서 약간의 차이가 있다.

우리나라의 경우 붕어 산란기에 대해서 가장 비교판단이 쉬운 것은 개나리와 진달래의 개화 시기다. 그 지역 개나리의 꽃봉오리가 나면서부터 개화한 초기까지는 붕어의 산란 전기가 되며, 개나리가 만개하여 흐드러질 때는 산란기가 되는 것이다.

그러다가 개나리꽃잎이 떨어지면서 가지에 파란 잎이 돋아나기 시작하면 산란 후기로 접어든다.

● 산란 전기 붕어의 특징

1. 연안으로 확산하여 회유활동
2. 수초지대에 집중화 현상
3. 적극적인 섭이활동
4. 집단적인 영역확보 경쟁
5. 주의력 감퇴로 경계심 느슨해짐

산란 전기가 되면 겨울 동안 활성 집단과 비활성 집단으로 분리되어 움직이던 붕어들이 일제히 활성을 찾아 전체가 연안으로 접근하여 회유활동을 시작한다. 이때의 붕어는 겨울동안 취하지 못했던 먹잇감을 찾거나 장차 산란할 장소를 찾아서 일제히 상류 쪽이나 연안의 수초지대로 집중하게 된다. 또한 체력보강을 위해서 적극적인 섭이활동을 하게 되며, 산란 장소를 점유하기 위한 집단적인 영역확보 경쟁도 하게 된다. 이 시기의 가장 큰 특징은 붕어의 경계심이 느슨해진다는 것이다.

● 산란 전기의 유망 낚시터

1. 물색의 농도가 짙은 곳
2. 일조량이 많은 낚시터
3. 물 냄새가 와 닿는 곳
4. 수초 속에서 작은 붕어의 움직임이 있는 곳

산란 전기는 아직 냉수대가 자주 형성되는 이른 봄이다. 따라서 유망낚시터는 일단 물색이 탁하여야 하고, 일조량이 많아 수온 유지가 잘 되어야 하며, 물가로 접근 시에 바람에 물 냄새가 묻어오는 곳, 그리고 수초를 조심스럽게 관찰할 때 물고기의 움직임이 감지되는 곳이다.

● 산란 전기의 유망 포인트

산란 전기의 포인트는 당연히 수초를 끼고 있어야 한다. 그중에서도 수심이 1.5m 이내로 얕아서 햇빛이 바닥까지 투과 가능한 곳이 유리하고, 수초가 떠 있는 곳보다는 뿌리를 박고 줄기가 자라 오른 곳이 유리하다. 햇빛이 투과되어야 하는 것은 붕어 알이 부화하는 데 빛과 온기가 필요하기 때문이며, 수초가 뿌리를 내리고 있어야 하는 것은 붕어가 알을 붙일 적당한 장소가 되기 때문이다. 만약 댐이나 강 등 수초가 없는 장소에서 포인트를 선정하려 한다면 수몰 집터나 수몰나무 지역, 돌무더기 등을 찾는다.

▲ 붕어 산란 전기의 저수지 상류. 물색이 탁하고 일조량이 풍부한 수초대가 산란 전기의 명당이다.

● **산란 전기의 미끼 운용**

산란 전기에는 동절기와 같이 지렁이 미끼가 우선이다. 그러나 산란 전기 중 중반을 지나서 산란 준비기로 다가가면서부터는 떡밥, 새우, 참붕어, 메주콩, 옥수수 등도 붕어가 취한다. 그러므로 이 시기부터는 모든 미끼를 고려하되 아직까지는 식물성보다는 동물성 미끼를 우선으로 운용하는 것이 좋다. 산란을 앞둔 붕어가 영양가가 높은 동물성 먹이에 더 관심을 가지기 때문이다.

산란 중일 때의 붕어낚시

● **산란 중인 붕어는 먹이활동을 일시 중단한다**

산란기에는 붕어가 움직이는 물소리는 요란한데 전혀 입질을 받지 못하고 낚시를 마감해야 하는 경우가 많다. 이런 경험을 했다면 그 당시에 장소 선정을 잘못한 것이다. 한창 산란 중인 붕어는 먹이활동을 하지 않는다. 오직 종족번식을 위한 산란과 수정에만 온 정신이 팔려있는 것이다. 이때에는 붕어 특유의 경계심마저도 보이지 않고 사람이 접근하거나 말거나 발 앞에까지 접근하여 산란을 한다. 그럼에도 불구하고 어쩌다 입질을 해주는 붕어가 있다면 그 붕어는 그 장소의 붕어집단 중에서도 아직 산란 준비 중이거나 이미 이른 산란을 마친 붕어일 것이다.

● **해안 낚시터가 산란 중이면 내륙으로 찾아가라**

사실 산란기 때 산란을 피해서 장소를 정하고 출조를 하기란 쉽지가 않다. 어느 지역에서 산란이 한창 이루어지고 있으면 그 지역 낚시터는 대부분 동일시기에 산란이 이루어지고 있기 때문이다. 그러나 그중에서도 약간 다른 자연여건에 의해서

▶ 따뜻한 봄볕 아래 낚시를 즐기는 아빠와 딸의 다정한 모습.

아주 이른 산란을 하여 이미 산란을 다 마쳤거나, 아니면 반대로 아직 산란의 기미도 보이지 않는 낚시터가 간혹 있다.

산란은 해안가의 저수지나 수로 → 벌판의 수로나 저수지 → 내륙의 저수지 → 산간의 저수지 순서로 진행되는 것이 통상이므로 어느 곳을 출조하여 산란이 한창 진행 중일 때 위에서 언급한 순서를 토대로 찾아보면 산란에 부담을 갖지 않고도 조용한 낚시를 구사할 수 있는 장소를 만나게 될 것이다.

● **상류에서 산란 중이면 제방으로 가라**

만약 다른 저수지를 찾을 여건이 되지 못한다면 상류에서 산란이 한창일 때 제방권을 중심으로 중류 이하의 자리에서 낚시를 하면 이미 산란을 했거나 아직 산란 전인 붕어들과 만나면서 하루 낚시를 즐길 수가 있다. 어차피 산란 준비 중이든 산란 중이든 붕어가 뱃속에 알을 품고 있는 것은 다르지 않은데 그 자리만 피해서 낚시를 한다는 것은 일견 모순적인 것이긴 하나, 그렇기 때문에 최소한의 범절을 지켜가면서 낚시를 즐기자는 것으로 낚은 붕어는 필히 그 자리에서 방생하는 것이 어울려 놀아준 붕어에 대한 예의다.

● **산란 중인 붕어를 낚는 특별한 기법은 없다**

혹자는 붕어들이 산란을 하느라 수면 가까이 떠서 떼 지어 활동하는 것을 보고 그 눈높이에 맞추어서 띄울낚시를 하면 좋은 조과를 맛볼 수 있다고 하나 필자의 실험관찰과 경험으로는 그런 일은 발생하지 않았다. 만약 띄울낚시를 해서 좋은 붕어를 손쉽게 만났다면 그것은 산란 중인 붕어가 아니고 산란이 끝난 후인 붕어일 것이다. 산란 후기의 붕어들은 떠서 먹이사냥을 하는 현상을 자주 보인다. 그러나 산란 중인 붕어들은 비록 떼를 지어 떠서 물소리를 소란스럽게 낸다고 하더라도 그 상태에서 입질을 해주지는 않는다. 산란 중인 붕어를 낚아내는 특별한 기법은 아직은 없다.

● 산란 직후의 어미붕어는 식욕이 감퇴한다

상류나 연안 수초대에 알을 낳은 후의 어미붕어는 어디로 가있을까? 관찰한 바에 의하면 산란을 한 어미붕어는 그 자리에서 알을 보호하고 있지 않고 그 자리를 떠나 안정지대로 이동하여 휴식을 위한 기간을 갖는다. 알자리에서 멀지않은 안정수심대에 머무는데 그곳에 수중장애물이나 침수수초가 있으면 그에 의존하여 휴식을 하고, 장애물이나 수초가 없는 경우에는 3~5m의 수심대에 머무르면서 움직임을 최소화한다. 이때 취하는 영양소는 수중 플랑크톤이 전부여서 이렇게 산란을 마치고 안정된 곳에 안주하고 있는 어미붕어는 낚시미끼에 별 관심을 보이지 않으며, 잠수하여 건드려도 크게 움직이지 않으려고 한다. 그래서 이 시기에는 낚시가 잘 안 되는 것이다.

산란 후기의 붕어낚시

● 산란 후기가 본격 찬스다

대다수 낚시인들은 산란 전기를 산란특수 찬스라고 말한다. 맞는 생각이다. 이때의 붕어들은 동절기 동안 굶주린 배를 채우고 체력을 보강하여 종족 번식을 해야 하는 본능에 의해서 연중 가장 활발한 섭이활동을 하기 때문이다. 그러나 그렇게 얘기하는 사람마저도 지난 몇 년 동안의 조과 기록을 면밀히 분석해 보면 오히려 산란이 끝나고 난 때에 호황을 맛본 경험이 더 많을 것이다.
산란이 끝나고 나서 일정기간 동안 안정기를 거친 붕어들은 지속적이고 차분한 모습으로 먹이를 찾아다닌다. 산란 전기처럼 급작스럽게 서두르는 모습도 안 보인다. 그리고 그 활황 지속기간이 길어서 적어도 1주일은 가고 길면 한 달 이상도 지속된다. 특히 산란 후기에는 폭발적인 마릿수 호황보다는 대형급 붕어만을 골라서 상대하는 대물낚시에서 호조황을 맞기가 다른 때에 비해서 쉽다. 산란을 마친 대형급 붕어들이 연안으로 먹이사냥을 활발히 나오기 때문이다.

● 산란 후기의 주요 포인트

먹잇감이 많이 활동하는 곳을 찾는다

산란 후기의 붕어는 적극적인 먹이 사냥을 한다. 자신이 머물던 영역을 벗어나서까지 사냥을 한다. 그러므로 산란 후기의 포인트는 붕어의 사냥대상인 먹잇감이 많은 곳이 좋다. 예를 들면 산란 후기의 경우에는 수초는 한 포기도 없는데 새우가 많이 몰려있는 연안 후미진 곳에 찌를 세우고 정숙을 유지하고 기다리면 큰 붕어의 입질을 유도할 수가 있는데, 이는 새우가 많이 몰려있는 그곳으로 대물붕어가 사냥을 나오기 때문이다. 우리가 새우를 미끼로 꿰어 채비를 담그면 잠시 후에는 주변의 새우들이 상처 난 미끼새우의 냄새를 맡고 뜯어먹기 위해서 모여든다. 이러한 상황에서 대물붕어가 그 새우들이 몰려있는 장소로 접근하게 되면 새우들은 위험을 느끼고 도망하게 되고, 결국 대물붕어 눈앞에는 우리가 바늘에 꿰어놓은 새우 한 마리만 남아있게 된다.

참붕어의 산란장이 최고의 포인트다

특히 산란 후기에 유망한 포인트는 산란기를 맞은 참붕어가 활발하게 산란을 하고 있는 장소다. 참붕어는 붕어가 산란을 마치고 회복기가 되면 본격적인 산란을 시작한다. 이때 경계심을 잃은 알밴 참붕어의 산란활동은 산란 후 회복 중인 붕어에게는 영양을 공급받기 쉬운 절호의 기회가 되는 것이고, 따라서 대물붕어들이 그곳으로 몰려들어 활발한 사냥을 하게 되는 것이다.

● 산란 후기에 유용한 낚시채비

산란 후기에는 덧바늘 채비가 유용하다

산란 후기에는 수면 가까이 자라 오른 침수수초나 뗏장수초대가 유망한 포인트 역할을 한다. 그 이유는 참붕어가 떠서 산란을 하고 새우 또한 그 곳에 주로 붙어있기 때문이며, 이러한 곳에 산란 후기의 붕어가 사냥을 나오기 때문이다. 이러한 상황에서는 붕어의 눈높이에 맞는 채비를 사용해야 유리하다. 그것이 바로 유동식 덧바늘 채비다.

◀ 산란 후기의 수초대 포인트. 한결 파릇해진 수초대 속에서 산후조리를 마친 대형 붕어들을 낚을 수 있는 산란 후기는 연중 최고의 피크시즌이다.

사용요령은 당일의 포인트 상황에 따라서 덧바늘 높이를 조절하는 것이다. 만약 표층에 가까운 수초에 참붕어가 활발하게 산란하는 모습이 보인다면 속는 셈치고 표층 가까이까지 덧바늘을 띄워보기를 권한다. 특히 청명하고 따사로운 날 효과가 크다. 만약 날씨가 흐리고 냉기가 도는 경우라면 참붕어의 산란도 일시 중지될 뿐더러 덧바늘 사용의 효과도 반감된다.

이 시기에는 띄울낚시도 방법이다

덧바늘 채비를 사용해야 할 상황에 띄울낚시를 해도 좋다. 그 요령은 현장에서 찌를 중층맞춤 개념으로 다시 하면 좋겠으나 구태여 그러지 않더라도 부력이 작은 찌가 채비된 낚싯대에서 찌만 다른 낚싯대의 부력이 약간 큰 찌로 교환하여 사용해도 된다. 찌 아래 수심을 수면 하의 수초 상태(수면까지 자라 오른 침수수초의 무더기 하단 혹은 뗏장수초의 떠 있는 무더기 하단)에 맞게 하여 띄울낚시를 시도하면 된다.

산란 후기에는 다양한 기법의 낚시가 통한다

산란 후기가 되면 어느 낚시터에서나 붕어가 잘 낚인다. 낚시기법도 다양화되며, 특히 우리가 붕어낚시를 하면서 사용하는 모든 미끼가 효용성을 갖는다. 산란 전기나 산란 중에 잘 먹히지 않던 옥수수나 메주콩 미끼도 이때부터는 효력을 발휘하며, 특히 떡밥낚시를 즐겨하는 동호인들에게는 긴 동절기의 터널을 빠져나와서 최고의 호황기를 맛보는 본격적인 떡밥낚시의 시즌이 된다.
그러나 이 시기는 일부 못자리를 위한 배수가 시작되는 시기이므로 출조 시 현장에 도착해서는 우선적으로 배수 여부를 확인해야 하며, 만약 배수가 진행 중이라면 다른 장소로 발길을 돌리는 것이 현명하다.

제27강 여름낚시

여름철의 붕어낚시는 초여름 갈수기 낚시와, 여름철 중반의 장마기 낚시, 그리고 장마 후 고수온 상황의 혹서기 낚시로 구분된다.

▶ 파라솔 그늘 아래서 여름볕을 피한 낚시인이 역시 수련 그늘 아래 숨어 있을 붕어들을 유혹하고 있다.

1. 초여름 갈수기 낚시

● 갈수기란?

5월부터 모내기철이 시작되면 모든 저수지가 수문을 열고 논에 배수를 하여 저수지 물은 점차 줄어들게 되고, 여름 장마가 오기 전까지는 물 유입량이 배수량보다 턱없이 적어서 저수지 수위가 내려간 상태가 되는데, 이렇게 연중 수위가 가장 낮은 상태가 지속되는 초여름을 갈수기라고 한다.

갈수상태는 꼭 초여름에만 있는 현상이 아니고, 겨울가뭄이 드는 해는 겨울에도 있을 수가 있으며, 봄비가 적은 해에는 봄부터 갈수상태를 유지하게 되며 가을에도 부정기적으로 준설이나 제방 보강공사를 위한 배수로 갈수상황이 되기도 한다. 그러나 '갈수기'라 하면 통상 초여름마다 반복되는 갈수기를 말한다.

● 갈수기의 낚시터 선정

담수량이 많은 대형 저수지를 찾는다

갈수기엔 담수량이 많아서 수위가 내려가더라도 수량을 많이 가지고 있는 대형 저수지를 찾아가는 것이 좋다. 대형 저수지나 댐은 갈수가 되더라도 붕어가 일상적 먹이활동을 할 수 있는 수중 공간이 보장되고, 또 물이 빠지는 대로 따라 내려가면서 낚시를 할 수가 있기 때문이다.

계곡형 저수지를 찾는다

평지지보다 수심이 깊은 계곡지는 갈수기를 겪으면서도 그 하류 쪽에는 웬만한 수심을 가지고 있는 경우가 많다. 더구나 50% 이내로 수위가 줄어든 상태에서는 붕어의 은신처가 제방 주변으로 제한되어 붕어의 밀도가 높아지므로 오히려 좋은 기회가 될 수도 있다.

강이나 대형 수로를 찾는다

저수지가 갈수상태일 때는 거의 늦봄이거나 초여름인데 이때가 강낚시가 시작되는 시점과 맞물린다. 강은 모내기철 배수가 없기 때문에 갈수의 영향을 받지 않는다. 또한 대형급 수로도 강과 유사하여 극심한 가뭄이 들었을 때를 제외하고는 일정

수량을 보유하고 있게 된다. 따라서 여름철 갈수상황일 때는 강이나 대형 수로를 찾는 것이 유리하다.

제방권 수심이 1m만 된다면 낚시 가능

작은 소류지를 찾았을 때 수위가 절반 이하로 내려가 있으면 그만 포기하고 돌아서는 경우가 많은데, 사실은 이때 제방 앞 수심이 1m 정도만 보장된다면 오히려 호기일 경우가 많다. 특히 바닥토양이 개흙(펄)이 아니고 마사토나 자갈모래 등 붕어가 파고들기에 어려운 곳이라면 더욱 좋다. 좁아진 수중 공간 속에 붕어들이 밀도 높게 생존하고 있기 때문에 대물낚시라면 이런 곳에서 대박을 만날 수도 있다.

● 갈수기의 포인트 선정

수위에 따라 포인트가 달라진다

갈수기의 포인트는 수위에 따라서 달리 정하는 것이 좋다. 남아있는 수위가 50% 이상이면 중간에서 상류 쪽, 50% 미만이면 중간에서 제방 쪽을 포인트로 한다. 특히 30% 이하일 경우는 대부분 제방이 주요 포인트가 된다.

심한 갈수라면 제방 수문 근처를 노려라

물이 제방 앞에만 남았다고 할 정도로 많이 빠져있는 상태라면 제방 중에서도 수문을 중심으로 한 깊은 수심을 찾는 것이 유리하다. 붕어는 물론이고, 새우나 참붕어들도 가장 깊은 곳을 찾아 모여들기 때문이다. 이러한 현상은 마치 건기를 맞은 초원의 동물들이 마지막 남은 물웅덩이를 찾아서 모여드는 것과 같은 본능에

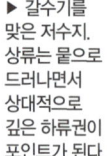 ▶ 갈수기를 맞은 저수지. 상류는 뭍으로 드러나면서 상대적으로 깊은 하류권이 포인트가 된다.

의한 현상이다.

콧부리 지역도 유망한 포인트다
갈수상태가 되면 연안에서 중심부 쪽으로 튀어나온 콧부리 지형이 드러나게 된다.
이러한 지형은 물 안쪽까지 들어가서 낚시를 할 수 있다는 장점이 있고, 콧부리 지형
좌우로는 대체적으로 물골이 형성되어 있어서 붕어들이 안정된 장소로 접근하게
되며, 콧부리 정면의 둔덕지형은 붕어의 사냥터가 된다.

수위가 안정되면 얕은 수심에서도 밤 대물낚시가 된다
갈수상태로 상당 기간 동안 수위가 안정된 상태라면 이미 그곳의 붕어들은 적응을
한 상태가 되어 최소한의 경계심만 가지고 활동하게 된다. 그리고 밤 시간이면 얕은
곳으로 먹이 사냥을 나온다. 따라서 낮낚시를 한다면 깊은 수심대를 포인트로
하더라도 밤낚시라면 중류권 이상의 상류 쪽에서 긴 대를 이용해 낚시하는 것이
유리할 경우도 있다.

수중장애물이나 수중턱을 포인트로 한다
갈수기일수록 붕어는 작은 돌덩이라도 찾아 숨으려고 한다. 수중 바위나 수몰나무
등 장애물이 있다면 떼를 이루어 모여들게 되는 것이다. 또한 2단 제방이 축조된
저수지이거나 물골이 급경사의 턱을 이루고 있는 곳에서는 그 수중턱이 진 곳에
붕어들이 모여들어 은신과 제한된 회유활동을 한다.

물이 불어나고 있으면 중상류의 얕은 수심도 유망하다
갈수상태에서 비가 내리거나 외부의 물이 유입되어(양수형 저수지의 경우 수로 물을
퍼 올려 담는다) 물이 불어나고 있으면 중상류로 가서 포인트를 선정해도 유망하다.
갈수상태에서 움츠렸던 붕어도 물이 불어나기 시작하면 그 활동영역을 넓혀서
야간에는 상류 쪽까지 회유활동을 하기 때문이다.

● **갈수기의 낚시요령**

긴 대를 주로 운용한다
갈수상황이면 붕어가 연안 가까이로는 회유하지 않고 멀리서 활동한다. 따라서

4.0칸 대를 기준으로 하여 최소한 3.0칸 이상의 긴 대 위주로 운용하는 것이 유리하다.

동물성 미끼를 우선으로 한다

장기간 갈수기를 겪은 저수지에서 붕어를 낚아보면 대부분 살이 빠져있다. 그것은 그만큼 먹잇감이 부족하였다는 것이다. 따라서 붕어는 갈수의 위기가 예측되면 본능적으로 동물성 미끼를 많이 취하고자 노력한다.

최대한 정숙을 유지한다

모든 낚시에서 정숙은 필요한 사항인데 특히 갈수기 낚시에는 그 중요성이 더욱 증가한다. 갈수상황의 수중 붕어들은 극도의 긴장상태에 있게 되어 아주 미세한 진동이나 소리에도 민감한 반응을 하여 안전지대로 숨어들어 버린다. 그러므로 갈수기에 낚시를 할 때에는 밤낮 구분 없이 최대한 정숙을 유지해야 하며, 특히 중상류 쪽에서 대물낚시를 할 때에는 의자의 작은 움직임도 주의해야 한다.

2. 장마기 낚시

갈수상황을 겪고 있는 저수지에 비가 내리면 수중의 산소량을 늘리고 붕어의 활성도를 올리는 역할을 한다. 특히 표층수온이 25도가 넘는 한여름에 내리는 시원한 비는 수온을 떨어뜨려서 붕어의 활성도를 최대로 높여준다. 특히 집중호우가 내리면 급속히 불어나는 물길을 따라서 붕어가 연안으로 활발히 접근하여 먹이활동을 하는데, 이런 경우를 우리는 '오름수위 특수' 또는 '새물특수'라고 표현한다.

● 오름수위 특수

큰비만 내린다고 오름수위 특수를 누리는 것은 아니다. 오름수위 특수가 되려면 최소한 50~100mm의 폭우가 단시간에 쏟아져서 저수지 물이 눈에 보일 정도로 급속히 불어나고 있어야 한다. 이렇게 물이 급속히 불어날 때, 상류의 물이 흘러드는 물골 가장자리에서 찌가 흐름을 약간 타고, 밀려 내려오는 흙탕물과 바닥의 맑은 물이 혼합되는 지점 정도에 찌를 세우고 낚시를 하면 대박을 만날 확률이 높다.

● **새물특수 환경여건은?**

새물특수가 나타나려면 장기간의 갈수상태 → 단시간의 집중호우 → 대량으로 흘러드는 물골의 새물 유입의 여건이 조성되어야 한다.

첫째, 장기간의 갈수상태에는 물이 빠져서 드러난 저수지의 바닥에 풀이 자라 오른다. 그리고 그 땅 속에는 지렁이를 비롯하여 많은 토양생물들이 서식하게 되고, 풀잎에는 다양한 풀벌레들이 서식하게 된다. 이러한 자연생태는 장차 그곳에 물이 차오르게 되면 붕어에게 좋은 먹이사냥 공간을 제공하게 되며, 늦은 산란을 위한 장소와 은신처의 역할도 제공한다.

둘째, 단시간에 내리는 집중호우(시간당 30mm 이상, 1일 100mm 이상)는 장기간의 갈수기를 거치면서 드러나 있던 저수지 바닥을 순식간에 물로 덮어 버린다. 따라서 육초에 서식하는 풀벌레 등도 같이 잠기게 되고, 땅속에 서식하는 생물들도 기어 나오게 된다. 이러한 모든 것들이 붕어 입장에서 보면 잘 차려진 밥상인 것이다.

셋째, 한꺼번에 대량으로 흘러드는 새물은 계곡이나 농지를 흘러오면서 많은 유기물을 포함하여 흘러든다. 큰물이 흘러들 때 자세히 살펴보면 지렁이를 포함한 각종 벌레와 나무열매를 포함한 풀씨 그리고 논이나 밭의 유기물에 이르기까지 아주 다양한 먹이들이 부지기수로 흘러든다. 그러니 이 먹잇감을 받아먹기 위한 붕어의 물골 집중현상은 당연한 것이고, 그러므로 새물특수 현상이 그곳, 새물

▼ 큰비 후 저수지 최상류로 새물이 유입되는 모습.

▼▼ 여름철 집중호우로 육초대가 잠긴 안성 고삼지 좌대낚시터의 풍경. 해마다 큰비 후 월척사태가 벌어지는 오름수위 명당이다.

제27강 여름낚시 287

유입 포인트에서 이루어지는 것이다.
따라서 메마른 가뭄 이후에 장대비 속을 뚫고 큰 물골을 찾아서 달려 나가 기회를 찾으면 새물특수를 맛볼 수 있을 것이다.

● 오름수위 낚시의 포인트와 미끼

오름수위 때는 최상류 큰 물골의 물 흐름을 약간 벗어난 연안에서 물에 잠긴 나무나 육초대를 포인트로 하는 것이 유리하다. 그러나 이런 곳에서 황토물이 심하다면 그곳은 메기나 동자개가 극성을 부릴 것이니 심한 황토물은 회피해야 하고, 너무 맑은 곳을 공략하면 피라미가 극성을 부릴 것이니 그런 곳도 회피해야 한다.
미끼는 동물성 미끼가 좋다. 황토물이 져있다면 지렁이가 우선이고, 밀려드는 물이 맑은 물이라면 작은 새우가 우선이다. 오름수위 낚시에서는 대물낚시를 하더라도 지렁이를 여러 마리 꿰기를 하지 않는다. 붕어가 보이는 대로 정신없이 취하기 때문에 한 마리만 꿰어도 충분하다.

● 새물특수 기간은 언제인가?

오름수위 특수 현상은 첫 장마 큰비에 가장 큰 호황이 온다. 그러나 장마철에만 국한되는 것이 아니라 사실상 동절기를 제외하고는 봄부터 가을까지 연중 기회가 있다. 다만 그 대표적인 시기가 첫 장마인 6~7월일 뿐이다.

● 오름수위 낚시 요령

낚싯대를 적게 펴고 장비는 단순화한다
급속히 차오르는 수위에 따라서 잦은 자리 이동을 해야 하고 잦은 입질에 대한 집중력을 높이기 위해 낚싯대는 적게 펴는 것이 좋다. 또한 오름수위 낚시에서는 긴 대보다 짧은 대가 유리하다. 물이 갑자기 불어날 때의 붕어는 연안 지근거리까지 접근하여 가장자리를 타고 섭이활동을 하기 때문이다.

시간당 30mm 이하면 소형지를 찾고, 1일 100mm 이상이면 대형지나 댐을 찾는다
시간당 30mm 이하의 적은 비라면 대형지나 댐에서 오름수위를 기대하기엔 모자라고, 1일 100mm 이상의 폭우라면 소형지는 즉각 만수위에 육박해 물이 넘쳐버리기 때문이다.

비를 맞으면서 달려가서 자리를 준비한다

첫 오름수위를 타는 붕어를 그 시간에 맞춰서 만나려면 비가 그치기를 기다리면 늦고 억수 같은 비를 맞으면서 포인트로 향해야 한다. 오름수위 시에는 미리 낚시터로 가서 바닥상황을 체크하고, 적절한 퇴로를 고려하여 단계별 자리 설정을 해야 한다.

계곡지에 비해 평지지는 폭발력이 떨어진다

평지형 저수지는 붕어가 한 곳으로 집중해서 오름을 타지 않고 전 연안으로 분산되어 접근하기 때문에 오름수위 낚시터로는 계곡지만 못하다. 다만 평지지라도 큰 물골이 한 곳에 집중된다면 폭발력을 가질 수 있다.

암반계곡수가 직접 유입 시는 기존 물의 혼합지역이 좋다

계곡에서 직접 흘러드는 큰물은 먹잇감이 유입되지 않을 뿐만 아니라 워낙 찬물이라서 직접 찬물이 닿는 곳까지는 오름수위를 타지 않는다. 냉수를 좋아하는 피라미만 득실거릴 수가 있다. 그러므로 맑은 새물을 피해서 기존 물의 선단에 찌를 세우는 것이 유리하다.

황토물의 초기에는 적극 공략하고 안정 시에는 회피한다

황토물이 유입되는 첫날은 먹잇감이 많이 들어와서 붕어의 잔칫날이다. 그러나

◀ 여수 복산지에서 새물 오름수위 찬스를 공략하여 42cm 붕어를 낚은 필자.

2~3일 후까지 황톳물이 지면 황토 입자가 붕어의 아가미에 달라붙어 호흡에 지장을 주므로 붕어가 그 자리를 회피하거나 먹이 활동을 하지 못한다.

수몰 육초에 누런 얼룩이 끼면 그 자리는 회피한다
물에 잠긴 풀에 뻘물로 누런 얼룩이 심하게 끼면 붕어가 잘 접근하지 않는다. 또한 수초의 잎이 노랗게 변색될 정도면 수중 용존산소량이 부족하여 붕어가 머무르지를 않는다.

대 편성을 하기 전에 부유물의 지장 여부를 미리 예측한다
오름수위 때는 지금 당장이 아니더라도 낚시 간에 부유물이 떠 밀려와서 낚시를 불가능하게 할 수도 있다. 따라서 부유물의 현 위치와 물의 흐름 방향, 바람 방향 등을 고려하여 미리 대비해야 한다.

안전을 최우선으로 해야 한다
오름수위 때 큰 입질을 연달아 받으면 물이 불어나는 것도 망각하기 쉽다. 자리를 정할 때 항상 뒤로 나아갈 퇴로를 미리 고려하고, 물가에서 낚시하다 잠이 드는 등의 불안전한 행동은 금해야 한다. 특히 차를 가지고 물가까지 가까이 가는 것은 금물이다. 또한 집중호우는 낙뢰를 동반하는 경우가 많은데 천둥 번개가 칠 때는 낚싯대에 손을 대지 말아야 한다.

● 장마기 강붕어는 지류에 몰린다
오름수위 특수는 강이나 수로낚시에서도 나타난다. 장마기에 많은 비가 내려 강이나 수로의 물이 불면 하류에 있던 붕어는 본능적으로 상류 쪽을 향해 줄지어 오른다. 이때 붕어 떼는 흐름이 강한 중심부를 피해 가장자리를 따라 오르며, 그러다가 연안과 연결된 지류를 만나면 곧바로 지류 쪽 물길을 따라서 타고 오른다.
오름수위를 타고 지류로 올라온 붕어는 비가 멈추고 수위가 안정되어도 본류로 돌아가지 않고 일부가 그 지류에 머문다. 붕어의 이런 습성 때문에 장마가 시작되어 한차례의 큰물이 지나간 후에는 지류에서의 붕어낚시가 호황을 보이는 것이다. 그리고 이 호황은 대부분 여름을 지나 초가을까지 이어진다.
강이나 수로의 지류낚시에서 사용하는 주요 미끼는 지렁이, 떡밥, 납자루 등이다. 그러나 메주콩이나 옥수수 미끼는 강이나 수로에서는 썩 잘 듣지 않으므로 가능성

◀ 장마기 수로낚시 풍경. 이때는 깊은 수심을 피하고 불어난 물에 새로 잠긴 얕은 수초대를 공략해야 큰 재미를 볼 수 있다.

있는 정보가 없다면 사용에 신중해야 한다.

● **장마기 수로낚시의 포인트 선정**

폭이 넓고 깊은 수로
수로의 폭이 넓고 수심이 깊은 경우는 연안 수초를 공략할 수 있는 포인트를 고려하고, 수심이 얕은 경우는 안쪽의 수초나 바닥 수초를 공략할 수 있는 포인트를 우선시 한다. 특히 수심이 일정하게 얕은 경우는 긴 대를 이용한 원거리의 바닥 수초대를 노리는 것이 유리하다.

폭이 좁고 긴 수로
만일 건너편 가장자리 수초에 찌를 세울 수 있을 정도로 폭이 좁은 포인트라면 맞은편 가장자리 수초대에 찌를 붙여서 공략하는 것이 가장 유리하다. 또한 작은 보가 있거나 소가 형성된 곳은 가장자리를 따라 형성된 수초대를 공략하는 것이 좋으며, 만약 수로 중간에 수초가 자라고 있다면 그 수초대를 공략하면 대물을 만날 수 있다.

수심은 1~1.5m가 적합
포인트를 선정할 때 수심은 1.5m를 넘지 않는 것이 좋다. 2m를 넘는 곳에선 잔챙이만 낚을 확률이 크다. 물색이 좋은 곳이라면 1m 전후의 포인트를 공략하는 것이 좋다. 다만 수초가 없는 밋밋한 바닥의 수로에서 낚시를 한다면 2m 전후의 수심대도 포인트에 포함한다.

부엽수초의 공간이나 가장자리 공략

수련이나 마름 등의 부엽수초가 있다면 그 부엽수초의 빈 공간이나 가장자리를 공략한다. 또한 연안을 따라 갈대나 부들, 줄풀 등의 정수수초나 혹은 뗏장수초 등의 연안수초가 발달해 있다면 그 수초 선에 찌가 서도록 공략하는 것이 좋다.

3. 혹서기 낚시

● **고수온이 되면 붕어도 피서를 한다**
여름철 고수온이 되면 붕어들은 세 가지의 행동특성을 보인다.
첫째, 깊은 수심대에 안주하는 붕어들이 있다. 비교적 씨알이 굵은 붕어들은 깊은 물의 어느 한 구역에 무리를 지어 머무른다. 이때에는 움직임을 최소화하고

▶ 한여름에 낚인 대형 붕어들. 여름철은 마릿수에선 봄과 가을에 뒤지지만 4짜급 대형을 만날 확률은 오히려 더 높은 계절이다.

먹이활동도 극히 제한적으로 한다. 그러다가 해가 지고 나서부터는 서서히 연안으로 확산하여 먹이활동을 하고는 다시 깊은 수심대로 이동하여 안주한다.

둘째, 나무그늘이나 수초그늘, 바위틈새 등에 은신하고 있는 붕어가 있다. 무리를 짓지 않고 독단적으로 장시간 휴식하면서 좀체 그곳을 떠나지 않으려 하고 움직임도 최소한만 한다. 필자가 잠수장비를 이용해서 관찰 경험한 바에 의하면 바위틈에서 휴식 중인 붕어는 대부분 낱마리인데, 살짝 건드리면 멀리 도망하지 않고 그 자리에서 조금 깊은 구멍 속으로 숨거나 가까운 옆 구멍으로 이동하여 다시 휴식상태로 돌아간다. 즉 움직임을 귀찮아하는 표정으로 경계심마저 느슨한 상태다. 이렇게 은신처에서 더위를 식히며 휴식 중인 붕어들은 해가 기우는 시간대가 되어 수온이 하강하기 시작한 후에야 활동 범위를 넓혀가며 먹이를 찾아 나선다.

셋째, 수면에 떠올라서 떼를 이루는 붕어들이 있다. 이것도 두 부류가 있는데 우선 연안의 표층에 떼를 지어 떠다니면서 뻐끔뻐끔 공기호흡을 열심히 하는 무리는 씨알이 작은 1~2년생의 어린 붕어들이다. 고수온에 용존산소량이 줄어들면 수면으로 떠올라서 공기 중의 산소를 취하기 위한 호흡을 하는 것이다. 반면에 큰 씨알의 붕어들은 연안보다는 중앙부에 떼를 지어 떠 있으면서 휴식을 한다. 이들은 어린 붕어들처럼 뻐끔대면서 공기호흡을 하지 않고, 움직임을 최소화하면서 표층수면으로 녹아드는 산소를 취하는 동작으로 마치 떼를 지어 일광욕을 하는 모습처럼 보인다. 이때에 돌을 던지거나 충격을 주면 급하게 도망하지 않고 슬그머니 가라앉았다가 잠시 후면 다시 떠올라서 같은 모습을 보인다. 그러나 이들도 해가 지는 시간이 가까워지면 무리가 분산되면서 가라앉아 보이지 않게 되는데, 그 이후 시간에는 일상 활동을 하는 것이다.

● 해가 뜨고 지는 시간과 한밤에 활발해진다

혹서기의 한낮은 사람도 더위에 지치기만 하고 집중할 수가 없다. 이 시기 붕어들의 활동 시간도 해가 떠오르기 전후의 시간과 해가 지기 전후의 시간과 한밤중에 수온이 떨어진 시간대이다.

해가 떠오르는 시간대란 먼동이 트는 시간부터 시작해서 해가 떠오르고도 아직 뜨거워지지 않은 아침나절(오전 9시 이전)을 말하며, 해가 지기 전후의 시간대란 해가 서산에 걸린 시간으로부터 뜨거워졌던 표층수온이 서서히 하강하고 있는 초저녁 시간(밤 9시 이전)을 말하고, 한밤중의 시간대란 물의 대류(표층수와 심층수, 상류와 하류, 연안과 중심)가 이루어지는 밤 11시부터 새벽 3시까지를 말함이다.

▶ 혹서기 포인트로 인기가 높은 계곡형 저수지. 고수온기의 붕어는 깊은 수심에서 활발한 먹이활동을 하므로 평지보다 계곡지 붕어들의 활성도가 높아진다.

● 피라미의 극성 후에 큰 붕어가 온다

여름철 붕어낚시에서 귀찮게 하는 대표적인 잡어 종류는 곡물류 미끼에는 피라미와 살치이고, 생미끼에는 동자개와 구구리(동사리)다. 또한 외래어종인 불루길도 여름철에 훨씬 활발한 먹이활동을 하며 요즘은 떡밥이나 옥수수 등 곡물류에도 덤벼들어서 귀찮게 한다.

그런데 재미있는 것이 여름철 고수온기 낚시에서는 이러한 잡어의 극성이 있어야 그 자리에 큰 붕어가 올 가능성이 높다는 사실이다. 여름철 혹서기가 아닌 때에는 잡어가 붙어서 귀찮게 하면 낚시를 마감할 때까지 애를 먹는 경우가 많아 그 자리를 회피하게 되는데, 여름철에는 오후시간에 피라미가 극성을 부리고 나서 해 질 무렵이 되면 약간의 대류현상이 일어나면서 거짓말 같이 피라미가 빠지고, 밤이 되면 차분하게 기다리는 낚시에 큰 붕어의 입질을 받을 수가 있다. 그러나 오후시간대에 일체 잡어의 접근마저 없이 말뚝찌 상항이라면 이러한 포인트는 붕어의 접근도 기대하기가 어렵다.

그것은 그 장소의 물이 고수온기 가스현상 등으로 용존산소량이 부족한 상태이거나, 아니면 바닥이 삭아 내린 수초더미에 의한 퇴비현상이거나, 그도 아니면 그 근처에

큰 가물치나 배스 등 포식어종이 진을 치고 있는 영역이거나 하는 이유가 있어서
붕어도 피라미 등과 같이 접근을 꺼려하는 장소가 되기 때문이다. 그러므로
혹서기에는 피라미가 극성을 부리더라도 회피하지 말고 인내하고 기다려야 한다.

● 혹서기의 주요 포인트

물이 시원한 곳은 용존산소량도 많다
혹서기 고수온일 때는 시원한 곳을 찾는 것이 바람직하다. 사람이 시원한 장소는
붕어도 시원하기 때문이다. 따라서 산간의 계곡지나 큰 나무의 그늘이 있는 곳을
선택하는 것이 유리하며, 특히 물의 순환이 잘되는 장소를 선택해야 용존산소량이
많은 시원한 물에 찌를 세우고 즐거운 낚시를 할 수가 있다. 항시 적당한 양의 물이
유입되고 적당한 양의 물이 흘러나가는 등 물 순환이 잘되는 장소는 어느 정도
햇볕에 노출되어도 고수온상태에서 벗어나서 용존산소량을 충분히 포함하고 있어
붕어가 활발한 활동을 하는 것이다.

혹서기에 큰물이 유입되면 그 주변이 포인트다
오름수위 현상은 꼭 큰비가 내려서만이 아니고 양수형 저수지에서 대량으로 양수가
이루어질 때에도 유사한 현상이 나타난다. 특히 장기간의 갈수상태에서 대량 양수가
이루어지면 그 오름수위 효과는 최고조에 이른다. 이러한 때에 나타나는 호조황
현상은 현재진행형으로 물이 들어오는 그 시간대와 그 장소이다. 그것은 양수를
통해서 쏟아져 들어오는 물이 시원한 물인데다가 용존산소량이 많아서 신선하기
때문에 고수온과 갈수에 지친 붕어들이 대거 그곳으로 모여들어 활동을 활발하게
하기 때문이다.

혹서기에는 수초가 만능이 아니다
봄부터 자라 오르기 시작한 수초는 혹서기엔 대부분 다 자라서 밀생한 상태가 된다.
따라서 이러한 수초지대는 물의 순환이 잘 안 되고, 일부 수중 잎은 고수온에 의해서
시드는 시기이다. 그런데 밀생한 수초로 인하여 물의 순환이 잘 안 되면 그곳의 물은
신선도가 떨어지며, 잎이 삭아들면서 다량의 탄소를 수중에 배출하게 되고, 수초를
끼고 생성되는 플랑크톤이 소멸되는 과정에서도 수중에 탄소를 방출하게 되는데
바로 이러한 여러 가지 이유 때문에 혹서기의 수초지대에는 가스현상이 자주

발생하게 된다. 이러한 가스현상이 발생되면 붕어가 그곳으로 접근하지 않게 되며, 혹 접근하더라도 떠서 이동할 뿐이다. 그러니 이러한 포인트에서는 입질을 받기가 어렵다.

혹서기에 수초를 공략할 때, 너무 밀생한 수초지대는 피하는 것이 좋고, 물속으로 손을 넣어 수초를 제쳐 보아서 퀴퀴한 냄새가 나면 피해야 하며, 썩은 부유물(삭은 청태, 죽은 플랑크톤의 찌꺼기 덩어리 등)이 수초 사이에 밀려와 있거나 수중의 수초줄기에 달라붙어있다면 회피해야 한다.

먼 거리와 가장자리에 극과 극으로 찌를 세운다

혹서기가 되면 붕어의 회유활동이 극과 극을 이룬다. 당일의 기상과 포인트 바닥의 경사도, 수초여건 등에 따라서 어느 경우에는 먼 거리까지만 회유선이 형성되어 더 이상의 접근이 없다가도 어느 때는 아주 얕은 가장자리로 접근하여 먹이사냥을 하는 모습을 보인다.

대체적으로 동풍 계열의 바람이 불어 표층수온이 급강하는 날이나 주변이 소란스러운 날은 회유선이 먼 거리에 떨어져서 이루어지고, 그 외에 대부분의 평범한 날은 수온보다 먼저 하강하는 지열 영향에 의해서 먼저 선선해진 가장자리 쪽으로 붕어가 최대한 접근하여 먹이활동을 하게 된다. 그러나 이러한 것은 사람의 통계적인 입장에서 분석한 것이고, 수중의 붕어는 우리가 감지하지 못하는 자연현상까지를 예측하여 활동하게 되므로 대 편성 시에는 중간지대의 먼 거리에 한두 대의 찌를 세우고, 나머지 대는 주로 연안 가장자리를 좌우로 하여 갓낚시 개념으로 찌를 세우는 것이 좋다.

특히 혹서기 고수온 때의 붕어들은 낮 동안은 일정 구역에서 휴식을 하다가 여건이 좋아지면 먹이사냥을 나오게 되는데, 이때에는 먹잇감이 되는 물벼룩, 새우, 참붕어 등이 주로 활동하는 연안 지근거리까지 하룻밤에 한 번은 꼭 다녀간다고 생각하고 그 자리에 찌를 세워놓고 기다려야 좋은 입질을 받을 수가 있다.

유채꽃과 낚시인

제28강

가을낚시

여름철 고수온에 입맛을 잃고 활동성이 떨어졌던 붕어들이 서늘해진 가을로 접어들면서부터는 왕성한 먹이활동을 하게 되는데, 이때에는 수중 먹이사슬이 풍부해지고 열매, 씨앗 등 흘러드는 유기물 또한 많아지는 계절이어서 물고기들이 살찌는 계절이 된다. 붕어 입장에서는 월동을 위해 먹이를 취해야 하는 계절이어서, 우리 낚시인들이 출조 횟수 대비 월척 타율을 가장 높일 수 있는 계절이기도 하다.

▼황금벌판 속의 가을 저수지에서 살찐 가을붕어를 수확하는 낚시인.

1. 가을 추수기 낚시터 선정

● 내륙에선 준계곡형, 해안에선 각지형 저수지

가을철은 대다수 수계의 붕어들이 연안으로 접근하여 활발한 활동을 하는 계절인데, 그중에서도 두드러진 장소는 준계곡형 소류지와 각지형 저수지이다.

흐르는 강이나 산간 계곡지 등은 일찍이 저수온의 영향을 받게 되지만 준계곡형 저수지는 깊은 수심대와 얕은 수심대가 고루 갖추어져 있어서 낮 시간의 일조량에 의해서 상류 쪽의 수온 유지가 되어 붕어가 연안에서 섭이활동을 한다. 이러한 준계곡지 상류지역의 수온 상승은 주간에는 하류 혹은 중심부와의 대류현상이 생기면서 깊은 곳의 적정수온을 유지시켜주고(얕은 곳의 따뜻해진 물과 깊은 곳의 찬물이 교차), 야간에는 반대로 상류와 연안의 얕은 수심대의 수온이 빨리 식어서 깊은 수심대보다 빠르게 하강하면서 주간에 유지된 깊은 수온대의 물이 상류와 연안으로 밀고 올라오는 대류현상이 생겨서 붕어들이 이러한 따뜻한 대류대를 따라서 연안으로 접근하여 먹이활동을 하게 된다.

또한 넓은 벌판의 각지형 저수지는 전면이 얕은 수심대로 평평하므로 전체적으로 일조량에 의한 수온 상승이 용이하고, 대부분 하절기 동안 수면을 덮고 있던 수초(말풀, 마름 등)가 삭아 연안으로 떠밀려 있어서 연안에 풍부한 먹이사슬이 형성되므로 붕어들이 연안으로 나와서 먹이활동을 한다.

● 가을이 깊어갈수록 수로를 찾는다

초가을까지는 모든 낚시터에서 활황을 보인다. 그러다가 첫 서리가 내릴 즈음이면 강이나 댐낚시는 하향세로 접어들고, 서리가 한창 내릴 때면 계곡지낚시가 하향세가 되며, 이후부터 이듬해 봄까지는 수로낚시가 가장 확률이 높은 낚시가 된다. 추수기부터 수로낚시의 중요성이 대두되는데, 가을이 깊어갈수록 해안수로가 내륙수로보다 점점 좋은 낚시터가 된다. 또한 수로를 형태별로 구분하면 간척지 수로, 호수나 저수지의 상류 수로, 저수지 퇴수로, 들판의 논 배수로로 구분할 수 있는데 이 중에서도 겨울로 가까이 갈수록 간척지 수로가 유리해진다.

가을 수로낚시는 수초대를 위주로 공략하면서, 특히 작은 수로 중앙부의 일자형 수초나 수로 양안 가장자리에 일렬로 늘어서 있는 수초의 사이사이는 빼놓을 수 없는 공략 지점이다.

● 수초 삭은 갈색 물은 좋은 물이다

여름에 전 수면을 덮고 있던 부엽수초나 침수수초가 삭아서 가라앉은 낚시터를 초가을에 찾아가면 물색이 갈색으로 변해 있어서 영 낚시를 펼 마음이 내키지 않은 경우를 경험했을 것이다. 심지어는 물이 썩었다고 표현하기도 할 정도인데, 그러나 그 물을 손에 떠서 냄새를 맡았을 때 퀴퀴한 가스냄새가 나지만 않으면 그 물은 나쁜 물이 아니다.

몇 년 전에 우포늪의 수초가 삭아서 물색이 진한 갈색으로 변했을 때 수질검사를 한 적이 있었는데 그 당시 진한 갈색인 우포늪의 BOD 측정결과는 1급수 상태를 유지하고 있었다. 그러니 침수수초인 말풀류나 부엽수초인 마름 등이 여름을 지나고 일제히 삭아들면서 물색이 갈색으로 변하고 있더라도 조금도 수질을 염려할 필요가 없으며, 오히려 이러한 장소가 추수기에는 물벼룩 등의 번성으로 더 좋은 낚시터가 될 수 있다.

2. 추수기의 포인트 선정

● 생자리를 찾아라

가을 추수기가 오면 연안에 정수수초가 발달한 구역을 포인트로 선정한다. 이때 가급적이면 사람이 접근한 흔적이 전혀 없을수록 좋다. 그리고 가능하다면 수초는 건드리지 말고 직공채비 등 낚시채비의 변화로 극복하고, 만약 불가피하다면 오후 이른 시간에 수초 작업을 하되 최소한으로만 하고 낚시를 한다. 혹 현재 호조황이 진행 중인 장소에 대한 정보를 듣고 찾아가더라도 자리를 선정할 때는 기존의 잘 닦여진 포인트보다 새로운 생자리를 찾아 개발하는 것이 조과를 높이는 비결이다.

● 마름이 떠 밀려와 있는 곳이 특급 포인트다

삭고 남은 마름이 떠밀려 와서 일정공간의 수면을 덮고 있는 곳이라면 그곳은 무조건 좋은 포인트라고 생각해도 된다. 이때 삭고 있는 마름에서는 썩은 수초의 가스가 발생할까봐 걱정을 할 필요가 없다. 그 마름은 이미 뿌리와 줄기가 삭았고, 남은 잎만 바람에 쏠려 와서 수면을 덮고 있으므로 그 아래의 물은 대류에 의한 환류를 하고 있어 가스현상이 발생하지도 않을 뿐만 아니라 온갖 수서곤충들이 그 마름에 몰려들어서 서식하고 있게 되므로 붕어들의 집합소 역할을 하는 것이다.
이때 듬성한 마름은 애써 수초제거작업을 하지 않더라도 고부력의 찌 채비로 눈 딱 감고 던져서 떨어뜨리면 몇 번 만에 찌가 자리를 잡고 서준다. 그리고 작은 공간이 있다면 그 공간에 찌를 세우면 된다.

● 적당한 독립수초가 발달한 곳을 포인트로 한다

독립수초군은 사계절 유망하지만 특히 가을철 수온이 하강했을 때 포인트로 위력을 발휘하는 곳이다. 그중에서도 준계곡형 저수지에서 상류 연안에 한 부분만 차지하고 무더기를 이루어 발달한 부들, 갈대, 뗏장수초 등은 붕어 궁전이다.
더구나 이러한 독립수초는 새우나 참붕어를 비롯한 사냥감과 물벼룩을 비롯한 수생곤충들이 집결되어 있는 포인트이며, 일교차가 심한 가을밤의 수온변화도 맨바닥에 비해서는 급격히 일어나지 않는 포인트가 되어 먹을 것이 풍부하고 포근한 아지트가 되는 것이다.

● 호수는 2m 전후의 급경사 지대가 유리하다

가을 댐의 호수낚시는 1년 중 잡어의 성화가 덜하고 붕어의 힘과 씨알이 가장 좋을 때이지만 포인트는 제한을 받는다. 우선 2m 전후의 수심대가 적당하고, 수몰나무나 석축 등의 은신처가 있는 곳이 좋으며, 아주 얕은 수심이나 아주 깊은 수심은

◀ 가을철 수로낚시 풍경. 마름 등 부엽수초가 삭아 내린 가을 수로는 한결 깔끔해진 수면을 자랑한다.

▶단풍이 수면에 비쳐 더욱 깊은 가을 정취를 자아내고 있다.

피하면서도 밋밋하게 완만한 지역보다는 직벽 경사지대가 유리하다.

● 강은 바닥 장애물 지대가 유리하다

가을 강낚시는 일단 소(沼)가 형성돼 있는 곳이나 물의 흐름이 거의 없어서 표층 수온이 유지되는 곳을 찾아 수심 2~3m의 골자리나 콧부리 지역을 포인트로 하되, 가급적 바닥 장애물이 있는 곳을 택해야 한다. 만약 강계의 소형 지류권을 공략할 때는 최소 수심 1m 이상 되는 정수수초 가장자리를 공략하는 것이 좋고, 강안에 웅덩이가 있다면 그런 곳도 좋은 공략대상이 된다.

● 저수지의 포인트는 상황에 따라 유연하게 정한다

계곡형 저수지라면 수심 3m 정도의 중상류지대에서 떡밥낚시를 시도하는 것이 좋으며, 준계곡형 저수지에서는 수심 깊은 골과 평평한 상류지대의 연결 부분을 공략하는 것이 유리하다. 평지형 저수지에서는 수심보다는 물색과 수초 분포에 중점을 두고 어로가 형성돼 있는 듬성한 수초 부분을 생미끼로 공략하는 것이 좋다. 여러 면이 석축으로 되어 있는 각지형 저수지라면 제방과 제방이 만나는 모서리 근처가 주요 포인트가 되며, 각지형이라도 한쪽이 산자락이라면 산자락의 적당한 경사 부분을 공략하는 것이 유리하다.

3. 추수기의 채비 및 미끼 운용

● **채비 변환으로 적응하여 공략하라**

가을이 되어 수초가 삭아서 내려앉는 상황이 되면 약간의 채비 변환이 필요한 경우가 있다. 우선 바늘채비는 침수수초의 침전물이 있는 곳이라도 엷게 바닥을 덮고 있는 정도라면 원래의 바늘채비 그대로 활용하면 된다. 그러나 바닥에 침전물이 두텁거나 거칠다고 판단되면 덧바늘 채비를 하여 침전물에 의해 묻히거나 가리지 않도록 하는 것이 좋으며, 경우에 따라서는 봉돌 위 덧바늘만 외바늘로 채비하는 것도 고려해야 한다.

찌맞춤은 삭은 수초가 바닥에만 깔려있는 상황이라면 조금 예민하게 하여 살포시 내려앉아 있게 하고, 줄기가 일부 남아서 중간에 얹히는 상황이라면 조금 무겁게 조절하여 자리를 잘 잡도록 해주는 것이 좋다. 또한 마름 등이 수면을 덮고 밀려와 있는 상황이라면 아주 무거운 채비를 하거나 직공채비를 하여 수면 부유물을 뚫고 채비가 안착할 수 있도록 전체적인 채비 변환을 해야 한다. 실제로 추수기엔 직공낚시의 조황이 가장 좋다.

● **가을에는 모든 미끼가 다 유용하다**

가을은 겨울을 대비하는 물고기들이 아주 적극적인 먹이활동을 하는 계절이어서 떡밥이나 지렁이는 물론이고, 참붕어나 새우낚시도 어느 때보다 잘된다. 또한 가을로 접어들면서 풀 씨앗이나 작은 열매가 물에 유입되면 물고기들은 이것을 먹이로 취하는 학습이 되므로 메주콩이나 옥수수미끼가 특히 위력을 발휘하는 시기이다. 다만 낚시터 여건이나 후천적인 먹이학습(낚시인에 의한)에 의해서는 글루텐 등의 특정미끼가 특히 잘 먹히는 낚시터가 있을 수 있으므로 그 점은 유념하고 미끼를 선택하여야 한다.

● **미끼는 큰 것을 골라서 원형대로 사용한다**

붕어낚시에 입문해서 가장 참기 어려운 것이 입질이 아예 없거나 있더라도 건드리는 입질만 할 때 참고 기다리는 인내력 시험이다. 그래서 자주 채비를 들어내어 미끼가 붙어있는가를 확인하고는 다시 던져 넣곤 하는데, 이러한 행위는 붕어더러 '접근하지 말고 떠나시게' 하는 행동이며, 큰 붕어가 조심스럽게 접근하여 미끼를 취할 시간적 여유를 빼앗아 버린 셈이 된다. 물론 그 미끼가 물에 떨어지는 파장소리에 반응하여 붕어가 접근하는 경향도 있겠지만, 그것은 집어를 통해서 중치급 이하 붕어를 마릿수로 낚는 낚시기법에 해당하는 경우이고, 월척붕어는 우리가 생각하는 것보다 더 지혜롭다고 봐야 한다.

또한 빠른 입질을 유도한답시고 미끼를 의도적으로 훼손하여 넣기도 하는데, 그것은 잡어나 잔챙이들에게 와서 마음껏 깔짝대라고 미끼를 다듬어서 내어주는 꼴이 된다. 큰 붕어는 먹이를 소극적으로 주워 먹는 것이 아니라 적극적인 공격행동에 의한 사냥행위를 해서 잡아먹는 것이라서 일단 목표(미끼)를 보고 취하고자 한다면 과감하게 한입에 흡입한다. 따라서 기왕 수초 속에 찌를 세우고 기다리는 낚시를 하려 한다면 미끼는 큰 것을 고르되 손상시키지 말고 원형대로 사용해야 씨알 좋은 붕어를 만날 확률을 그만큼 높이는 것이다.

● 수초 삭은 침전물이 있는 바닥도 떡밥미끼가 유용하다

떡밥낚시를 위한 포인트에서 바닥 침전물이 바늘에 묻어 나오면 떡밥이 침전물에 묻혀서 집어효과가 떨어지고, 붕어가 이물질 때문에 입질을 안 한다고 생각하기 때문에 포기하는 경우가 많다. 그런데 한번 용감하게 마름이나 말풀류의 침전물이 있는 바닥상태에서 시도해보면 의외로 더 잘 되는 것을 경험할 수가 있다. 왜 그럴까?

수초의 침전물이 있는 바닥은 엷은 침전물이 까맣게 덮고 있게 된다. 그런데 그곳에

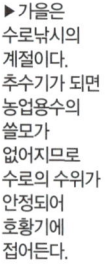
▶가을은 수로낚시의 계절이다. 추수기가 되면 농업용수의 쓸모가 없어지므로 수로의 수위가 안정되어 호황기에 접어든다.

떡밥이 떨어지면 아주 선명하게 드러날 뿐만 아니라 떡밥을 중심으로 수생곤충들이 까맣게 모여든다. 그러니 시각효과가 극대화되고, 먹잇감이 풍부한 상황이 되어 붕어들이 더 잘 접근할 수밖에 없는 것이다. 붕어가 미끼를 먹는 모습을 수중촬영한 바로는 침전물이 깔린 곳의 떡밥을 흡입하는 데에 침전물은 문제가 되지 않았다.

4. 가을철 수로낚시

● 가을은 수로낚시의 계절이다

가을철 붕어낚시는 여름철 더위에서 회복된 붕어의 당찬 손맛이 있고, 겨울을 준비하는 튼실한 대어급 붕어를 만날 수가 있어서 좋다.
강이나 댐이야 서리가 내리고 나면 하향세로 들겠지만 저수지는 첫얼음이 얼기 전까지는 우리를 반겨주고, 수로의 경우는 이제 본격적인 낚시가 시작되어 겨울을 날 때까지 우리의 좋은 낚시터가 되어준다. 특히 황금벌판 끝자락에 펼쳐진 수로의 가을낚시는 그 운치와 조과가 가히 신선놀음의 맛을 우리에게 더해 줄 것이다.

● 수로의 위치별 구분과 낚시

수로를 위치별로 구분하면 해안수로와 내륙수로가 있다. 해안수로는 벌판의 끝자락에 있거나 벌판의 중심을 흘러서 바다로 연결되는 수로이고, 내륙수로는 내륙지역의 벌판을 가로질러 흘러서 주로 강으로 연결된다. 해안수로는 4계절 낚시터로서의 역할을 하며, 늦가을에서 이른 봄까지 호황을 보이고 특히 모든 낚시터가 부진을 보이기 시작하는 늦가을부터 좋은 낚시터 역할을 한다. 반면에 내륙수로는 해안수로와는 달리 서리가 내리는 늦가을이 되면 물색이 맑은 냉수대 낚시터가 되어 부진한 조황을 보이게 된다.

● 수로의 규모별 구분과 낚시

수로를 규모별로 구분하면 대형수로와 중형수로, 소형수로로 구분할 수 있다. 이는 수로의 길이도 주요 요소가 되지만 낚시인의 입장에서 구분한다면 수로의 폭을 더 주요 요소로 구분한다.

대형수로는 강과 유사하여 폭이 넓고 중심부의 수심이 깊으며, 연안에 주로 수초가 발달해 있다. 이러한 수로에서의 포인트는 당연히 연안 수초가 되며, 수심이 깊은 하류 쪽보다는 상류 가까이 쪽이 유리한 포인트가 된다.

중형수로는 비교적 수심이 얕아서 전역에 마름, 말풀류 등의 수초가 고루 발달하여 있고, 연안에 정수수초가 잘 발달해 있다. 이러한 중형수로에서의 포인트는 안쪽의 부엽수초 혹은 침수수초대와 연안의 정수수초대가 된다.

소형수로는 수심이 깊고 좁은 수로와 수심이 얕고 긴 수로가 있다.

수심이 깊은 소형수로는 연안에만 띠를 형성해서 정수수초와 뗏장수초가 발달해 있으며, 수심이 얕은 수로는 중심부에도 정수수초나 침수수초가 잘 발달한 형상을 가지며, 뗏장수초 등 여러 가지 수초가 혼재한 경우가 많다.

따라서 수심이 깊은 소형수로에서의 포인트는 맞은편의 가장자리 정수수초나 내 편에서 옆으로 펼친 가장자리 수초가 유리한 포인트가 되며, 수심이 얕은 소형수로의 경우는 맞은편이나 중심부의 정수수초 혹은 침수수초대가 되고, 정수수초인 갈대나 뗏장수초 등이 혼재한 경계선이 주요 포인트가 된다.

● 수로의 형태별 구분과 낚시

수로를 형태별로 구분하면 간척지 수로와 호수나 저수지의 상류 수로, 저수지 퇴수로, 또는 들판의 논배수로로 구분할 수 있다.

간척지 수로의 경우는 바다를 막아서 간척공사를 한 후 염도가 낮아져서 영농이 가능한 시기부터 붕어낚시가 시작되며, 영농이 시작되고 3년차 정도에서부터 호황을 보이기 시작한다. 이러한 간척지 수로에는 바다어종인 숭어나 망둥이 등이 민물어종과 혼재하며, 미네랄이 풍부하여 붕어의 체고가 높고 성장이 빠르다.

호수나 저수지 상류 수로는 본류의 어자원이 유입되므로 항상 풍부한 어자원을 보유하고 있으며, 본류의 배수 등 환경변화에 따라서 조황기복이 심한 특징을 가지고 있다.

저수지 퇴수로는 대부분의 어느 저수지나 무넘기 아래로 연결되어 흐르는 수로가 있으며, 이러한 퇴수로는 대부분 본 저수지의 물고기 서식상태에 따라서 어자원이 달라진다. 따라서 본 저수지의 붕어 씨알이나 개체수가 주요 참고 요소가 되며, 대개는 대물낚시 보다는 마릿수낚시 대상 포인트가 많다.

논배수로는 넓은 벌판 어디에나 존재하며, 비교적 폭이 좁은 특징이 있다. 이러한 논배수로는 자체 어자원은 한정되어 있으나 매년 우기에 물길을 따라서 붕어가

▲ 말풀이 자라 있는 수로. 이런 곳은 다양한 길이의 낚싯대를 펼쳐서 말풀 사이를 구석구석 노리면 마릿수 조과를 노릴 수 있다.

유입되며, 서식여건이 좋아서 성장이 빠르다. 하절기 영농철에는 일부 낚시에 제한이 있으나 가을 추수 이후에 좋은 낚시터가 된다.

● **수로 공략 요령**

수로에 서식하는 붕어는 수로의 규모나 형태에 무관하게 주로 연안의 수초를 끼고 회유하면서 취이활동을 하거나 얕은 곳의 수초밭을 찾아서 취이활동을 한다. 그러므로 수로에서 낚시를 할 때면 연안수초선이나 안쪽의 수초지대가 주요 공략 지점이 된다.

대형수로에서는 그 수로의 가지수로가 유리한 포인트가 된다. 그리고 그 가지수로에서도 상류 가까운 쪽의 연안수초가 안쪽으로 발달해 들어간 지점을 포인트로 하는 것이 좋다. 이런 곳은 대부분 수심이 1m 전후한 상황이며, 붕어들의 은신처가 되고 사냥터가 되기 때문이다.

대 편성은 수초의 형태에 따라 긴 대와 짧은 대를 고루 배치하며, 수초를 넘겨서 수초선 끝에 찌를 세우거나 수초밭 중간의 작은 공간에 찌를 세운다. 그러나 만약 안쪽으로 발달한 수초밭이 없을 경우에는 연안수초에 바짝 붙여서 찌를 세울 수 있도록 긴대를 좌우로 펼쳐서 배치하거나 한쪽으로 방향을 틀어서 대 편성을 하는 것이 좋다.

제28강 가을낚시

중형수로의 경우는 작은 가지수로의 인입부 가까운 쪽이 주요 포인트가 된다. 이런 곳은 대부분 정수수초 혹은 일부 부엽수초나 침수수초가 발달해 있다. 그러나 가지수로의 규모가 크다면 대형수로와 마찬가지로 상류 쪽 가까운 곳이 주요 포인트가 된다.
대 편성 요령은 위의 대형수로에서와 별반 다르지 않다.
소형수로의 경우는 상. 하류의 구분이 없이 전역에 수초가 잘 발달한 경우가 많다. 이런 소형수로의 포인트는 연안수초와 중심부의 수초가 다 해당되며, 좁은 수로에서는 맞은편의 연안 정수수초선이 주요 포인트가 되며, 약간 넓은 수로라면 중심부의 수초(정수 혹은 침수수초)와 내 쪽 연안의 정수수초선이 주요 포인트가 된다.
따라서 대 편성 시에는 좁은 수로에서는 긴대를 이용하여 맞은편 수초선상에 나란히 찌가 서도록 배치하고, 넓은 수로라면 중심부에 중간대 이하를 배치하고 좌우로 긴 대를 배치하여 연안 수초선에 찌를 세우도록 한다.
특히 수로 중간에 정수수초가 부분적으로 발달해있다면 이곳은 필히 공략해야 할 주요 지점이다.

● 가을 수로낚시 미끼 운용

가을철부터 수로낚시에서의 주요 미끼는 지렁이가 우선이다. 그러나 그 수로의 특징에 따라서 붕어가 즐겨 취할 수 있는 미끼를 사용하는 것과 내가 구사하고자 하는 낚시 기법에 따라서 미끼를 사용하는 것을 같이 고려하는 것이 정답이다.
우선 수로의 특징에 따라서 가을철에 붕어가 잘 취할 수 있는 미끼를 알아보면
- 강계와 연결되는 수로의 붕어는 떡밥이나 옥수수미끼를 선호한다.
- 호수나 저수지와 연결되는 수로의 붕어는 새우나 참붕어미끼를 선호한다.
- 바다와 연결되는 수로의 붕어는 지렁이나 참붕어미끼를 선호한다.
따라서 스스로가 구사하는 기법에 따른 미끼를 선택한다면
- 강계와 연결되는 수로 : 마릿수낚시를 즐긴다면 떡밥, 대어낚시를 한다면 옥수수
- 호수나 저수지 상류수로 : 마릿수낚시에서는 지렁이나 떡밥, 대어낚시에서는 새우나 참붕어
- 바다와 연결되는 수로 : 마릿수낚시에는 지렁이, 대어낚시에는 참붕어 등이다.
이는 보편적인 사항이고, 수로의 위치나 토양 등 환경 여건에 따라서는 붕어가 즐겨 취하는 미끼가 달라지는 경우도 있다.

◀ 가을 수로낚시는 초가을엔 내륙 수로, 늦가을엔 해안 수로에서 잘된다. 사진은 내륙 수로에 해당하는 충남 청양군 반계천 띄실보다.

● **가을철 수로낚시의 특징**

가을철 수로낚시의 가장 큰 특징은 입질 시간대의 구분이다. 대부분의 수로에서는 밤낚시가 부진한 현상을 보인다. 이는 규모가 작은 수로일수록 뚜렷하게 나타나는 현상이다. 수로낚시가 가장 잘되는 시간대는 새벽에서 아침 시간대이고, 그 다음이 저녁 시간대이다. 그러나 이는 마릿수 조황의 공통적인 사항을 말함이고, 대물낚시를 구사해 보면 한밤중에 입질을 하는 경우도 많이 나타난다.

이를 분석해 보면 무리를 지어 회유하는 중치급 이하의 붕어들은 밤이 되어 야행성 포식어종이 활동할 시간대에는 은신처에 움츠리고, 포식어종이 활동을 중지하는 시간대에 활발한 취이활동을 하기 때문으로 생각된다. 그러나 대물급 붕어들은 포식어종에 제한을 크게 받지 않고 야간에도 활동을 하는 듯하다.

다음으로 수로의 특징은 수위 변동에 아주 민감하다는 것이다. 이는 저수지에서도 배수와 관련하여 나타나는 현상이나, 수로는 그와 연관된 바다 물때, 호수나 저수지의 배수에 특히 민감한 반응을 나타낸다. 또한 수로는 단계별로 보가 형성되어 있거나 최하류에 갑문이 설치되어 있는데, 우리가 낚시하는 시간에 갑문을 개방하여 물이 빠지게 되면 그 시간부터 거짓말 같이 입질이 끊기는 현상이 생긴다.

제29강
겨울낚시

요즘에는 겨울도 어한기가 아니다. 늦가을에 납회를 하긴 하지만 연중행사에 불과한 의미이고 겨울 동안에도 활발하게 출조가 이루어진다. 특히 대물낚시 조사들은 한겨울에도 밤낚시를 구사하는 등 계절에 무관하게 낚시터로 나가고, 저수온기 낚시기법의 발전과 전내림낚시 기법의 확산으로 겨울철낚시도 하절기와 거의 구분 없이 시행되고 있다.

1. 겨울 붕어의 행동특징

초겨울의 붕어는 겨울을 날 준비를 한다. 이때 수중의 붕어는 활성 집단과 비활성 집단으로 구분되어 비활성 집단은 겨울 동안 일정 장소에 안주하며 활동을 최소화하고, 일부 활성 집단만이 겨울 동안에도 연안에 접근하여 활동한다. 우리가 겨울에 만날 수 있는 붕어가 바로 이 활성붕어이다. 특히 해안가의 평지형 저수지나 수로 등의 붕어는 수중환경 변화가 적어 겨울에도 대부분 활성을 보인다.
또한 활성붕어의 경우는 겨울이 되면 뱃속에 알을 생성한다. 우리가 겨울에 낚은 붕어의 뱃속을 관찰해보면 노란색의 알주머니가 발견되는데 이것이 겨울 동안 뱃속에서 포란되었다가 이른 봄에 산란에 들게 되는 것이어서 활성붕어가 많은 장소의 알을 품은 붕어는 겨울에도 비교적 활발한 먹이활동을 하는 것이다.

▲ 서리가 하얗게 내린 겨울 아침, 정물화처럼 풍경 속에 녹아든 붕어낚시인.

● 겨울붕어는 주로 낮에 먹이를 찾는다

붕어는 변온동물이다. 즉 온도 변화에 따라서 스스로의 체온을 변화시키면서 적응하는 동물이다. 따라서 겨울철이 되어 수온이 하강하면 붕어도 체온이 내려가는데, 이렇게 자연적으로 체온을 낮추는 변온동물의 특징이 겨울동안 겨울잠을 자거나 행동이 극도로 위축되고 먹이활동 또한 없거나 감소된다는 것이다. 그러다가 수온이 1도라도 상승하면(어류에게 상대수온의 1도는 상온 생물의 10도와 유사한 영향을 준다고 한다.) 그때부터 부분적인 활동을 개시한다. 그러므로 수온이 하강 중인 초저녁에서 밤중까지는 붕어가 점점 움츠리게 되고, 밤중이 지나면서 수온 역전이 되는 시간대에 미세한 활동을 하다가 해가 떠서 수온이 상승하게 되면 비교적 활발한 먹이활동을 한다.

이렇듯 붕어가 겨울밤에는 스스로 먹이활동을 하지 않는데도 밤낚시만 하고 날이 밝자마자 낚시를 접는다면 겨울철 붕어의 생태를 이해하지 못하고 낚시의 맛을 스스로 반감시키고 있는 것이다. 그러므로 겨울철에 출조하면 밤 동안은 밤낚시의 맛을 즐기고, 날이 밝으면 일정 시간동안 낮낚시의 맛 또한 즐기고 나서 철수하는 것이 겨울철 붕어의 생태에 맞추는 낚시행위이고, 겨울철 낚시의 맛을 배로 즐기는 것이다.

2. 겨울철 붕어낚시터 선정

겨울철에 낚시터에 나가보면 갈수상태이거나(바닥 준설, 제방 공사, 동절기 제방 보호 위한 일정량 배수 등), 정수수초가 삭아 누워 있거나(침수수초나 부엽수초는 삭아서 없다.) 얼음으로 덮여 있다. 이러한 겨울철 낚시터는 우리에게 하절기와는 다른 낚시방법을 구사할 것을 요구한다.

● 겨울에는 해안 낚시터가 좋다

동절기에 출조 장소를 결정함에 있어서 산간 계곡에 위치한 낚시터나 내륙의 시원하게 흐르는 강을 고려하는 것은 붕어를 만날 생각이 없는 것이나 같다. 모름지기 동절기에 유리한 낚시터는 해풍이 닿는 곳이라야 한다. 그것은 해풍이 어느 정도의 수온을 보전해주는 역할을 하기 때문이며, 해안지역은 내륙지역에 비해서 기온과 수온의 변화가 극심하지 않고 온화함을 유지하기 때문이다. 동절기 출조장소를 선정할 때는 해안가이면서 쉽게 결빙되지 않고 수온 유지가 되는

▼ 신안군 압해도의 수로. 겨울에도 따뜻한 전남 해안가 수로에선 붕어를 어렵지 않게 낚을 수 있다.

서남해안 지역을 고려하는 것이 좋다. 즉 전라남북도 해안과 충청남도 일부 해안과 경상남도 일부 해안이 그 대상이 된다.

● 규모가 작고 전반적으로 얕은 저수지나 수로가 좋다

붕어는 겨울이 되면 대부분 안정수온대로 집단이동을 한다. 특히 강이나 댐의 경우에는 이러한 현상이 두드러지게 나타나기 때문에 겨울철 낚시가 잘 되지 않는 것이다. 그러나 규모가 작은 수로나 평지형 저수지의 경우는 집단이주할 여건이 되지 못한다. 그러므로 그런 곳의 붕어는 수중 장애물의 틈새를 파고들거나 수면을 덮고 있는 수초 속을 근거지로 하여 겨울을 난다.

● 평지형, 수로, 둠벙이 유망

아무리 해안가에 위치한 저수지라도 계곡형 저수지는 불리하다. 또 흐르는 강과 대형 수로의 본류는 불리하다. 계곡형 저수지와 흐르는 강, 수로, 댐의 붕어는 겨울이 되면 적정 수온대를 따라서 깊은 수심대나 깊은 곳의 장애물 속 등 일정 장소에 운집하여 그 움직임을 최소화하여 월동하기 때문에 우리가 낚시를 구사하는 연안에는 접근하지 않기 때문이다.

반면에 동절기에 유리한 낚시터의 형태는 해안가의 평지형 저수지, 수로, 둠벙 등이다. 평지형 저수지 중에서도 일조량이 많고 수초가 잘 분포되어 있으며 규모가 작은 곳이 유리하며, 수로는 작은 규모의 수로나 큰 수로의 지류로서 물의 흐름이 없고 일조량이 충분한 곳이 유리하다. 둠벙의 경우는 겨울바람이 직접 닿는 황량한 벌판 가운데의 둠벙보다는 해안가 수로와 연계하여 형성된 수로형 둠벙이나 바람막이가 되는 둑 아래, 또는 마을 앞이나 들 끝의 갈대가 띠를 두른 둠벙이 유리하다.

● 일조량이 풍부한 낚시터가 유리하다

겨울철에 햇볕을 지향하는 본능적인 행동은 수중생태계의 붕어도 다를 바 없다. 그러므로 겨울낚시터는 아침에 해가 떠서 저녁에 해가 질 때까지 가급적 햇볕이 많이 드는 장소가 유리하다. 햇볕이 차단되는 장소의 붕어는 먹이활동을 하지 않고 움직임을 최소화하면서 겨울을 나는 개체가 많은 데 반하여 일조량이 많은 곳의 붕어는 비록 하절기와 같이 활발하지는 못하더라도 어느 정도의 활성을 보이면서 먹이활동을 한다. 따라서 겨울에는 일조량이 풍부한 낚시터가 유리한 것이며,

이러한 일조량의 영향은 얼음낚시에서도 적용된다.

● 삭아 누운 수초는 겨울붕어의 이불이다

사계절 다 수초를 끼고 하는 낚시가 유리하다고 하지만 겨울철의 수초지대는 더욱 좋은 장소가 된다. 특히 삭아서 누운 정수수초는 추운 겨울바람을 막아주는 이불의 역할을 한다. 또 동절기에 움이 터서 새싹이 자라 오르고 있는 말풀류 등의 침수수초도 중요한 요소가 된다. 침수수초의 새싹은 겨울동안 붕어의 은신처일 뿐만 아니라 그 자체가 중요한 먹잇감이 되므로 붕어가 즐겨 찾는 곳이다.

● 겨울철엔 좋은 물색이 필수요소다

붕어낚시에 좋은 물색은 우유를 풀어놓은 듯 농도가 짙은 물색을 말한다. 즉 흙탕물처럼 흐려서 탁도가 높은 것이 아니고 수중 플랑크톤의 활발한 활동으로 농도가 짙어보여서 탁도가 높아 보이는 물색을 말하는 것이다. 물은 수온이 떨어지면 플랑크톤이 소멸되면서 점점 맑아지다가 나중에는 샘물같이 맑은 색을 띤다. 그러다가 다시 수온이 상승하면 플랑크톤이 번성하여 점점 농도가 짙어지고 우리 눈에 짙은 물색으로 보이게 된다. 붕어가 이런 곳을 좋아하는 이유는 우선은 붕어의 주요 영양 공급 요소인 플랑크톤이 그곳에 형성되기 때문이며, 다른 곳에 비해서 수온이 어느 정도 유지되고 있고, 경계심 또한 느슨해지기 때문이다.

낚시터에 도착하여 육안으로 물을 바라보았을 때 연안 얕은 수심대의 물이 샘물같이 맑으면서 바닥이 훤히 들여다보이거나 비록 수심이 깊어서 물은 파랗게 보이지만 표면의 물이 샘물같이 맑은 색을 띠고 있다면 그런 곳은 좋은 장소가 못된다. 적어도 50cm 정도 수심의 바닥이 보이지 않을 정도로 탁도가 유지되는 곳이라야 유리한 장소가 된다.

▼ 물색의 극명한 대비. 앞의 둠벙은 물이 맑아 수중의 말풀이 훤히 보이지만 그 너머의 둠벙은 물이 흐리다. 붕어들은 당연히 흐린 둠벙에서 낚였다. 신안군 안좌도의 둠벙낚시터.

● 겨울낚시 명당은?

저수지 연안에 수초가 적당히 잘 발달되어 있고, 물색이 탁하고, 수심이 1~1.5m인 곳이면 적당하다. 그러면서 일조량이 많고 주변이 조용한 곳이면 금상첨화다.

평지형 저수지라면 제방이나 제방 가까운 포인트를 찾는 것이 가장 손쉬운 방책이고, 수로의 경우라면 넓은 본류보다는 좁은 지류의 연안수초가 잘 발달한 장소가 좋다. 만약 맞은편에 채비가 닿을 만큼 좁은 공간이라면 맞은편 수초 선에 찌를 세울 수 있는 포인트가 우선이고, 조금 더 넓은 공간이라면 중심부의 수초와 발밑의 수초를 공략하도록 포인트를 잡는 것이 유리하다.

3. 겨울철의 붕어낚시 채비와 미끼

● 수초를 극복할 수 있는 튼튼한 채비가 필요하다

겨울철의 붕어는 대부분 수초 속에 있다. 그러니 그 수초 속에 찌를 세워야만 붕어를 만날 수 있다. 따라서 겨울철의 낚시채비는 튼튼해야 하고, 수초를 직접 공략하기 위한 직공채비도 갖추어야 한다. 또 겨울철에는 가급적 수초를 건드리지 않고 낚시해야 한다. 겨울붕어는 수초제거를 하는 동안 빠져 나가고 나면 다시 돌아오기가 어렵기 때문이다.

● 겨울붕어는 먹이를 가린다

겨울붕어는 먹이를 가려서 먹고 적게 먹는다. 붕어가 먹이를 가리는 것은 소화 흡수와 깊은 연관이 있는데, 겨울철 붕어는 고단백질을 요구하면서도 소화흡수가 잘되는 먹이를 우선으로 취한다. 미끼 중에서 떡밥 등의 곡물류는 단백질 양도 적으면서 소화흡수가 더딘 먹잇감이다. 따라서 겨울철에는 떡밥낚시가 잘 되지 않는다. 한편 새우나 참붕어의 경우는 고단백이긴 하나 소화흡수가 더딘 먹잇감이다. 그래서 겨울에는 지렁이나 구더기 등 고단백이면서도 소화흡수가 쉬운 먹잇감이 가장 좋다. 우리가 미끼를 사용할 때는 붕어가 먹고 싶어 하는 그 눈높이에 맞추는 것이 가장 중요하므로 이때부터는 지렁이를 미끼로 사용하는 것이 유리하다. 붕어낚시를 하면서 낚시인 스스로가 선호하는 미끼만을 고집하는 것은 붕어의 눈높이에 맞는 미끼를 선택 사용하지 못하는 결과가 된다. 따라서 평소에 지렁이 미끼가 싫었더라도 겨울 동안은 불가피하게 지렁이 미끼를 많이 사용하는 것이 좋다.

4. 겨울붕어의 입질 파악

● 겨울에는 예신이 나타나지 않을 경우도 있다

하절기에는 붕어가 먹이를 활발하게 취하므로 그 충격의 폭이 커서 목줄의 완충작용과 부분사각이 있더라도 찌 끝에는 확연하게 움직이는 예신으로 나타난다. 그러나 동절기의 경우는 붕어가 자세를 낮춘 모습으로 지근거리까지 접근하여 주둥이 주름을 펴서 먹이에 대고 약한 흡입을 하므로 그 물리적 충격이 너무 작아서 목줄에서 완충되어버릴 뿐만 아니라 목줄의 사각범위를 벗어나지 못하여 찌 끝의 신호는 아주 미세하게 나타나거나 아예 나타나지 않는 경우가 발생한다. 이러한 상황을 파악하지 못하면 적절한 챔질시기를 찾지 못해 끝내 챔질을 못하고 말거나 조급한 챔질로 헛챔질이 되는 경우가 많다.

▼ 겨울 물낚시터로 인기가 높은 김제 만경강 만경대교 밑. 흐르는 강은 쉬 얼지 않아 겨울에도 물낚시를 즐길 수 있다.

● 겨울철의 본신의 모습은 일정하지 않다

하절기의 경우는 동일한 장소에서 낚시를 하면 대부분 그 장소의 특성에 따라서 일정한 모습의 본신을 보여주는데, 동절기의 경우에는 찌를 올리는 입질이더라도 그 찌 올림의 폭이 크게 나타나지 않은 경우가 많이 있으며, 수심이나 바닥상태와도 무관하게 슬쩍 끄는 찌 모습으로 나타나기도 한다. 또한 금방까지 올리는 입질을 하다가도 잠시 후에는 끌고 들어가는 입질을 하기도 하며, 아예 본신의 모습이 찌 끝에 식별되지 않을 정도로 약하게 나타나기도 한다.
그렇다면 어떻게 동절기 붕어의 입질을 읽어내야 할까? 그것은 찌 끝의 움직임을 보고 '붕어의 정확한 입질'만을 골라서 읽어낼 수 있는 유형 파악을 하는 것이다. 어느 경우이든 붕어의 입질은 경박스럽게 하는 잡어와는 다르게 나타나고, 비록 미세하더라도 찌 끝에 정직하게 나타나기 때문이다.

▲ 얼음구멍 속에서 낚아 올린 붕어와 잉어.

5. 겨울철의 챔질시기

● 올리는 입질의 챔질시기

붕어낚시에서 가장 정확한 챔질은 정점 도달 순간을 노려서 챔질하는 것이라고 한다. 그러나 동절기에는 올리는 찌 높이에 무관하게 올리는 동작이 무거워지는 느낌이 들면 지체 없이 챔질해야만 한다. 다만 한 마디 이내의 입질로 끝날 때에는 그 챔질시기 결정이 애매하므로 멈추는 순간에 챔질하는 것이 실수를 줄이는 방법이니 찌 끝을 잘 관찰해야 한다.

● 끄는 입질의 챔질시기

끄는 입질이 들어오면 두 가지를 연상해야 한다. 바다낚시에서처럼 멈춤이 없이 죽 끌고 들어가는 모습과 찌가 서있는 모습 그대로 옆걸음으로 서서히 이동하는 모습이 그것이다. 감성돔처럼 죽 끌고 들어가는 입질 시에는 찌 끝이 시야에서 사라지는 순간이 적절한 챔질 시기인데, 만약 수심이 아주 얕은 평지라면 옆으로 끌리던 찌 끝이 물속으로 잠겨드는 순간을 챔질시기로 하면 된다.
그리고 찌가 똑바로 선 채 서서히 옆걸음을 하는 입질 모습이라면 찌를 올리다가 멈춘 그 모습 그대로 이동을 시작하여 두 뼘 정도 진행 중인 상황에서 챔질하면 된다. 이때에 멈추기를 기다려서 챔질하면 이미 늦어버리는 경우가 많다.

▶ 혹한과 싸우는 겨울 밤낚시.

6. 살얼음낚시

한겨울이 되면 중부지방에서는 얼음낚시를 하고 남부지방에서는 살얼음낚시를 한다. 살얼음낚시란 올라설 수는 없을 정도로 얇게 언 얼음을 도구를 이용해 깨고 낚시하거나 아직 얼음이 얼지 않은 구간을 노려서 붕어를 낚는 낚시를 말한다. 중부지방에서도 결빙기나 해빙기에는 빙판에 올라서지 못하고 살얼음낚시를 해야 하는 경우가 많다. 그런데 이 살얼음낚시가 생각보다 잘되어 장소에 따라선 일반 물낚시보다 월등한 조과를 거두는 경우도 왕왕 있다.

● **살얼음은 비닐하우스처럼 온실효과를 만든다**
겨울철 수면을 덮고 있는 얼음은 바람을 막아주고 보온을 해주는 비닐하우스 역할을 하며, 특히 투명한 살얼음은 햇빛을 투과시켜서 낮 시간에는 수온을 상승시켜주는 역할을 하고, 밤 시간에는 바람과 수표면 증발을 막아주는 보온역할을 한다.
그러므로 투명한 살얼음이 있는 지역이 주변지역보다 수온 유지가 잘되어 바닥의 침수수초 새순이 더 빨리 자라 오르고, 수중의 생물들이 이곳으로 모여들게 되며, 붕어도 이곳에서 주로 먹이활동을 하게 된다. 살얼음이 얼면 얼음이 얼기 전보다 더

붕어가 잘 낚이는 이유가 이 때문이다. 얼음낚시를 할 때도 눈이 덮고 있는 두터운 얼음지대보다는 눈이 없고 투명하며 햇빛이 잘 투과되는 지역이 주요 포인트 역할을 하는 것이 바로 이러한 온실효과의 영향 때문인 것이다.

● 살얼음을 비켜서 할 것인가, 깨고 할 것인가?

만약 살얼음이 부분적으로 얼어있는 상황이라면 얼음을 깨지 말고 비켜서 포인트를 정해야 좋다. 부분적인 살얼음을 깨면서 소란을 피우면 그 아래에 들어와서 겨우 은신하고 있던 붕어들이 깊은 수심대로 이동해 버리고 우리가 낚시를 하고 있는 시간 동안은 접근하지 않기 때문이다. 특히 저수지나 큰 수로에서 살얼음이 제방 석축 앞이나 연안 수초선을 따라서 띠를 두르듯이 일정하게 얼어있고 쉽게 녹아들지 않을 상황이라면 얼음을 건드리지 말고 부분적으로 언 살얼음의 앞쪽을 연해서 찌가 서도록 하거나 혹은 공간의 가장자리에 찌가 서도록 비켜서 공략하는 요령이 필요하다.

그러나 살얼음이 전체 수면 혹은 넓은 범위의 수면을 덮고 있다면 수중에 붕어 은신처가 되는 수초 등의 장애물이 있는 포인트를 찾아서 연안에서 작은 구멍을 내고 공략해야 한다. 넓은 범위의 수면을 얼음이 덮고 있을 때 은신처 주변에 있는

▼ 찌 세울 구멍을 만들기 위해 살얼음을 깨고 있다.

붕어들은 얼음구멍을 내는 자극에도 멀리 빠져 나가지 않고 흩어져서 근처 장애물에 몸을 숨기고 긴장해 있다가 일정 시간이 경과하여 그 상황에 적응하고 나면 일상적인 섭이활동을 한다. 따라서 이런 때에는 수중의 장애물, 삭은 수초, 침수수초의 새순 등이 있는 자리가 유망한 포인트가 된다.

다만 얼음을 깨고 찌 세울 자리를 확보할 때 넓은 범위로 얼음을 깨는 것은 삼가야 하는데, 이는 깬 얼음이 녹으면서 표층 수온을 떨어뜨리게 되고, 넓은 수면이 노출되어 온실효과가 없어지기 때문이다.

● 가늘고 예민한 채비가 필요하다

겨울철에 살얼음낚시를 할 경우에는 예민한 채비가 유리하다. 근본적으로 동절기의 붕어는 활성도가 떨어져서 먹이활동 간에 운신의 폭이 작아서 입질이 약하다. 따라서 원줄과 목줄을 평소보다 한 호수 아래로 채비하고, 바늘도 작은 바늘, 찌도 톱이 가는 중부력찌 이하로 채비하는 것이 좋다. 그리고 가장 주의해야 할 찌맞춤은 반응이 예민한 가벼운 찌맞춤이 유리하겠으나, 만약 침수수초가 자라고 있는 포인트라면 표준 찌맞춤을 하여 사용한다.

● 주요 미끼는 지렁이다

겨울철에는 지렁이만큼 효과적인 미끼는 없다. 특히 얼음이 얼었을 때 지렁이가 아닌 다른 미끼는 붕어가 거들떠보지도 않을 가능성이 많다. 만약 지렁이를 도저히 사용하기 싫다면 새우를 까서 사용하거나 옥수수의 작은 알갱이, 글루텐떡밥을 사용하여 대체할 수는 있으나 효과는 지렁이보다 못하다.

지렁이 미끼를 사용할 때 일반적으로 수초를 공략할 때 굵은 지렁이 세 마리 이상을 엮어서 꿰던 것과는 달리, 살얼음낚시 간에는 큰바늘을 사용한다면 굵은 지렁이 한 마리를 꿰거나 작은 지렁이 2~3마리를 꿰어 쓰고, 작은 바늘을 사용할 경우는 그에 맞는 작은 지렁이 한 마리만을 꿰어서 쓴다.

겨울 저수지의 낙조

제3장
붕어낚시 실전 각론

내가 찌를 바라보는 것만이 아니라 대자연도 항상 나를 보고 있다. 내 마음 속까지도 들여다보는 것이 자연이다. 나도 붕어도 자연의 일부일 뿐이다. 물속에서는 붕어가 나보다 더 중요한 주인이다. 자연은 항상 어머니처럼 품어주면서도 말이 없다. 자연의 어느 것보다 내가 잘난 것이 없다. 그러니 겸손한 마음으로 대자연이 주는 기운을 받아서 스스로 부끄러움 없는 낚시를 해야 한다. 이것이 바로 낚시덕목 '浩然氣無恥生'이다.

수초에 대한 이해

1. 수초 포인트의 양면성

1980년대 이전의 붕어낚시에서는 수초를 그다지 중요시하지 않았다. 당시 낚시인들은 수초를 직접 공략하지 않고 수초 사이 넓은 공간이나 아예 수초가 없는 포인트에서 낚시하기를 선호했다. 다만 보트낚시를 하는 몇몇 사람들은 수초에 접근하여 직공법(들어뽕)으로 수초를 공략하였다. 그러던 것이 1990년대 들어서부터 붕어낚시에서 수초의 중요성이 대두되었고, 2000년대 들어 대물낚시가 성행하면서부터는 수초가 핵심 포인트가 되어 모든 낚시인이 수초의 중요성을 인식하고, 수초 포인트를 선호하게 되었다.
그러나 수초지대라고 하여 무조건 좋은 포인트 역할을 하는 것은 아니고, 눈에 보이는 수초가 아무리 좋은 그림으로 보이더라도 그 수초에 대한 이해와 적절한 공략을 하지 못하면 황당한 결과를 겪을 수도 있다.

● **계절에 따른 수초의 양면성**
붕어는 알에서부터 생을 마감할 때까지 일생을 수초밭에서 보낸다고 해도 과언이 아니므로 항상 수초는 유망한 포인트가 된다. 그러나 오히려 수초지대가 불리한 포인트가 되는 경우도 있다. 그것은 수초밭의 물이 환류가 되지 못하고 정체되어 있으면서 삭은 수초에 의해서 가스현상이 발생할 경우이다.
봄철의 수초지대는 수초의 새싹이 자라 오르면서 용존산소량이 많아지고, 특히 부드러운 수초의 새싹을 좋아하는 수서곤충들이 그곳으로 몰리게 되어 유망한 포인트 역할을 하지만, 여름으로 들면서부터는 고수온에 의해서 수초 일부가 삭기 시작하는데, 만약 이런 곳의 물이 환류가 되지 못하는 상황이라면 용존산소량이 부족하게 되어 붕어가 회피하게 된다. 그러므로 여름철에는 수초밭이라도 물의 환류가 잘되는 곳이 좋은 포인트가 된다. 그러다가 가을이 되어 수온이 떨어지면 다시금 대부분의 수초지대가 포인트 기능이 살아나게 된다. 그리고 겨울철에는 삭은 수초가 수면을 덮고 이불 역할을 하여 따뜻하게 수온을 유지시켜줌으로써 아주 좋은 포인트가 된다.

▲ 침수수초인 물수세미를 뒤집어쓰고 올라온 붕어.

● **수초 분포에 의한 양면성**

일정한 공간에 수초가 어떻게 분포되어 있는가에 따라서도 포인트 가치가 달라진다. 보통 낚시인들은 낚시터에 수초가 많이 발달하여 있을수록 그림이 좋다고 하고 선호하는 경향이 있으나 그런 곳은 사실 유망한 포인트가 되지 못한다. 붕어 입장에서 보면 넓은 지역의 모든 수초지대가 생활공간이 되므로 그곳에 사는 붕어는 사방에 분산되어 낚싯대 몇 대 펼쳐놓은 자리에서 붕어를 만날 확률이 그만큼 떨어지는 것이다.

그러나 어느 한 곳에 특징적으로 수초가 발달하여 있다면 그런 곳은 유망한 포인트가 된다. 붕어 입장에서 보면 그런 곳은 경쟁적으로 자리를 차지하고 생활할 곳이므로 큰 붕어의 은신처일 확률이 높다. 상류나 연안 일부에만 부분적으로

정수수초

갈대

뗏장수초

부들

줄

연

발달해 있는 수초대에서 좋은 조과를 올릴 수 있는 것이다.

2. 수초의 종류

● **정수수초(挺水水草)**

정수수초는 뿌리는 물속의 땅에 박고, 줄기는 물위로 내밀어 자라며, 물 위에서 잎이 피어서 잎이 물에 닿지 않고 살아가는 수초를 말한다. 연, 부들, 갈대, 줄, 창포, 뗏장수초 등이 있다. 사계절 붕어의 은신처 역할을 하는데 특히 동절기에 좋은 포인트를 제공한다.
한편 우리가 오름수위 때 만나는 육초는 갈수기 때 육지식물이 자랐다가 불어 오르는 물에 잠긴 것으로 이러한 육초는 정수수초라고 표현하지 않는다.

● **부엽수초(浮葉水草)**

부엽수초는 뿌리는 물속의 땅에 박고, 줄기는 수면까지 자라 올라서, 잎이 수면에 닿아 떠서 일생을 살아가는 수초를 말한다. 수련, 어리연, 가시연, 마름 등이 있다. 하절기에는 좋은 포인트가 되나 동절기가 되면 삭아 없어진다. 특히 가을에 부엽수초가 삭아 떠밀려 있는 포인트는 붕어의 집합소 역할을 하여 특급 포인트가 되기도 한다.

● **부유수초(浮遊水草)**

부유수초는 뿌리가 땅에 박혀있지 않고 뿌리까지 물에 떠서 일생을 살아가는 수초를 말한다.

개구리밥과 부레옥잠, 물배추 등이 있다. 하절기에
번성해서 수면을 덮고 있을 때는 붕어의 은신처
역할을 하지만 자꾸 이리저리 떠다녀서 낚시에
지장을 주므로 포인트로는 별로 활용되지 않으며,
더구나 동절기가 되면 삭아 없어져 버린다.
부유수초와 부엽수초를 혼동하면 안 된다. 잎이
수면에 떠있어도 뿌리가 박혀 있으면 부엽수초, 뿌리
없이 떠다니면 부유수초다.

침수수초

검정말

붕어마름

말즘

● **침수수초(沈水水草)**

침수수초는 뿌리는 물속의 땅에 박고, 줄기와 잎이
물속에 잠겨서 일생을 사는 수중식물을 말한다.
말풀이라고 통칭하는 물수세미, 검정말, 말즘,
붕어마름 등이 있다. 한여름이면 줄기와 잎이
수면까지 자라 올라서 꽃을 피운 뒤 늦여름부터
삭아들기 시작하고, 겨울 동안에는 삭고 남은
무더기가 붕어의 은신처가 되어 좋은 포인트를
형성한다. 특히 한겨울 얼음 밑에서 새싹이 자라
오르면 붕어의 먹잇감이 되므로 얼음낚시에서 유망한
포인트가 된다. 간혹 침수수초를 보고 물에
잠겨있다고 하여 정수(淨水)수초라고 하는 경우가
있는데 이는 잘못 표현한 것이다.

3. 혼동하기 쉬운 닮은꼴 수초들

● **연, 수련, 어리연**

연(蓮 Nelumbo necifera)은 연꽃과(Nelumboaceae)에 속하는 다년생 수초이며,
뿌리(蓮根)는 땅속에 있고, 줄기가 1m 정도까지 수면 위로 자라 올라서 잎이
피어나는 정수수초다. 어린 연잎이 수면에 떠서 자라는 모습이 수련과 같아서 흔히

부엽수초

마름

수련

어리연

부엽수초라고 표현하게 되나 다 자란 연잎은 분명히 수면 위로 높이 자라 오른 줄기 끝에서 펼쳐져 있으므로 정수수초다. 연에는 백련, 홍련, 황련, 청련 등이 있으며, 4계절 좋은 포인트를 제공해주어서 우리 낚시인이 좋아하는 수초 중 하나다. 특히 연잎이 삭은 겨울과 초봄에 주요 포인트 역할을 하게 된다.

수련(睡蓮 Nymphaea tetragona)은 잎이 수면에 떠있는 부엽수초다. 넓은 의미에서 연의 종류에 포함하기도 하나 진화상으로 엄연히 다른 계통이다. 수련이라는 뜻은 밤에 꽃잎이 잠을 자듯이 접힌다고 하여 졸 수(睡)자를 써서 수련인 것이다. 실제로 수련꽃은 오후 4시만 넘으면 꽃잎을 닫기 시작하여 졸듯이 고개를 숙이는 모습을 관찰할 수가 있다. 수련은 연과 같은 구근류의 뿌리를 갖지 않으며, 개화시기는 6~7월이다. 수련과에는 수련, 애기수련, 가시연, 개연, 왜개연 등이 있다. 즉 남부지방에 귀하게 분포하는 가시연꽃도 연과 달리 부엽수초인 것이다.

어리연(Nymphoides indica)은 명칭에 연이라는 말이 포함되어 있으나 연도 수련도 아닌 조름나물과의 식물이다. 어리연도 부엽수초로서 뿌리는 굵은 구근형태에 잔뿌리가 많이 나있으며 꽃은 6~9월에 핀다. 어리연꽃 외에도 노랑어리연꽃, 좀어리연꽃 등이 있고, 물고기가 그 그늘을 좋아하여 연안낚시 포인트 조성이 잘되는 수초다.

● **줄과 부들**

줄은 우리가 흔히 줄풀이라고 표현하는데, 식물도감에는 그냥 줄이며 인터넷 국어사전에는 줄풀이라고도 명시되어 있다. 줄풀과 가장 많이 혼동하는 수초가 바로 부들이다. 그러나 조금만 관심을 가지고 관찰을 하면 확연히 다르다는 것을 쉽게 알 수가 있다.

> **토막상식**
>
> ## 뗏장수초의 진짜 이름은 각각 따로 있다
>
> 수초 중에서도 하절기에만 자라는 부엽수초나 부유수초는 그 시기가 아니면 역할을 못하지만 4계절 동안 꾸준히 자리를 차지하고 있는 정수수초는 계절을 불문하고 중요한 역할을 한다. 더구나 수온이 떨어지는 동절기에 주요 역할을 하는 정수수초로 뗏장수초를 빼놓을 수 없다.
> 그러나 식물도감에 뗏장이나 뗏장수초라는 이름의 수초는 없다. 우리가 뗏장수초라고 부르는 식물은 모두 각각의 다른 학명을 가지고 있으며, 우리 눈에 가장 흔한 것은 겨풀과 물참새피이고, 그밖에 물잔디, 나도겨풀도 뗏장수초라 불리고 있다. 즉 낚시인들은 물가나 물에서 줄기를 뻗어 자라는 벼과식물 다년생수초를 통칭하여 뗏장수초라 부르고 있는데, 이는 1980년대 즈음에 잔디(뗏장)같은 풀이 물에서 자라고 있다 하여 뗏장수초라고 명명했을 것이라 추측된다.
> 지금부터라도 뗏장수초란 이름 대신 각각의 명칭을 부르는 게 좋겠으나, 수십 년간 사용해온 용어가 하루아침에 바뀌기는 힘든 노릇이고, 특정 분야 용어로 이미 자리매김이 된 것이니 그대로 '뗏장수초'라고 사용하는 것이 타당할 법도 하다. 다만 줄여서 '뗏장'이라고 말하는 것은 다른 의미의 단어가 되어버리기 때문에 사용해서는 안 되는 표현임을 강조해둔다.

줄은 벼과에 속하는 다년생수초로서 한약재로도 쓰이며, 부들과 달리 오염된 물에서는 잘 서식하지 못한다. 줄이 자라는 수중을 관찰해보면 잎이 무성한 포기의 아래 수중줄기는 굵은 로프처럼 하나로 뻗어있는 경우가 많다. 따라서 줄의 포기는 바람이나 물의 흐름에 다라서 약간씩 이동을 하여 포인트에 변화가 생기기도 하는 것이다. 줄은 잎이 얇고 넓으며, 꽃이 잎 위로 자라 오른 줄기 끝에서 듬성하게 갈라져서 핀다.

부들은 부들과에 속하는 다년생식물로 잘포라고도 하며 잎이 부드러워서 부들이라는 이름을 얻었다고도 하고, 꽃가루받이가 일어날 때 부들부들 떨기 때문에 부들이라고 한다는 설도 있다. 키가 크고 잎이 두터운 반원형을 가지며, 꽃은 소시지 형상의 모가지를 가지고 있다가 피어 흩어진다. 키가 2m 정도로 자라며, 필자가 사옥도 염전 둠벙에서 관찰한 부들은 수심 3m에서도 뿌리를 내리고 자라고 있었다. 부들은 줄에 비해 잎이 두껍다. 동절기에 잎이 삭을 때 줄은 잎이 휘지만 부들은 꺾인다.

● 갈대와 억새

갈대와 억새는 인터넷 지식검색에서도 잘못 표기한 것을 볼 수 있을 정도로 혼동하는 식물이다.

갈대는 벼과 갈대속의 다년생 식물로 북극에서부터 열대지방까지 광범위하게 분포하는 식물이다. 꽃은 8~9월에 피고, 어린 순은 식용으로도 활용하며, 이삭은 빗자루, 줄기는 펄프원료나 수공예품용으로 활용한다. 갈대는 중금속에 의한 수질오염을 정화해주는 능력이 있다고도 알려져 있으며, 연안 물 가장자리나 얕은 수심에 분포되어 있으면서 물고기들의 안식처 역할을 하므로 우리 낚시인에게는 언제나 좋은 포인트 여건을 조성해준다. 잎은 넓은 편이며, 꽃은 탐스런 모가지 형상을 가진다.

억새는 벼과 억새속의 다년생 풀로 아시아 남동부 지역이 주 서식지이다. 억새는 갈대와 달리 물속에는 없고 주로 뭍에서 자란다. 따라서 낚시 포인트와는 관련이 크게 없다. 다만 드물게 물가에서 자란 억새가 물 쪽으로 쓰러져서 수면을 일부 덮고 있는 경우는 포인트로 활용할 수가 있다. 잎은 좁고 긴 편이며, 꽃은 높은 줄기 끝에서 하얗게 갈라져서 피어났다가 바람에 흩날린다.

4. 수초 포인트 선정 시 유의사항

●**물색이 맑은 곳은 피한다**
아무리 수초가 잘 발달하여 있는 곳이라도 물색이 맑으면 붕어가 접근을 회피한다. 우선 경계심 문제이고, 다음으로는 수서 곤충이나 플랑크톤이 없으므로 붕어가 접근하여 먹이사냥을 할 이유가 없는 곳이기 때문이다. 이런 때는 차라리 수초가 없더라도 물색이 좋은 곳을 선택하는 것이 낫다.

●**썩은 수초더미는 피한다**
수중에서 수초가 무더기로 썩으면 그곳에는 심한 가스현상이 발생하고 용존산소량이 부족하게 된다. 따라서 이런 곳은 붕어가 회피하는 곳이다.

● **물때가 많이 끼어 있는 곳은 피한다**
물때란 수초 밑동에 낀 때를 말한다. 특히 초봄에 많이 발견되는 현상인데 겨울동안 수면에 날아 온 미세먼지 등이 수온이 떨어지면서 수초가닥에 달라붙어서 잔뜩 감싸고 있는 형상이다. 이런 곳은 하절기로 가면서 수온이 올라서 물때가 벗겨지기 전에는 좋은 포인트가 되지 못한다.

● 청태가 있는 곳은 붕어가 지나친다

청태가 파랗게 묻어 나오는 곳이라면 붕어가 그곳에서는 먹이활동을 잘 하지 않는다. 혹 접근하더라도 청태의 새순을 약간 뜯어먹거나 그 위를 떠서 지나가는 지역이므로 입질 받기가 어렵다. 대부분 이렇게 청태가 있는 곳은 수초 사이의 물색도 맑은 경우가 많다. 더구나 청태가 있는 지역에서는 미끼가 청태에 함몰되므로 더욱 낚시를 어렵게 한다.

● 부엽수초는 하절기 포인트다

부엽수초는 통상 봄에 자라서 여름 동안 잎이 수면에서 번성하다가 가을로 들면서는 잎이 삭아서 소멸되는 특징이 있다. 따라서 부엽수초지대는 늦봄부터 초가을까지는 좋은 포인트를 형성하나 동절기에는 삭아 없어지므로 포인트 역할을 하지 못한다. 그러나 마름의 경우는 동절기 동안에 바닥에서 새순이 움터서 자라 오르고 있으므로 동절기에도 마름 새순이 바늘에 걸려 나오는 지역은 붕어가 접근하여 머무르는 곳으로 충분한 포인트 역할을 하기도 한다.

복합수초대의 형성

연과 뗏장수초의 복합수초대

말풀과 부들의 복합수초대

갈대와 뗏장수초의 복합수초대

● 침수수초는 겨울~봄 포인트다

대부분의 침수수초는 한겨울에 얼음판 밑에서 새싹이 자라 오르기 시작하여 봄이 되면 수면 가까이까지 자라 오르게 되며, 여름 동안에는 수면을 덮고 있다가 가을로 접어들면서 삭아서 가라앉는다. 그러나 수중에 있는 줄기나 일부의 잎은 겨울 동안에도 생장을 멈춘 채 무더기로 남아있게 되어 붕어에게 좋은 서식처를 제공한다. 이러한 침수수초는 4계절 포인트로 유용하나, 특히 새순이 자라 오르고 있는 겨울과 봄에는 아주 유망한 포인트가 되며, 침수수초대에 부분적으로 정수수초가 발달해 있는 곳은 최고의 포인트가 된다.

▲ 수련밭에 앉아서 어신을 기다리는 낚시인.

● 부유수초는 안정된 포인트가 되지 못한다

부유수초는 일정한 곳에 자리를 잡지 못하고 물결에 따라서 밀려다니는 특징이 있다. 따라서 낚시 포인트로서는 적합하지 못하다. 부유수초를 끼고 생활하는 어류는 주로 바닥에 안주하지 못하고 떠있는 수초 바로 아래에 같이 떠서 활동하므로 입질 받기가 어려운 것이다. 혹 붕어가 부유수초군에 접근하더라도 그 붕어마저도 떠서 수초그늘을 따라 움직이는 현상을 보인다. 간혹 부유수초가 정수수초 사이로 밀려와서 그늘 막을 형성하게 되면 그곳은 좋은 포인트 역할을 할 수 있다.

● 정수수초, 특히 뗏장수초는 사계절 포인트다

정수수초는 그 줄기에 새우나 물벼룩 등 붕어의 먹잇감이 붙어서 서식하며, 잎은 하절기에는 그늘을 제공하고 동절기에는 포근한 붕어의 은신 및 휴식처를 제공하므로 붕어들이 사계절 내내 특히 좋아하는 공간을 형성한다. 그중 특히 뗏장수초는 유망한 포인트가 된다. 봄에 줄기를 뻗고 잎을 펴서 여름동안 번성하다가 가을이면 색이 변하며, 겨울이 되면 잎이 삭으면서 그 줄기의 일부가 수면 아래로 가라앉는다. 이러한 뗏장수초에는 붕어의 먹잇감이 되는 새우, 참붕어를 비롯하여 물벼룩 등 플랑크톤이 특히 많이 번성하여 붕어가 사계절 아주 좋아하는 수초이다. 특히 새잎이 파랗게 난 늦은 봄과 아직 덜 삭아 내린 늦가을의 뗏장수초지대는 최상의 포인트 역할을 한다. 또한 겨울에도 아직 남아있는 뗏장수초 사이를 공략하면 좋은 조과를 얻을 수가 있다.

그러나 한여름의 밀생한 뗏장수초지대는 물의 환류가 제한되어 가스현상이 가장 잘 발생하는 지역이어서 포인트 선정 시에 유의해야 하며, 수심이 깊어서 뿌리를 내리지 못하고 연안에서 줄기가 뻗어 들어가서 수면에 떠있는 급경사지역 깊은 수심의 뗏장수초는 부유수초와 같이 붕어가 떠서 이동하는 현상이 발생하므로 유의해야 한다.

수초낚시

1. 하절기 수초낚시 요령

하절기의 붕어는 대부분 수초밭을 끼고 살아간다. 수초가 그늘을 제공하고 은신처 역할을 해주기 때문이다. 붕어가 하절기 동안 수초에서 생활하는 습성을 보면, 대체적으로 큰 붕어는 꽉 차게 밀생한 수초 속보다는 듬성한 수초의 선선한 공간에

여름에서 가을로 넘어가는 시기에 저수지 상류의 마름수초대를 노리고 있다. 부엽수초인 마름은 늦여름부터 삭기 시작하는데 그때 자연스럽게 생기는 마름밭의 빈 공간을 노리면 대형 붕어를 만날 수 있다.

머무르기를 즐겨하며, 작은 붕어는 수초의 언저리나 밀생한 수초 속의 공간을 파고들어 안주하기를 좋아한다.

● 정수수초의 하절기 공략법

부들, 갈대, 줄풀 등의 정수수초는 봄에 싹이 트고 여름으로 가면서 무성해진다. 봄에 떡잎이 수면에 솟아오르는 때를 시작으로 하여 하절기 수초낚시가 시작되며, 이때는 붕어들도 수초의 새순과 수서곤충을 취하기 위해서 새로 자란 수초줄기 근처로 모여든다. 그리고 여름이 되어 수면 위로 수초가 우거지면 수면을 덮고 있는 수초의 줄기 사이에 붕어들이 다 들어와서 은신하면서 먹이활동을 한다.
이때 붕어가 주로 취하는 물벼룩 등의 수서곤충과 동물성 플랑크톤이 가장 많이 서식하는 곳이 바로 정수수초의 줄기이다. 아울러서 정수수초의 줄기나 잎은 붕어에게 가장 양호한 은신처가 되므로 하절기 낚시에서 정수수초의 중요성은 매우 크다. 특히 갈대나 부들, 줄 등의 키가 큰 정수수초 구역은 우거진 상태라도 가스현상이 발생하지 않아서 좋은 포인트가 된다. 그러나 뗏장수초는 한여름 가스현상이 생길 때가 많으므로 주의해서 관찰한 후에 조금이라도 미심쩍으면 뗏장수초 안쪽은 포기하고 뗏장수초로부터 50cm 정도 이격한 언저리의 맨땅에 찌가 서도록 함이 좋다.

● 부엽수초의 하절기 공략법

부엽수초는 이른 봄에 새싹이 자라 오르기 시작하여 여름이 되면 수면을 넓게 덮고 있게 된다. 그리고 가을이 되면 삭아들기 시작하여 겨울 동안은 다 삭아 내리고 뿌리만 살아남는다.
부엽수초의 대표 격인 마름의 경우, 겨울 동안에 이미 새 움이 터서 바닥에서 새싹을 키운다. 그리고 봄이 되면 비로소 줄기가 수면까지 자라 올라서 잎을 피우기 시작하여 여름이 되면 한 줄기에서 여러 갈래의 잎이 펴서 넓게 수면을 덮게 된다. 그러므로 빼곡히 수면을 덮고 있는 마름 아래라도 줄기는 듬성하여 물의 환류가 잘 되어 가스현상은 발생하지 않는다. 그리고 한여름을 보내면서 꽃을 피운 뒤 삭아들기 시작한다. 따라서 마름은 봄부터 가을까지 꾸준한 포인트 역할을 한다.
기타 수련, 어리연 등의 부엽수초 지역도 물의 환류가 원활하여 가스현상이 잘 발생하지 않으므로 하절기 동안 좋은 포인트 역할을 한다.

● **부유수초의 하절기 공략법**

부유수초는 하절기에만 있다가 동절기에는 사라지는 수초로서 사실상 물에 떠서 떠밀려 다니므로 포인트 변화가 심해져서 공략하기가 쉽지 않다. 그러나 한 쪽 연안으로 떠밀려서 자리 잡고 있는 부유수초 아래에는 붕어가 많이 들어와 있어 유망한 포인트 역할을 하기도 한다. 이런 부유수초를 공략할 때는 찌 세울 구멍을 내봐야 금세 메워지므로 언저리를 공략하는 것이 좋다.

● **침수수초의 하절기 공략법**

침수수초는 한겨울에 바닥에서 싹을 틔운다. 그리고 봄이 되면 수면 중간까지 자라고 여름이 되면 수면 표층까지 자라 오른다. 따라서 침수수초 구역은 겨울철 얼음낚시를 하면서도 포인트 역할을 하고, 봄이 되어 새싹이 자라 오르는 동안에 좋은 포인트를 제공한다. 다만 한여름에는 너무 밀생하여 찌를 세우기가 어려울 뿐만 아니라 물의 환류가 잘 안 되어 가스현상이 생기기도 한다. 그러다가 가을을 지나면서 삭아 내리는데, 일부 밀생한 곳의 침수수초는 소멸되지 않고 군데군데 무더기로 남아서 동절기에 붕어의 안방 역할을 하기도 한다. 이처럼 침수수초는 하절기 초반과 종반에 좋은 포인트가 되며, 한여름철에는 밀생하지 않고 듬성한 침수수초대를 찾아서 포인트로 삼아야 한다.

2. 하절기 수초낚시의 주의사항

● **무조건 수초구멍 작업부터 하면 손해 볼 수 있다**

대물낚시를 갓 시작한 초보자들은 포인트에 도착하면 수초낫을 빼들고 수초 작업부터 하려고 든다. 그 수초가 무슨 수초이고 어떤 상태인지는 안중에도 없다. 그냥 당연히 그래야만 하는 것으로 생각하고 사시사철 똑같은 행동을 한다. 그리고 항상 같은 방향, 같은 간격으로 십여 개의 찌 세울 자리를 만든다. 그러나 그것은 잘못된 행동이다. 낚시터에 도착 후에는 가장 먼저 고려해야 할 것이 물색이고, 그 다음은 수초의 종류와 상태를 면밀히 관찰해야 한다. 특히 하절기 고수온 상황을 겪은 수초의 경우는 물때나 가스현상이 없는 곳이라고 확인된 다음에 꼭 필요한

만큼만 수초 작업을 해야 하는
것이다.

● 수초 줄기에 물때가
많거든 피한다

포인트에 접근하여 수초의 수중
줄기를 면밀히 관찰해 보면 종종
물때가 두텁게 낀 경우를 볼 수
있다. 특히 만곡부(彎曲部)의
수초지대가 더 그런 현상이
심하다. 이러한 곳은 물의 환류가
이루어지지 않아서 물때가 많이
낀 것이며, 그러한 곳에는
용존산소량이 부족할 뿐만
아니라 수초 줄기에
수서곤충들이 붙어서 서식하지
않는다. 즉 붕어 입장에서 보면
숨쉬기도 곤란하고 먹을 것도
없는 곳인 것이다. 이런 곳에는
수초 작업을 하여 구멍을 내고 찌를 세워놓고 기다려봐야 동사리(구구리)등 잡어만
낚인다.

▲ 수초작업을 하지 않고 있는 그대로의 수초대 빈 공간을 노린 대편성.

▲▲ 수초낫으로 줄풀을 정리하고 있다. 수초작업은 꼭 필요한 만큼만 최소한으로 하는 것이 좋다.

● 청태가 낀 곳은 피한다

필자의 관찰에 의하면 붕어는 청태의 파란 새순을 뜯어 먹기도 한다. 그러나 청태의
새순이 아니라 무더기로 있는 오래된 청태는 회피한다. 더구나 청태가 하절기
고수온대를 지나면서부터는 삭아서 떠오르기도 하는데 이런 현상이 보일 때면 일체
붕어가 머무르지 않는다. 혹 접근을 하더라도 바닥을 더듬어서 먹이활동을 하는
것이 아니고 그냥 떠서 지나친다. 전면적으로 청태가 끼어서 다른 포인트로 피할
수가 없다면 바늘을 청태 위로 올리거나 공략지점의 청태를 흙 등으로 완전히 덮고
공략하는 방법은 있겠으나 그것을 위하여 수초 작업으로 구멍을 내고 흙을 퍼다
덮는 수고까지 하는 것은 무의미하다. 즉 그러한 수고 전에 장소를 다른 곳으로

돌아보는 것이 낫다.

● 함부로 작업하면 독성이 퍼지는 수초도 있다

물가에서 흔히 볼 수 있는 수초인 여뀌는 독성이 있어서 조심해야 한다. 여뀌 잎과 줄기를 태운 가루나 짓이긴 것을 물에 뿌리면 물고기가 다 죽어서 떠오른다. 비록 흐르는 물이라고 하더라도 물고기가 금세 떠오를 만큼 강한 독성을 지니고 있다. 그러므로 평소에도 여뀌풀이 있는 곳에는 물고기가 잘 머무르지 않는다.

그런데 이러한 여뀌를 수초 작업한답시고 수초낫으로 줄기를 자르게 되면 독성을 가진 수액이 물에 퍼지면서 그 근방 일대를 오염시킨다. 따라서 여뀌풀이 있는 곳은 가급적이면 포인트로 하지 말거나 넓은 수초지대 중에 일부만 여뀌풀이 있어 불가피하다면 건드리지 말고 조금 떨어진 수초를 대상으로 공략하는 것이 좋다. 이러한 여뀌도 겨울이 되어 완전히 마른 줄기만 남게 되면 물고기가 접근하기도 한다. 여뀌는 저수지에도 있고 강이나 수로에도 있는데 하절기 동안 무성하게 자라 올라서 한여름에 빨갛고 하얀 색을 가진 꽃을 피우고 가을에 시들어서 겨울에는 그 줄기만 남는 수초다.

▼ 동절기 수초낚시의 가장 강력한 기법인 수초직공낚시로 붕어를 뽑아 올리고 있다.

● 초가을에 삭아있는 마름더미는 직접 공략한다

마름은 하절기를 지나면서 삭아들기 시작한다. 이른 곳은 7월 말부터 삭아들고,
늦더라도 8월 말경이면 그 줄기가 삭아들기 시작하여 늦가을부터는 남은 잎 부분이
바람에 떠밀려 한 곳으로 모인다. 이때에는 삭은 잎더미에 물벼룩을 비롯한
수서곤충들이 모여들게 되고, 이를 먹이로 취하는 새우, 참붕어 등이 그곳에
모여들게 되며, 또한 이들을 먹이로 하는 대물급 붕어들이 그곳으로 모여든다.
따라서 마름이 번성하여 전역에 퍼져있을 때보다 오히려 삭아서 한쪽으로 밀려있을
때가 훨씬 좋은 포인트를 형성한다. 그러므로 이때에는 무조건 수면에 밀려와서
떠있는 마름을 직접 공략하는 것이 좋다.
마름더미는 삭아도 가스현상이 발생하지 않는다. 삭은 마름은 수면에 둥둥 떠 있을
뿐이고 그 아래는 아무것도 없는 공간이라 물의 환류도 잘되고, 용존산소
부족현상도 발생하지 않는다.

3. 동절기 수초낚시 요령

겨울철에 낚시터에 나가보면 침수수초나 부엽수초는 삭아서 소멸된 상태이며
정수수초만 누워서 수면을 덮고 있는 형상을 보인다. 수초의 양은 하절기보다
적지만 포인트로서의 가치는 동절기에 더 높아진다.

● 정수수초의 동절기 공략법

부들, 갈대, 줄풀, 연 등의 정수수초는 초겨울에 몇 차례 서리가 내리면 잎이 꺾이기
시작하고, 첫 눈이 내리면서부터는 급격히 삭아내려 수면을 덮게 되며, 수면을 덮고
있는 삭은 잎 아래의 줄기 사이에 붕어들이 다 들어와 은신하면서 먹이활동을 한다.
특히 뗏장수초는 초겨울까지는 그 형체를 유지하다가 눈이 몇 차례 쌓였다가 녹기를
반복하면서 한겨울로 들면 잎과 줄기 일부가 삭아서 내려앉는데 여타 정수수초와
같이 겨울붕어의 안방 역할을 훌륭히 한다. 특히 겨울철에는 붕어가 뗏장수초
언저리보다는 뗏장수초 무더기 안쪽까지 파고들어 생활한다는 것을 유념하고,
수초밭의 안쪽을 포인트로 공략하는 것이 좋다.

● **부엽수초의 동절기 공략법**

가을부터 삭아 들기 시작한 부엽수초는 겨울이 되면 대부분 그 형체가 삭아서 없어지게 된다. 마름의 경우는 겨울이 되면 수면에 그 흔적도 남아있지 않게 되며, 물 속 바닥에서 겨울 동안에 새 움이 터서 새싹을 키운다. 이러한 새싹이 자라는 곳에는 수온이 다른 곳에 비해 높고, 산소량이 많으며, 새싹이 붕어의 먹잇감이 되므로 붕어들이 안주하면서 생활하는 공간 역할을 한다. 따라서 겨울에도 눈에 보이는 수초는 없더라도 바닥에서 부엽수초의 새싹이 바늘에 걸려 올라오는 포인트에서 낚시를 하면 붕어를 쉽게 만날 수가 있다.

● **침수수초의 동절기 공략법**

하절기에 무성하게 자라 오르던 말풀류의 침수수초는 겨울이 되면 대부분이 삭아서 바닥으로 가라앉는다. 그러나 일부 밀생한 곳의 침수수초는 소멸되지 않고 그 일부가 수중에 무더기로 남아서 겨울동안 붕어의 안방 역할을 해 주기도 한다. 이렇게 삭은 침수수초의 뿌리에서는 마름과 같이 겨울 동안에 새순이 움터 자라 오른다. 이런 곳은 중요한 겨울 붕어의 서식처가 되며 우리에게는 중요한 포인트로 작용한다. 특히 침수수초의 무더기가 있는 곳은 겨울 햇볕을 받으면 수온이 빨리 상승하므로 붕어가 즐겨 찾는 곳이 된다.

4. 동절기 수초낚시의 주의사항

● **복합수초대를 노려라**

복합수초대라 함은 여러 가지 수초가 혼재한 수초대를 말함이다. 겨울뿐만 아니라 일 년 내내 가장 유망한 포인트 역할을 하는 곳이 바로 이러한 복합수초대인데, 특히 수초 안쪽을 직접 공략해야 하는 겨울에는 그 중요성이 더욱 높아진다. 겨울에 주로 보이는 복합수초대는 뗏장과 갈대 무더기, 연과 부들, 뗏장과 연과 갈대 등의 복합 등 다양하다. 이러한 복합수초대는 우리가 연안낚시를 구사하는 공략거리 내에 거의 발달해 있어 더욱 좋은 포인트 역할을 한다.

● **겨울철 수초는 함부로 제거하지 않는다**

겨울철 붕어는 제한된 범위에서만 활동하며 한 번 빠져 나가고 나면 돌아오기가 쉽지 않다. 따라서 하절기와 같이 용감하게 수초를 제거하려 하지 말고 조심스럽게 수초가닥을 좌우로 헤치고 찌를 세울 수 있도록 해야 하며, 가능하다면 그대로 두고 공략하는 것이 좋다.

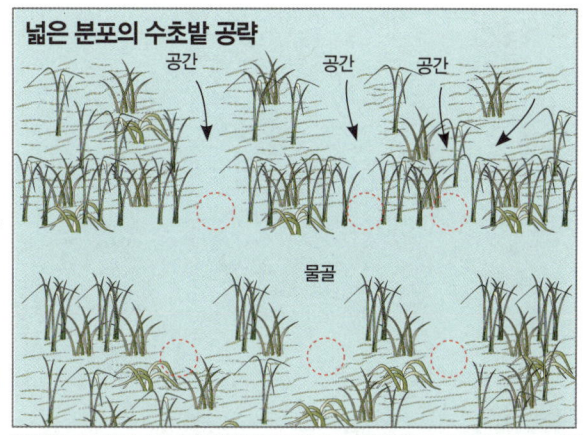

● **넓은 분포의 수초밭 공략법**

넓은 분포의 수초밭에서는 수중턱과 회유 공간(회유접근로)을 고려하여 공략한다. 바닥을 점검해 보아서 연안준설을 했거나 물길을 파낸 곳이 있다면 그 주변의 가장자리에 연하는 둔덕(상대적 수심이 얕은 곳)에 찌를 세운다.

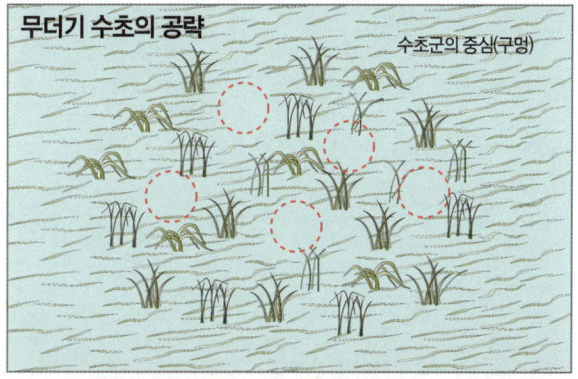

● **삭아 누운 무더기 수초의 공략**

다른 곳에는 수초가 없고 수초 무더기가 특징적으로 발달해 삭아서 누워있는 곳이라면 그 수초더미 가운데에 붕어가 안주할 가능성이 가장 높다. 따라서 수초 가장자리보다는 수초더미 가운데에 찌가 서도록 공략하는 것이 유리하다.

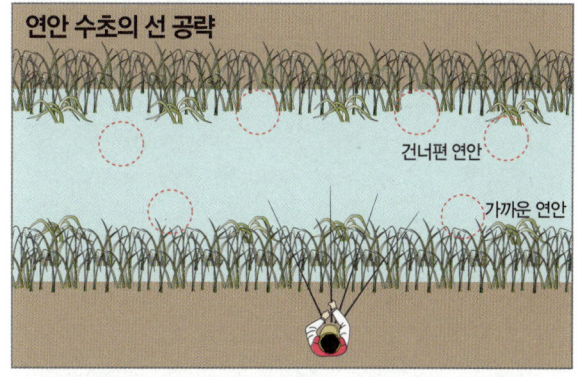

● **연안 수초 공략법**

연안 수초만 있을 때는 연안 수초의 선을 공략한다. 저수지나 수로에서 띠를 두르듯이 연안으로만 수초가 발달해 있다면 붕어가 먹이활동을 위해서 접근하는 선이 연안

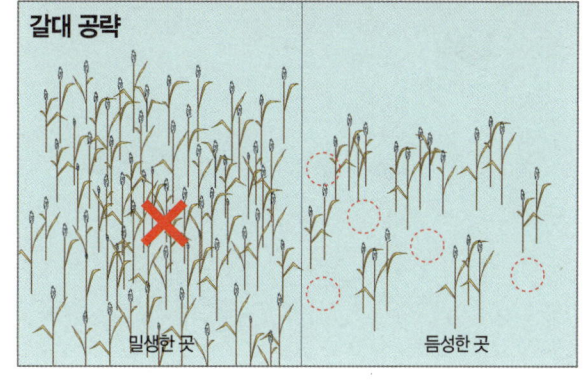

제31강 수초낚시 341

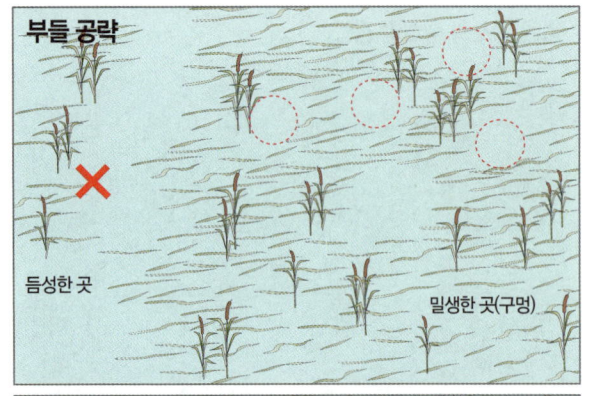

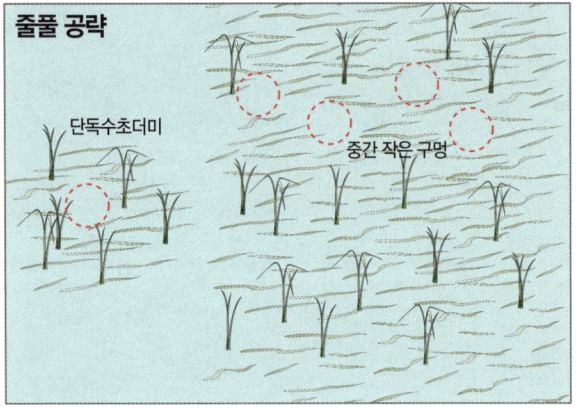

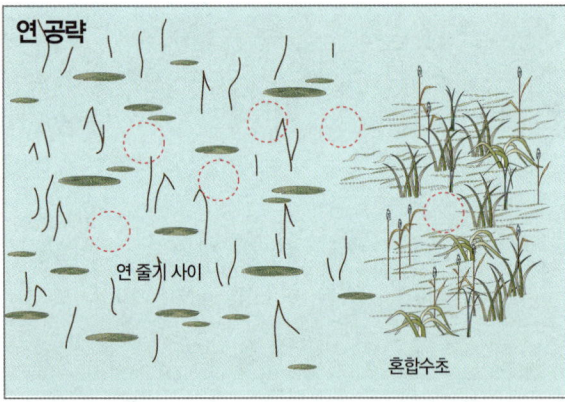

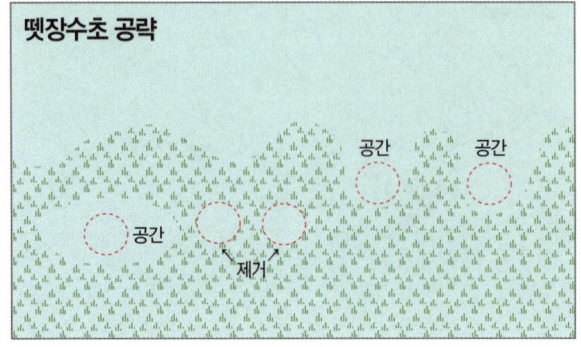

수초선이 된다. 따라서 연안 수초와 나란히 찌가 서도록 하거나 혹은 수초선의 약간 안쪽에 찌가 서도록 공략하는 것이 좋다. 특히 좁은 수로에서는 맞은편 수초 선에 찌를 세우는 것이 유리하다.

● 갈대 공략법

갈대는 겨울철이 되어도 삭지 않고 줄기는 오히려 더 강해져서 물속에 서있다. 이러한 갈대밭을 공략할 때는 너무 밀생한 곳은 피하고 약간 듬성한 곳을 공략하는 것이 좋다. 너무 밀생한 곳은 우리가 낚시를 구사하는 데 지장이 많을 뿐만 아니라 큰 붕어도 몸을 스치면서 좁은 공간을 뚫고 접근하는 것을 꺼려하여 굵은 붕어를 만나기가 생각보다 쉽지 않다. 그리고 갈대 분포가 넓게 된 곳보다는 작은 무더기를 이루고 있거나 연안에 띠를 두르고 발달한 갈대를 공략대상으로 하는 것이 좋다.

● 부들 공략법

겨울철 수초 중에서는 부들이 가장 유망한 포인트를 제공한다. 부들은 눈이 쌓였다가 녹고 나면 원줄기 일부만 서있고 대부분 삭아 눕는다. 부들의 줄기와 잎은 표피가 두껍고 부드러워서 물벼룩 등이 기생하기를 좋아하여 겨울철에도 붕어의 먹잇감이 비교적 풍부한 특징이 있다. 또한 삭아 누운 부들의 잎은 붕어의 이불 역할을 해주므로 겨울철 붕어가 안주하기에 적절한 환경을 제공한다. 부들을 공략할 때는 삭아 누운 부들의 포기 사이에 나있는 작은 구멍을 직접 공략하는 것이 좋다. 대부분 삭아 누운 부들 잎의 사이사이 작은 눈구멍이 나있는 곳은 부들의 포기와 포기 사이가 된다. 부들의 경우는 갈대와 달라서 듬성한 곳보다는 밀생한 곳이 주요 공략 포인트가 된다.

● **줄 공략법**

줄풀은 전체가 삭아 누워 수면을 덮는다. 줄풀 잎은 부드럽고 유기질이 많아서 수서곤충이 많이 서식하므로 붕어가 즐겨 파고드는 수초 중 하나다. 또한 부들과 같이 붕어의 따뜻한 이불 역할을 잘 해 준다. 줄풀을 공략할 때는 삭아 누운 줄풀 잎의 작은 공간 구멍에 찌를 세우는 요령으로 하는 것이 좋다. 특히 줄풀은 두세 포기만 삭아 누워있어도 붕어가 파고들므로 빼놓지 않고 공략하는 것이 좋다. 다만 늦겨울로 가면서는 물때가 심하게 끼는 현상이 발생할 우려가 많으므로 주의할 필요가 있다.

● **연밭 공략법**

연은 겨울이면 잎이 다 삭아서 소멸되거나 바닥에 침전되고 줄기만 수면 혹은 수중에 있게 된다. 연밭은 하절기에 잎이 번성할 때는 전역이 붕어의 은신처가 되고 먹이활동을 할 여건이 되므로 붕어가 분산되어 특정 포인트 형성이 쉽지 않으나 겨울철이 되면서는 연잎이 다 사그라지고 연안낚시에 좋은 포인트를 제공한다. 연밭을 공략할 때는 연 줄기와 줄기 사이에 찌를 세운다. 특히 연과 함께 다른 수초가 어우러져 있다면 최고의 포인트가 된다.

● **뗏장수초 공략법**

여름을 지나서 가을까지 물의 환류가 잘 이루어지지 않아서 가스현상이 발생했던 뗏장수초도 겨울철이 되면 가스현상이 없어진다. 따라서 겨울철의 유망한 포인트가 되는 것이다. 겨울철 뗏장수초를 공략할 때는 뗏장수초 무더기 사이 좁은 공간이나 수면을 덮고 있는 뗏장수초 중간에 조심스럽게 좌우로 벌려 구멍을 내어 찌를 세우는 요령으로 공략한다. 특히 뗏장수초 사이에 다른 정수수초가 조금이라도 혼재한다면 그곳은 특급 포인트가 된다.

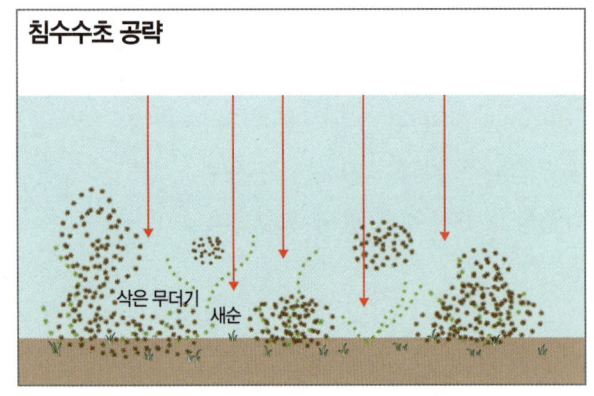

● **침수수초 공략법**

말풀류의 침수수초는 겨울에는 다 삭아서 가라앉고 눈에 보이지 않지만 이미 바닥에서는 새순이 자라 오르고 있으며, 이러한 침수수초의 새순은 붕어가 좋아하는 은신처가 될 뿐만 아니라 선호하는 먹잇감이 된다. 가급적 수중에 침수수초의 삭은 무더기가 침전되어 있으면서 새순이 바늘에 걸려 올라오는 곳을 더듬어 찾아서 찌를 세우는 것이 좋다. 특히 겨울철에도 새순에 의해서 찌가 잘 안 서는 경우가 있는데 이런 곳은 피하지 말고 공략해야 한다.

5. 동절기 유망 수초대와 피할 수초대

● **유망 수초대**

①물색의 농도가 짙은 곳
겨울에는 외부기온에 영향을 받은 물이 맑은 냉수대로 변하기가 일쑤다. 맑은 냉수대는 물속의 플랑크톤이 저수온에 의해 소멸되면서 생기는 현상이므로 수중의 플랑크톤을 주 영양분으로 취하는 붕어가 먹이활동을 잘 하지 않게 된다. 그러므로 수초지대에 접근하여 물을 들여다보아서 바닥이 보이지 않을 정도로 물의 농도가 짙고 탁한 곳을 골라서 공략대상으로 하여야 한다.

②수초지대가 특징이 있는 곳
평범한 상태로 저수지 전역을 덮고 있거나 연안을 한 바퀴 빙 둘러 두텁게 덮고 있는 수초는 그 범위가 광활하여 우리가 집중하여 공략할만한 특정 포인트가 없는 것과 같다. 그보다 수초지대가 저수지 어느 한 곳에 집중하여 발달해 있거나 뗏장수초밭에 부들, 연밭에 줄풀, 말풀지대에 갈대 등 특징적으로 수초가 발달해

있는 곳이 유리하다. 붕어의 주요 은신처와 회유로가 주로 그런 곳을 중심으로 하여
이루어지기 때문이다.

③삭아 누운 수초가 수면을 덮고 있는 곳

앞에서 겨울수초는 붕어의 이불 역할을 한다고 했듯이 삭아 누운 수초가 수면을
덮고 있으면 그 아래는 온화하다. 이런 곳은 수심이 한 뼘만 되어도 붕어가 파고들어
생활한다. 특히 줄풀이나 부들의 잎사귀가 삭아서 수면을 덮고 있는 수초대는
간과해서는 안 된다.

④예상되는 어로와 연관된 수초지대

중앙부로부터 가장자리로 접근하는 붕어에게 징검다리가 되어주는 수초 연결이
이루어진 곳이나 넓은 수초지대에서 좁은 공간이 연결되어 붕어가 회유활동을 하는
어로가 이루어진 곳, 수초의 공간이 안쪽으로 깊게 연결된 곳 등이 좋다. 붕어는
연안으로 접근할 때 많은 경계심을 갖고 수초와 수초 무더기를 이용하여 접근하기도
하나 반면에 활동이 용이한 공간을 이용하여 일거에 연안까지 파고들기도 한다.
그리고 일단 안정된 곳에 접근하면 쉽게 빠져 나가지 않고 그곳에서 먹이활동과
휴식을 한다. 따라서 붕어의 접근이 예상되는 어로와 연관하여 안정된 연안
수초지대가 주요 포인트가 된다.

◀ 삭아 누운 수초가 수면을 덮고 있는 곳에서 직공낚시로 월척급의 큰 붕어를 뽑아내고 있다.

● **회피해야 할 수초지대**

①물색이 맑은 곳
물색이 맑은 곳은 비록 수초가 잘 형성되어 있더라도 공략 대상에서 제외하는 것이 현명하다. 그곳에는 붕어가 없다.

②물때가 심하게 낀 곳
수초 줄기에 물때가 두텁게 낀 곳은 바닥 토양이 죽은 흙이면서 물의 환류가 이루어지지 않아서 수중 플랑크톤이 번성하지 못하는 곳으로서 붕어가 접근을 꺼려하는 곳이다.

③청태가 낀 곳
청태가 낀 곳은 붕어가 지나가기는 하더라도 머물러서 먹이활동은 잘 하지 않는 곳이다. 필자의 경험으로는 바닥이나 수초 줄기에 청태가 파랗게 끼어있는 곳에서 붕어 입질을 유도하기는 대단히 어려웠다.

④삭은 수초나 낙엽 등이 두터운 퇴적층을 이루고 있는 곳
바닥의 흙을 완전히 덮고 침수되어 있는 삭은 수초나 낙엽은 붕어를 머무르지 못하게 한다. 얼룩동사리 등 바닥을 기어 다니는 일부 어종 외에는 그런 곳에서 입질을 받기가 쉽지 않다.

⑤물에 기름띠가 있는 곳
동절기 동안 물이 흐르지 않게 된 수로의 가장자리나 평지형 저수지의 깊이 후미진 곳 중 수초가 밀생하였다가 삭아서 침수된 곳에서 간혹 볼 수 있는 현상으로서 바닥 토양 하부에 퇴적되어 있는 수초가 썩어서 그곳에서 용출된 기름 성분이 수면에 떠 있는 곳이 있다. 이런 곳에는 붕어가 없다. 그러니 아무리 좋은 포인트로 보여도 즉각 포기하고 돌아서야 한다.

수련 속의 붕어찌.

제32강
지렁이낚시

지렁이는 모든 붕어낚시 미끼 중 최강의 만능 미끼라고 봐야 한다. 지렁이는 잔챙이 마릿수낚시부터 대물낚시까지 다양하게 사용한다. 지렁이미끼는 사계절 다 유용하나 특히 겨울낚시와 산란기낚시에서 그 효과가 탁월하며, 또한 얼음낚시에서는 지렁이를 능가하는 미끼가 없다.
그리고 지렁이를 잘 쓰는 사람이 붕어낚시를 잘 하는 사람이다. 그것은 모든

▼ 지렁이를 물고 나온 토종붕어 월척.

낚시미끼 사용의 기본이 지렁이이기 때문이며, 특히 입질을 분석하는 능력에서 만약 지렁이미끼의 다양한 찌놀림을 보고 정확한 예신과 본신을 읽어낼 능력이 된다면 이미 붕어낚시 입질분석 능력은 충분한 상태라고 봐도 된다.

1. 지렁이의 생태와 사용법

지렁이는 환형동물(環形動物)로서 영어로는 Earthworm이라고 하거나 낚시용 벌레라는 뜻의 Angleworm이라고도 한다. 그만큼 전 세계의 모든 낚시인이 낚시미끼로 선호한다고 볼 수 있다. 지렁이는 지구상에 3,000여 종(일부 학자는 5,000여 종으로 주장)이 분포하고 있고, 우리나라에서는 50여 종(일부 학자는 80~300종으로 주장)이 확인 보고되고 있다. 호흡은 피부로 하며, 온도와 습도에 아주 민감하고, 어두운 땅 속이나 퇴비 속에서 일생을 보내다 보니 눈, 귀 등의 감각이 퇴화되어 보고 들을 수는 없으나 빛과 진동에는 아주 민감하고 표피감각세포가 매우 발달되어 있다. 암수가 한 몸에 있는 자웅동체 동물이고, 교미를 할 때는 두 마리가 머리를 반대로 하여 몸을 감고 서로 원하는 정자를 교환한다. 지렁이의 몸 앞쪽에는 둥그런 환대가 있는데 이것은 알이 생성되는 생식기관이다. 이 환대를 포함해서 머리 쪽은 생식기관과 신경기관이 집중되어있고, 환대의 뒤쪽은 주로 장 기관이다.

낚시미끼로 사용하는 지렁이는 '낚시지렁이과'와 '지렁이과'에 속하는 지렁이들인데 선홍색이면서 통통한 4~6cm 정도의 지렁이가 좋다. 지렁이를 선택할 때 주의해야 할 점은 지렁이통 속에서 위로 기어 올라와 가늘어진 지렁이나 퇴색한 지렁이는 이미 활성이 떨어진 상태이므로 피해야 한다는 것이다. 색이 선명하고, 짧고 통통하며, 굵기가 균등한 지렁이를 선택해야 한다.

● **활발한 움직임을 보장해야 한다**
지렁이는 수중에서도 계속 살아 움직인다. 심지어는 한겨울의 얼음물 속에서도 계속 꿈지럭거린다. 이러한 지렁이의 움직임이 붕어의 시각과 촉각을 자극하여 입질을 유혹하는 데 도움이 된다. 만약에 지렁이가 죽어서 축 늘어져 있는 상태가 되면

▶ 붕어낚시의 제1미끼로 통하는 지렁이.

잔챙이 붕어가 먼저 덤비거나 큰 붕어가 와도 단번에 지렁이를 공격하는 것이 아니라 꼬리를 물고 끊어 먹으려고 흔드는 동작을 하게 된다. 그러므로 신선도가 떨어져서 축 늘어진 지렁이를 사용하게 되면 갑작스런 찌 올림이 나타나고 챔질을 하면 헛챔질이 되기 일쑤다.

지렁이가 활발하게 움직일 때, 붕어는 순간적으로 공격하여 통째로 흡입하는 것이며, 그 흡입과정은 눈 깜짝할 새에 이루어진다. 붕어가 지렁이를 물고 꼬리부터 야금야금 먹으면서 찌를 서서히 올린다고 생각하는 것은 사람들의 상상력에서 비롯된 잘못된 생각이다.

● **바늘은 감추지 않아도 된다**

붕어는 낚싯바늘에 꿴 지렁이를 먹을 때 바늘을 식별하고 회피하려고 할까? 그렇지 않다. 붕어는 바닥에 있는 먹이를 보면 일단 한꺼번에 흡입하여 필요한 먹이를 걸러서 취한 후에 불필요한 것을 곧바로 뱉어낸다. 즉 흡입하는 순간은 지렁이에 꿰어있는 바늘에 대해서는 관심이 없다는 얘기다. 따라서 지렁이를 꿸 때 일부러 바늘을 감추어서 꿸 필요는 없다. 간혹 밤낚시를 하다 보면 지렁이를 갈아 꿸 때마다 바늘을 감추어 꿰느라 불을 환하게 켜놓고 애쓰는 경우를 보게 되는데, 그럴 필요가 없고 불 없이도 손 감각으로 지렁이를 꿸 수 있도록 숙달해야 인접한 낚시인에게 피해를 주지 않는다.

● 지렁이 사용은 계절과 장소 구분이 없다

지렁이는 하절기든 동절기든 계절 구분이 없이 항상 유효한 낚시미끼다. 또한 초보자이든 고수든 누구나 휴대하여 사용하는 미끼이며, 저수지이든 호수든 강이든 수로든 전천후로 사용 가능하다. 특히 수온이 떨어진 상태가 되면 붕어가 떡밥을 잘 취하지 않게 되고, 새우나 참붕어, 메주콩을 미끼로 한 낚시도 제한을 받는데 이때 지렁이는 모든 낚시터에서 해결사 노릇을 하는 미끼가 된다.

● 지렁이는 파고들어 숨는다

지렁이는 바늘에 꿰어 투척하여 바닥에 닿으면 처음에는 별 움직임이 없이 있다가도 잠시 후면 바닥 흙이나 주변 은신처를 찾아서 숨어들기 위한 노력을 한다. 필자가 시간을 재면서 수중관찰을 한 결과로는 지렁이 한 마리를 꿰어서 감탕(진흙) 바닥에 넣어 놓으면 10분 이내에 흙을 파고들어서 모습을 감추었고, 딱딱한 바닥에 가라앉은 낙엽 등의 숨을 곳이 그 자리에 있으면 5분 정도면 파고들어서 보이지 않게 되었다. 그리고 세 마리 이상 여러 마리를 바늘에 꿰었을 경우에도 시간이 곱절 정도로 걸린다는 것만 차이가 날 뿐 파고드는 것은 마찬가지였다. 물론 이렇게 파고들어 있어도 붕어가 적극적인 사냥을 할 때는 숨어있는 지렁이를 감지하고 찾아서 파먹는 모습을 관찰할 수가 있었는데, 그렇더라도 지렁이의 움직임에서 오는 파장효과를 위해서는 지렁이가 파고들지 않도록 종종 확인하면서 지렁이 몸에 붙어있는 이물질을 제거하여 깨끗한 상태로 다시 넣어주는 것도 중요하다.

바늘에 꿰인 채 땅속을 파고드는 지렁이

투척 직후

1분 경과

5분 경과

2. 지렁이의 보관 및 관리

우리가 낚시점에서 구입하는 지렁이는 지렁이 농장에서 선별작업을 하여 담은 것으로 한 통에는 대략 200마리 전후의 지렁이가 들어있다. 지렁이를 잘못 관리하면 낚시 간이나 낚시 후에 황당한 일이 발생할 수 있으므로 평소에 보관 및 관리요령을 잘 알고 있어야 한다.

● **밤낚시의 지렁이 관리**
지렁이는 빛을 싫어하고 어두운 곳을 좋아하여 밝은 낮에는 통 밑으로 파고들지만 밤이 되면 위로 올라와서 밖으로 도망친다. 그러므로 밤낚시를 할 때 지렁이통 뚜껑을 열어놓은 채로 낚시를 하다 보면 통 속의 지렁이가 다 기어 나가버리고 빈 통이 되어버리는 황당한 일이 발생하기도 한다. 따라서 밤낚시 간에는 귀찮더라도 매번 지렁이를 꺼낸 다음에 곧바로 뚜껑을 닫아두어야 한다. 이렇게 하면서도 혹 실수가 있을 수 있으므로 케미컬라이트 한 개를 꺾어서 지렁이통에 넣어두면 지렁이가 밖으로 나가는 것을 방지하는 효과가 있을 뿐만 아니라 손전등 불빛이 없이도 지렁이를 골라 쓰는 데 효과적이다.

● **여름철의 지렁이 관리**
한여름의 높은 온도와 따가운 햇볕은 지렁이를 질식시켜서 녹여버린다. 우선 피부호흡을 하는 지렁이는 햇볕에 노출되면 호흡을 못하게 되어 축 늘어져버리며, 이어서 온도가 과도하게 상승한 상태로 노출되면 녹아버린다. 따라서 하절기에는 지렁이가 햇볕에 노출되지 않도록 항상 바람이 잘 통하는 선선한 그늘에 두고 관리해야 하며, 지렁이통의 흙 표면이 건조하지 않도록 약간의 물을 뿌려서 뚜껑을 닫아두는 것이 좋다. 낚시 간에는 항상 의자 그늘에 놓고 사용하고, 낚시가 끝난 후에는 차 안에 두지 말고 꺼내서 시원한 곳에 별도로 보관해야 한다. 만약 낚시가 끝나고 나서 뜨거운 차 속에 지렁이통을 그대로 두면 단 하루만 지나도 지렁이가 녹아서 아주 심한 악취가 나므로 여름철에는 특별히 주의해야 한다.

● **겨울철의 지렁이 관리**
지렁이는 영하의 기온에 노출되면 쉽게 얼어버린다. 혹 얼지 않는 상태라고 하더라도 가늘고 길게 늘어져서 미끼의 효능이 떨어져버린다. 그러므로 하절기와는 반대로 동절기에는 보온에 특별히 신경을 써야 한다. 대개 충청 이북의 낚시점에서는 겨울에는 지렁이를 보온력이 좋은 스티로폼통에 담아 판매하지만 남부지역에선 플라스틱 통을 동절기에도 계속 사용하므로 영하의 기온에서 낚시할 때는 지렁이통을 호주머니나 품에 넣어서 얼지 않게 관리해야 한다. 특히 겨울 밤낚시를 하다가 차에서 쉬고자 할 때는 꼭 지렁이통을 차로 가지고 가서 보온관리를 해야 한다.

● 비가 올 때 지렁이 관리

지렁이는 습기에도 약하다. 비가 올 때 지렁이통에 빗물이 들어가면 이내 통속의 지렁이가 가늘게 늘어져서 미끼로서의 효능이 떨어져버리므로 빗물이 들어가지 않도록 주의해서 관리해야 한다. 만약 지렁이가 물에 젖게 되면 빠른 시간 내에 지렁이통의 젖은 슬러지를 비우고 건조한 흙으로 바꾸거나 여의치 않을 때는 거친 떡밥을 약간 넣고 보관한다. 또한 자동차나 텐트에 지렁이통을 보관할 때 장마철 습도가 높은 날씨에는 낮에도 지렁이가 기어 나오는 경향이 있으므로 통 뚜껑을 꼭 확인해서 닫아두는 주의를 해야 한다.

● 쓰고 남은 지렁이 관리

사용하고 남은 지렁이는 그 자리에서 풀밭에 쏟아 흙으로 보내주어도 문제가 없다. 지렁이는 오염원이 아니고 토양환경관리에 도움이 되는 생물이기 때문이다. 그렇지 않다면 물속의 어류에게 먹이로 넣어주고 빈 통만 회수해 와도 된다. 그러나 낚시를 자주 다니는 사람이라면 남은 지렁이를 가지고 와서 보관했다가 다음에 다시 사용하려고 할 것이다. 이렇게 하기 위해서는 낚시 간에 상처 난 지렁이는 절대로 다시 통 속에 넣어서는 안 된다. 상처가 난 지렁이는 통 안에서 부패하면서 다른 지렁이까지 다 죽게 하기 때문이다. 그리고 돌아오자마자 지렁이통에 사과나 귤 등 과일 껍질을 넣어주거나 배춧잎 등의 야채를 넣어주고 온도와 습도만 맞춰주면 지렁이는 이를 먹이로 하여 싱싱한 채로 장기간 보관도 가능하다. 다만 남은 지렁이를 가져오더라도 지렁이를 차에 보관하는 것은 계절 불문하고 주의해야 한다. 자칫 통에서 기어 나와서 차 구석구석의 틈새에 박히면 차 안에서 부패되어 역한 냄새가 아주 심하고 오래간다.

3. 지렁이 꿰는 방법

지렁이 꿰기는 한 마리 꿰기와 여러 마리 꿰기로 나누며, 꿰는 부위에 따라서도 다양한 방법이 있다.

● 허리 꿰기
허리 꿰기는 지렁이를 한 마리만 꿰어서 낚시를 하는 방법 중에서 가장 많이 쓰이는 방법이다. 꿰는 방법은 환대 아래쪽 부분 몸통을 옆으로 찔러서 꿰면 된다. 이 방법은 지렁이가 물속에 들어가서 활성을 유지하는 데 가장 이상적이며, 붕어의 입 속에 흡입되어 들어갔을 때 낚싯바늘 끝이 쉽게 붕어 입술에 걸릴 수 있게 하는 방법이다. 이 방법의 경우 지렁이 크기에 따라서 붕어 씨알의 변별력을 갖게 되므로 마릿수를 위한 낚시에서는 작은 지렁이를 골라서 쓰고, 큰 씨알의 붕어를 노린다면 크고 굵은 지렁이를 골라서 꿰는 것이 좋다.

● 누벼 꿰기
바늘을 감춰서 꿰기를 할 때 주로 사용하는 방법으로 지렁이의 환대 아래 허리부분에 바늘 끝을 찔러서 바늘 전체가 지렁이 몸통을 세로로 관통하여 감추어지도록 바늘을 꿴다. 잡어가 성화를 부리거나 지렁이 꼬리가 자주 손상되는 현상이 생길 때 사용한다.

● 걸쳐 꿰기
지렁이가 길게 늘어졌을 때 혹은 잡어나 잔챙이가 극성을 부릴 때, 또는 큰 지렁이를 꿰어 수초구멍을 공략하고자 할 때 주로 사용하는 방법이다. 꿰는 방법은 지렁이 환대 바로 아래를 한 번 꿰고 나서 다시 지렁이 허리부분을 걸쳐서 한 번 더 꿴다.

● 머리 꿰기
환대 위의 지렁이 머리 부분을 꿰는 방법이다. 흔히 사용하는 방법은 아니나 간혹 이 방법을 고집하는 사람들도 있다. 꿰는 방법은 지렁이 머리 끝부분에 바늘을 찔러서 바늘이 다 감춰지도록 세로로 밀어 넣어서 꿴다.

● **토막 꿰기**

지렁이를 적당한 길이로 토막을 내어 바늘을 감싸 꿰는 방법으로 잔챙이라도 마릿수로 낚고자 할 때 유용한 방법이다. 특히 피라미낚시나 빙어낚시를 할 때 많이 쓰인다.

● **여러 마리 꿰기**

주로 대물낚시를 할 때 굵은 지렁이 여러 마리를

여러 마리 꿰기

한 마리 걸쳐 꿰기

한꺼번에 꿰는 방법이다. 특히 수초지대에서 대물낚시를 할 때 많이 사용되는 방법이다. 세 마리에서 다섯 마리 정도를 한 바늘에 허리 꿰기 방법으로 겹쳐서 꿴다. 이 방법을 사용하면 한 바늘에 여러 마리의 지렁이를 꿰어도 지렁이가 물속에서는 서로 뭉치는 습성이 있어서, 둥글게 뭉쳐진 지렁이 덩어리를 큰 붕어가 한입에 흡입하므로 입질이 새우나 참붕어 혹은 메주콩을 쓸 때처럼 아주 중후하고 차분하다. 꿰는 방법은 우선 한 마리를 허리 꿰기 하여 바늘허리 쪽으로 밀어놓고, 다시 한 마리씩 보태가면서 3~5마리 정도를 꿴다. 그리고 마지막으로 그중에서 긴 지렁이 꼬리 한두 가닥을 다시 잡아 바늘 끝에 한 번 더 꿰어주는 것이 좋다.

4. 지렁이 미끼의 입질 분석과 챔질

떡밥낚시의 경우에는 단 한 번의 정확한 예신과 본신으로 나타나므로 깔끔한 찌맛이 있으며, 새우나 참붕어, 메주콩 등을 미끼로 할 경우에는 예신과 본신이 느긋하고 중후하므로 그 찌맛이 일품이라고 한다. 그러나 지렁이미끼의 경우는 잔챙이나 잡어가 물고 흔드는 경우가 많아 여러 차례 찌가 오르락내리락하므로 숙달되지 않으면 헛챔질을 자주 하게 될 수밖에 없다. 그러다 보니 대부분의 낚시인들은

▶ 대물낚시용 미끼로 쓰이는 산지렁이. 밭이나 나무그늘 밑의 땅을 파서 채취할 수 있다.

▶▶ 잡어 성화가 심한 곳에서 효과적인 청지렁이. 껍질이 질겨서 웬만한 잡어의 공격에도 견딘다.

지렁이미끼 사용 시에 정확한 입질 분석이 어려워서 챔질시기를 잡기 어렵고 또한 입질이 지저분해서 지렁이미끼 사용을 회피한다고 한다. 대부분 공감하는 부분이긴 하나 그렇기 때문에 지렁이를 잘 사용하는 사람이 고수라는 것이다. 그렇다면 지렁이를 잘 사용하는 사람들은 어떻게 할까? 그 답은 의외로 간단하다.

● 까불거든 무시한다

지렁이낚시에서 찌가 좌우상하로 경박스럽게 움직이는 것은 정확한 입질이 아니다. 따라서 이런 경우는 그냥 바라만 보고 무시하면 된다. 그러다가 여러 번의 잔 입질 중에 찌가 차분하고 무거운 모습으로 솟아오르거나, 옆으로 서서히 멈춤 없이 이동하거나, 물속으로 길게 빨려 들면 그때가 제대로 된 입질이므로 비로소 챔질하면 된다. 특히 대물급 붕어라면 지렁이미끼라도 입질이 차분하고 깨끗하게 나타나며, 까부는 모습이 경박스러울수록 잡어이거나 잔챙이이니 그냥 무시하고 기다려야 한다.

● 예신의 구별

지렁이미끼 낚시에서 예신의 구별은 깔짝대는 찌놀림은 몇 번을 하든 무시하고 기다리다가 찌 끝이 무게감을 가지고 슬쩍 오르거나 내리는 모습을 선택하여 붕어의 예신으로 감을 잡는 것이다. 이러한 예신은 한 차례만 있을 경우도 있으나 2~3회 정도 슬쩍슬쩍 뜸을 들이는 경우가 많다. 그러나 몇 차례이든 경박스럽고 급하게 움직인다면 꼬리를 물고 노는 것이므로 그냥 무시해야 할 예신 모습이다.

● **본신의 구별**

예신이 있은 잠시 후에 연결동작으로 서서히 찌톱이 솟아오르는 모습이 본신인데, 지렁이 미끼를 사용하더라도 정상적인 본신의 모습은 여타 미끼를 사용할 때의 본신과 크게 다르지 않다. 다만 떡밥낚시 때보다는 찌 오름의 시간이 약간 길다. 그러므로 떡밥낚시 때보다는 챔질시기를 약간 늦추어 가는 것이 좋다.
만약 산지렁이나 청지렁이를 사용한 대물낚시라면 아무리 여러 차례 깔짝대는 예신이 있더라도 그냥 두고 보면서 기다려야 한다. 산지렁이나 청지렁이는 쉽사리 훼손되지 않기 때문이다. 혹 지렁이 내장 부분이 빠져 나가더라도 지렁이 껍질은 바늘에 남아있게 되어 그 상태에서도 붕어의 입질을 받을 수가 있고, 찌올림도 아주 중후하게 나타난다.

● **지렁이 미끼의 챔질시기**

지렁이낚시에서의 챔질은 떡밥낚시보다는 약간 늦게, 새우나 메주콩낚시보다는 약간 빠르게 한다. 즉 예신 후에 본신이 들어왔을 때 찌가 솟아오르는 모습을 보면서 그 올라오는 동작이 약간 느려지고 무거워지는 감이 올 때 곧바로 챔질하면 되는 것이다. 다만 본신의 동작이 평소보다 급작스러운 오름의 모습으로 나타나는 경우는 예신 후에 본신으로 연결된 직후에 곧바로 챔질해야 할 때도 있다. 만약 급작스런 입질 모습인데도 높이 올리는 입질만을 챔질하려고 하다가는 매번 헛챔질을 하는 황당한 경험을 하게 될 것이다.

제 33 강

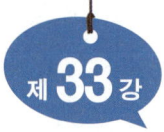

떡밥낚시

떡밥을 미끼로 쓰더라도 작고 말랑말랑하게 달면 마릿수 재미를 즐기는 떡밥콩알낚시가 되고, 크고 딱딱하게 달면 큰 씨알을 골라 낚는 떡밥대물낚시가 된다.

▼ 수상좌대에서 떡밥콩알낚시를 즐기는 낚시인.

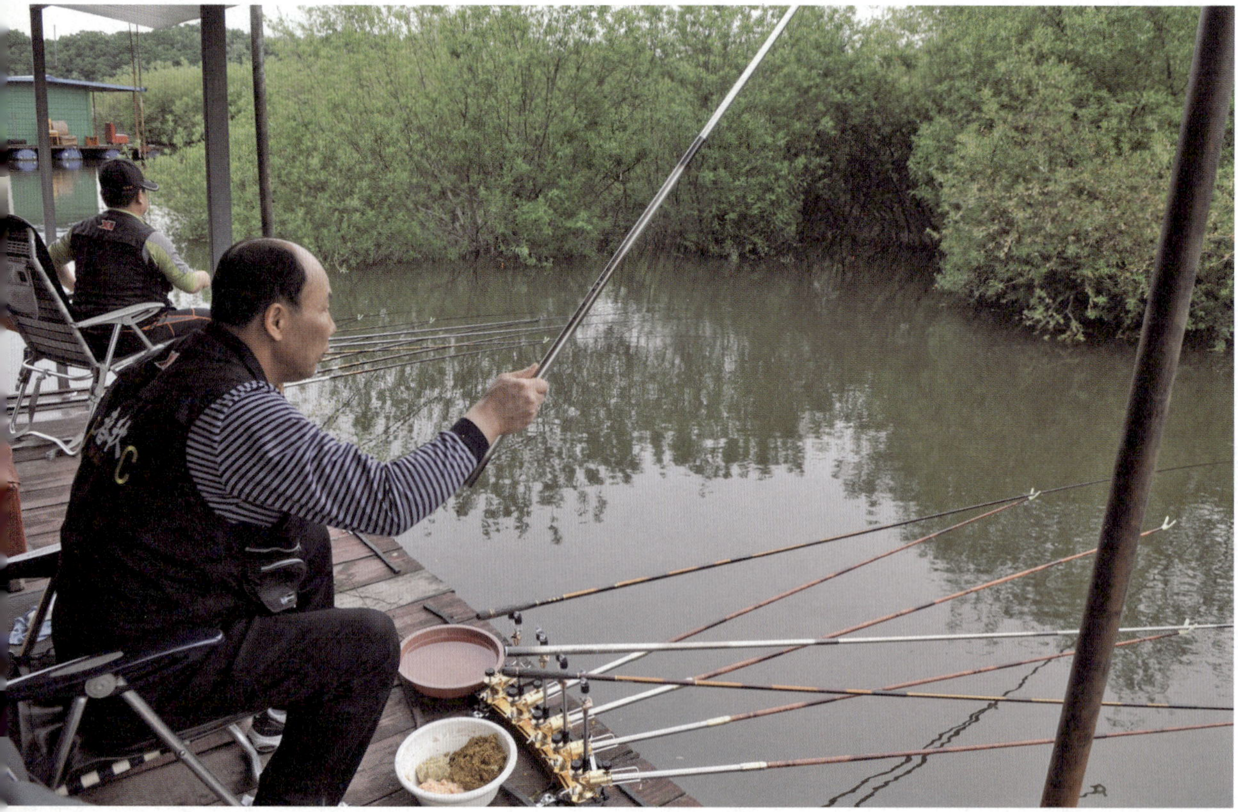

1. 떡밥콩알낚시

모든 낚시는 붕어낚시로 시작해서 붕어낚시로 끝난다는 말이 있다. 그리고 붕어낚시는 떡밥콩알낚시로 시작해서 떡밥콩알낚시로 마감한다고 해도 과언이 아니다. 떡밥콩알낚시는 대부분의 낚시인이 낚시를 시작할 때 가장 먼저 접하고, 노후에도 가볍게 즐길 수 있는 붕어낚시의 기본이다. 또한 누구나 쉽게 배우고 쉽게 구사할 수 있으면서도 고수와 하수의 차이가 극명하게 드러나는 분야가 이 떡밥콩알낚시다. 즉 쉽게 접근할 수는 있지만 제대로 구사하는 것은 쉽지 않다는 말이다.

● 대상어종에 따른 떡밥의 배합

떡밥은 우선 대상어종에 따라서 그 배합을 달리하고, 다음으로는 낚시터 환경에 따라서 배합을 달리한다. 배합 시에는 거친 떡밥과 고운 떡밥을 필요에 따라서 적절한 비율을 적용하여 배합한다. 이때 떡밥이 잘 풀리게 하려면 거친 떡밥의 양을 많게 하고, 떡밥의 풀림을 늦게 하려면 고운 떡밥의 양을 많게 한다.

①붕어용 떡밥

일반 곡물류 떡밥을 담백하게 배합하여 사용한다. 주로 보릿가루, 콩가루, 옥수수가루, 감자가루에 깻묵이 가미된 떡밥을 사용하거나, 글루텐 등 기능성 떡밥을 단독 또는 일부 혼합하여 사용한다. 깔끔한 바닥에서 사용할 때는 빠른 풀림을 위하여 거친 떡밥을 많게 하고, 개흙 바닥이나 자갈바닥, 삭은 수초가 침전되어 있는 바닥에서는 점성도를 높게 사용하기 위해서 고운 떡밥을 많게 한다.

②떡붕어용 떡밥

글루텐 떡밥 위주로 사용한다. 집어용과 미끼용을 구분하여 사용할 때는 집어용으로는 확산성 집어제를 사용하고, 미끼용으로는 글루텐을 사용한다.

③잉어용 떡밥

깻묵을 주로 한 배합과 어분을 주로 한 배합이 좋다. 산간 계곡지나 댐, 강에서 잉어낚시를 할 때는 깻묵을 많게 한 배합을 적용하고, 일반 저수지나 수로, 양어장에서 잉어를 낚을 때는 어분류를 많게 한 배합을 사용한다.

④향어용 떡밥

어분류의 떡밥을 주로 하여 사용한다.

● 떡밥 반죽

실전에서의 떡밥운용술은 무엇을 쓰느냐보다 어떻게 쓰느냐가 더 중요하다.
여기에서 어떻게 쓰느냐를 결정하는 첫째가 떡밥의 반죽요령이고 그 다음이 떡밥
달기이다. 그만큼 떡밥의 반죽과정은 중요한 것이다.

①거친 떡밥의 반죽

거친 떡밥을 반죽할 때는 이미 혼합된 떡밥에 물을 조금씩 손으로 뿌려가면서
저어서 약간의 물기만 있고 부슬부슬한 상태로 반죽을 하되, 주무르거나 다져서는
안 된다. 떡밥을 반죽하고 나서도 본래 떡밥의 입자가 그대로 살아있을 정도로 하되,
바늘에 달 때 손으로 약간씩 다져서 달아 쓴다.

②고운 떡밥의 반죽

고운 떡밥을 반죽 할 때는 이미 혼합된 떡밥에 적당량의 물을 부어 떡밥에 물이
스며들도록 시간을 두었다가 손으로 저어서 반죽을 하되, 반죽 간에도 물을
가미해가면서 그 수분 농도를 조절한다. 반죽 간에는 너무 주물러서 밀가루
반죽하듯이 쫀득거리게 해서는 안 되며, 반죽 후에도 너무 다져 모으는 것은
수중에서 잘 풀리지 않아서 좋지 않다. 이때 떡밥의 점도는 자신의 귓불을 만지는
감각과 비슷하면 된다.

두 바늘에 곡물떡밥 달기.   두 바늘에 글루텐떡밥 달기.

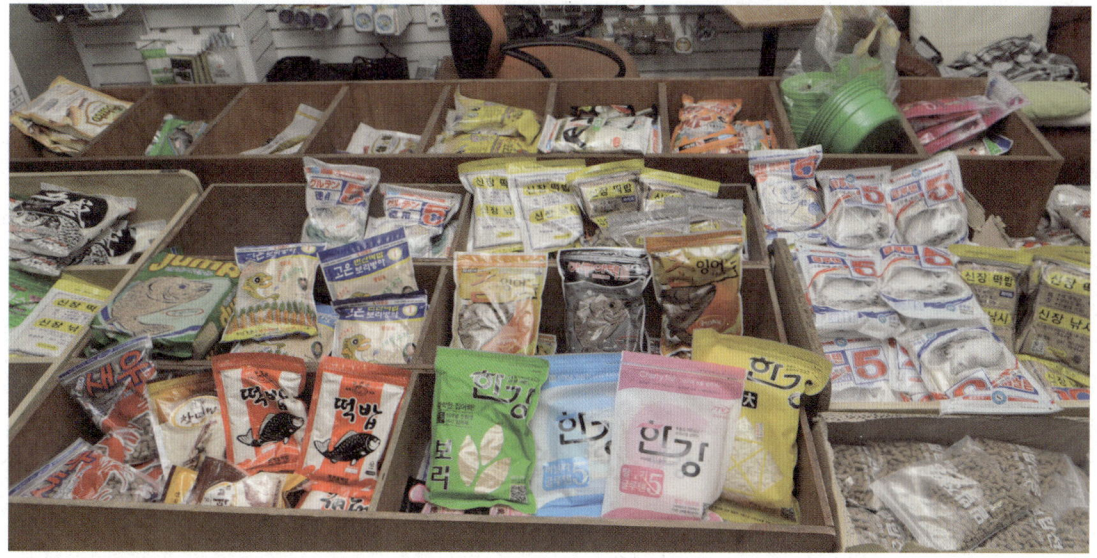

▲ 낚시매장에 진열된 떡밥 제품들.

● 떡밥 달기

떡밥을 달 때는 바늘로 떡밥을 꿰는 것이 아니라 바늘에다 떡밥을 붙여서 다는 것이다. 간혹 떡밥을 구슬처럼 예쁜 모습으로 동그랗게 하여 바늘 끝을 조심해서 끼우는 모습을 볼 수가 있는데, 구태여 그렇게 하지 않아도 된다.

① 거친 떡밥 달기

거칠고 부슬부슬한 떡밥을 적당히 집어서 바늘에 대고 꾹꾹 눌러 원구 모양으로 다져 붙인다. 이때 떡밥이 거칠고 부슬부슬하여 일부 흘러내리기도 하는데 몇 차례 손가락 끝으로 다져주면 바늘을 감싸고 붙어있게 된다.

② 고운 떡밥 달기

떡밥 덩어리에서 달고자 하는 양만큼 떼어 손가락 끝으로 굴려서 작은 구슬 모양을 만든 후 바늘허리나 끝 부분에 대고 꾹 눌러서 단다. 이때 아주 작은 구슬 모양으로 달고자 할 때는 바늘 끝부분에 대고 살짝 눌러서 바늘 끝을 감싸게 한 후 구슬모양을 보완해 주면 된다.

● 떡밥의 크기 조절

낚싯바늘에 다는 떡밥의 크기는 용도와 대상어종, 붕어의 활성도에 따라서 달리한다. 대개 떡밥을 크게 달 경우에는 거친 떡밥을 사용하고 새끼손가락 끝 마디 이상의 크기로 다는데, 더 크게 사용할 경우는 엄지손가락 한 마디 정도까지도 사용한다. 떡밥을 크게 다는 용도로서는 처음 낚시를 시작하여 집어를 위한 밑밥용 헛챔질을 할 때거나, 대상어종이 잉어나 향어 혹은 월척급 이상의 붕어낚시를 구사할 경우다.

한편 떡밥을 작게 달 경우에는 고운 떡밥을 사용하고 크기는 메주콩, 콩나물콩, 녹두알 크기 정도로 한다. 이 경우는 마릿수 낚시를 즐기기 위한 떡밥콩알낚시를 구사하는 때가 대부분이다. 떡밥을 크게 달아서 10여 차례 헛챔질을 한 후에는 메주콩만 하게 달아서 사용하고, 집어가 되었다고 판단되면 콩나물콩만 하게 달아서 사용하며, 붕어의 활성도가 높아서 아주 빈번한 입질이 있을 경우에는 아예 녹두알 만하게 바늘 끝에 달아서 잦은 입질을 유도한다.

● **떡밥의 모양**

바늘에 달아서 쓰는 떡밥의 모양은 둥그런 구슬 모양을 기본으로 하되, 꼭 그 모양에 구애 받을 필요는 없다. 거친 떡밥을 크게 달아 사용할 때는 삼각뿔 모양으로 손가락으로 대충 눌러서 사용해도 되고, 고운 떡밥을 사용하여 작게 달 때는 원구형이나 타원형 혹은 물방울 모양으로 달아서 사용해도 된다. 다만 너무 정성을 들인다고 꼭꼭 눌러서 다져가며 모양을 만드는 것은 금물이다. 이렇게 하면 떡밥이 잘 풀리지 않아서 쉽게 입질을 유도할 수가 없다.

● **떡밥콩알낚시 채비**

떡밥콩알낚시의 매력은 장애물이 많지 않은 깔끔한 낚시터에서, 예민한 채비로 찌맛과 충분히 가지고 노는 손맛, 잦은 입질의 마릿수 재미를 즐기는 데 있다. 따라서 이러한 맛을 극대화하기 위해 연질의 채비를 사용한다.

낚싯대 : 1.5칸~3.5칸 정도의 연질대나 중경질대를 주로 사용한다.

원줄 : 2~3호 굵기의 원줄을 주로 사용한다. 원줄이 굵고 강하면 채비를 보호하는 데는 유리한 점이 있으나 낚시의 맛이 떨어지므로 최대 3호 줄까지로 하고, 그 이상의 굵은 줄은 가급적 피하는 것이 좋다.

목줄 : 바늘을 묶는 목줄은 가급적 합사를 사용하며, 주로 케블라합사 2~3호 굵기의 줄을 사용한다. 목줄이 원줄보다 굵어서는 안 되며, 그 길이는 5~7cm가 좋다.

바늘 : 7호 바늘을 기본으로 하며 아래로는 5호부터 위로는 9호까지 사용한다. 두바늘채비를 기본으로 하며, 수초에 근접한 낚시를 하거나 깔끔한 낚시를 구사하기

◀ 떡밥콩알 낚시의 마릿수 조과. 잦은 찌올림이 떡밥낚시의 매력이다.

위해서는 외바늘채비를 사용한다.

찌 : 저부력의 예민성을 갖춘 찌를 사용한다. 저부력이라 함은 1돈중(3.75g) 이하의 부력을 말한다. 몸통 소재는 가벼운 것이 좋고, 찌톱이 가늘고 선명할수록 좋다. 찌의 길이는 과도하게 길거나 과도하게 짧으면 낚시 간에 지장을 초래한다. 2칸 대는 40cm 전후, 2.5칸 대는 45cm 전후, 3칸 대는 50cm 전후 길이의 찌가 적합하다.

● 떡밥콩알낚시 포인트 선정

①수초가 없는 포인트

수초가 발달해 있지 않은 일반적인 포인트에서는 우선적으로 수심을 고려한다. 가장 무난한 수심은 2~3m 정도다. 떡밥콩알낚시는 현재 찌 아래 바닥에 있는 붕어를 낚아내는 기법이 아니라 일정 구간을 회유하는 붕어를 집어하여 낚아내는 기법으로서 매력을 갖는다. 따라서 붕어가 경계심을 많이 갖지 않고 접근할 수 있는 수심대인 2~3m 수심대를 우선으로 고려한다. 특히 대형 호수나 계곡형 큰 저수지, 깊은 강의 소에서는 필히 고려해야 할 사항이다.

그러나 떡밥콩알낚시를 하면서도 1m 전후 수심대를 포인트로 하는 경우가 있다. 그것은 평지형 저수지나 수로에서 하절기에 붕어가 광범위한 회유를 할 때, 물색이 좋은 평지형 저수지의 상류나 연안 포인트를 공략하면서는 1m 정도가 좋은

▲ 떡밥의 풀림속도 비교. 바닥이 깨끗한 곳에선 빨리 풀리는 것이 좋고 수초대 등 바닥이 지저분한 곳에선 더디게 풀리는 것이 좋다.

포인트가 될 수가 있다.
반대로 댐이나 대형 계곡지에서는 5m 이상의 수심대를 고려해야 할 때도 있다. 그것은 한여름의 따가운 햇볕에 의해 표층수온이 과도하게 상승하였을 때나, 늦가을 이후 동절기로 들면서 찬 기운에 의해 붕어들이 안정수온대로 이동하였을 때이다.

수심 다음으로 고려해야 할 것이 바닥상태로서 우선 깔끔해야 한다. 바닥에 청태가 있거나 물때나 삭은 수초가 한 꺼풀 덮여있는 곳은 포인트가 되지 못한다. 그러나 바닥에 큰 돌덩이나 수몰나무 등이 산재해 있는 곳은 비록 낚시행위에는 지장이 있겠으나, 그 사이에 채비를 드리우면 오히려 유리한 포인트가 된다.

그리고 물색도 중요하다. 사실은 물색이 가장 우선적으로 고려될 수도 있으나 떡밥콩알낚시는 2m 이상의 깊은 수심대에서 즐겨 하므로 후순위로 언급하는 것이다. 그러나 2m 이내의 수심층을 포인트로 하고자 한다면 최우선적으로 적당히 탁한 물색을 고려해야 한다.

②수초지대 포인트

떡밥콩알낚시를 하더라도 수초를 끼고 하는 것이 대부분 유리하게 작용한다. 수초가 있는 낚시터라면 일단 수초에 접근하여 포인트를 선정하는 것이 유리하다. 다만 떡밥콩알낚시만의 맛을 충분히 고려하려 한다면 밀생한 수초밭을 직접 공략하거나 낚시행위가 불편할 정도의 포인트는 걸맞지 않다. 즉 조과가 앞서더라도 그 특유의 맛을 충분히 즐기기가 어렵다는 것이다. 그래서 떡밥콩알낚시를 하면서는 수초직공법이 어울리지 않는 것이다.

수초가 발달해 있는 지역에서는 수초의 공간이나 수초 선에 붙여 찌를 세우는 포인트를 고려하되 우선적으로 물색을 보아야 한다. 이 점이 수초가 없는 포인트 선정 시와 차이점이다. 그 이유는 수초 포인트는 1~1.5m의 비교적 얕은 수심대를 포인트로 하기 때문이다.

● **떡밥콩알낚시 대 편성 및 운용**

떡밥콩알낚시를 구사할 때의 낚싯대는 2대를 기본으로 하고, 경우에 따라 3~4대를 운용하거나 1대만을 운용하기도 한다.

① 1대만을 운용할 경우

낚시장소와 포인트의 특성을 잘 알고 있거나 정확한 분석을 할 수 있는 곳에선 1대만 운용한다. 이때에는 현장 포인트의 물색과 바닥토양 상태 등을 기본으로 고려하되, 가까이 있는 낚시인의 낚싯대 길이를 참고해야 한다. 붕어의 회유층이 그 거리의 수중 등고선에 형성될 확률이 많기 때문이다. 이렇게 1대만 사용할 때 가장 중요한 것은 집어 능력이다. 따라서 잦은 헛챔질로 집어력을 높여 주어야 하고, 항상 정확한 자리에 채비가 안착되도록 채비투척 요령을 숙달해야 한다.

② 2대를 운용할 경우

2대를 운용할 경우는 가급적 같은 길이의 낚싯대를 11자형으로 배치하되, 두 찌의 간격은 50cm 이내로 붙여서 나란히 세운다. 이는 한 장소에 집어력을 극대화하기 위한 조치와 한 눈에 찌를 통제하기 위한 조치다. 이렇게 2대를 나란히 운용할 때는 두 낚싯대를 번갈아 가면서 헛챔질을 지속함으로써 집어력을 향상시키고, 일단 집어가 된 붕어가 흩어지지 않도록 해야 한다.

③ 3~4대를 운용할 경우

이때에는 2칸, 2.5칸, 3칸, 3.5칸 등 다양한 낚싯대 길이를 고려하여 편성한다. 그것은 붕어의 회유층을 탐색하여 주요 입질 거리와 수심대를 파악하고 주로 운용할 대를 결정하기 위함이며, 또한 기상변화와 시간대에 따라 붕어의 활동범위가 달라지는 것을 꾸준히 탐색하기 위함이다. 특히 바닥 경사가 심하여 낚싯대 길이에 따라서 수심 차가 많은 포인트에서 유리한 편성이며, 일단 입질이 잦은 대를 집중적으로 운용하여 집어력을 극대화하고 그 현상을 지속시키는 요령이 중요하다.

● **떡밥콩알낚시 입질 분석과 챔질**

떡밥콩알낚시의 가장 큰 매력은 단 한 번의 예신에서 본신으로 이어지는 깔끔한 입질 승부다. 지렁이낚시에서 나타나는 불규칙적인 찌놀림이나, 새우미끼를 뜯어 먹으면서 꿈질거리는 찌놀림 현상이 거의 없다. 떡밥콩알낚시에서는 단 한 번의

입질을 보고 적절한 챔질을 하지 못하면 그로써 끝이고, 낚싯바늘을 거두어서
새롭게 떡밥을 달아 투척해야 한다.

①떡밥콩알낚시의 예신
떡밥콩알낚시의 예신은 찌 끝이 살짝 오르거나 살짝 잠기는 형태로 나타난다.
그중에서도 찌톱 한 마디 이내로 살짝 오르다가 일순 멈칫하는 형태가 대부분이다.
그러나 바닥이 가파르거나 냉수대일 때, 혹은 두 마리 이상이 동시에 접근하여
먹이경쟁을 할 때, 또는 미끼가 수초 가닥에 얹혀 있을 때 등은 살짝 잠기는 예신
형태로 나타난다.

②떡밥콩알낚시의 본신
떡밥콩알낚시의 본신은 예신에 이어서 곧바로 나타나는 특징이 있다. 어떤 경우에는
예신과 본신의 구별이 어려울 정도로 연속적으로 나타나기도 한다. 그러나 대부분은
예신 후 순간 주춤한 뒤 서서히 찌 올림으로 나타나므로 구별하기는 어렵지 않다.
찌 올림의 폭은 그날의 붕어의 활성도에 따라서 차이가 나는데, 경계심이 없고
활성도가 아주 높은 날은 찌몸통까지 올려서 넘어뜨리기도 하나, 평균적으로는 찌톱
4~6마디(한 뼘 정도)에서 멈춘 후 그대로 두면 다시 내려간다. 다만 경계심이
많거나 동절기에 수온대가 급격히 떨어져 붕어의 활성도가 떨어진 상태라면 찌톱 한
마디도 다 올리지 못하고 본신이 끝나는 경우도 있다. 그리고 바닥 경사가 아주
심하거나 먹이경쟁이 심한 경우에는 끌고 들어가기도 한다.

③떡밥콩알낚시의 챔질
일단 예신을 보면 마음의 준비를 한다. 그리고 본신에 의해 찌가 상승하기 시작하면
슬며시 낚싯대에 손을 대고 찌를 주시하면서 기다리다가, 찌의 상승이 더욱 무겁고
느릿해져서 곧 멈출 듯한 순간에 챔질하면 된다. 그것이 찌 올림의 정점이다. 만약
찌가 꼭짓점까지 올라서 멈추는 것을 보고 챔질하려고만 한다면 눈으로 보이는
감각과 동작의 시차 때문에 자칫 한 박자가 늦을 수가 있어 헛챔질로 이어질 수가
있다. 때로는 한 마디에서, 때로는 찌몸통까지 상승한 다음에 챔질을 해야 하는
경우가 수시로 발생하므로, 찌 끝에서 본신의 챔질시기를 읽어내는 능력을 스스로
길러야 한다.

2. 떡밥대물낚시

오늘날에 우리나라 전체 수계(낚시터)의 70%에는 각종 외래어종이 서식하고 있다고 내수면연구소 측에서 발표했다.(2014년 11월) 붕어낚시인들은 동물성 미끼에는 포식성을 갖는 그 외래어종들에 대항하여 어떤 식으로든 대물낚시를 즐겨야 하는데, 생미끼를 이용한 방법으로는 해결이 안 되는 이런 상황에서 적합하게 활용하는 방법이 바로 떡밥대물낚시 기법이다. 물론 떡밥대물낚시는 꼭 외래어종이 있는 곳만이 아니고 어디에서나 구사할 수가 있다. 그러나 포식성 유해 어종이 있는 곳이라야 잡어나 잔챙이들의 미끼 훼손이 적어 떡밥을 이용한 대물낚시가 오히려 유리한 것이다. 이러한 떡밥대물낚시 기법으로는 건탄낚시 기법과 고탄낚시 기법이 있다.

▲ 떡밥콩알낚시 채비(왼쪽)와 떡밥대물낚시 채비(오른쪽).

● 건탄낚시

건탄낚시라는 용어는 乾(마른, 즉 물기를 적게 하여 부슬부슬한), 彈(탄알, 즉 둥그렇고 크게 만든 떡밥포탄)의 의미이다.(필자의 지인인 《실전붕어대물낚시》 저자 차종환 선생이 1990년경에 명명한 기록이 있다.)

건탄낚시는 명칭 그대로 거친 떡밥을 부슬부슬하게 개어 크게 달아 수심 깊은 호수 바닥에 가라앉혀 두고 기다리는 낚시인데 1980년대 충주댐과 소양호 낚시에서부터 유행했으며, 추후로는 2000년대 초반 대물낚시의 붐과 함께 배스와 블루길이 번성한 장소에서 유용한 대물미끼가 되면서 전국적으로 확산되었다.

● 건탄낚시가 유망한 낚시터

건탄낚시를 구사하기에 유망한 낚시터는 배스와 블루길이 번성하여 붕어의 개체수가 줄어들어서 한 번 입질 받기가 어려운 장소이면서 그래도 입질을 받았다 하면 대물붕어를 만날 수 있는 곳이다. 또한 댐이나 큰 계곡형 저수지 등 수심이 깊고 생미끼 사용이 곤란한 곳으로서 잡어나 잔챙이들이 덤비지 않는 곳이라면 건탄낚시로 대물낚시를 하기에 적당한 장소다. 아울러서 수심은 그리 깊지 않더라도 대물붕어 외에 다른 어종이 잘 덤비지 않는 강의 지류, 수로 등의 낚시터에서도 유용하다. 다만 잡어가 많이 덤비는 낚시터는 쉽게 풀리는 건탄떡밥을 금세 흐트러뜨려버리므로 적합하지 않다.

● 건탄낚시 포인트

건탄낚시는 대물낚시기법임에도 수초와 꼭 관련이 있는 것이 아니고, 포인트 수심과도 크게 관련이 있지는 않다. 즉 수초가 있으면 수초의 넓은 공간이나 수초 언저리를 공략하는 것이고, 수초가 하나도 없더라도 여건만 된다면 포인트로 정하고 낚시를 한다.

건탄낚시를 구사하는 포인트의 수심층은 1m에서부터 7m까지도 가능하다. 그러나 가장 적절한 포인트는 2~4m 수심층이다. 그것은 대물붕어의 유영층과 먹이활동 공간을 고려한 얘기다. 그러나 잡어가 따라와서 덤비는 곳이라면 5m 이상의 직벽 수심층을 포인트로 하는 것이 쫓아와 덤비는 잡어를 분리하고 기다리는 낚시를 하기에 좋다.

건탄낚시에서 포인트를 분석할 때 수초의 유무는 중요하지 않다. 건탄미끼의 특징이 그 향으로 대물붕어를 일정구간은 유인해 낼 수 있기 때문에 구태여 복잡한 수초직공을 하지 않고 편하게 이격시켜서 수초 공략을 해도 가능하다는 말이다. 그러나 기왕에 수초가 있다면 회피하지 말고 적극적으로 공략하는 낚시를 구사하는 것이 바람직하다.

▼ 건탄떡밥에 낚인 월척붕어. 건탄은 뭉칠 땐 단단하지만 물에 들어가면 빠르게 풀린다.

● 건탄떡밥 준비

건탄떡밥은 배합과정에서 그 성분과 입자의 굵기를

중요하게 고려한다. 그리고 반죽을 할 때는 최대한 입자를 그대로 살려가면서 반죽을 해야 잘 풀린다.

배합비율은 거친떡밥과 고운떡밥의 비율을 7:3~9:1로 한다. 바닥 안착 전에 잡어가 건드린다면 고운떡밥의 비율을 높이고, 하절기보다는 동절기로 갈수록 거친떡밥의 비율을 높여서 풀림이 쉽도록 배합한다. 떡밥의 성분은 잡어가 있는 장소에서는 향이 적은 곡물류 떡밥을 주로 하여 담백하게 하고, 하절기에서 동절기로 갈수록 혹은 수심이 깊어갈수록 향이 고소하고 강한 깻묵가루나 어분류의 배합비율을 높인다.

건탄낚시용 떡밥을 반죽할 때는 근본적으로 물기를 적게 하여 부슬부슬하게 한다. 보통의 떡밥을 갤 때와는 달리 배합된 떡밥가루 위에 물을 약간씩 뿌려가면서 손으로 휘저으면 부슬부슬한 상태대로 물기가 배게 된다. 이때 떡밥을 주물러서 반죽하려 하면 안 된다. 건탄떡밥은 약간의 물을 머금고 부슬부슬한 상태 그대로가 바로 반죽된 상태가 된 것이다.

● **건탄떡밥 달기**

초기에 집어를 위한 헛챔질용 떡밥을 달 때는 가능한 한 떡밥을 꼭꼭 주무르지 말고 한두 번 바늘에 대고 눌러서 달아야 투척 후 물에 착수하면 곧바로 입자가 풀려서 확산이 되면서 내려가게 되어 집어효과가 커진다. 낚시를 시작하여 초기에 5~10회 정도는 이렇게 집어용 떡밥을 헛챔질용으로 활용한다.

집어용 떡밥의 헛챔질이 끝나면 미끼용으로 전환하여 투척한다. 이때에는 부슬부슬한 떡밥을 한 움큼 잡아서 바늘에 대고 꼭꼭 눌러서 단다. 비록 부슬부슬한 떡밥이라도 바늘에 대고 손가락을 합하여 꼭꼭 주물러서 달면 견고한 구슬 모양이 되어 웬만큼 충격을 가해도 깨지지가 않는다. 이런 상태로 투척하면 착수하여 가라앉는 동안에 그 모양이 그대로 유지되면서 채비정렬을 하게 되며, 겉에 물이 스며드는 순서대로 아주 작은 알갱이 입자만 조금씩 떨어지면서 바닥에 안착하여 자리 잡고 있게 된다.

● **고탄낚시**

고탄낚시라는 용어는 固(굳을 고, 즉 차지고 단단한), 彈(탄알, 즉 둥그렇고 크게 만든 떡밥)의 의미이다. (이것은 乾彈과 구분하여 필자가 2002년에 최초로 명명한 용어다.)

고탄떡밥은 명칭 그대로 고운떡밥 비율을 높게 하고 약간의 거친떡밥을 혼합하여
차지고 딱딱하게 개어 크게 달아 바닥에 가라앉혀 두고, 잡어나 수서곤충의
건드림이 일부 있더라도 형체를 유지하고 지탱하면서 대물붕어가 접근하는 시간을
벌어 대물의 입질을 유도하는 떡밥활용술이다. 이러한 고탄떡밥의 사용은 잡어나
수서곤충의 떡밥 훼손은 물론 이미 떡밥에 길들여져서 덤비는 블루길이 번성한
장소에서도 유용한 대물미끼가 되면서 그 활용이 확산되고 있다.

● 고탄낚시가 유망한 낚시터
잡어가 설치고 잔챙이가 많이 덤비는 낚시터에서도 고탄낚시는 어느 정도 기다림의
낚시를 할 수가 있다. 고탄떡밥이 어느 정도 지탱해주기 때문이다. 따라서
건탄낚시를 할 수 있는 모든 장소를 포함하여 생미끼 사용이 곤란한 곳으로서
잡어나 잔챙이들이 덤벼들어서 건탄낚시가 곤란한 곳이라면 고탄낚시로 대물낚시를
시도해 보는 것이 더 유망하다.

● 고탄낚시 포인트
고탄낚시는 건탄낚시와 달리 수초가 발달한 포인트에서도 활용한다. 외바늘에
메주콩 대신 딱딱한 떡밥을 미끼로 사용한다고 생각하면 되는 것이다. 물론 포인트
수심과도 크게 관련이 있지는 않다. 즉 수초가 있으면 수초의 공간이나 수초
언저리를 공략하는 것이고, 수초가 하나도 없는 곳에서는 건탄낚시를 구사하는
요령과 같이 하면 되는 것이다.

● 고탄떡밥 준비
거친떡밥과 고운떡밥의 비율을 5:5~3:7 정도로 한다. 즉 차지고 단단하게 하기
위해서 고운떡밥가루를 많이 활용하는 것이다. 떡밥의 성분은 잡어가 있는
장소에서는 향이 적은 떡밥을 주로 하여 담백하게 하고, 하절기에서 동절기로
갈수록 혹은 수심이 깊어 갈수록 향이 강한 기능성 글루텐이나 어분류의 배합비율을
높인다.
고탄낚시용 떡밥을 반죽할 때는 근본적으로 잘 주물러서 쫀득하게 한다. 배합된
떡밥가루 위에 물을 약간 부어서 스며들게 한 후에 손으로 주무르면서 그 차지고
단단함을 감촉으로 느껴가면서 물과 고운떡밥가루를 조절하여 반죽한다.
고탄떡밥은 마치 단단한 고무찰흙 상태 그대로가 바로 반죽된 상태가 된 것이다.

◀ 고탄떡밥 달기. 점도가 높은 떡밥을 크고 단단하게 뭉쳐서 단다.

● **떡밥대물낚시 유의점**

집어는 낚시로만 해야 한다

모든 낚시에서 집어를 한답시고 집어제 덩어리를 뭉쳐서 손으로 던지거나 찌 주변에 좍좍 뿌리는 것은 바람직스럽지 못하다. 떡밥대물낚시를 하면서는 특히 금물이다. 떡밥대물낚시를 할 때는 찌 아래 바닥에 우리의 낚싯바늘에 달려있는 떡밥만 유일하게 자리하고 있어야 정확하게 입질을 유도할 수가 있다. 이것이 씨알 구분 없이 붕어 무리를 유도하여 무작위로 입질하게 하는 떡밥콩알낚시와는 다른 것이다. 집어가 필요하더라도 정확하게 낚시를 이용하여 그 자리에 떡밥이 쌓이도록 하는 것이 중요하다.

믿음이 있어야 대물을 만난다

가끔 떡밥대물낚시를 하겠다고 하고서는 일정 시간이 지나서 이내 다른 미끼를 고려하거나 포기하는 경우를 본다. 대물낚시라는 것은 어떤 미끼로 어떤 기법을 구사하든 간에 기다림이 기본인데, 떡밥을 사용할 때만은 그 기다림에 대한 믿음이 유독 더 없어지는 것이다. 이래가지고는 절대로 대물을 만날 수가 없다. 믿어야 한다. 하루 밤을 꼬박 새우면서 입질 한 번 없더라도, 그리고 다음에 또 가서 입질이 없더라도 끝까지 믿고 기다리는 자에게 대물의 입질이 온다.

새우대물낚시

대물낚시란, 월척 이상의 큰 붕어만 노리는 낚시를 말한다. 국어사전에서 대물낚시를 찾아보면 '큰 물고기만 낚는 낚시'라고 풀이되어 있다. 대물낚시는 기법과 채비 등에 일반 마릿수 붕어낚시와 다른 특징을 갖지만 그중에서도 큰 붕어만 선택하여 낚아내는 씨알 선별의 근본은 미끼 사용에 있다.

1. 대물 미끼의 대명사, 새우

새우는 고전적이고 대표적인 대물낚시 미끼이며, 장소에 따라서는 사계절 두루 사용할 수 있는 미끼이고, 강이나 수로 등 흐름이 있는 곳에서는 효과가 적은 반면 주로 저수지 낚시에서 효과가 크다. 대물낚시용 생미끼로는 새우 외에 참붕어, 납자루가 있고, 드물게는 징거미, 거머리, 우렁이살, 올챙이살, 깨벌레, 땅강아지 등도 사용하지만 사용의 편의성과 씨알 선별력에서 새우를 따라잡을 미끼는 없다. 새우류(shrimp)는 전 세계적으로 약 2900종이 알려져 있고, 우리나라에서는 약 90종이 알려져 있다. 담수종으로는 가재, 새뱅이, 징거미새우 등이 있고, 해수종으로는 도화새우, 보리새우, 대하, 중하, 꽃새우, 젓새우 등이 있으며, 우리가 민물낚시 미끼로 사용하는 새우는 줄새우와 새뱅이다.
새우의 몸은 단단한 갑각으로 싸여 있고, 여러 개의 몸마디로 되어 있는데,

▲ 전형적인 새우대물 낚시터의 형태를 갖춘 서산 환도곡지. 수초가 풍성한 평지형 저수지 중 외래종이 살지 않는 곳이라면 대부분 새우낚시가 잘된다고 보면 된다.

머리·가슴·배의 세 부분으로 크게 구분되어 있으며, 머리와 가슴은 융합하여 갑각(甲殼)이라는 등딱지를 이룬다. 몸속에 호흡계·소화계·순환계·배설계·신경계·감각기관·근육계 등 여러 가지 기관계가 들어 있으며, 호흡계를 이루는 것은 아가미이고, 소화계로는 입·식도·위·중장·직장·항문 등이 있으며, 감각기관으로는 눈· 평형포· 감각털 등이 있다.

새우의 주 먹잇감은 플랑크톤과 수중생물의 사체 등이며, 여름철에는 주로 연안이나 얕은 곳에서 활동하고 겨울철에는 깊은 곳으로 이동하는 것이 보통이다. 새우가 이동할 때는 대부분 천천히 앞쪽으로 이동하지만 위급한 상황이 되면 순간적으로 배를 굽혔다 펴면서 뒤쪽으로 멀리 튀어서 도망하는 습성이 있어서 붕어가 접근하면 한 순간에 붕어를 마주보는 자세로 뒤로 튀어서 도망한다.

새우는 자랄 때마다 낡은 껍데기를 벗고 새 갑각으로 갈아입는 탈피를 하며, 탈피를 하면서 그동안에 떨어져나간 다리 등도 새로 나서 원상복구를 한다.

2. 새우의 채집 및 관리

새우는 야행이라 밤에 채집이 잘된다. 따라서 낮에 낚시터에 도착했다면 차분하게 낚싯대를 편성하고 나서 여유 있게 채집망을 물에 넣어도 된다. 다만 낚싯대 편성 후에 곧바로 미끼용 새우가 필요할 때는 붕어뜰망을 이용해서 석축의 벽이나 연안 수초 밑을 털어서 채집하여 사용할 수가 있다.

새우가 잘 채집되는 포인트는 제방 석축이 꼽히나 상류 쪽에서는 바닥토양이 마사토이거나 암반 또는 황토질인 곳이 유리하며, 그중에서도 수초그늘 속에 채집망을 담그는 것이 좋다. 특히 논의 배수로 등 작은 물골이 있어서 물이 유입되는 곳이 채집이 잘 되는 곳이다.

여름에는 간혹 아주 작은 새끼새우만 채집될 경우가 있는데, 이런 때에는 새우채집망을 깊이 넣어서 마릿수는 적더라도 굵은 새우가 들게 해 놓고, 부족한 양은 붕어뜰망을 이용해서 채집해서 골라 쓴다. 동절기의 경우는 새우가 깊은 곳에 머무르므로 새우채집망을 하절기보다 더 깊은 곳에 넣어서 채집해야 한다.

뚜렷한 이유 없이 채집망에 새우가 전혀 들지 않을 때가 더러 있고 여름에는 새우가 너무 작아서 어려움을 겪을 수가 있으므로 새우미끼 낚시를 예정한 출조라면

▼ (왼쪽 사진) 새우나 채집망 속에 넣는 새우 유인용 미끼인 어분 펠렛. (오른쪽 사진) 채집망으로 포획한 새우.

> **토막상식**
>
> ## 대물낚시의 역사
>
> 특정 미끼를 이용한 대물낚시의 역사는 상당히 길다. 1200년 전 중국 당나라 선비 한유(韓愈)가 이미 새우와 거머리를 미끼로 하여 대물낚시를 한 기록을 남겼고, 우리나라에서는 400년 전 조선 효종 때의 선비 조석윤(趙錫胤)이 이미 기다림의 대물낚시를 한 기록을 친구에게 보낸 서찰에 남기고 있으며, 일제강점기 때인 1930년대에도 새우와 옥수수를 미끼로 한 대물낚시를 한 기록이 계용묵의 〈낚시질 독본〉에 있다. 그리고 필자가 한창 낚시에 심취했던 청년시절인 1970~80년대에도 새우를 채집하여 미끼로 사용하는 이들이 간혹 있었다.

기본적으로 새우를 미리 준비해 가는 것이 바람직하다.

새우는 산소량이 부족해지거나 온도가 높으면 쉽게 죽어버린다. 따라서 새우를 보관할 때에는 보관통의 물이 시원한 상태를 유지하도록 해주어야 하며, 어중간한 물속에 잠겨있게 보관하다가는 그 물의 산소만 줄어들면 죽어버리므로 물 양을 겨우 몸만 적실 정도로 하고, 한 쪽에 물 밖 공기호흡이 가능하도록 헝겊이나 수초를 넣어서 새우 스스로 물 밖의 공기호흡이 가능하도록 보장해주는 것이 새우를 오래 살리는 방법이다. 또 보관망에 담아서 물속에 넣더라도 하절기에는 시원한 새물이 흘러드는 곳이나 그늘지는 곳의 깊은 물에 넣어두는 것이 좋다.

3. 새우대물낚시 장비와 채비

새우를 미끼로 큰 붕어만 골라 낚는 낚시를 새우낚시 또는 새우대물낚시라 부른다. 새우대물낚시는 겨울철에도 일부 구사하기는 하지만 주로 봄부터 가을까지 저수지 수계를 중심으로 이루어진다. 대형 호수의 상류권 일부에서 새우낚시를 하지만 그 확률이 떨어지며, 강이나 수로에서도 새우미끼 효과는 저수지에 비해 떨어지는 편이다.

● **장비와 채비가 튼튼해야 한다**

낚싯대 : 경질대를 사용한다. 1.0칸에서부터 5.0칸 이상까지 평균 8대를 편성하기 위한 2배수 이상인 16~20대를 갖추는 것이 편리하다.

원줄 : 새우대물낚시의 원줄은 4~5호 카본줄을 채비하되 낚싯대 길이 대비 3.0칸은 한 뼘, 4.0칸은 두 뼘, 5.0칸은 세 뼘 정도 짧게 채비한다.

목줄 : 케블라합사 3~4호로 6~9cm 길이의 목줄을 취향에 맞게 준비한다.

바늘 : 잉어바늘(이두메지나) 10~15호나 감성돔바늘 3~7호 중에서 취향에 맞게 준비한다.

찌 : 새우대물낚시에서 사용하는 찌는 30~40cm 길이에 6~9g의 고부력 찌를 사용한다. 찌톱은 수초에 부딪혀도 견딜만한 1.0~1.2m 굵기가 적당하고, 찌몸통은 견고하면서도 변화가 없이 정직한 오동나무 소재가 좋다. 찌맞춤은 가벼운 찌맞춤을 제외한 표준 찌맞춤과 무거운 찌맞춤을 선택적으로 사용한다.

기타 장비와 채비 : 수초낫, 새우채집망, 새우통(새우쿨러)이 필요하다. 다양한 포인트를 공략하기 위하여 수초직공채비와 덧바늘채비, 전내림채비를 고루 준비하여 항상 휴대한다.

● 낚싯대는 6~8대가 적당하다

새우대물낚시에서 무리해서 낚싯대를 10대 이상 펼치는 낚시인들이 많은데 6~8대

새우낚시 장소 선정 시 고려할 사항

주요 고려사항	고려 내용
1. 전력(前歷)이 있는 곳인가?	본인의 경험이나 정보
2. 지령(池齡)이 오래 되었는가?	축조 후 5년 이상의 지령
3. 수초가 잘 어우러져 발달했는가?	특징적인 수초 조성
4. 해안가의 저수지나 수로인가?	특히 동절기에 유념
5. 양수형저수지인가?	특히 하절기에 유리
6. 장애물이 산재한 포인트가 있는가?	수몰나무, 돌무더기 등 수중 장애물
7. 최근 조황정보가 있었는가?	가장 확실한 참고사항

새우낚시 포인트 선정 시 고려할 사항

주요 고려사항	고려 내용
1. 전체적인 물의 수위는?	만수위는 상류 쪽, 갈수위는 제방 쪽
2. 물색이 맑은가, 탁한가?	물색이 맑으면 무조건 포기
3. 특징적으로 수초가 발달한 곳인가?	가장 특징 있게 부분적으로 발달한 곳
4. 급경사인가, 완경사인가?	급경사라면 갓낚시 포인트
5. 바닥토양이 견고한가, 감탕인가?	견고한 바닥은 유리, 감탕은 불리
6. 수심이 1m 전후로 적당한가?	수심은 최대 1.5m 이내로 선택

범위가 적당하며, 넓은 간격을 공략하려면 낚싯대 숫자를 늘릴 것이 아니라 낚싯대 간격을 넓혀서 공략하는 것이 운용의 편의성과 시야 확보 차원이나 정숙 유지 차원에서 더 좋다.

현장 포인트 여건을 고려하여 대 수와 대 길이를 선택하고, 긴 대를 앞 중심부 쪽으로 운영할 것인가 아니면 옆으로 벌려서 가장자리 쪽으로 운영할 것인가 등을 판단해야 한다. 이때에는 수초 분포와 예측되는 대물붕어의 회유로 판단이 주요 고려사항이다.

현장에서 새우를 채집하려 한다면 포인트가 결정되는 대로 새우채집망을 물에 넣어두고 다른 준비를 하는 것이 좋다. 그리하면 낮에는 참붕어를 채집해서 확보할 수 있고, 어둠이 내리면서부터는 새우를 채집하여 사용할 수 있다. 새우는 밤새 채집망에 들지만 초저녁 시간과 새벽 시간에 가장 많이 채집된다. 그러나 어느 곳에서는 의외로 오후시간에는 새우가 채집이 되었는데 밤에는 채집이 되지 않는 황당한 경우도 있다.

4. 새우낚시 장소와 포인트 선정

새우대물낚시에서 장소를 선정하는 것은 당일 출조에서 입질 한 번을 받느냐 못 받느냐를 결정하는 첫 번째 선택이 된다. 따라서 낚시터에 대한 다양한 정보와 세밀한 분석을 하고 당일의 기상상황 등의 조건을 면밀히 검토한 후에 결정해야 한다.

포인트를 분석할 때는 전체 수면이 보이는 곳에서부터 붕어의 예상되는 회유활동과 은신처를 염두에 두고 차근차근 접근하면서 세밀한 관찰을 해야 하며, 마지막 물가에 도달해서는 찌 세울 자리까지를 고려하여 공간을 정한다.

새우대물낚시에서 적절한 찌 세울 자리를 찾아서 수초를 제거하는 과정은 낚시준비 과정 중 대단히 중요한 부분이다. 수초를 제거하는 방법은 수초의 종류나 형태에 따라 다르지만 기본적으로 마름이나 말풀, 뗏장수초 등이 수면을 덮고 있을 경우에는 채비를 내릴 자리에 구멍만 확보하는 정도에 그치는 것이 좋고, 부들, 갈대, 연, 줄풀 등의 경우에는 찌 세울 자리 외에 낚싯대를 펼 수 있는 최소한의 낚시자리 공간을 같이 확보한다. 특히 수초를 제거할 때는 채비를 내리는 공간만 생각할 것이 아니라 찌의 시야를 가리는 풀잎이나 줄기도 제거하고, 붕어를 걸었을 때 제압해서 유도해오는 통로까지 같이 고려해야 한다.

5. 입질 분석 및 챔질

새우미끼를 바늘에 꿰는 방법은 등꿰기, 배꿰기, 꼬리꿰기 등 다양한 방법이 있는데 그 방법마다 조과에 특별한 차이가 있는 것은 아니며 본인이 사용하기 편리한 방법으로 꿰면 된다. 대물붕어가 접근하여 새우를 먹이로 취할 때는 살그머니 주워 먹는 것이 아니고 적극적으로 사냥하므로 새우가 어떤 상태로 꿰어져 있든 간에 단숨에 입에 물고 입 안으로 가져가서 목구멍의 인후치로 압박을 가해 분쇄한다. 그러니 낚싯바늘이 미끼새우의 어디에 꿰어져 있느냐는 큰 문제가 되지 않는다.
가장 보편적으로 사용하는 방법은 등꿰기와 꼬리꿰기이다.
새우대물낚시에서 최고의 매력 중 하나는 중후하게 올려주는 환상적인 찌맛이다. 새우낚시의 찌 올림은 아주 정확하기 때문에 초보자들도 입질을 분석하고 챔질을 하기가 다른 낚시분야보다 더 쉽다.

● 새우낚시의 예신

새우대물낚시에서의 예신은 딱 한 차례 뚜렷하게 나타나기도 하지만 상당한 시간을 두고 뜸을 들이는 경우도 있다. 그러나 먹이를 본격적으로 취하는 동작에서는 찌 끝의 움직임이 명확한 예신 모습을 보인다. 이때 밀고 올라서는 찌 높이는 1cm도 안 되는 모습부터 찌톱 한두 마디까지 밀고 올리는 다양한 모습을 보이는데, 바로 그 모습을 보고 챔질할 준비를 하고 나서는 조급하지 말고 차분히 관찰하는 마음의 여유를 가져야 한다.

▼ 낚시점 수족관에서 판매할 새우를 떠내고 있다. 보통 5천원어치 사면 한 사람이 하룻밤 쓸 양으로 충분하다.

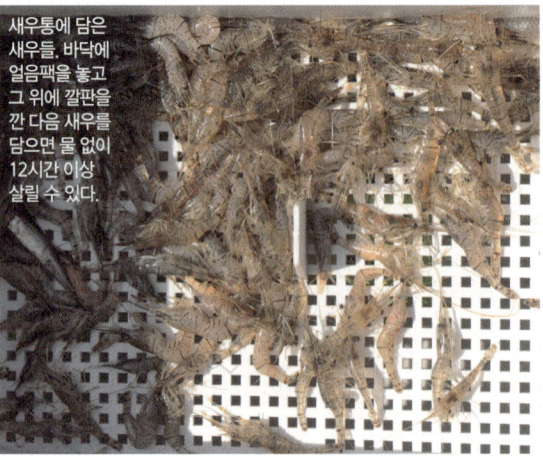

새우통에 담은 새우들. 바닥에 얼음팩을 놓고 그 위에 깔판을 깐 다음 새우를 담으면 물 없이 12시간 이상 살릴 수 있다.

● 새우낚시의 본신

본신은 예신에 연결해서 지속적으로 올라오거나 혹은 옆으로 이동하거나 하는 모습으로 나타난다. 그 자리에서 올리는 본신일 때 대물붕어가 새우미끼를 물고 입질하는 모습은 찌가 서서히 올라와서 정점에서 잠시 멈추었다가 챔질을 하지 않으면 서서히 내려가는 모습을 보인다. 따라서 이때의 챔질시기는 정점에 멈추기 직전 찌 끝이 느려지면서 약간 무거운 느낌이 들 때부터 정점에 도달하여 멈춘 순간까지이다.

그리고 예신 후에 옆으로 이동하는 본신이 보일 때는 대물붕어가 미끼를 물고 안전한 장소로 이동하는 현상으로, 혹 먹이다툼을 할 때나 외부환경에 의한 긴장상태일 때는 찌가 빠른 속도로 빨려드는 이동을 하게 되고, 스스로 편안한 장소로 이동할 때는 찌가 보이는 그 자세대로 서서히 옆걸음을 하여 이동한다. 이런 경우 챔질은 찌가 빨려들어 갈 때는 찌가 사라지는 순간에 챔질하고, 찌가 서서히 옆걸음을 할 때는 한 뼘 이상 이동하는 중에 챔질하면 된다.

6. 새우대물낚시 Q & A

● 4cm 이상의 큰 새우도 붕어가 잘 먹는가?

새우대물낚시에서 우리가 하고자 하는 월척급 이상의 대물붕어는 그 입에 엄지손가락이 다 들어가고도 남는다. 즉 큰 징거미가 아닌 이상 새우가 아무리 커도 간단한 한 입 거리밖에 안 된다. 만약 새우대물낚시를 한다면서 자정도 못되어서 입질이 없다고 작은 새우를 찾거나 새우 껍질을 벗겨 사용한다면 그는 이미 대물낚시를 포기한 것이나 마찬가지다. 대물낚시란 대물붕어가 접근할 때까지 잔챙이가 덤비지 못하도록 큰 미끼를 달아놓고 하룻밤에 한 번의 입질을 기다리는 것인데, 잔챙이나 먹도록 미끼를 훼손해 놓는다면 대물이 접근하여 입질할 기회를 스스로 상실해 버리는 것이다.

● 새우대물낚시는 꼭 얕은 수심에서 수초를 끼고 해야 하는가?

꼭 그렇지는 않다. 다만 수초를 끼고 하는 낚시가 확률을 높일 수 있고, 수심이 얕은

곳으로 사냥을 나오는 대물붕어와 상면할 가능성이 높다는 것이다. 떡밥낚시를
즐겨하는 사람들과 동행하여 어쩔 수 없이 수초가 없고 수심이 깊은 낚시터에서
낚시를 하더라도 새우대물낚시는 된다. 다만 그에 맞는 포인트와 채비를 운용해야
한다. 나중에 따로 설명할 '전내림' 기법을 구사하는 것 등이 그것이다.

● 새우는 살아 있어야 입질 빈도가 높은가?

입질빈도는 새우가 살아 있을 때보다 죽었을 때 높다. 실제로 죽은 새우에는 같은
새우가 떼로 덤벼서 뜯어먹는 것은 물론 참붕어 등의 잡어들이나 잔챙이 붕어들도
덤벼든다. 즉 그만큼 입질 반응이 빠르고 많을 수가 있다는 것이다. 따라서 잡어류가
전혀 덤비지 않거나 동절기에 냉수대가 되어 잡어나 잔챙이들이 활동을 중지한
상황일 때는 죽은 새우미끼가 빠른 입질을 유도하는 데 효과가 있다. 그러나
정상적인 환경에서 대물낚시를 하고자 한다면 죽은 새우를 쓰면 잡어나 잔챙이
극성에 시달릴 수 있으니 조심해야 한다.

● 낚싯대는 많이 펼수록 입질을 많이 받는 것 아닌가?

새우대물낚시는 어쩌다 접근하는 대물붕어를 만날 수 있는 확률을 높이기 위한
수단으로 낚싯대를 여러 대 편성하여 요소요소에 찌를 세워둔다. 그렇다면 많이
펼수록 좋은 것 아닌가? 물론 유리한 점도 있다. 그러나 사람은 자기 시야범위와
감각범위가 있게 마련이다. 그 시야범위 내에 대 편성을 하면서 8대를 넘어가면 너무
조밀한 편성이 될 것이고, 그렇다고 간격을 더 벌려서 편성하면 시야범위를
벗어나서 피곤한 낚시를 하게 된다. 그래서 필자는 6~8대 정도가 적당하다고 본다.

● 수초 제거는 꼭 해야만 하는가?

수초를 건드리지 않고도 낚시할 수만 있다면 하지 않는 것이 최선이다. 그리고
만약에 해야만 한다면 최소한으로 하는 것이 좋다. 대물붕어는 자기 영역을
확보하고 살아가는 경우가 많다. 즉 우리가 바라보는 포인트의 수초지대가 대물붕어
입장에서는 자기가 자리 잡고 살아온 영토인 것이다. 그런데 수초 제거를 한답시고
소란을 피우면서 대물붕어를 쫓아내버리고 나면 다시 접근해줄 때까지 기다려야만
한다. 다행히도 붕어는 자기 본래의 안식처로 회귀본능이 있어서 안정감을 되찾으면
돌아오긴 하겠지만 어쩔 땐 하루 이틀을 넘길 수도 있다. 그러니 수초는 가급적
최소한만 제거해야 한다.

◀ 새우로 낚아낸 4짜급 대형 붕어들. 새우미끼의 가장 큰 매력은 씨알 선별력이다.

● 새우대물낚시에서 밑밥은 필요한가?

새우대물낚시는 삶은 겉보리나 어분짜개를 밑밥으로 사용한다. 삶은 겉보리에는 황토를 섞기도 하고 깻묵을 섞기도 한다. 이러한 겉보리 밑밥의 용도에 대해서 새우를 유인하기 위한 것이라고도 하고, 그냥 대물붕어를 불러 모아서 오래 머무르게 한다고도 한다. 그러나 밑밥 사용을 너무 맹신해서는 안 된다. 밑밥을 주지 않고는 기대감이 없어서 기다리지 못하고 낚시를 쉽게 포기하는 지경까지도 필자는 보았다. 그래서 방송국과 잡지사 기자들과 함께 지난 2003~2004년에 걸쳐서 2년간 호남과 영남의 밑밥 사용 여부에 따른 조과에 대한 통계를 내 보았다. '밑밥을 사용한 경우와 사용하지 않은 경우의 조과'에 대해서 50여회분을 모아서 통계를 내보았는데, 그 결과는 전혀 차이가 없었다.

● 대물붕어일수록 찌를 높이 올리는가?

대물붕어라고 해서 찌 올림의 폭이 항상 큰 것은 아니다. 그러나 수중환경이 동일한 조건에서 동일한 활성도를 가지고 움직일 때는 씨알이 큰 붕어가 작은 붕어보다 더 차분하고 높게 찌를 올린다. 반대로 활성도가 떨어진 때는 대물붕어가 더 작게 올리고 철없는 잔챙이들은 솟구쳐 오르는 입질을 하기도 한다. 찌 올림을 보고 입질하는 붕어의 크기를 예측할 때는 올리는 높이보다는 찌가 움직이는 묵직하고 중후한 모습을 보고 그 크기를 가늠하는 것이 비교적 정확하다.

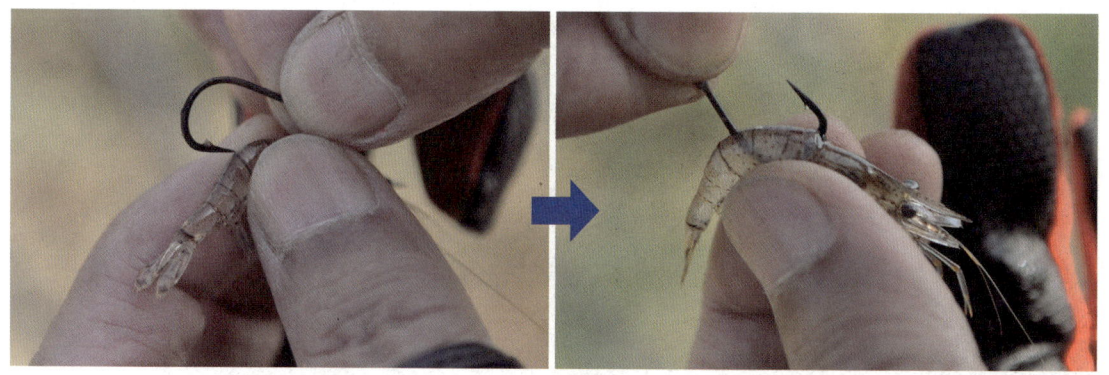

▲ 새우 꿰기. 새우 등에 바늘을 꽂아서 역시 머리 쪽 등으로 바늘 끝을 뽑아낸다.

● 새우로도 마릿수 낚시를 즐길 수 있나?

통상적으로 새우나 참붕어 등 생미끼를 사용하면 무조건 큰 붕어만 대상으로 한다고 생각할 수 있으나 그렇지 않다. 새우나 참붕어를 미끼로 하되 미끼 크기로 붕어의 크기를 선택할 수 있다. 즉 생미끼 낚시를 할 때 아주 작은 미끼(2cm 이내)를 사용하면 20cm 이내의 작은 붕어를 대상으로 마릿수 낚시를 할 수 있고, 큰 미끼(4~5cm)를 사용하면 주로 월척급 전후의 큰 붕어만을 대상으로 하는 낚시를 구사할 수 있는 것이다.

● 가장 좋은 새우 꿰기 방법은?

붕어가 새우를 야금야금 먹는다고 생각하는 사람들이 있다. 큰 붕어는 새우, 참붕어, 지렁이, 떡밥, 모든 먹잇감을 눈 깜짝할 사이 단숨에 훅! 들이킨다고 방송과 글을 통해서 누차 강조해도 그렇게 생각하지 않는다. 필자는 1992년에 잠수장비를 이용한 수중실험관찰과 2008년에 소형 수중카메라(피싱캠) 촬영을 통해서 수중에서 붕어가 새우를 먹이로 취하는 모습을 지켜보았다.

붕어는 새우와 눈을 마주한 상태에서 공격하여 취하는데, 새우는 붕어를 마주보고 뒤로 톡톡 튀면서 경계 자세를 취하다가, 더 가까이 접근하면 한 순간에 허리를 구부렸다가 펴면서 뒤쪽으로 멀리 튀어서 달아나는데, 이때 붕어는 목표로 정한 새우를 한 순간에 공격하여 입에 빨아들였다. 그러나 뒤로 돌아서 도망하는 새우나 잘 움직이지 못하는 새우는 꼬리 쪽에서 주워 먹듯이 빨아들이기도 했다. 그리고 잠시 후 원활하게 삼키기 위해서 입 안에서(혹은 다시 뱉었다가) 머리를 목구멍 쪽으로 돌려서 삼키는 모습을 보였다.

따라서 새우를 어떻게 꿰어야 붕어가 잘 먹을 것인가에 대한 걱정은 크게 할 필요가 없다. 즉 등을 꿰거나 배 혹은 꼬리를 꿰거나 붕어가 취하는 데에는 별 문제가 되지 않으니 걱정하지 않아도 된다는 것이다. 다만 큰 새우는 통째로 삼키기에 무리가 있으니 꼬리에서 머리 쪽으로 바늘 끝을 꿰어 머리를 먼저 흡입하도록 하는 것이 타당하다.

● 깔짝대기만 하는 입질을 할 땐 어떡해야 하는가?

큰 붕어는 일단 먹이 사냥을 시작하면 아주 적극적인 사냥꾼이 된다. 대물급의 붕어는 몇 번의 건드림을 하고 나서(고양기가 쥐를 놀리듯이) 미끼를 취하는 경우는 있으나 10분 이상 조금씩 뜯어 먹는 동작을 하는 경우는 거의 없다. 가령 꺼내서 확인해보면 새우의 발, 뱃살이 뜯겨져 나갔거나 머리껍데기가 손상되어 있는 동작인데, 이런 동작을 하는 것은 큰 붕어가 아니라 잔챙이이거나 바닥의 잡어들이다. 그러므로 깔짝대기만 하는 입질이 나타날 땐 큰 붕어의 입질이 아니라 생각하고 그냥 지켜보거나 장시간 깔짝대면 미끼를 꺼내 새 것으로 갈아주면 된다. 이때 입질을 쉽게 유도한답시고 새우를 까서 넣으면 월척이 아닌 잔챙이 붕어나 손님고기가 곧바로 물고 나오게 된다. 즉 미끼를 훼손함으로써 큰 붕어를 기다리는 시간을 상실해버리는 것이다.

참붕어대물낚시

참붕어는 새우에 비하면 훨씬 늦게 등장한 대물 미끼다. 참붕어가 붕어낚시 미끼로 알려진 것은 〈낚시춘추〉 93년 11월호에 소개된 것이 최초라고 할 수 있다. 93년 9월 25일 광주 중부낚시 회원들이 무안 해제수로(지도수로)에서 참붕어를 미끼로 밤낚시를 하여 20~28cm 붕어 30여 마리를 낚는 현장이 낚시춘추를 통해 전국에 알려지면서 참붕어 미끼 열풍이 일기 시작했다. 당시 기사를 보면 "그 효시가 누군지는 알 수 없지만 광주낚시인들은 피라미 미끼의 역사를 대략 7~8년으로 보고 있다"고 되어 있다. 그러므로 80년대 말부터 전남 해안지역에서 참붕어를 미끼로 사용하였다고 볼 수 있다. 그때까지만 해도 광주낚시인들은 이 물고기의 이름을 몰라서 '깨피리' 'A약'이라 불렀는데, 낚시춘추에서 어류학자 최기철 박사에게 감정을 의뢰하여 정식 학명이 '참붕어'임을 밝혀냈다. 그래서 당시 기사 제목도 「참붕어로 붕어를 낚는다」였다.

1. 참붕어의 생태와 채집

참붕어(stone moroko)는 잉어목 잉어과의 민물고기이다. 우리나라 모든 수계에 분포하며 중국과 일본 등 아시아와 유럽 일부 지역에도 분포한다. 하천의 유속이 느린 곳이나 호수 등에 서식하며 잡식성으로 부착 조류, 수서 곤충 등을 주로

참붕어 미끼가 유난히 잘 먹히는 전남 장흥군 영보리저수지. 참붕어는 내륙보다 해안지역에서, 계곡지보다 평지지에서 잘 먹히는 대물 미끼다.

▲ 참붕어 수컷(위)과 암컷(아래). 수컷은 크고 체색이 검으며 암컷은 작고 체색이 노랗고 종종 알을 배고 있다. 암컷이 붕어 미끼로 좋다.

먹는다. 다 자란 암컷과 수컷은 몸 색깔이나 형태에 많은 차이를 보이는데, 암컷은 노란빛이 나는 반면 번식기의 수컷은 어두운 갈색에 가깝다. 산란기는 5~6월이며, 산란은 수심 50㎝ 이내의 얕은 곳을 찾아 돌이나 수초 또는 수중의 장애물에 알을 부착하고, 암컷이 산란을 마치면 수컷이 수정된 알을 지키며 접근하는 적이 있을 때에는 공격하여 쫓아낸다.

이 물고기의 이름이 하필이면 토종붕어를 뜻하는 속어인 '참붕어'이기 때문에 필자는 참붕어미끼 낚시를 설명하면서 "무슨 붕어가 붕어를 먹느냐"는 질문을 많이 받았었다. 심지어는 2000년대 초에 '월척특급' 프로그램을 통해서 참붕어미끼 낚시에 대한 방송을 하고 나서는 "붕어 치어를 미끼로 하여 붕어낚시를 하는 못된 사람"이라는 비난 전화를 여러 차례 받기도 했다.

● 해가 지기 전에 채집해야 한다

참붕어는 낮에 채집이 잘 되는 반면 밤에는 잘 안 된다. 따라서 낚시터에 도착하여 포인트가 결정되면 무엇보다도 먼저 채집망을 넣어놓고 낚싯대 편성을 해야 한다. 참붕어가 잘 채집되는 곳은 바닥이 황토나 마사토 토질이면서 물이 흘러드는 곳이나 바닥이 개흙이더라도 정수수초가 연안 가까이까지 자라고 있으면서 작은 공간이 있는 곳이다.

참붕어는 낮은 수온에도 강해서 얼음 밑에서도 비교적 활발한 활동을 한다. 따라서 겨울철에도 양지바른 곳의 수초 사이에 채집망을 넣어두면 얼마간의 채집은 가능하다. 참붕어를 보관할 때는 물을 시원하게 하고, 물의 양을 많게 할수록 싱싱하게 보관할 수가 있다. 새우처럼 공기 호흡을 할 수가 없어서 적은 물에서는 오래 살지 못한다. 또한 보관망을 이용할 때는 깊은 곳에 보관해야 오래 살아있게 된다. 망 속의 참붕어는 해가 지기 전에 거둬들여야 하는데, 어두워지면 망에 들어와 있는 참붕어들이 많이 나가버리기 때문이다.

● 작은 참붕어 미끼로는 마릿수 낚시 가능

통상적으로 참붕어 미끼를 사용하면 무조건 큰 붕어만 낚인다고 생각할 수 있으나 그렇지 않다. 아주 작은 참붕어(2cm 이내)를 미끼로 하면 20cm 이내의 작은 붕어를 대상으로 마릿수낚시를 할 수 있고, 중간급 참붕어(3~4cm)를 미끼로 사용하면 20cm 이상~월척급 붕어를 대상으로 하는 낚시를 할 수 있으며, 5cm 이상의 큰 참붕어만을 골라서 미끼로 하면 평균 월척급을 넘는 더 큰 씨알을 선별할 수가 있다. 물론 작은 참붕어 미끼에도 간혹 월척급 이상의 붕어가 덤비기도 하지만.

2. 참붕어낚시가 잘 되는 포인트

대부분의 우리나라 수계에는 참붕어가 서식한다. 다만 참붕어가 미끼로 잘 먹히는 곳과 그렇지 못한 곳이 있다. 우선 참붕어미끼 낚시가 잘되는 곳은, 참붕어가 번성하고 있는 수계이고, 바닥토양이 자갈, 모래나 마사, 황토 등으로 되어있는 장소가 유리하며, 바닥이 개흙일 때는 흐물흐물한 상태의 감탕보다는 차지고 딱딱한 바닥일 때가 유리하다.

▼ 참붕어를 바늘에 꿰어 투척하려 하고 있다.

또한 강이나 수로 등 흐르는 물보다는 저수지가 참붕어낚시가 잘되며, 그중에서도 대형 저수지보다는 소형 저수지가 유리하고, 일조량이 풍부한 소류지일수록 더 유리하다. 간혹 대형 저수지라고 하더라도 각지형이면서 말풀 등의 침수수초가 번성하는 곳은 참붕어가 번성하고 따라서 참붕어미끼 낚시가 잘된다.

참붕어낚시 포인트는 새우낚시 포인트와 유사하다. 다만 새우는 주로 연안의 밀생한 수초 속에 붙어서 생활하는 것에 비해서 참붕어는 듬성한 수초 공간이나 밀생한 수초의 언저리를 떼를 지어 헤엄쳐 다니면서 살아간다. 따라서 참붕어미끼 낚시의 유망 포인트는 밀생한 수초 속보다는 듬성한 공간이나 수초 언저리 부근이다.

3. 참붕어미끼 낚시 요령

● 참붕어 미끼의 최고 찬스는 참붕어 산란기다

참붕어는 붕어보다 산란이 늦어서 그 장소의 붕어가 산란 후 회복기일 때 주로 산란을 한다. 그리고 산란을 할 때는 연안 가장자리로 나와서 석축이나 수초에 산란하며, 이때에는 경계심도 없고 떼를 지어서 산란활동을 한다. 먹이사슬의 상층에 있는 붕어 입장에서 보면 이때가 산란 후에 영양을 보충할 수 있는 절호의 기회인 셈이므로 이때의 큰 붕어들은 밤낮을 가리지 않고 산란 중인 참붕어를 적극적으로 사냥한다. 따라서 참붕어가 산란할 때의 참붕어미끼 낚시는 밤과 낮을 가릴 필요가 없다.

● 참붕어가 떠서 산란 중이면 덧바늘로 공략한다

또한 이때의 붕어들은 산란 중인 참붕어를 사냥하기 위해서 수면 가까이까지 떠올라서 먹이활동을 하기도 한다. 그러므로 만약 수면을 덮고 있는 수초나 수면 가까이 자라 오른 수초에 참붕어가 산란을 하고 있는 모습이 보인다면 덧바늘채비를 하여 그 높이에 맞게 바늘을 띄워서 공략하면 특수효과를 볼 때가 있다. 이때에는 바닥 수심에 관계없이 참붕어가 활동 중인 수면의 수초 하단 높이로 덧바늘 높이를 조절하여 공략하는 것이 좋다. 만약 수심이 3m가 넘어도 수면까지 자라있는 수초 하단 50cm 이내에 참붕어가 붙어 산란을 하면 덧바늘 높이를 수면에서 50cm 하단에 맞추고 낚시를 한다.

▼ 참붕어 꿰기.
등지느러미 밑을 바늘로 찔러서 역시 머리쪽 등으로 바늘 끝을 뽑아낸다.

● 등꿰기와 꼬리꿰기가 무난하다

참붕어를 꿰는 방법에는 등꿰기, 머리꿰기, 꼬리꿰기 등 여러 가지 방법이 있으나 그

방법별로 특별한 것은 아니며, 주로 등꿰기와 꼬리꿰기를 많이 사용한다. 등꿰기를 할 때는 참붕어의 등지느러미 앞부분에 바늘 끝을 꽂아서 머리 쪽으로 꿰는 것이 좋다. 그냥 등지느러미를 포함하여 꿰지 않고, 등 쪽 살에만 바늘을 꿰면 채비투척 간이나 잡어가 미끼 훼손 시에 쉽게 바늘과 이탈되어 버린다.

4. 참붕어 미끼 입질 분석과 챔질

● 한 박자 늦게 챔질해야 할 경우
참붕어미끼에 붕어가 입질할 때 찌에 나타나는 모습은 새우미끼나 메주콩미끼일 때와 크게 차이가 나지 않는다. 즉 예신동작이 아주 느긋하게 나타나고, 약간의 뜸 들이는 시간이 지나고 나서 본신으로 연결되는 경우가 많은데, 이때 나타나는 본신동작이 아주 무겁고 중후한 모습으로 천천히 솟아오르는 모습을 보이며, 정점에 도달하여서도 금방 내려가지 않고 한동안 지체하는 현상을 보인다. 입 안으로 삼킨 참붕어미끼를 인후치로 압박하여 뭉개는 시간이 있기 때문이다.
이렇게 예신에 이은 본신의 찌 올림이 정상적으로 계속 오르는 날이라면 꼭 정점에 도달하기를 기다렸다가 한 박자 숨을 가다듬고 챔질하는 여유를 가져야만 멋진 찌맛과 둔탁하게 걸리는 감각, 그리고 맹렬하게 차고 나가거나 수면에서 퍼덕이는 팔의 감촉을 만끽할 수가 있다.

● 한 박자 빨리 챔질해야 할 경우
참붕어미끼라고 항상 한없이 찌가 올라서 정점에 멈추는 모습을 보이는 것은 아니다. 당일의 환경조건에 따라서는 찌톱 한 마디 정도의 높이로 본신이 끝나는 경우도 있다. 그러므로 무거운 예신 이후 잠시 뜸을 들이다가 서서히 솟는 모습이 보이면 바로 준비를 하였다가 찌가 높이 오르지 않았더라도 멈추는 순간을 포착하여 바로 챔질을 해야 챔질타임을 놓치지 않는다. 이때 유념할 것은 찌가 올라오다가 멈추는 높이는 입질하는 붕어의 수중행동에 따라서 달라지므로 한 뼘 정도일 경우도 있고, 혹은 찌톱 한 마디에서 멈출 경우도 있으므로 이런 상황에서는 한 박자 빨리 챔질을 해야 한다는 점이다.

제36강

납자루낚시

붕어는 참붕어 외에도 수중의 작은 물고기를 사냥하여 먹이로 취한다. 그런 먹잇감 중에 납자루를 빼놓을 수 없다. 그래서 납자루가 많이 서식하는 곳에서는 납자루를 미끼로 대물낚시를 할 수 있다. 그런데 우리가 납자루라고 부르며 미끼로 사용하는 물고기는 사실은 각시붕어인 경우가 훨씬 더 많다.

1. 납자루라고 쓰는 생미끼는 대부분 각시붕어다

우리가 통칭하여 납자루라고 부르는 납자루류에는 납자루(slender bittering, 5~9cm), 각시붕어(bittering, 3~5cm), 흰줄납줄개(rose bittering, 4~8cm), 칼납자루(oily bittering, 5~8cm), 큰납지리(deep body bittering, 10~20cm)가 있고 그 외에도 묵납자루, 임실납자루, 납지리, 납줄개, 한강납줄개, 떡납줄갱이, 납줄갱이, 꽃붕어 등등 15종이 넘는 많은 종류가 있다. 생김새는 유사하니 크기에 주목해서 구별할 수밖에 없다.

그중에서 우리가 붕어낚시용 생미끼로 채집해서 사용하는 어종은 납자루가 아니라 주로 각시붕어다. 그 특징을 살펴보면 각시붕어는 수염이 없고 크기가 우리가 흔히 미끼로 쓰는 3cm 전후인 데 반해서 납자루는 수염이 있으며 크기가 미끼용으로는 적합하지 못할 정도(7cm 전후)로 크다. 다만 어느 쪽이든 모두 납자루라는 공통

▲ 바늘에 꿴 각시붕어. 그러나 낚시인들은 대부분 그냥 납자루라고 부른다.

명칭을 가지고 있으니 그냥 '납자루미끼' 낚시라고 하는 데는 큰 무리가 없을 것이나 그것이 대부분 각시붕어라는 것은 제대로 알고 용어를 사용해야 한다는 것이다.

납자루도 참붕어와 유사한 시기인 1990년대에 대물낚시용 미끼로 등장하였으며, 주로 물이 흐르는 강이나 수로에서 많이 쓰인다. 그러나 저수지라도 납자루가 많이 서식하는 곳에서는 납자루미끼 대물낚시가 잘된다.

2. 채집과 낚시요령

납자루(각시붕어)를 미끼로 쓸 때는 채집된 것 중에서도 중간 정도의 크기(2~3cm)를 사용하는 것이 좋으며, 팔팔하게 살아 있는 것이 좋다. 납자루미끼 채집은 참붕어처럼 낮 시간에 하는 것이 좋다. 야간에도 일부 연안 활동은 하지만

> **토막상식**
>
> ## 납자루 & 각시붕어
>
> **납자루(slender bitterling)**
> 한국, 일본, 중국 등 아시아 대륙에서 중부 유럽까지 분포하는 어종으로 몸길이는 5~9cm이며 드물게 13cm 이상인 것도 있다. 체고는 낮고 몸은 옆으로 납작하다. 머리의 외각이 밖으로 굽어져 있으며 주둥이는 둥글고 입수염 한 쌍이 있다. 몸 빛깔은 청갈색이고 등 쪽이 어두운 색, 배 쪽이 은백색이다. 옆 후반부 가운데는 가느다란 검은 세로줄이 있으며, 수컷의 혼인색은 등 쪽이 금속 광택이 나는 청록색, 배 쪽이 분홍색이다. 암컷은 생식기에 긴 수란관(輸卵管)을 가지는데 이것이 나중에는 산란관으로 변한다. 물이 맑고 수초가 우거진 곳에 서식하며 식성은 잡식성이다. 산란기는 4~6월이다.
>
> **각시붕어(bittering)**
> 한반도 고유종으로 몸길이는 3~5cm 정도이나 실제로는 2~3cm가 많고 4cm 이상 되는 개체는 드물다. 몸은 좌우로 납작하고 체고는 비교적 높은 편인데, 특히 수컷이 높다. 입수염은 없으며, 옆줄은 없거나 불완전하게 조금 있다. 등 쪽은 암갈색이고 배 쪽은 은백색이며, 등지느러미의 앞쪽과 꼬리자루의 등 쪽은 특히 색이 짙다. 뒷지느러미는 바깥쪽 가장자리가 검은색, 안쪽은 주황색이다. 몸의 옆면 중앙의 꼬리 쪽으로는 담청색 세로띠가 있다. 유속(流速)이 완만하고 수초가 우거진 하천이나 호수의 얕은 곳에 살고 있으며, 부착조류(附着藻類)와 유기물 조각을 주식으로 하는 잡식성이고, 산란기는 4~6월이다.

채집에 어려움을 겪을 수가 있으므로 낮 시간에 채집하여 보관망에 보관해 두고 야간에 활용하는 것이 바람직하다. 납자루가 잘 채집되는 장소는 참붕어 채집장소와 비슷하여 특히 납자루는 흐르는 물 가장자리에서 잘 채집된다.

● 납자루가 서식하는 낚시터가 유리하다

납자루가 전혀 서식하지 않는 곳에서도 납자루미끼 낚시가 가능은 하지만 확률이 떨어진다. 오래 전에 필자가 어느 저수지에서 새우를 채집하기 위해 채집망을 넣었는데 새우는 별로 들지 않고 납자루가 그득 들어와서 아예 납자루를 미끼로 한 대어낚시를 시도하여 동행한 3명 전원이 월척을 한두 수씩 만나고 준척급을 포함하여 마릿수 재미를 본 적이 있다. 그 후로 납자루가 서식하는 저수지에서는 납자루 미끼를 사용하여 여러 차례 재미있는 낚시를 했다. 그러나 납자루가 서식하지 않는 저수지에서 납자루를 이용한 낚시를 시도해서는 여러 차례 시도했으나 썩 재미를 본 기억이 없다.

● 강 대물낚시에 유리하다

필자의 경험에 의하면 우리나라의 거의 모든 강에서 납자루미끼 낚시가 가능하다.

간혹 납자루가 채집망에 들어오지 않는 강에서도 납자루를 미끼로 낚시를 시도해보았는데 끈질기게 기다리다 보면 입질을 받은 경험을 가지고 있다. 그러나 우리나라 거의 모든 강계에는 납자루가 서식하며 따라서 납자루가 강낚시 미끼로 효용성을 더 갖는 것이다.

강가에 서서 들여다보아 연안에 납자루 활동이 활발하고 흐름이 약한 곳으로 수심이 대략 1.5~2m인 곳이 유리한 포인트가 된다. 특히 큰 강의 샛강으로서 수초가 연안에 잘 발달되어 있으면 그곳이 명당이 된다. 그러나 물의 흐름이 막혀서 정체되어있는 곳은 바닥이 깔끔하지 못하고 물때가 잔뜩 끼어 있게 되어 이런 곳은 포인트로 적합하지 않다.

▲ 붕어 미끼로 쓰기에 적당한 크기의 각시붕어들.

● **수로에서 유용한 미끼다**

수로낚시에서는 떡밥이나 지렁이를 주로 사용하지만 만약 잡어나 잔챙이 붕어가 극성을 부리면 납자루로 미끼를 교환하여 이러한 불편함에서 벗어날 수가 있다. 특히 그 수로에 납자루가 서식한다면 납자루는 아주 주요한 미끼가 되고 수로에서

◀ 납자루낚시 (각시붕어 미끼 낚시)가 특히 잘 되는 충남 보령군 신촌저수지.

제36강 납자루 낚시

납자루낚시에 올라온 월척 붕어.

▲ 채집망에 들어온 각시붕어들.

구사하는 대물낚시의 유용한 미끼가 된다. 대체적으로 바닥이 모래자갈로 형성되고 약간의 토사가 고루 있는 곳이 납자루의 주요 서식지가 되며, 이러한 곳이 포인트가 된다. 수심은 1~1.5m 수심대가 유리하다.

● 저수지의 납자루미끼 포인트

납자루미끼 포인트는 일반적인 대물낚시 포인트와 근본적으로는 다를 바가 없다. 즉 새우나 참붕어를 미끼로 한 대물낚시를 할 때와 유사한 포인트에서 하면 된다. 다만 가능하다면 바닥토양이 견고하고 깔끔한 사토질이나 자갈 모래 지역이면 유리하다. 납자루가 이런 곳에서 주로 떼를 지어 서식하기 때문이다.

저수지의 경우는 수로나 강물을 퍼 올려 담수하는 저수지에 납자루가 많이 서식하며, 이러한 저수지의 납자루는 주로 연안 가까이에 접근하여 일생을 보낸다. 저수지에서도 가급적 바닥이 단단하고 깔끔한 장소가 포인트가 되며, 수련, 마름 등의 부엽수초가 분포한 곳이 주요 포인트가 된다. 물론 수초가 없더라도 부분적으로 납자루미끼 낚시가 가능하며, 수심은 대략 1~2m대가 유리하다.

● 납자루 꿰기

납자루미끼를 바늘에 꿸 때는 참붕어를 바늘에 꿸 때와 같이 등지느러미 쪽에서 머리 쪽으로 꿰거나 등지느러미 부분을 옆으로 찔러서 꿴다. 납자루미끼 사용 시 입질은 새우낚시나 참붕어낚시에서의 입질과 다를 바 없다. 명확한 예신과 아주 부드럽고 중후하며 무거운 모습의 본신으로 나타나고, 그 찌올림의 폭이 아주 크다. 따라서 예신 이후에 서서히 찌가 상승하는 것을 보고 기다리다가 찌가 무거워지면서 느릿해질 때 챔질하면 된다.

월척아 나에게 오라! 희망에 찬 채비 투척.

제 37강

메주콩 낚시

경북지방에서 특히 대물 미끼로 각광받는 삶은 메주콩.

붕어낚시에서 사용하는 고형 곡물 미끼로는 메주콩과 옥수수가 있다. 그중 메주콩은 1990년대 중반에 대구경북지역에서 쓰이기 시작하여 2000년대 초에 전국적으로 확산된 미끼이다. 오늘날의 메주콩미끼는 새우, 참붕어, 옥수수와 더불어서 대물낚시 4대 미끼 중 하나다.

1. 메주콩 미끼의 매력

붕어낚시에는 각 지방에 따라 한두 가지 특징 있는 미끼를 사용하는 경우가 있는데 그중 대표적인 것이 호남지방의 참붕어미끼와 경북지방의 메주콩미끼 그리고 경기북부지방의 감자미끼이다. 그중 감자미끼는 점점 사용이 줄어들어 지금은 잉어낚시 미끼로만 일부 활용하고 있을 정도인데 반해, 메주콩미끼는 전국적으로 확산되어 각광받는 대물미끼 역할을 하고 있으며, 새우, 참붕어와 어깨를 겨루는 대물낚시용 미끼가 되었다.
지난 2002년에 경북 경산으로 출조했을 때 경산대자연낚시의 대형 수족관에서 황찬욱 사장이 메주콩을 넣어주자 붕어가 떼로 몰려와서는 그 큰 메주콩을 경쟁적으로 흡입하는 모습에 깜짝 놀랐다. 메주콩은 씨알 변별력이 있어서 마릿수 미끼가 아닌 대물낚시용 미끼로 사용하며, 특히 블루길, 밀어 등 육식성 잡어가 설치는 낚시터에서 생미끼를 사용하기가 곤란할 때 아주 좋은 대체미끼가 된다.
붕어낚시 미끼로 사용하는 메주콩은 메주를 쑤는 콩이라서 메주콩, 색이 노란색이어서 노란 콩, 또는 속살이 희다고 하여 백태(白太)라고도 불린다.

● 메주콩이 잘 듣는 낚시터
메주콩미끼가 잘 듣는 낚시터는 산간이나 내륙지역의 저수지로서 평상시에 곡식이나 풀 씨앗 등 곡물류 먹잇감의 유입이 많은 곳이다. 특히 메주콩 미끼를 자주 사용하는 낚시터는 오히려 새우나 참붕어보다도 더 활발한 입질을 받을 수가 있는데, 이러한 현상은 모두 붕어가 메주콩에 먹이학습이 된 까닭이다.
메주콩 미끼를 사용할 때 포인트는 여타 대물낚시를 할 때와 크게 다르지 않다. 다만 꼭 수초밭이 아닌 곳을 포인트로 선정하더라도 큰 붕어의 입질을 골라서 받을 수

▲ 삶은 상태로 오래 보관해 곰팡이가 핀 메주콩(왼쪽)과 갓 삶은 메주콩. 곰팡이가 피어도 미끼로 쓰는 데는 아무 문제 없다.

있다는 장점이 있으니 수초가 없고 수심이 좀 깊은 곳이라도 포인트로 선정할 수 있다. 또한 바닥이 개흙이거나 수초가 삭아 가라앉아서 까맣게 색이 변해있는 곳에서는 메주콩의 시각효과가 있어서 여타 미끼보다 우수한 효과를 볼 수가 있다.

메주콩 미끼를 사용하는 시기는 늦봄부터 가을까지이고, 겨울철에는 사용이 제한된다. 이는 겨울철의 붕어는 소화흡수가 더딘 고형 미끼를 잘 취하지 않기 때문이다. 메주콩낚시가 가장 잘 되는 시기는 떡밥낚시가 잘 되는 시기와 유사하다.

● 메주콩 미끼 준비와 사용

자작으로 메주콩 미끼를 준비할 때는 크기가 고른 메주콩을 구입해서 물에 하룻밤 불린 후에 물에 뜨는 콩과 상처가 있는 콩을 골라서 버리고 물에 삶는다. 먼저 강한 불로 끓게 한 후에 중간불로 낮춰서 지속시키는데, 엄지와 검지로 콩을 눌러보아서 껍데기만 벗겨지거나 조각이 갈라지는 현상이 없이 지긋이 으깨어질 정도면 적당히 삶아진 것이다. 이렇게 다 삶아지면 마지막으로 껍질이 벗겨진 것 등 손상된 것은 골라서 버리고, 적당한 용기에 담아 휴대해서 사용한다.

초창기에는 흑설탕을 어떻게 가미하면 좋다는 등 제조요령에 대한 이론이 분분했으나 지금은 다 의미 없는 이론이 되어버렸고 대부분 물만 부어 삶아서 쓴다. 초창기에 메주콩 미끼는 상품화가 되지 못해서 출조 때마다 스스로 삶아 사용했으나 지금은 상품화되어 있어서 주로 낚시점에서 구입해서 사용한다.

메주콩은 대물낚시용 미끼지만 알이 녹두처럼 아주 작은 것을 사용하면 작은 붕어들도 쉽게 낚을 수 있다. 또한 이른 봄이나 늦가을에 수온이 낮은 냉수상황에서 입질을 받으려면 작은 콩을 골라 무르게 삶아서 사용하는 것이 입질을 받는 데 유리하다. 다만 붕어의 활성도가 높을 때 씨알 선별을 위한 낚시를 한다면 가급적 굵은 콩을 골라서 사용해야 씨알 선별 효과가 확실해진다.

2. 메주콩낚시 요령

메주콩낚시의 채비는 대물낚시 채비를 그대로 사용하면 된다. 메주콩은 한 알씩 꿰어 쓴다. 초창기에는 이 꿰는 요령에 대해서도 다양한 이론이 있었으나 고민할 필요 없이 바늘에서 쉽게 분리되지 않도록만 꿰면 된다. 즉 메주콩의 눈이 어느 쪽으로 가야 한다는 등의 고민은 하지 않아도 된다는 얘기다. 그러나 바늘 끝은 최소한 미늘 이상 노출시켜서 꿰는 것이 좋다.

메주콩이 잘 먹히는 곳은 사람들이 메주콩낚시를 많이 시도하는 곳이다. 이것은 후천적인 먹이학습에 의해서 메주콩을 먹어 본 붕어가 잘 먹어주기 때문이다. 그래서 메주콩을 많이 쓰는 경북지역에서 유독 잘 먹히며 타 지역에선 효과가 크지 않은 것으로 알려진다. 그러나 자신이 자주 찾는 낚시터에 메주콩을 지속적으로 뿌려주면 메주콩낚시가 잘될 것이다. 또한 주변이나 상류 쪽의 농지에서 곡물류가 흘러드는 곳, 혹은 나무나 풀 열매가 많이 유입되는 곳은 가능성이 있으며, 특히 연밭은 연 씨앗에 길들여진 대물붕어들이 많아 메주콩은 선호하는 먹잇감이 될 수 있다.

메주콩도 곡물류이므로 깔끔한 마사토나 황토 등의 바닥에서 효과가 좋겠으나 더 효과적으로 메주콩미끼를 사용하는 것은 바닥이 시커먼 개흙이거나 삭은 퇴적물이 엷게 깔려있는 포인트에서 다른 미끼가 식별이 안 되어서 입질 받기가 어려울 때 메주콩을 사용하면 붕어에게 식별이 잘 되어 유용한 미끼 역할을 한다.

메주콩은 겨울을 제외한 봄부터 가을까지는 지속적으로 유용하며 그중에서도 특히 산란 후기인 5~6월과 추수철인 9~10월에 잘 먹힌다.

▼ 콩 꿰는 방법. 세로꿰기(왼쪽)와 가로꿰기(오른쪽)가 있는데 어떤 방법으로 꿰든 입질에서 차이는 없다.

▲ 낚시점에서 상품으로 만들어 판매하는 메주콩 미끼(왼쪽). 오른쪽은 대물용으로 선별한 옥수수 미끼다.

● 입질 분석 및 챔질

메주콩낚시의 예신

대물붕어가 입질을 하면 그 모습은 여타 대물낚시용 미끼와 크게 다르지 않다. 다만 잔챙이나 잡어가 덤벼서 건드리는데도 새우나 참붕어를 쓸 경우처럼 툭툭 치는 모습으로 보이지 않고, 마치 큰 붕어가 예신을 여러 차례 하는 모습처럼 약간 둔한 모습으로 살짝살짝 찌 끝이 움직여서 긴장되게 한다. 그러나 이런 경우는 무시하고 차분히 기다리면 대물붕어의 정확한 예신은 슬그머니 밀어 올리다 살짝 멈추는 모습으로 나타나 준다.

메주콩낚시의 본신

예신에 이은 본신은 대부분 연결동작처럼 솟아오른다. 메주콩낚시를 즐겨하는 사람들은 대부분 찌 올림이 다른 어떤 미끼보다도 높고 화려하다고 표현한다. 실제로 메주콩미끼를 사용하면 다른 미끼에 비해서 찌놀림이 깔끔하고 차분한 것이 특징이다.

메주콩낚시의 챔질

메주콩낚시에서의 챔질은 다른 어떤 미끼 낚시보다도 차분하게 해야 한다. 이것은 찌 올림 높이에 관련된 얘기가 아니라 찌의 움직임에 관련된 얘기다. 즉 절반만 올리더라도 찌의 움직임을 차분히 관찰하고 준비했다가 멈추는 순간을 기다려서 챔질을 해야 한다는 뜻이다. 붕어가 메주콩을 먹을 때는 인후치를 이용하여 분쇄 후 식도로 흘려보내는 동작을 다른 생미끼 때보다 더디게 하기 때문에 입질진행시간이 길어서 더 차분하게 챔질해야 한다. 만약 아직 인후치까지 가져가지 못하고 입에 물고만 있을 때 찌가 어느 정도 올라왔다고 하여 챔질하면 표면이 미끄러운 콩과 바늘이 함께 미끄러져 나와서 헛챔질이 될 수도 있다.

비상을 위한 물새들의 도약.

제38강 옥수수미끼 낚시

옥수수는 고대의 낚시관련 시조 등 문헌에도 나올 만큼 예부터 사용해온 미끼다.
카자흐스탄에선 옥수수 미끼로 산천어를 낚고, 중국 베이징에서는 송어, 붕어, 잉어, 초어 낚시에 옥수수미끼를 사용한다고 한다.
그러나 옥수수가 붕어낚시 미끼로 많이 쓰이기 시작한 것은 최근인 2000년대부터인데, 그 이유는 블루길, 배스 등 외래어종의 급속한 번성에 따라 지렁이, 새우, 떡밥 등 기존의 미끼로는 낚시가 곤란하게 되면서 외래어종을 피할 수 있는 대체미끼로서 옥수수가 널리 사용되고 있는 것이다.
특히 옥수수는 일반 낚시점이나 슈퍼마켓에서 쉽게 구하여 다양하게 사용할 수 있는 미끼다.

▼ 통조림에 든 옥수수.

1. 옥수수미끼의 재조명

요즈음의 옥수수는 거의 전천후 미끼가 되었다. 고형미끼 중에서 메주콩이 주로 대물낚시용 미끼로만 활용되는 데 반해 옥수수미끼는 마릿수부터 대물낚시까지 다 활용되며, 낚시기법상으로도

바닥낚시부터 내림낚시까지 고루 사용된다. 특히 지렁이나 떡밥을 미끼로 한 낚시에서 잡어들이 설칠 때 옥수수는 좋은 대체미끼가 된다.
옥수수미끼는 여러 알을 한 바늘에 꿰어 쓰면 대물 미끼가 되고, 작은 바늘에 한 알을 꿰어 쓰면 마릿수 미끼가 되며, 특히 전내림낚시(옥내림)의 미끼로 가장 많이 쓰이는 미끼이다.

▲ 옥수수를 밑밥으로 뿌려주는 모습. 그러나 과한 밑밥 사용은 입질을 약하게 만들므로 소량만 뿌려주는 게 좋다.

● **옥수수미끼 낚시터와 포인트**

옥수수미끼는 낚시터에 크게 구애받지 않는다. 필자는 제주도 우도에서부터 강원도 통일전망대까지 전국 붕어낚시 여행을 두 차례나 하면서 가는 곳마다 다양한 미끼를 사용한 낚시를 경험했다. 그런데 우리나라 어느 지역을 가든 지렁이, 떡밥과 더불어 공통적으로 통하는 미끼가 바로 옥수수였다. 그러나 낚시터별로 붕어의 선호도에 차이는 있었으니, 떡밥낚시가 잘 되는 낚시터는 거의 대부분 옥수수미끼가 잘 듣는데, 지렁이낚시만 잘 되는 곳에서는 옥수수미끼가 잘 먹히지 않았다.
옥수수미끼는 수초낚시에도 잘 먹히고, 수초와 무관한 마릿수낚시에도 효과적이다.

▲ 뚜껑을 개봉한 옥수수캔.
▲▲ 캔옥수수와 품질용 주걱.

또한 수심이 깊고 얕은 차이도 구별하지 않는다. 바닥토양이 개흙이거나 삭은 수초 찌꺼기가 가라앉아서 지저분할 때는 옥수수미끼의 효과가 더 커진다. 그래서 수면을 덮었던 마름이나 침수수초 더미가 다 삭아 가라앉은 후의 낚시터에서 옥수수미끼가 위력을 발휘한다. 옥수수미끼는 사계절 유용한 미끼이다. 다만 한겨울 극심한 냉수상태가 되면 떡밥이나 옥수수보다 지렁이를 우선적으로 취하는 현상이 있다. 그러나 살얼음이 얼어있는 상태에서도 옥수수미끼 낚시가 잘 되는 낚시터도 있으니 적극적으로 활용해 보는 것이 좋다.

● 옥수수미끼의 편의성

옥수수미끼는 슈퍼마켓이나 낚시점에서 캔옥수수나 팩옥수수를 구입하여 사용한다. 캔옥수수 제품은 알이 자잘하고 부드러우며, 팩옥수수 제품은 알이 크고 단단한 편이다. 또한 캔옥수수 제품이라도 생산회사에 따라서 내용물의 크기와 무르기에 약간의 차이가 있으니 스스로 취향에 맞춰서 구입하면 된다.

한편 낚시점에서 병에 담아 판매하는 옥수수는 대부분 대물낚시용 미끼로 마련했기 때문에 비교적 알이 굵은 편이다. 따라서 아주 작은 바늘을 사용하는 예민한 내림낚시용으로는 적합하지가 않다.

옥수수는 어느 미끼보다도 준비하기 용이하고 사용 또한 간편하다. 여타 미끼는 낚시터에 도착하여 채집을 해야 하거나 출조 시에 낚시점에서 사가야 하지만 옥수수미끼는 낚시점이 아니더라도 지나가다 슈퍼마켓에서 쉽게 구입할 수 있다. 가격도 1000원 남짓한 가격으로 한 통을 구입하면 1회 출조를 감당할 수 있으니 저렴하고, 떡밥처럼 사용 간에 따로 배합 반죽할 필요도 없이 그냥 통에 들어있는 채로 놓고 낚싯대 배치와 동시에 바늘에 꿰어서 사용하면 된다. 또한 투척 간에 떨어져 나갈 염려도 적어서 지렁이를 만지기 꺼려하는 여자나 어린이, 떡밥낚시에 서툰 초심자도 아주 편리하고 쉽게 사용할 수 있는 미끼다.

그리고 옥수수는 마릿수낚시와 대물낚시를 자유롭게 구사할 수 있는 미끼다. 두바늘채비로 떡밥콩알낚시를 하다가 잡어가 덤비거나 잔챙이가 성화를 부려서 씨알을 좀 굵게 낚고자 한다면 그 바늘 그대로 옥수수미끼를 사용하면 잡어 회피 및 씨알 선별에 효과 있고, 지렁이 미끼를 사용하다가 육식어종이 덤벼들 때 옥수수미끼로 전환하면 그것을 회피할 수가 있다.

옥수수미끼는 한 바늘에 꿰는 옥수수 알갱이 숫자로 씨알 선별력을 결정할 수 있다. 그리고 캔옥수수는 물에 들어가면 시간이 지날수록 오히려 더 딱딱해지는 현상이 있으므로 찌에 특별한 반응이 없는 한 그대로 두고 장시간을 기다리는 낚시가 가능하다. 다만 아주 민감한 내림기법의 낚시(전내림)을 할 때는 딱딱해진 옥수수를 부드러운 것으로 자주 갈아주면서 낚시하는 것이 좋다.

2. 옥수수미끼 낚시요령

옥수수미끼를 쓸 때는 별도의 채비 변환 없이 평소의 낚시채비를 그대로 사용하면 된다. 즉 한 알갱이씩 달아서 마릿수낚시를 한다면 떡밥콩알낚시채비를 그대로 사용하면 되고, 두세 알씩 달아서 대물낚시를 한다면 평소의 대물낚시 채비를 그대로 사용한다. 다만 대물낚시를 하더라도 서리가 내린 이후의 저수온대에서 낚시할 때는 옥수수를 한 알만 꿰어서 쉽게 흡입하도록 하는 낚시를 구사할 때가

◀ 수족관의 붕어들에게 옥수수를 주면 처음엔 경계하다가도 이내 바닥에 떨어진 옥수수를 주워 먹는 모습을 볼 수 있다.

▲ 잘게 으깬 옥수수. 밑밥용으로 뿌려줄 옥수수는 냉동보관했다가 녹여서 이렇게 으깬 상태로 뿌려주면 좋다.

있는데, 이때에는 8호 이하의 작은 바늘로 바꾸어주고, 목줄도 모노필라멘트 2호 이하의 가는 줄로 하며, 목줄 길이를 평소보다 긴 10~20cm 정도로 변환을 하여 저수온기 대물붕어의 눈높이에 맞추어 주는 것이 유리하다. 옥수수를 꿸 때는 형태가 또렷한 알갱이를 골라서 중간쯤을 바늘 끝으로 찔러 꿰면 된다. 이때 어느 방향으로 꿰느냐 하는 것은 크게 고려할 필요가 없다. 즉 씨눈 방향이 어느 쪽으로 향하든 무관하니 밤중에 옥수수를 꿰면서 씨눈 방향 찾느라 불을 켜서 확인할 필요가 없다는 것이다.

● 옥수수 미끼가 잘 먹히는 낚시터

옥수수는 메주콩과 달리 지역적으로 효과가 차별되는 경우가 없이 두루 잘 먹힌다. 다만 낚시터 특성상 특이하게 옥수수미끼에 반응하지 않는 수로나 강, 그리고 몇몇 저수지가 있다.

옥수수낚시 포인트는 바닥토양이나 수심, 수초 분포 등에 상관없이 다 적용된다. 그만큼 폭이 넓은 것이다. 그러나 굳이 선호도가 높은 순위로 보자면 열매나 곡물류 알갱이가 많이 유입되는 저수지 중에서 바닥토양이 단단한 곳이 유리하고, 특히 마름 등 수생식물의 열매가 있는 포인트가 유리하다. 가을철이 되어 마름이나 말풀이 삭아서 떠밀려 가라앉은 포인트는 옥수수가 가장 유리한 미끼가 된다.

옥수수미끼는 사계절 구분 없이 사용하며, 고수온기의 무더운 여름에도 유용하고, 연안에 살얼음이 어는 겨울철 물낚시에도 유용하지만 가장 탁월한 시기를 꼽으라면 가을철이다. 가을철은 각종 풀 씨앗이나 곡물의 알갱이들이 유입되는 계절이라 대물붕어들도 고형 곡물류 먹잇감에 길들여진 계절이기 때문이다.

● **입질 분석 및 챔질**

옥수수미끼의 예신

옥수수미끼의 예신은 아주 정직하게 나타난다. 미끼 자체가 머리와 꼬리가 있는 긴 모습의 생물이거나 부스러지면서 풀어지는 떡밥과는 달리 뚜렷한 모습의 알갱이이기 때문에 흡입동작 자체가 깔끔하며, 그 동작이 찌 끝에 깔끔하게 전달되는 것이다. 만약 옥수수에 찌 끝이 깔짝거리는 예신이 나타난다면 그것은 붕어가 아닌 수서곤충이나 왕우렁이, 큰 새우, 징거미 등의 소행이라고 보고 그냥 놔두어야 한다. 옥수수미끼는 잡어들이 쉽게 훼손하지 못하기 때문에 그런 상황이 한동안 있다가도 확실한 붕어 입질이 들어올 경우가 많다.

옥수수미끼의 본신

옥수수미끼의 본신은 다른 미끼와 다르지 않다. 오히려 생미끼보다 더 깔끔한 모습을 보인다. 다만 큰 징거미나 물방개 혹은 민물참게가 서식하는 포인트에서는 헛입질이 많이 들어오므로 유념해야 한다. 옥수수 미끼의 챔질 또한 별다를 게 없다. 당일 붕어의 컨디션에 의한 입질현상에 따라서 찌 끝에 나타나는 움직임을 읽어내서 챔질하면 된다.

전내림낚시

1. 왜 옥내림이 아니라 전내림인가?

2010년을 전후한 시기에 기존의 내림채비에 옥수수를 미끼로 사용하는 노지형 내림낚시의 새로운 기법이 등장하여 붐을 일으켰다. 그리고 이 기법은 옥수수내림낚시(옥내림), 옥수수슬로프낚시, 물찌낚시, 놀림낚시 등의 다양한 이름으로 불렸다. 처음에는 옥수수만 미끼로 사용하였으나 점차 여러 사람의 실험낚시를 통해 옥수수 외에도 새우, 참붕어, 메주콩, 지렁이, 떡밥 등 다양한 미끼로 이 낚시를 할 수 있다는 사실이 밝혀졌고, 그에 따라서 그에 맞는 적절한 용어 선택을 고민하다가 '전체 미끼를 사용하는 내림낚시'라는 의미로 필자가 '전내림낚시'라 명명해본 것이다. 이는 지렁이나 새우 등 다른 미끼를 사용해서 낚은 붕어를 들고도 "옥내림으로 낚았다"고 하는 등의 모순을 없애고 후세에 전해줄 낚시용어를 통일하여 정리하자는 의미이다.

이 전내림낚시 기법을 필자가 처음 접한 것은 지난 2002년 당시 필자와 같은 소속사의 낚시프로팀에 있던 울산의 김만욱 조사(낚시춘추 객원기자)가 '내림채비를 이용한 노지 대물낚시(당시는 메주콩 미끼를 이용)'에 대한 토의를 한 것이라 하겠는데, 정리된 이론화를 하지 못하고 접어두었다. 이후 2009년 봄에 옥수수내림낚시용 물찌(표면 도색에 수용성 도포로 마감 처리한 찌)를 제작하여 유통하는 동호인을 대구에서 만나 옥수수내림낚시에 대한 설명을 들었다. 그 동호인은 필자에게 물찌에 대한 홍보 참여를 권유했으나 당시 필자가 물찌에 대한 경험과 지식이 없는 상황이었으므로 결정을 보류하고 헤어졌다. 그 후 2009년 후반부터 2010년 사이에 물찌를 이용한 옥수수내림낚시가 낚시언론을 타고 대유행을 하면서 낚시잡지사로부터 물찌와 옥내림에 대한 견해를 써달라는 요청도 받았으나 필자는 그에 대한 이론적 토대가 없어서 일체의 의견을 드러내지 않고 후배 프로조사와 함께 1년여에 걸쳐서 다양한 연구를 해보았다. 그 내용은 물찌 외의 다양한 찌 사용, 원줄과 목줄 등 채비 전반의 비교실험, 여러 가지 미끼 적용 등이었다.

그 결과 미끼 활용의 다양성과 채비 및 기법의 다양성이 종합 정리되어 2010년 10월에 이 기법에 대해 필자가 정리한 동영상을 개인 블로그를 통해 인터넷에 올렸고, 그것을 다시 정리하여 2010년 12월에 '전미내림낚시'라는 명칭을 붙여서 인터넷에 올렸다. 그 후 2011년 2월 필자의 두 번째 저서인 〈송귀섭의 붕어 대물낚시〉를 간행하면서 '전미낚시'로 용어를 재선정하여 글을 수록했다. 그러나 용어가 생소하고 그 의미를 새기는 데 난해하다는 의견이 있어서 적절한 용어를 찾다가 '중층낚시+내림낚시=전층낚시'화가 된 것처럼 내림낚시의 다양한 채비에 모든 미끼 사용을 다 포함하는 포괄적 의미를 고려하여 '전내림낚시'로 재명명하기로 하였다.

▼ 수초대 외곽의 맨바닥에서 전내림낚시를 구사하는 낚시인.

2. 전내림 채비와 찌맞춤

낚싯대 : 허리휨새와 탄성이 좋은 중경질이나 연질대를 사용한다. 편안한 포인트에서 연약한 채비를 사용하면서도 대물과 대결해야 할 경우가 많으므로 챔질과정이나 제압과정에서 무리하게 순간 힘이 전달되는 충격을 방지하고, 낚시의 맛을 극대화하기 위해서다.

찌 : 5g 이하의 저부력 찌로써 막대형이나 긴 유선형의 몸통을 가진 찌 중에서 30~40cm 길이의 찌를 채비한다. 보통 내림낚시에서는 3g 이하의 초저부력 찌를 선호하나 전내림낚시 실험 결과 5g까지는 사용 가능하다.

원줄 : 원줄은 2호 원줄을 주로 사용한다. 보통의 내림낚시에서는 1호 원줄을 주로 사용하나 전내림낚시에서 실험 결과로는 3호 원줄도 사용가능하다.

▼ 전내림 채비에 옥수수를 미끼로 단 옥내림낚시.

원줄의 길이는 채비운용이 용이하도록 낚싯대 칸 수에 따라서 대 길이보다 30~50cm 정도 짧게 채비한다.

목줄 : 목줄은 1~1.5호 모노필라멘트 줄을 사용한다. 목줄도 보통의 내림낚시에서는 0.4~1호 목줄을 주로 사용하나 전내림낚시에서는 1.5호 목줄도 사용 가능하다.

목줄의 길이는 20~40cm로 길이를 조절해가면서 활용할 수 있도록 다양하게 준비를 하여, 평균적으로는 짧은 목줄 25cm, 긴 목줄 30cm 정도로 채비하여 사용한다.

바늘 : 바늘은 5~7호 바늘을 채비한다. 바늘이 크면 흡입과정에서 지장을 초래할 수가 있으므로 가급적이면 작은 바늘을 채비한다.

기타 소품 : 찌멈춤고무, 유동찌고무, O형 고무링, 소형 연결도래, 홀더 등.

● 전내림 찌맞춤

전내림 찌맞춤은 위로부터 내리면서 맞춰가는 방법과 아래로부터 올리면서
맞춰가는 방법이 있는데, 그 결과는 대동소이하다.
먼저 수조에서 대략적인 찌맞춤만을 한 후 현장에 가서 정밀한 찌맞춤을 한다.
수조에서 대략적인 찌맞춤을 할 때는 모든 채비를 다하여 수조에 넣고 찌톱이
수면과 수평상태가 되도록 맞춘다.(표준 찌맞춤 수준) 이러한 맞춤은 현장에 가서는
무거운 상태가 되며, 그럼에도 이렇게 대략적인 수조찌맞춤을 하는 이유는 미리
적당한 봉돌을 준비하여 현장에서의 찌맞춤을 위한 시간과 노력을 줄이기 위함이다.
현장찌맞춤은 시간이 걸리더라도 순서에 입각하여 정밀하게 해야만 정상적인
채비정렬을 할 수가 있다. 전내림의 낚시성패는 이 현장찌맞춤에서 결정된다고 해도
과언이 아니다. 수온이나 물의 농도, 수심 등 여건변화에 따라서도 미세한 부력
차이가 발생하므로 새로이 대 편성을 할 때는 그때마다 찌맞춤을 확인하여
조절한다.

1단계 : 기본맞춤(봉돌 선택과 가감하기)

사전에 수조에서 1차 찌맞춤을 한 상황이라면 적당한 봉돌채비가 되어있는 상황일
것이다. 그러나 현장에 와서야 비로소 찌맞춤을 시작하는 경우라면 찌가 가지고
있는 부력보다 약간 무거워서 서서히 잠길 정도의 봉돌을 선택하여 찌맞춤을
시작한다. 이때 무게 조절이 가능한 봉돌을 사용하면 편리하다.

2단계 : 수심 측정(당일 포인트의 수심을 측정하여 표시)

이 2단계는 당일 낚시할 포인트의 공략수심을 측정하는 단계이다. 수조에서
표준찌맞춤 상태를 해왔거나 현장에 도착해서 위 1단계의 봉돌 조절이 된 상태에서
찌를 수면에 투척하면 찌가 서서히 물에 잠겨들게 된다. 이 상태에서 찌를 여러 차례
투척하면서 수심을 측정하여 봉돌이 바닥에 닿고 찌톱 3마디가 수면에 노출되어
정지할 때까지 찌멈춤고무를 위 아래로 조절해 가면서 맞춘다.
이때 찌톱 3마디가 노출 상태로 자리 잡고 안정되게 서면 그 상태가 그 자리의
측정된 수심으로 이는 봉돌이 바닥에 닿고 찌톱이 3마디 노출된 상태의 수심이다.
이때 원줄의 찌 상단 쪽 찌멈춤고무 2개를 합하여 수심이 측정된 그 자리에
고정시킨다.

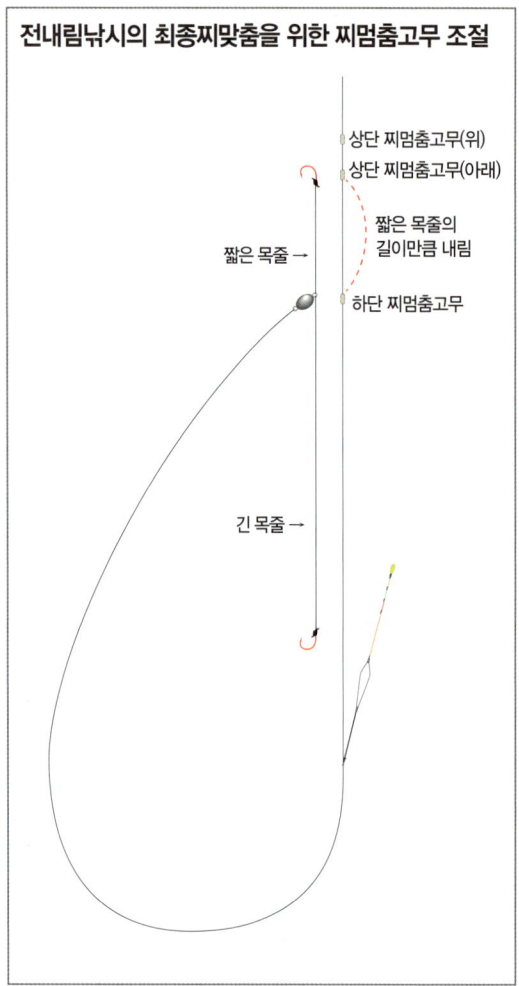

전내림낚시의 최종찌맞춤을 위한 찌멈춤고무 조절

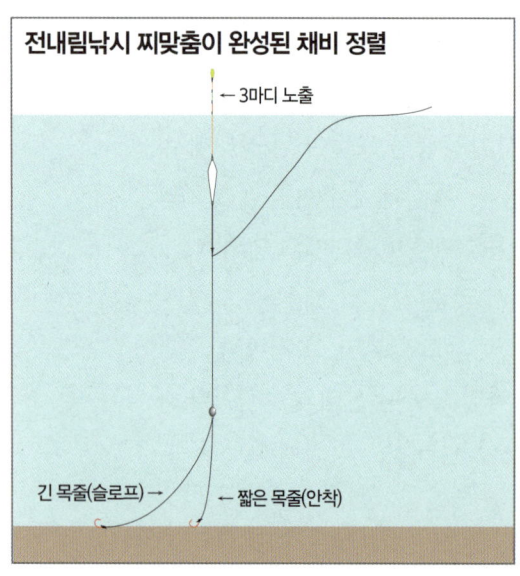

전내림낚시 찌맞춤이 완성된 채비 정렬

3단계 : 찌맞춤 완성(목줄 정렬 상태 결정)

위 2단계에서 봉돌이 바닥에 닿고 찌톱이 3마디 노출상태가 되도록 수심을 맞춘 상태에서 짧은 목줄만큼 봉돌을 바닥으로부터 띄워서 정밀하게 맞추는 찌맞춤 완성단계이다.

이때는 2단계의 수심측정이 끝나고 고정시켜둔 상단 찌멈춤고무 2개 중에 위 수심측정용 찌멈춤고무는 그대로 두고 아래 찌멈춤고무를 짧은 목줄 길이만큼 내린다.(그림과 같이 짧은 목줄의 바늘을 위 찌멈춤고무 위치에 원줄과 함께 잡고-아래 찌멈춤고무를 짧은 목줄 길이만큼 내려서-봉돌 위치에 길이를 맞추면 된다.)

이렇게 조절한 현재 단계에서는 수심측정을 한 찌멈춤고무를 목줄 길이만큼 아래로 내렸으므로 그대로 물에 다시 투척하면 찌가 그만큼 물속으로 잠기게 된다. 따라서 이제부터는 봉돌을 덜어내가며 띄워서 찌톱 3마디가 노출된 2단계의 수심측정 시와 같은 상태로 회복하여 채비정렬이 되도록 맞추는 순서다.(이때부터는 두 바늘에 각각 찌맞춤고무나 당일 사용할 미끼를 달고 정밀한 맞춤을 한다.)

이때에는 앞서 조절이 된 상하의 찌멈춤고무는 일체 손을 대지 않고 봉돌만 조금씩 가볍게 조절하여 찌를 조금씩 떠오르게 해야 한다. 최초에는 잠겼던 찌가 봉돌조각을 덜어내는 정도에 따라 조금씩 떠오르기 시작하여 다시 3마디에 도달하여 안정되게 자리를 잡고 서면 기본맞춤이 다 된 것이다.(이 과정에서 처음에는 봉돌 가감에 시행착오를 많이 거칠 것이나 숙달되면 간단하게 할 수 있다.)
이렇게 정밀맞춤이 다 된 상황의 채비정렬상태는 봉돌이 짧은 목줄 길이만큼 떠있고, 긴 목줄의 바늘은 슬로프상태로 되며, 짧은 목줄의 바늘은 바닥에 살짝 닿아있는 채비정렬 상태가 된다. 이제부터는 대류의 발생, 밤낚시를 위한 케미 부착 등의 변화가 없는 한 그 상태로 낚시를 하면 된다.

4단계 : 낚시 중 조절(낚시 도중 상황에 따라 목줄 슬로프상태 조절)
이 단계는 실제로 낚시를 하면서 필요에 따라 찌맞춤을 조절하는 단계이다. 우선 낮낚시에서 밤낚시로 전환하기 위하여 케미를 부착할 때는 케미 무게만큼 찌가 내려가게 되므로 위의 3단계에서 봉돌을 조절하여 찌가 제 위치를 찾도록 한 것과 같이 봉돌을 케미 무게 영향만큼 가볍게 조절해야 한다.
또 만약에 물의 흐름이 있거나 바람 혹은 물의 대류에 의해서 찌가 흐를 때는 그 정도에 따라서 바닥에 더 슬로프가 져서 안정이 되도록 봉돌의 무게를 추가하고, 그로 인하여 찌가 내려가는 만큼 아래 찌멈춤고무를 올려서 다시 3마디가 노출되도록 찌 높이를 조절한다. 이렇게 조절하여 완성된 채비정렬상태는 아래바늘 목줄이 바닥에 거의 깔린 긴 슬로프 현상이 되고, 윗바늘의 목줄 또한 슬로프 상태가 되어 흐름을 어느 정도 지탱하게 된다. 다만 흐름이 미세할 경우에는 아래 찌멈춤고무를 한두 마디 정도 올려서 슬로프가 약간 더 지도록 하여 그대로 사용해도 극복이 가능하다.
만약에 낚시 간에 물의 흐름이나 대류가 심해져서 내림낚시가 어려울 정도가 되면 봉돌을 더 무겁게 조절하여 봉돌이 바닥에 닿도록 하고, 목줄 길이를 15~20cm로 조절하면 찌 올림낚시로 전환하여 흐름을 극복할 수도 있다.

| 토막상식

부력조절용 찌 사용하면 찌맞춤 편리

근래 친환경봉돌에 결합하여 많이 사용되는 부력조절용 찌를 사용하면 전내림낚시가 한결 간편해진다. 우선 찌맞춤 시에 위의 3단계 찌맞춤 완성을 할 때는 봉돌을 가감하는 것이 아니라 찌 자체의 부력조절 기능을 이용하여 필요한 만큼의 부력을 미세 조절함으로써 손쉽게 맞출 수가 있기 때문이다. 그리고 낚시 간에 케미 사용 등의 변화에 대한 조절도 찌 자체의 부력조절기능을 이용해서 그때그때 쉽게 조절하여 사용할 수 있어서 좋다.

3. 전내림낚시 포인트

전내림낚시를 위한 낚시터는 광범위하다. 필자가 2003~2004년과 2009~2010년에 각각 한 차례씩 전국을 시군 단위까지 빼놓지 않고 일주낚시여행을 하고, 2011~2012년에는 전국의 섬까지 일일이 순회하면서 낚시해본 바에 의하면 옥수수, 떡밥, 지렁이, 새우 등을 이용한 전내림낚시가 안 되는 지역이 없었다. 다만 전내림의 특성상 수초 등의 장애물에 대한 불편함이 없이 편안한 낚시를 구사할 수 있는 포인트가 좋고, 찌맛과 손맛을 극대화할 수 있는 수심이 어느 정도 보장되는 자리를 선정하는 것이 좋다.

● 수심

수심은 2m 전후한 수심대가 좋다. 수심이 1m 이내로 얕으면 낚시의 맛도 덜할 뿐더러 가는 원줄과 목줄이 자주 찌와 엉키게 되어 불편해진다. 특히 수심이 깊은 계곡지나 댐, 혹은 제방권의 2m 수심대는 대물붕어들이 많이 활동하는 수심대이므로 포인트 선정 시에 유념해야 할 포인트다. 그러나 한여름 고수온대일 때나 동절기의 저수온대일 때는 3m 이상의 수심대가 유리하다.

● 바닥상태

바닥토양은 단단하고 깔끔한 포인트가 좋다. 만약 바닥에 침수수초가 있거나 침전물이 널려있게 되면 바늘채비가 적절하게 자리를 잡는 데 지장을 초래하기 때문이다. 특히 바닥상태를 확인할 때는 그 바닥에 주로 서식하는 수중생물을 관찰해서 미끼 사용에 적용하면 좋다. 예를 들면 새우가 많이 보이면 새내림으로 하고, 참붕어가 유독 많이 보이면 참내림으로 하며, 물벼룩 등의 미세생물만 많이 보이면 옥내림으로 하는 것이 유리하다.

● 수초

수초가 있는 포인트에서는 넓은 수초공간이나 수초의 언저리 쪽에 찌를 세워 공략할 수 있는가를 미리 판단해야 한다. 전내림채비는 연약한 채비라서 수초를 극복하면서 낚시를 구사하기가 어렵기 때문이다. 그러나 스스로의 테크닉으로 극복할 수만 있다면 수초를 가까이 하는 것은 유리하다. 특히 눈에 보이지 않는 바닥의 침수수초는 낚시에 불편함을 많이 주므로 채비가 잘 자리 잡을 수 있는 공간을 확인하여 포인트로 삼아야 한다.

4. 전내림의 입질과 챔질

전내림낚시는 붕어가 처음 먹이를 취하는 순간부터 입에 물고 안전지대로 이동하면서 2차 흡입으로 입 안으로 먹이를 운반해 가는 과정까지를 다 찌 모습으로 보면서 분석한다.

▲ 전내림 낚시로 낚은 붕어 씨알을 자랑하는 영천 신라피싱숍 대표 하상도씨.

● 예신
전내림에서 예신은 아주 차분한 모습으로 찌 끝이 움직이는데, 입질이 활발한 경우에는 찌를 끝까지 밀어 올리기도 하나 보통은 약간 밀고 올라오다 멈추는 모습으로 나타나고, 미약한 입질을 할 때는 찌 끝이 살짝살짝 미동하는 모습으로 나타난다. 이러한 예신은 한 차례로 끝나는 것이 아니고 2~3회 혹은 그보다 여러 차례 반복하기도 하며, 지속 시간도 단숨으로 끝나는 경우보다는 상당한 시간을 두고 반복하는 경우가 많다. 따라서 이러한 예신이 들어오면 너무 긴장하지 말고 차분하게 다른 찌까지 시야에 두고 관찰을 한다.

● 본신
전내림에서 본신은 아주 차분하게 끝까지 밀어 올린 예신상태에서 천천히 끌고 들어가는 경우와, 두세 마디 올리다 잠시 멈춘 후 스르륵 끌고 들어가는 경우, 그리고 그 자리에서 슬그머니 잠겨드는 경우가 있다.
챔질시기는 찌가 수면 아래로 잠겨들 때가 정확한 타임이다. 찌를 끝까지 높이 올렸다 내려가는 예신의 경우에는 찌가 수면에 도달하는 순간을 챔질시기로 하고, 찌를 중간만 올렸다가 내려갈 때는 찌가 수면에서 잠겨드는 순간을 챔질시기로 하며, 찌를 올리지 않고 끌고 들어갈 때는 찌가 물속으로 잠겨서 사라져가는 순간을 챔질타임으로 한다.

한편 목줄을 20cm 이내로 약간 짧게 하고 찌맞춤을 달리하여 봉돌이 바닥에 닿게 하면 올리는 입질에 챔질타임을 맞출 수도 있는데, 이는 전내림의 응용법이다.

챔질을 할 때는 강한 챔질은 피하고 가벼운 손목챔질을 해야 한다. 원줄이 어느 정도 완충역할을 해준다고는 하나 목줄이 1호 정도라면 월척급 이상의 대물붕어와 챔질 순간 부딪히는 충격은 자칫 목줄에 무리가 될 수 있으며, 오히려 수중의 대물붕어를 크게 자극하여 돌발적인 힘을 쓰게 만드는 것이다. 특히 전내림에서는 대부분 바늘이 목구멍 깊숙이 들어가 있는 상태이므로 손목챔질로 살짝 낚아채는 동작만 하여도 바늘이 입안 깊은 곳에 박힌다. 따라서 챔질을 강하게 할 필요도 없지만 바늘이 작다고 걱정할 필요도 없다.

● 제압 및 유도

챔질 후에 제압하는 과정에서는 강제적인 힘 대결을 피한다. 낚싯대도 경질이 아닌데다가 원줄과 목줄 등 채비가 연약하기 때문이다. 미리부터 수초나 장애물을 피해서 낚시준비를 했기 때문에 인접 낚싯대를 감지만 않는다면 문제될 것이 없으므로 여유를 가지고 제압해도 된다.

그리고 초기제압이 되어 붕어를 가지고 놀 수가 있다고 판단되면 그때부터의 유도과정에서는 최대한 손맛을 즐기면서 붕어가 스스로 항복하기를 기다려야 한다. 붕어가 스스로 항복하지 않는 상황에서 조급하게 들어내려고 하다가는 마지막 튀는 붕어 행동을 감당하지 못하고 떨어뜨리는 일을 당할 수가 있다. 만약 발 앞에 연안 장애물이 있거나 앉은 자리가 높은 자리라면 안전지대로 유도하여 들어내야 하며, 이에 대비해서 전내림 낚시를 구사할 때는 미리 뜰채를 준비해 두는 것이 좋다.

5. 전내림낚시의 6대 분야

전내림낚시는 사용하는 미끼에 따라서 6가지로 구분한다. 그러나 장비, 채비, 찌맞춤법은 동일하다.

● **옥내림(옥수수내림낚시)**

평소에 옥수수낚시가 잘 되는 곳이면 모두 옥내림 낚시터라 할 수 있다. 필자의 경험으로는 우리나라 저수지는 대부분 옥내림에 붕어가 낚였고, 특히 풀씨 등이 유입되는 계곡형 소류지나 마름이나 연이 발달한 평지지에서 옥내림낚시가 잘 되었다. 바닥이 마사토나 황토인 포인트나 마름이 삭아서 가라앉은 포인트가 유리하다. 바닥이 개흙(뻘)이라도 단단한 땅이라면 옥내림이 된다.

옥내림에서 사용하는 옥수수는 대물낚시용으로 사용하는 큰 옥수수 알갱이보다 캔옥수수의 작은 알갱이가 알맞다. 특히 냉수대에서 수심 깊은 포인트를 공략할 때는 그중에서도 더 작은 알갱이를 골라서 사용하는 것이 유리하다. 그리고 잔챙이 입질이 활발하여 씨알 선별이 어려울 때는 옥수수 알갱이를 크고 또렷한 것으로 하면 씨알의 변별력을 줄 수 있다. 옥수수는 한 알만 꿰며 꿰는 방법이 따로 있는 것이 아니니 본인이 손쉬운 방법대로 빠지지 않게만 꿰면 된다.

● **새내림(새우내림낚시)**

일반적으로 새우대물낚시는 잘 되는 곳과 안 되는 곳의 차이가 심하다. 그러나 새내림 기법을 쓰면 새우낚시가 잘 안 되는 곳에서도 새우로 붕어를 낚을 수 있다. 작은 새우를 골라서 쓰거나 새우 껍질을 까서 사용하면 해결되기 때문이다. 따라서 새내림의 주요낚시터는 거의 모든 낚시터를 망라한다. 특히 동절기 밤낚시에 위력을 발휘한다. 단 블루길이 번성한 장소나 살치 등의 잡어가 번성한 장소에서의 새내림 낚시는 어려움이 따른다. 새내림의 주요 포인트는 옥내림 때와는 달리 가급적이면 수초가 가까이 있거나 수초의 넓은 공간에서 하는 것이 유리하다.

▼ 전내림 낚시에서 쓰이는 미끼. 옥수수를 달면 옥내림, 새우를 달면 새내림, 참붕어를 달면 참내림이라 부른다.

전내림에는 가급적 작은 새우를 골라서 쓴다. 가장 가볍게 취할 수 있도록 붕어를 배려하는 것이다. 그러다가 만약 예신 감각은 있는데 본신으로 이어지지 않으면 새우의 속살만 옥수수 알갱이 크기로 달아서 사용하면 멋진 입질을 유도할 수가 있다. 필자의 경우 새내림을 할 때는 아예 처음부터

제39강 전내림낚시 **417**

새우의 속살 위주로 사용한다. 그렇게 하다 보면 오히려 옥내림이나 지내림보다도 정확하고 빠른 입질을 볼 때가 많다.

그렇다면 씨알 선별은 포기한 것인가? 그렇지 않다. 잔챙이 입질이 활발한 포인트라면 당연히 씨알 선별이 어렵겠으나 붕어 개체수가 많지 않은 곳에서는 새우 속살 미끼로도 월척급 이상 붕어의 입질을 받는다. 만약 잔챙이가 활발한 곳이라는 판단이 서면 곧바로 중간 이상의 통새우로 교체하여 기다리는 낚시를 하면 씨알 선별이 된다.

● 지내림(지렁이 내림낚시)

지내림은 배스나 블루길, 피라미 등이 설치지 않는 한 강이나 댐, 저수지나 수로 등 어느 장소에서나 다 유효하며, 4계절 다 잘된다. 특히 겨울낚시에서 활성도가 떨어진 붕어를 상대할 때는 가장 효과적인 낚시로 대두된다. 다만 잔챙이 붕어가 활발한 장소에서는 지내림보다 옥내림이 유리하다. 특히 동자개, 얼룩동사리, 망둥어 등의 잡어들이 덤비는 포인트에서는 바로 옥내림으로 바꿔서 낚시를 구사해야 한다. 지내림에서는 작은 지렁이를 골라서 사용하거나 지렁이를 바늘 키의 배 정도로 잘라서 사용하면 입질을 정확하게 받을 수가 있다. 대물낚시의 미끼 사용 요령과는 반대로 설명하니 혼란스럽겠으나 그래야만 지렁이 끝을 물고 가지고 노는 입질 현상을 방지하고 확실한 입질을 유도할 수 있기 때문이다. 이렇게 지내림을 하다가도 잔챙이나 잡어가 극성을 부리면 바로 옥내림으로 전환하여 공략하는 것이 좋다. 이런 때 씨알 선별을 한다고 그냥 통지렁이를 사용하면 잔챙이가 꼬리를 물고 노는 성화가 계속되는 경우가 많다.

▼▼ 떡밥낚시가 잘 되는 모든 낚시터에서 구사할 수 있는 떡밥내림(떡밥 내림낚시).

▼ 겨울철에 대단한 위력을 발휘하는 지내림(지렁이 내림낚시).

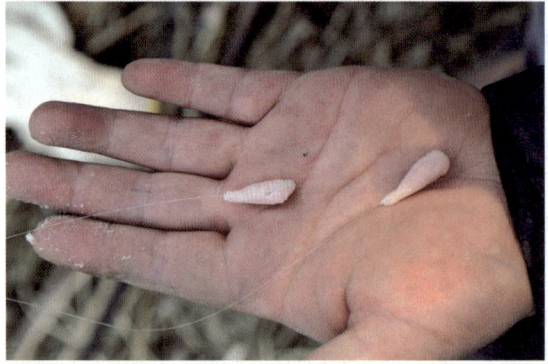

● 콩내림(메주콩 내림낚시)

콩내림을 하기 위해서는 우선적으로 콩미끼 낚시가 잘 되는 곳인가를 파악해야 한다. 근본적으로 콩미끼에 학습이 되지 않은 장소의 붕어들은 콩을 쉬이 취하지 않기 때문이다. 만약 사전정보가 없다면 주변에 콩이나 수수 등을 경작하는 농지가 있는지 살펴보고, 연 씨앗 등이 있어서 고형 곡물류에 먹이학습이 될 수 있는 환경인지를 살펴서 시도해 본다. 콩미끼 낚시를 자주 한 포인트가 있다면 바로 그 자리가 가장 유망한 콩내림낚시 자리가 된다. 콩내림을 위한 메주콩은 가능한 한 작은 콩을 골라서 사용한다. 그리고 콩이 딱딱한 것보다는 무른 것이 좋다.

● 참내림(참붕어 내림낚시)

참붕어는 우리나라 어느 수계에나 서식하므로 참내림 낚시터는 우리나라 전 수계에 해당한다고 볼 수 있다. 그러나 흐르는 강이나 큰 댐에서는 참붕어 미끼가 잘 안 먹히는데 그런 곳에 서식하는 납자루 치어를 대신 사용하면 효과가 있다.
참내림의 주요 포인트는 참붕어가 활발하게 연안활동을 하는 석축 끝자락이나 작은 물골 앞, 혹은 수심이 얕고 연안수초가 적절히 자리 잡고 있는 곳이다. 특히 가장 유망한 포인트는 참붕어가 산란하고 있는 수중 장애물이나 수초가 있는 근처다. 참붕어는 2cm 전후의 작은 것을 사용하는 것이 좋다. 만약에 참붕어가 큰 것만 채집되었다면 작게 토막 내어 꿰는 것이 빠른 입질을 유도하는 데 유리하다. 혹 채집망에 납자루가 주로 채집된다면 납자루 새끼를 골라서 사용하는 것이 낫다.(납내림을 별도로 구분하지는 않는다.)

● 떡내림(떡밥 내림낚시)

떡내림은 떡밥낚시가 되는 모든 낚시터에서 구사할 수가 있다. 특히 수초가 일체 없고 수심이 깊은 낚시터에서 집어를 하면서 구사하는 낚시에 유리하다. 바닥이 깔끔하고 수심이 깊으면서 물의 흐름이 없는 포인트가 알맞다.
떡내림에서 사용하는 미끼는 주로 글루텐떡밥이다. 집어를 위해 어분이나 집어전용 떡밥을 사용하기는 하나 미끼용 떡밥은 바늘에 점착성이 높은 글루텐을 사용하는 것이 좋다.

자연현상과 붕어낚시

1. 비와 붕어낚시

근본적으로 비는 많은 산소를 내포하고 있어서 수중의 산소용존량을 높여주므로 비가 내리면 수중의 모든 생물들은 활성을 갖게 되며 붕어 또한 활발한 움직임을 보이게 된다. 그러므로 일단 비는 붕어낚시에 도움이 된다고 볼 수가 있다. 그러나 이른 봄이나 늦가을 이후의 찬 계절에 내리는 비는 표층수온을 급격히 떨어뜨리게 되어 오히려 수중생물들을 움츠리게 하므로 오히려 붕어낚시를 하는 데에도 악영향을 준다. 그러면 어떤 비는 불리하고 어떤 비는 유리한지를 알아보자.

●추울 때의 비는 붕어를 움츠리게 한다

비가 붕어낚시에 불리하게 작용하는 시기는 늦가을부터 겨울을 지나 이른 봄까지이다. 이때는 붕어들이 움츠리는 시기인데 찬비가 수면에 떨어지고, 찬물이 유입되면서 전체적인 물의 수온을 떨어뜨리게 되어 아예 붕어들이 움직이지 않게 되어 버린다. 다만 붕어가 어느 정도 적응을 하면 부분적인 먹이활동을 하게 되는데, 이때에도 붕어의 동작이 워낙 작고 민감해서 예신과 본신마저 구분하기 어려울 정도로 미약한 입질이 들어오게 된다.

●더울 때의 비는 붕어를 활발하게 한다

표층수온이 높을 때인 늦봄부터 여름을 지나서 초가을까지의 비는 물을 시원하게 식혀주고, 고수온으로 산소가 결핍된 수중에 산소를 공급하여 물고기들을 활발하게

◀ 빗속의 낚시. 여름철의 비는 붕어를 활발하게 하지만 봄가을의 비는 붕어를 움츠리게 한다.

해준다. 이때에는 붕어뿐만 아니라 붕어의 먹잇감이 되는 수서곤충을 비롯한 모든 수중생물의 활동 및 플랑크톤 생성을 활발하게 하여 붕어의 사냥욕구를 자극한다. 특히 이 시기에 집중적으로 내리는 큰비는 우리가 오름수위 특수를 맛볼 수 있는 기회를 제공하기도 한다.

● 강우량에 따른 낚시터 선정

기상청 예보용어 기준으로 비가 5mm 미만의 '적은 비'로 예보되어 있거나, 20mm 정도의 '다소 내리는 비'로 예보되어 있다면 평소와 같은 장소와 포인트에서 낚시를 구사해도 된다.

그러나 여름이 아닌 봄, 가을에 30~80mm의 '다소 많은 비'가 내린다고 예보되어 있다면 계곡형이나 준계곡형을 피하고 평지형 소류지를 찾는 것이 유리하다. 이런 때 계곡지나 준계곡지의 대물붕어들은 비가 오는 초기에는 잠시 깊은 수심대로 이동해 버리기 때문에 입질을 받아내기가 어렵다.

반면 여름에 80mm 이상의 '많은 비(호우주의보)'나, 150mmm 이상의 '매우 많은 비(호우경보)'가 예보되어 있다면, 평지형 저수지는 그 규모에 관계없이 출조지에서 제외하고, 무조건 계곡형이나 준계곡형 저수지 혹은 댐을 찾아서 물골자리 근처나 수몰나무 포인트에 자리를 선정하는 것이 좋다. 이때 오름수위 특수를 기대할 수가 있는 것이다.

2. 바람과 붕어낚시

바람은 우리가 낚시를 구사하는 데 불편을 주지만 실제로는 바람에 의해서 수중 생태계에도 변화가 생기고 이러한 수중생태계의 변화가 낚시에 더 큰 영향을 미친다. 바람은 풍속보다 그 풍향에 따라 각각 다른 특성을 띠며 때로는 낚시에 호조건으로 때로는 악조건으로 작용한다.

● **바람의 구분**

육풍(陸風) : 육지에서 바다로 부는 바람을 말하며, 주로 밤 시간에 부는 바람이다. 이는 해가 지면서 육지의 대기온도가 먼저 하락하게 되고, 상대적으로 바다 쪽 공기는 따뜻함을 유지하기 때문에 바다의 공기가 위로 상승하면서 육지 공기가 기압이 낮아진 바다 쪽으로 부는 현상이다. 이 바람은 차고 건조한 바람으로 낚시에는 불리하다. 간혹 썰물시간대에 육풍이 불기도 한다.

해풍(海風) : 바다에서 육지로 부는 바람으로 주로 주간에 부는 바람이다. 낮에 육지의 기온이 올라 공기가 상승하여 저기압이 되면 상대적으로 기압이 높은 바다에서 육지 쪽으로 바람이 분다. 해풍은 온화하고 습한 바람으로 낚시에는 유리하다. 밀물시간대에도 해풍이 불어온다.

동풍(샛바람) : 백두대간을 기준으로 동편인 동해안에서는 온화한 바람이나 백두대간을 통과하면서 건조한 바람으로 변하여 서편에서는 낚시에 불리한 바람이 된다.

서풍(하늬바람) : 서해바다를 지나서 우리나라에 불어오는 바람으로 온화하고 다습한 바람이어서 낚시에는 유리하다.

남풍(마파람) : 이 바람은 주로 비를 동반하고 불어오는 바람이다. 고온 다습하며 여름에 많이 분다. 태풍이 불어올 때의 바람도 거의 마파람이다. 이 바람은 낚시에는

◀ 눈보라 속의 겨울 수로낚시. 겨울에는 찬 북서풍을 등지고 낚시자리를 잡아야 한다.

유리한 바람이다.

북풍(된바람) : 대륙에서 불어오는 차고 건조한 바람으로 낚시에는 불리한 바람이다.

북동풍(높새바람) : 주로 늦은 봄부터 초여름 사이에 오호츠크해로부터 불어오는 한랭하고 습윤한 바람으로 태백산맥을 넘으면서 푄현상을 일으켜 동쪽으로는 비를 내리게 하고, 서쪽으로는 고온건조하게 하는데, 이 건조한 바람은 표층증발을 일으켜서 표층수온을 급속히 떨어뜨리는 등 낚시에는 불리한 바람이다.

북서풍(높하늬바람) : 주로 초겨울부터 이른 봄까지 불어오며 차가운 기운의 바람으로 낚시에는 불리하다.

남서풍(서마파람) : 바다에서 불어오는 해양성 바람으로 낚시에는 유리하다.

남동풍(동마파람) : 역시 바다에서 불어오는 해양성 바람이나 수온을 떨어뜨려 낚시에는 불리하다.

● 바람을 마주볼까 등질까?

하절기에는 바람을 등지는 것보다 맞받고 하는 것이 낚시에는 유리하다. 바람이 불어 수면에 파도를 일으키면 수중 용존산소량이 증가하게 되고, 플랑크톤 형성이 활발해지는데, 이때 형성된 플랑크톤과 부유 유기물들은 바람의 영향으로 연안으로 밀려오게 된다. 따라서 이를 먹잇감으로 사는 붕어들이 바람을 맞받는 연안으로 접근하게 되는 것이며, 특히 바람에 의한 물소리 등의 소음은 붕어가 낚시인을 의식하지 않고 활동하게 하여 수초 등의 은신처가 없어도 연안 가까이까지 접근하게 한다. 따라서 하절기에는 낚시행위에 지장을 받지 않는 한 바람을 마주보고 하는 것이 유리하다. 그러나 동절기에는 바람을 등지고 하는 것이 좋다. 특히 수심이 얕은 포인트에서는 바람이 심하게 불면 수서곤충이나 작은 생물들이 모두 수초 속으로 파고들어서 안주하게 되는데 이는 붕어도 다르지 않다. 특히 만곡부나 둑 또는 갈대숲 등으로 바람막이가 되는 장소라면 바람을 등지고 앉아야 좋다.

3. 달과 붕어낚시

우리 낚시인들은 달과 수중생태계에 대한 얘기를 아주 많이 한다. 그리고 그 얘기하는 내용을 보면 아주 다양하다. 어떤 근거로 그러는지는 모르겠으나 한편에서는 '달은 조과에 영향이 크다'고 하고, 다른 한편에서는 '영향이 없다'고 주장한다. 그러나 경험을 통한 통계자료마저도 적절히 제시하지 못하니 그 논리적인 설득력이 부족하여 혼란스럽다.

그런데 자료를 찾아서 연구를 하다 보면 논리적으로 사고할 만한 근거 있는 자료들이 있어서 그것을 가지고 달과 붕어낚시의 관계를 설명하고자 한다.

바다나 민물에 사는 생물들이 달의 밝기에 따라서 생체주기가 달라지고, 수중의 일상 활동이 확연하게 달라질 만큼 달이 우리 생태계에 미치는 영향은 지대한 것이라는 많은 연구보고서와 방송 다큐프로그램이 그것이다. 또한 바다의 밀물과 썰물현상은 순전히 달의 인력의 영향이며, 서기 2000년을 전후한 30년간의 지진 발생 원인의 70%가 달의 인력 때문이었다는 분석도 있다. 이렇듯 지구상의 모든 생물, 무생물에게 달의 인력이 영향을 미친다는 것을 고려하면 수중 생태계에 달의 영향이 미치는 것은 당연한 이치일 것이고, 또한 달빛은 그 자체만으로도 붕어에게 어떤 형태로든 영향을 미치리라는 것은 자명하다.

● **달의 인력을 고려한 낚시터 선정**

낚시를 하다 보면 붕어가 떼를 지어 수면에 떠서 유영하는 모습을 보게 된다. 이렇게

◀ 보름달이 환하게 뜨면 운치는 있을지 몰라도 밤낚시의 조과는 썩 좋지 않게 된다.

붕어가 수면에 떠오르는 것을 달의 인력과 연관시켜 보면 대체적으로 만월일 때와 달이 없을 때 그러한 현상이 많이 관찰된다. 바로 달의 인력이 지구에 미치는 영향이 가장 클 때인 것이다.

단순히 달빛의 밝기가 붕어의 경계심을 자극해 낚시가 안 되는 것이라면 보름달이 뜬 날만 낚시가 안 되어야 하는데, 사실은 우리가 무심해서 그렇지 기록을 해서 통계분석을 해보면 무월광인 그믐 때도 보름 때와 다르지 않음을 알 수 있다. 이렇게 달의 인력이 강할 때에는 그나마 수심이 얕으면서(붕어가 떠있는 상태가 편한 것과 같은 수심) 수초가 무성하게 발달한 곳의 수초 그림자 아래가 주요 포인트가 된다. 달의 인력이 강한 영향을 미칠 때 수심이 깊은 곳은 붕어가 떠서 있기 때문에 좋은 포인트 역할을 할 수가 없고, 그나마 얕은 수초 속에는 붕어가 움츠리고 있다가 달이 떠오르기 전이나 달이 기운 새벽시간 등 달의 인력영향이 약할 때에 입질을 할 가능성이 많기 때문이다.

● **달빛의 영향을 고려한 포인트 선정**

달 밝은 날 밤에는 어떠한 포인트를 선택해야 입질을 볼 수 있을까? 달이 밝은 날의 주요 포인트는 산이나 둑 혹은 나무의 그림자가 있는 후미진 곳의 수초지대다. 특히 키가 큰 부들이나 연 등의 정수수초는 그 자체로 그림자를 제공하여 좋은 포인트 역할을 한다. 또한 연안이 직벽으로 형성되어 수심이 깊고 돌무더기나 고사목 같은 장애물이 복잡하게 얽혀 있는 중류권이나 하류권의 제방 부근도 포인트가 된다. 한편으로는 상시에 가로등이나 건물의 불빛 등 밝은 불빛이 수면을 비추고 있어 붕어가 그에 적응이 된 포인트도 달빛이 밝을 때의 선택 포인트가 된다.

● 달빛 아래 낚시를 즐기는 마음

우리가 낚시를 취미로 생활하면서 달이 밝고 안 밝고에 따라서 출조를 하고 안 하고 할 수는 없다. 그러니 적절한 장소와 포인트를 찾아서 출조를 하되 조과에 연연하지 말고 낚시를 즐기는 여유를 가져야 한다. 특히 여러 사람이 동행하였거나 인접하여 낚시하는 동호인이 있을 때는 물론이고, 나 홀로 낚시를 하더라도 평상시보다 더 정숙을 유지하면서 움직임을 최소화해야 한다. 또한 달이 중천에 떠올라 있는 시간에는 적절한 휴식을 하고, 달이 뜨기 전 시간이나 달이 기운 시간에 집중하는 것이 요령이다. 달이 밝은 밤, 온갖 풀벌레 소리를 들으면서 조과에 연연하지 않고 풍류를 즐기는 여유 있는 모습을 갖는 것이 달밤낚시에서 진정한 즐거움을 찾는 길이다.

4. 기타 자연현상과 붕어낚시

해와 달이 뜨고 지는 것부터 풀잎에 영롱하게 맺히는 이슬까지 모든 자연현상은 생태계에 영향을 미치게 되고, 얼굴을 스치는 스산한 바람과 수면에서 피어오르는 물안개 등 모든 자연현상은 붕어낚시와 다 연관이 된다.

● 일교차

일교차는 밤과 낮의 기온 차이를 말하는데, 일단 일교차가 섭씨10도가 넘으면 낚시가 잘 안 된다. 주로 가을로 접어들어서 이듬해 봄까지 큰 일교차가 많이 나타나는데, 동절기 낮낚시의 경우는 해가 떠서 일정시간이 지난 한낮에 수온이 오르면 붕어들이 일부 움직임을 보이다가 그 외의 시간에는 움츠려버리고, 밤낚시를 할 경우에는 어느 정도 적응시간이 지나고 자정 이후 대류가 일어나는 시간대에

◀ 물안개는 수온이 올라서 생기는 현상이 아니다. 물안개가 낀 날은 안개가 걷힌 후에 입질이 활발해지는 경우가 많다.

잠시 반응을 볼 수가 있다. 따라서 일교차가 큰 날은 한낮의 오후시간과 한밤의 새벽으로 가는 시간에 집중해야 한다.

● 기압

기압의 변화는 전반적인 주변 기상에 변화를 가져오며, 낚시터의 수압에도 영향을 미친다. 고기압은 주변보다 기압이 높은 구역으로서 하강기류가 발달하고 구름이 소멸되어 맑은 날씨가 되고, 저기압은 주위보다 기압이 낮은 구역으로 상승기류가 발달하여 구름이 형성되고 흐린 날이 된다.

고기압 시에는 연기가 하늘로 가볍게 올라가듯이 수면에 압력을 주지 않는 상황이 되며, 저기압은 연기가 바닥으로 깔리듯이 수면에 압력을 주어 수압이 높아진다. 그러므로 낚시인들은 고기압일 때는 물고기가 바닥층에서 놀고 저기압일 때는 중층에 떠서 논다고 말한다.

따라서 고기압이면서 계절적으로 평균적 날씨일 때에는 비교적 낚시가 잘 되나 저기압이면서 을씨년스러운 날씨일 때에는 낚시가 잘 되지 않는다. 특히 고기압 언저리에 놓이면서 기압이 불안해지고 찬바람이 어지럽게 부는 날은 입질을 받기조차 힘들다. 그러나 저기압 상태라도 그날의 수온변화가 급격히 일어나지 않고 정상적으로 평균수온을 유지한다면 낚시는 오히려 잘 된다.

● 햇빛

어느 계절이든 낮에는 햇빛이 비쳐서 수온을 높여 주어야 밤에 낚시가 잘 된다. 특히 동절기에는 햇빛이 필수적인 요소다. 그 이유는 우리가 앉아있는 구역의 물이 낮 동안 햇볕을 받아서 표층수와 하층수의 수온 차가 뚜렷하게 이루어져야만 밤에 그 차별화된 수온에 의해서 대류가 일어나게 되기 때문이다. 이러한 대류에 의해서 야간에 물의 환류가 이루어지면 동절기에는 온화한 물이 연안으로 밀려나오고, 하절기에는 선선한 물이 순환되어 연안으로 밀려 나오게 되므로 붕어들도 그 물을 따라서 연안활동을 하게 되는 것이다. 따라서 붕어낚시의 날씨는 맑고 햇볕이 잘 비춰주는 날이 유리하다.

● 물안개

수면에 피어나는 물안개를 보고 마치 수온이 상승하여 수증기가 일고 있다고 생각하는 경우가 있는데, 사실은 그렇지 않다. 물안개는 물이 끓어서 김이 나서 수증기가 일고 있는 것이 아니라 수면 위의 공기 중 수분이 기화상태로 있을 때는 우리 눈에 안 보이다가 대기온도가 하강하면서 액화가 된 현상이 우리 눈에 안개로 보이는 것이다.

수증기가 위쪽으로 확산되면서 사라질 때는 대기온도가 수표면 온도보다 높을 때이고, 수증기가 아래쪽으로 깔릴 때에는 대기 온도가 수표면 온도보다 낮을 때이다. 따라서 물안개가 사그라지지 않고 물 표면에 자욱이 떠있으면서 수면에 찬 물방울이 떨어지는 날은 그림이야 환상적이겠지만 이런 날은 물안개가 걷히고 나서야 수중 생태계가 활발해진다.

초여름 강변에서 어신을 기다리며 …

외래어종과 붕어낚시

1. 우리나라 외래어종의 실태

우리나라에 유입되어 자연수계에 서식하는 외래종은 배스와 블루길이 대표적이고, 그 외에도 황소개구리, 붉은귀거북, 왕우렁이도 국내의 각 수계에 분포되어 서식하고 있다. 지금은 토착화된 떡붕어도 일본에서 들어온 외래종이다. 즉 우리 눈에 보이지 않는 자연생태계에서는 토종과 외래어종 간에 심각한 영역다툼과 생존경쟁이 진행 중인 것이다.

이러한 외래어종이 우리 낚시계에 미치는 영향은 낚시대상어종의 다양성에 기여하는 긍정적인 면과 붕어를 비롯한 토착 민물고기의 개체수가 급격히 감소되어 버린다는 부정적인 면을 함께 가지고 있다. 특히 외래어종이 번성한 서식지에서 붕어낚시를 구사할 때에는 외래어종의 극성과 붕어의 입질 빈도 감소로 인해 대단한 인내심을 필요로 한다.

● **외래어종의 유입과 관리**

현재 민물고기 목록에 있는 외래어종은 큰입배스(1973년 미국 플로리다 도입), 블루길(1967년 일본 유입), 나일틸라피아, 초어, 향어(이스라엘잉어), 떡붕어, 백련어, 대두어, 찬넬동자개, 은연어, 무지개송어 등 11종이다. 우리가 낚시대상어종으로 하고 있거나 낚시 간에 우연히 만날 수 있는 잉붕어(1998년 도입), 중국붕어(1997년 도입 시작), 우창위, 향붕어 등은 제대로 된 민물고기 목록

관리마저도 못 되고 있는 실정이다.

이러한 외래어종 중에서도 특별히 국가가 지정하여 관리하는 환경부령 4대 생태교란 위해(危害) 종은 황소개구리(98. 2. 19 지정), 큰입배스(98. 2. 19 지정), 파랑볼우럭(블루길 98. 2. 19 지정), 붉은귀거북(청거북 2001. 12. 24 지정)이다.

2. 외래어종이 붕어낚시에 미친 영향

● **붕어 개체수의 감소**

외래어종이 번성한 수계는 붕어의 개체수가 급격히 감소하는 현상이 나타난다. 이는 포식성 외래어종이 직접 붕어를 먹이로 취하는 것과 더불어서 붕어의 먹잇감이 되는 새우 등의 작은 수생생물들을 다 먹어치워서 소멸시켜 버리는 것이 큰 원인이다. 특히 배스가 번성하는 수계는 새우가 거의 소멸되어 버리고, 블루길이 번성하는 수계는 물벼룩이 크게 감소한다. 따라서 붕어의 생존과 종족 유지에 필요한 먹이사슬을 교란시키고, 붕어를 직접 잡아먹거나 붕어의 알이나 치어를 먹어버리기 때문에 붕어의 숫자가 급감하게 되는 것이다.

따라서 떡밥콩알낚시로 마릿수 손맛을 즐기던 낚시터도 배스가 유입되고 3년만 지나면 마릿수 입질은 기대할 수가 없고 어쩌다가 한 번 입질에 월척급 이상이 올라오는 대물낚시터로 변모해 버린다. 일부에서는 자연적인 개체 조절에 의해서 토종붕어와 외래어종이 공존하게 된다고 주장하기도 하나 포식성 외래어종이

블루길

배스

유입된 지 40년이 지난 아직까지의 현실은 일방적으로 붕어 개체수가 줄어들고 있는 것이 사실이다.

● **먹이활동 영역 점령**

우리나라에 유입되어 확산된 외래어종은 대부분 토종붕어보다는 세력이 강하다. 심지어는 약할 것 같아 보이는 떡붕어마저도 토종붕어보다 세력이 우세하여 떡붕어가 차지하고 있는 영역에는 토종붕어가 접근을 회피한다. 이렇듯이 세력이 강한 외래어종이 일정한 영역을 차지하게 되면 토종붕어는 더 안전한 곳을 찾아서 웅크리게 되고, 평소 먹이활동을 위해 활발하게 회유하던 얕은 연안은 외래종이 먼저 점거하고 있기 때문에 연안으로 접근하기를 꺼리게 된다. 따라서 우리가 포인트로 한 자리에서 붕어를 만나기가 더 어려워지는 것이다.

● **미끼의 변화**

외래어종이 번성하는 곳에서의 미끼는 메주콩, 옥수수, 떡밥 등 곡물성 미끼가 우선이다. 그러나 외래어종의 활동이 감소하는 야간시간대에는 새우나 지렁이 등 생미끼를 활용한 낚시도 가능하다. 다만 이런 곳에서는 외래어종이 먼저 덤벼들어서 입질하는 불편함을 감수하고 인내심을 가지고 기다리는 낚시를 해야 한다. 그래서

▶ 옥수수를 물고 올라온 대형 붕어.

필자는 외래어종 입질마저도 즐기면서
기다리라고 얘기한다. 특히 동절기에는
외래어종의 활동이 현저히 감소하므로
생미끼를 이용한 낚시를 무리 없이
구사할 수가 있다.

● **포인트의 변화**

외래어종이 번성하는 장소에서의
포인트는 깊은 수심과 밀생한 수초 속이
우선이다. 깊은 수심대를 고려하는
이유는 배스나 블루길이 주로 얕은
수심대를 배회하면서 사냥하기 때문이고,
밀생한 수초 속을 고려하는 것은
배스들이 밀생한 수초 속보다는
수초밭의 언저리를 배회하면서
사냥활동을 하기 때문이다.

▲ 배스 유입터에서 가장 효과적인 대물붕어 미끼로 대두된 글루텐떡밥.

그러나 동절기 낚시나 밤낚시만을 하기 위한 포인트라면 얕은 수심대나 수초
언저리를 공략하는 포인트에서 낚시를 할 수도 있다. 배스나 블루길은 동절기나
밤에는 활동을 적게 하기 때문이다.

● **입질시간대의 변화**

외래어종이 서식하는 낚시터에서의 시간 안배는 외래어종의 활동 시간을 고려해서
집중과 휴식을 구분하는 것이 좋다. 즉 낮 시간에는 블루길이 설치고, 해질녘과
해뜰녘에는 배스마저 활발하게 설치는 시간대이므로 이 시간은 아쉬워도 휴식하는
시간으로 하고, 해가 지고 나서 어둠이 내려 외래어종의 활동이 잠잠해진
시간으로부터 새벽 동이 트고 외래어종이 다시 설치기 시작하기 전 시간까지
집중하는 것이 좋다.

오후 늦은 시간에 열심히 미끼를 달아 넣다가 외래어종에 시달리거나 아침 시간에
외래어종의 극성에 시달리게 되면 자칫 낚시의 맛을 상실하고 피로감만 배가할 수도
있으니 스스로 집중과 휴식 안배를 잘 해야 한다. 사실상 이 시간대가 평소 붕어낚시
입질이 활발한 시간대임을 감안하면 외래어종의 훼방이 참 아쉬운 일이다.

잡어의 극복

사전적 의미의 잡어(雜魚)란 '온갖 자질구레한 물고기'다. 그리고 어부들은 목적 이외의 물고기를 잡어라고 하고, 붕어낚시를 하는 우리는 붕어 이외의 물고기들을 잡어라고 한다. 예를 들면 쌀 외의 모든 곡물을 잡곡이라고 표현하는 것과 유사한 것이다. 그러나 물속에 서식하는 기타 어종을 비하할 뜻으로 잡어라고 표현하고 천대하는 것은 올바르지 못하다. 또한 잡어가 입질을 극성스럽게 할 때 이것을 극복하는 첫째 덕목은 그 시간만은 잡어를 낚는 낚시마저도 즐기면서 붕어의 입질을 기다리는 여유 있는 마음가짐이다.

1. 낚시터 형태별 잡어의 종류

강 : 강에 서식하는 주요 잡어는 피라미, 참마자, 모래무지, 끄리, 누치, 납자루, 동자개, 민물게 등이다. 이들은 좋아하는 서식 토양이 따로 있어서 바닥이 모래이면 참마자나 모래무지가 많이 덤비고, 바닥이 자갈이면 누치나 동자개가 주로 덤빈다. 피라미나 끄리 등은 바닥토양에 무관하게 활발한 입질을 한다.

저수지 : 저수지에 서식하는 주요 잡어는 피라미, 참붕어, 동자개, 얼룩동사리, 가물치, 드렁허리, 징거미 등이다. 계곡지에서는 피라미나 징거미가 가장 심하게

덤비고, 평지지에서는 참붕어, 동자개 등이 주로 덤비며, 바닥에 퇴적물이 있는 포인트라면 동자개나 얼룩동사리가 많이 덤빈다.

댐 : 댐에는 피라미, 살치, 징거미 등이 주로 덤빈다.

수로 : 수로에서는 피라미, 참붕어, 납자루, 망둥어, 동자개, 왕우렁이 등이 주로 덤빈다.

2. 시간대별 잡어의 종류

우리가 낚시를 하다 보면 특정 잡어가 극성을 부리다가도 어느 시간이 되면 거짓말 같이 사라지는 것을 경험할 수 있다. 그것은 우연이 아니고 물고기의 생태적 특성에 따라서 잡어류의 주요 활동시간대가 다르기 때문이다.

● **낮에 설치는 잡어들(피라미, 살치, 참붕어, 납자루)**
이들은 낮에 주로 활동하고 밤이 되면 활동을 멈춘다. 그리고 아침이 되면 다시 활동을 개시한다. 그것은 먹이사슬 상층에 있는 육식어종이 주로 야행성이어서 생존본능에 의해 그렇게 하는 것이다. 그러므로 오후 시간대에 피라미 종류가 극성을 부린다면 밤 시간을 기다리면서 휴식을 하거나 피라미 낚시를 즐기면서 시간을 보내면 된다.

▲ 새우망에 들어온 얼룩동사리.

● **밤에 설치는 잡어들(동자개, 얼룩동사리, 드렁허리)**

이들은 주로 초저녁 시간대에 활발한 먹이활동을 한다. 물이 혼탁한 경우에는 낮에도 먹이활동을 하는 경우도 있다. 대부분 밤 10시가 지나면 잠잠해지고 이른 새벽시간대에 다시 먹이를 찾아 나선다. 특히 이 종들은 먹이에 대한 집착이 강해서 일단 입질이 붙으면 낚아 내버리기 전에는 끊임없이 그 자리에서 덤빈다. 그러므로 낚아 내거나 아니면 미끼를 변환하여 극복해야 한다.

● **낮밤 없이 설치는 잡어들(징거미, 왕우렁이, 참게)**

이들은 시간대에 무관하게 극성을 부린다. 더구나 꽤 넓은 범위를 움직이면서 미끼 종류에 무관하게 덤벼들므로 아주 귀찮은 존재다. 또한 낚으면서 즐기려 해도 잘 낚이지도 않고 낚시의 맛도 없다. 그러니 회피할 수밖에 없다.

● **외래어종 잡어(블루길, 배스)**

이들은 도입 초기에는 오후 늦은 시간대와 아침 이른 시간대에 주로 활발한 활동을 했었다. 그리고 미끼도 주로 동물성 미끼에 탐욕성을 보였다. 그러나 근래에 들어서는 시간대 구분이 거의 없이 덤벼들고, 블루길의 경우는 떡밥과 옥수수에도 다 덤비는 쪽으로 적응되어 가고 있다. 다행히 배스는 아직까지 곡물성 미끼에는 덤벼들지 않으므로 미끼로써 극복할 수가 있다.

● **잡어 입질 시의 찌 놀림**

잡어가 덤벼들어서 미끼를 취할 때 나타나는 찌놀림은 경박스럽고 불규칙하여 지저분하다고 표현한다. 그런데 자세히 관찰해보면 잡어가 입질을 할 때 그 다양한 찌놀림 모습 속에서도 찌 끝의 움직임이 어종에 따라서 약간씩 차이가 있는 것을 발견할 수가 있다. 따라서 찌 끝을 잘 읽으면 잡아내 보지 않고도 어떤 종의 잡어가 덤비는지를 대략 구별할 수 있다. 이러한 잡어의 종류별 입질 형태를 그려보면 다음 그림과 같다.

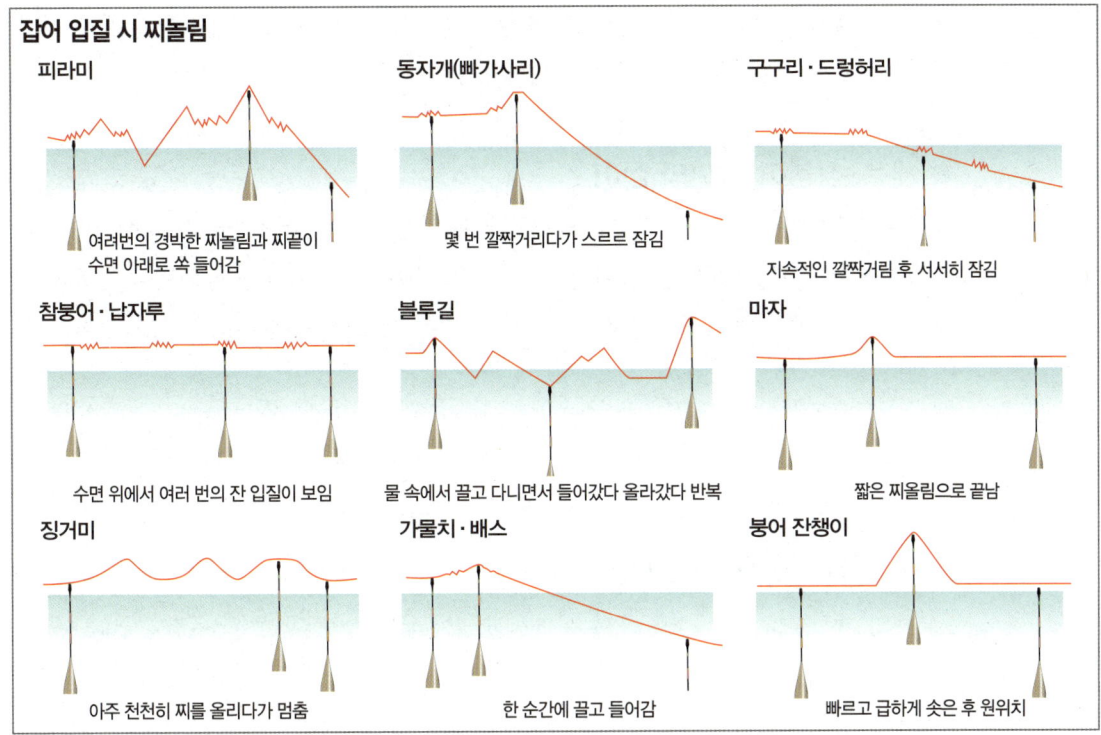

3.사용 미끼별 잡어의 종류

각종 잡어들은 선호하는 먹이가 따로 있다. 따라서 사용하는 미끼에 따라서 주로 덤벼드는 잡어가 구분된다.

● 떡밥 미끼의 잡어
떡밥을 이용한 낚시에는 피라미 종류의 극성이 가장 심하다. 그 외에도 참붕어, 각시붕어, 납자루, 참마자. 모래무지, 누치 등의 잡어 입질이 있으며, 드물게는 블루길이 덤비거나 외래종 왕우렁이가 깔짝거리기도 하며, 징거미가 찌를 기가 막히게 올려 주기도 한다.

● 지렁이 미끼의 잡어
떡밥 미끼에는 잘 덤비지 않는 동자개나 얼룩동사리, 블루길 등의 입질이 심하며,

배스나 가물치 등도 덤빈다. 간혹 피라미나 참붕어가 지렁이 꼬리를 물고 끌고 다니면서 올렸다가 내렸다가를 반복하기도 한다.

● **새우, 참붕어 미끼의 잡어**

새우나 참붕어 미끼를 사용할 때는 동자개, 얼룩동사리, 가물치, 블루길, 배스 등 동물성 먹이를 주로 취하는 잡어가 덤빈다. 또 죽은 새우 미끼를 참붕어나 동종의 새우가 덤벼들어 뜯어 먹으면서 찌에 깔짝거리는 모습이 나타나는 경우도 많이 발생한다.

4. 잡어 극복 방법

잡어의 입질을 완벽하게 극복해내기란 어렵다. 다만 그것을 회피하여 가급적 잡어의 입질 빈도수를 적게 할 수는 있다. 즉 앞서 잡어의 입질형태를 도해로 본 바와 같이 입질을 통해 어떤 잡어가 주로 덤비는 것이라고 판단되면 미끼의 변환을 통해 그 잡어의 입질을 극복해본다. 그마저도 어려울 경우는 낚시터나 포인트를 옮겨서 피할 수밖에 없다.

● **미끼 변환으로 극복**

피라미류가 극성을 부릴 때

이 경우는 주로 떡밥 미끼를 사용하였을 때 많이 나타나는데, 이를 극복하기 위해서는 주간에는 옥수수나 메주콩 등 고형의 곡물 미끼를 사용하거나, 새우나 참붕어 등의 생미끼로 변환시켜 준다. 그러나 야간에는 피라미류가 잘 덤비지 않으므로 다시 떡밥을 사용하여도 된다. 그러나 만약 불가피하게 떡밥을 계속 사용할 수밖에 없을 때에는 떡밥을 단단하고 크게 달아서 미끼가 피라미 층을 뚫고 빨리 가라앉게 하는 요령으로 극복한다.

참마자나 모래무지가 극성을 부릴 때

대개 강낚시에서 발생하는 현상으로 강에서는 옥수수나 메주콩이 잘 듣지 않으므로 이런 경우는 떡밥을 단단하고 크게 달아서 극복한다. 또한 강에서는 의외로 지렁이에 잡어가 잘 덤비지 않으므로 지렁이로 변환하여 사용해 보는 것도 좋다.

블루길이 극성을 부릴 때
이런 때는 거의 지렁이를 미끼로 했을 경우다. 이런 때는 떡밥을 미끼로 하거나 옥수수를 미끼로 하여 낚시를 계속하면 된다. 다만 떡밥 사용 시 어분 종류를 피해야 한다. 간혹 떡밥이나 옥수수 미끼에도 블루길이 덤벼드는 경우가 있는데, 블루길은 일단 관심을 보였다가도 식물성 미끼는 포기하는 습성이 있으므로 개의치 말고 지속하면 회피할 수가 있다.

▲ 잡어 공격에 훼손된 참붕어 미끼.

동자개 등 육식어류가 극성을 부릴 때
지렁이, 새우, 참붕어 미끼엔 공히 육식성 잡어가 덤비므로 미끼를 곡물류로 변환하되 마릿 수 낚시를 즐길 때는 떡밥콩알낚시를 구사하고, 대물낚시를 하고자 할 때는 옥수수나 메주콩으로 변환시켜서 사용하면 된다.

● 유인해서 해결
유인방법은 내가 낚시를 하는 찌 아래로 모여드는 잡어를 다른 곳으로 유인해서 회피하는 방법이다. 이러한 유인방법은 띄워서 흘려보내는 방법과 발 앞이나 옆으로 유인하는 방법이 있다. 피라미처럼 주로 떠서 먹이를 취하는 어종에 대해서는 떡밥가루를 물이 흘러가는 쪽이나 물돌기가 돌아가는 쪽으로 흩뿌려서 그 먹이를 따라서 빠져 나가도록 유인한다. 그러나 물의 이동이 전혀 없는 경우에는 많은 양의 떡밥을 뿌리게 되면 오히려 더 많이 모이게 하는 역효과가 날 수 있으니 주의해야 한다.
또한 징거미나 왕우렁이, 민물게 등은 바닥에서 기어 다니면서 먹이를 취하는 어종으로 이들을 회피하기 위해서는 엉뚱한 곳으로 유인하여 모아두는 것이 상책이다. 이때에는 어분가루를 뭉치거나 짜개 등을 이용하거나, 죽은 새우를 모아서 바로 발 앞 받침대 안쪽 혹은 옆으로 약간 떨어진 곳에 넣어두면 한참

후에는 찌 아래에 있던 것들이 그곳으로 이동하게 되어 회피할 수가 있다. 이러한 유인 밑밥은 한꺼번에 많이 넣지 말고 시차를 두고 조금씩 넣어서 그 자리에 머물게 하는 것이 좋다.

● 낚시터나 포인트 변환

여러 방법이 다 무용지물일 때는 불가피하게 여건이 다른 포인트로 옮겨보고, 그것도 여의치 않을 경우에는 아예 낚시터를 옮길 수밖에 없는데, 당일 기상 여건에 따라 유사한 조건을 가진 낚시터에서는 옮겨 가더라도 같은 상황이 발생할 여지가 많으므로 완전히 조건이 다른 장소를 선택하는 요령이 필요하다.

즉 포인트 이동의 경우는 수심이 얕은 곳에서 깊은 곳으로 옮겨보고, 햇볕이 많이 드는 곳에서 그늘 쪽으로 변환해보는 것이 그것이다. 장소 변환의 경우는, 강낚시에 잡어가 많이 극성을 부리면 인접한 소규모의 수로로 이동하고, 평지형 저수지에서 잡어가 설친다면 완전히 환경이 다른 인접 계곡형 저수지를 찾는 등이 그것이다.

그러나 블루길이나 배스 등 외래어종이 설치는 경우는 변환을 원하는 장소에 이들이 서식하는가 아닌가를 사전에 확인하는 것이 중요하다. 만약 똑같이 서식하는 장소라면 옮겨봐야 유사한 현상이 나타날 것이기 때문이다.

안개 속의 일출 (사진 박 일)

더 즐거운 낚시를 위한 제언

1. 3맛(味), 3락(樂), 3쾌(快)를 즐기자

'낚시의 맛'에는 찌맛, 손맛, 입맛의 3맛(味)이 있고, '낚시의 즐거움'에는 대자연을 호흡하는 즐거움(浩然樂), 좋은 사람과 어울리는 즐거움(人和樂), 그리고 물고기를

▶ 낚시는 조과에 상관없이 대자연을 호흡하는 그 자체가 즐거움이다.

낚는 즐거움(釣魚樂)의 3락(樂)이 있으며, '낚시의 쾌감'으로는 낚싯대를 배치하고 나서 첫 미끼를 넣고 전경을 바라다보는 상쾌(爽快)함, 낚은 물고기를 놓아줄 때 꼬리치고 나가는 데서 느끼는 통쾌(痛快)함, 철수할 때 깔끔하게 정리된 내 자리를 돌아보면서 느끼는 유쾌(愉快)함의 3쾌(快)가 있다.

대부분의 조사들은 낚시를 떠날 때 이 3味, 3樂, 3快를 동시에 목표로 하고 떠나서 그것을 다 갖기도 하고, 혹은 전혀 갖지 못하기도 하는데, 그래도 좋은 사람들과 어울려서 대자연을 호흡하였으므로 만족한다고 자위를 하고 돌아온다.

그러나 웬만한 고수 수준에 이르지 못하고서는 입질을 받지 못하고도 만족하기란 쉽지가 않다. 적어도 물고기를 아예 살림망에 담아주지 않고 낚는 즉시 방생하는 무욕의 낚시를 3년 이상은 해야만 유사한 경지에 이르러 그 흉내라도 낼 수 있기 때문이다.

낚시를 잘한다는 것은 무욕(無慾)의 낚시를 즐기면서(悅樂) 호연지기(浩然之氣)를 키우고 힐링(healing)과 웰빙(wellbing)을 잘하는 것이다. 이를 위해서는 낚시를 통해서 나와 내 가정 그리고 내 주변이 더불어 즐거워야 하고, 또한 낚시를 하는 내 마음에 티(無垢)가 없어야 함은 물론 나를 품어주는 대자연에도 때가 묻지 않도록(無垢) 해야 한다.

2. 낚시의 즐거움은 그 끝이 없다

조락무극(釣樂無極 : 낚시의 즐거움은 끝이 없다)은 필자가 스스로 만든 낚시의 좌우명이다. 나는 늘 조락무극을 위한 네 가지의 실천방침을 따른다.

1. 스스로를 잘 관리하여 건강해야 한다. 그래야만 언제든지 출조를 할 수가 있다.
2. 열심히 일해서 가정경제가 튼튼해야 한다. 돈에 궁하면 즐거운 낚시를 할 수가 없다.
3. 출조에 불편함이 없도록 가정이 화목해야 한다. 배웅 받고 출조하고 마중 받고 귀가해야 즐겁다.
4. 언제나 함께할 수 있는 조우가 있어야 한다. 언제나 같이 할 수 있는 좋은 조우는 큰 복이다.

3. 잘 잡는 것과 잘 낚는 것의 차이

요즈음의 낚시모습을 보면 '월반'을 많이 한다. 붕어낚시의 기본이라고 할 수 있는 지렁이낚시나 떡밥낚시를 경험하지 않고, 처음부터 대물낚시로 시작해서 한두 달 만에 월척조사가 되고, 1년도 못되어서 4짜 조사가 되기도 하는 현상을 일컬음이다. 그러다보니 '잡다'와 '낚다'의 구분도 못하고, 우선적으로 갖추어야 하는 낚시의 기본소양과 바른 의식 그리고 올바른 행위가 미흡한 자기도취 상태로 세월이 흘러서 10년차 혹은 20년차 조력이 되어 버린다. 그러면서 그 사람이 또 그 모습 그대로 후배에게 가르친다. 이런 사람들이 후배들에게 흔히 하는 말을 들어보면 그 사람의 낚시에 대한 깊이를 금세 알 수가 있다.

'나는 시시한 떡밥콩알낚시를 하지 않는다.'
'나는 지저분한 지렁이는 손도 안 댄다.'
'내림낚시 등은 진정한 낚시가 아니다.'

● **붕어낚시의 기본인 떡밥낚시부터 숙달하자**
붕어낚시의 기본은 떡밥콩알낚시로부터 비롯된다. 낚시채비에 대한 이해, 찌맞춤에 대한 이해, 채비 투척(정확한 앞치기), 입질분석과 챔질동작, 붕어의 제압과 유도요령 등 제반분야의 기본이 떡밥콩알낚시를 통해서 가장 잘 습득되기 때문이다. 떡밥낚시를 숙달하는 것은 학생이 기본 교과서를 바탕으로 공부를 하는 것과 같다. 우선 채비분야를 보자면, 떡밥콩알낚시에서는 대물낚시에 비해서 모든 부분의 채비를 최대한 가늘고 예민하게 한다. 따라서 떡밥콩알낚시를 구사하면 연약한 채비를 가지고도 채비에 무리가 가지 않도록 운용하는 적절한 요령습득을 하게 된다.

다음으로 붕어낚시의 꽃인 찌맞춤을 보면, 대물낚시의 경우는 대부분 무거운 찌맞춤(표준찌맞춤 포함)을 하여 거의 전천후로 사용한다. 그러나 떡밥콩알낚시의 경우는 가벼운 찌맞춤, 표준찌맞춤, 무거운 찌맞춤을 확실하게 구분하여 경우에 맞게 운용하므로 찌맞춤에 대한 명확한 이해를 갖게 된다.

채비 투척을 보면, 떡밥콩알낚시에서 앞치기를 하여 찌를 세우는 채비 투척의 정확성은 수초구멍에 찌를 세워야 하는 대물낚시 경우보다도 훨씬 더 강조된다. 떡밥콩알낚시는 수시로 떡밥을 갈아 넣으면서 잦은 앞치기를 하므로 자연스럽게

◀ 물가에 앉으면 누구나 동심으로 돌아간다.

정확한 채비 투척을 숙달하게 된다.

입질 분석과 챔질을 보면, 대물낚시의 경우는 오랜 시간을 기다리다가 한두 번 오는 입질을 느긋하게 기다려서 챔질하나 떡밥콩알낚시에서는 자주 들어오는 입질에 대해 순간순간 찌 끝을 읽어서 챔질하여 붕어를 낚으므로 다양한 찌놀림과 자주 들어오는 입질, 그리고 이에 대한 순간순간의 분석 및 챔질을 숙달할 수 있다.

붕어의 제압과 유도를 보면, 대물낚시를 하는 사람의 모습을 보면 무조건 강제집행을 하여 붕어를 내 발 앞으로 끌어다 놓는다. 그러면서도 손맛 좋다고 표현한다. 도대체 무슨 손맛을 말하는 것인가? 떡밥콩알낚시를 하면서 크고 작은 붕어를 걸어서 여유 있게 가지고 노는 낚시에 숙달된 사람은 대물낚시를 하면서도 가능하면 붕어를 가지고 놀면서 여유롭게 제압하고 유도해오는 참된 손맛을 보는 낚시를 한다.

● **찌를 잘 읽으려면 지렁이낚시를 숙달하자**

겨울 한 철을 제외하고는 종종 푸대접을 받는 지렁이. 그러나 우리가 구사하는 모든 붕어낚시의 근본은 지렁이낚시이다. 여기에서 필자가 지렁이낚시의 숙달을 특히 강조하는 것은 '입질분석과 챔질'을 숙달하는 지름길이기 때문이다. 지렁이미끼를 달아놓고 입질하는 모습을 보면 대부분 찌가 중구난방으로 움직이는데도 지렁이낚시를 능숙하게 해온 사람은 조금도 서두르지 않고 단 한 번의 챔질에

▲ 자연을 아끼고 어자원을 보호하는 것은 교양을 지닌 낚시인의 기본적 책무이다.

정확하게 붕어를 걸어 올린다. 그만큼 예신과 헛입질 속에서 본신을 간파하는 능력이 지렁이낚시를 통해 많이 길러졌기 때문이다. 그러니 다양한 찌놀림 속에서 정확한 챔질의 개념을 가지려면 지렁이낚시를 먼저 숙달하라는 것이다.

● 씨알 선별의 개념을 알려면 대물낚시를 배우자

대물낚시는 미끼의 씨알 선별력을 이용하여 월척급 이상의 큰 붕어만 낚겠다는 의지로 하는 낚시다. 미끼의 씨알 선별력에는 '미끼의 종류에 의한 선별력'과 '미끼의 크기에 의한 선별력'의 두 가지가 있다. 새우, 참붕어, 메주콩, 옥수수 등을 사용하여 잔챙이들이 잘 덤벼들지 않게 할 수 있고, 이런 대물낚시용 미끼를 쓰더라도 각 미끼의 크기를 조절하여 또 한 번 붕어 씨알을 선별할 수 있다. 씨알 선별 개념을 알려면 대물낚시를 제대로 배워야 한다.

● 채비의 미묘함을 알려면 내림채비를 경험하자

요즈음 유행하는 전내림 등 내림낚시에 대해 보수적인 낚시인들은 폄하하기도 한다. 내림채비 사용은 전통붕어낚시가 아니라는 주장도 있다. 그러나 천만의 말씀이다. 이미 1970년대에 〈낚시춘추〉의 기사 속 채비도를 보면 그 당시에도 이미 전층낚시 개념의 내림채비가 사용되었다.(낚시춘추 1977년 1월호 113p 中間式釣法) 오히려 필자는 진정으로 수중채비 역할의 미묘함을 알려면 근래에 다양하게 발전하고 있는 새로운 시도의 채비들(전층채비, 전내림채비, 중통채비, 분할봉돌채비 등)을 체험해보고 공부해야 한다고 생각한다. 그중에서도 특히 내림채비를 꼭 경험할 필요가 있다고 강조한다. 그런 연후에 자신에 맞는 채비를 사용하면서 보이지 않는 수중세계의 채비 변화를 찌의 움직임만 보고도 읽어낼 수가 있어야

고수다. 그렇지 않고 바닥낚시나 대물낚시 한 가지만 고집하면서 수중채비의 미묘한
변화를 다 이해한다고 하면 그것은 거짓말이고 착각일 뿐이다.
내림채비를 잘 이해하면 다른 채비에 대해서도 수중 붕어의 행동과 채비의 역할
그리고 찌에 나타나는 현상들을 이해할 수가 있다. 그러니 수중채비의 미묘함을
알려면 필히 내림채비를 경험해두는 것이 좋다.

● **힐링낚시 & 웰빙낚시란?**

우리가 낚시를 하는 것은 대자연 속에 녹아들어서 인생의 즐거움을 낚는 것이다.
그리고 그 즐거움은 도저히 돈으로 환산해서 사고팔고 할 수가 없다. 그렇기 때문에
잘 잡는 낚시보다는 잘 즐기는 낚시를 하라고 강조하는 것이다. 즉 남보다 잘
잡지는 못하더라도 최소한 낚시터에서 힐링(healing)과 웰빙(well-being)을 통해
건강한 삶을 누릴 수 있다.

그러는 중에도 가장 좋은 것은 '잘 잡으면서 잘 즐기는 낚시'를 하는 것인데,
그러려면 어떻게 해야 하는가? 다양한 경험을 바탕으로 낚시의 기본을 충실히 하는
이론적 체계를 갖추어야 하고, 욕심을 내려놓고 호연지기하는 마음자세를 가져야
한다. 그리하면 스스로가 의식하지 않아도 잘 잡고 잘 즐기는 낚시를 하게 된다.
똑같은 낚시라도 잘 잡는 낚시만으로는 힐링을 하지 못한다. 조금 서툴러도 잘
즐기는 낚시만이 힐링 & 웰빙낚시가 되는 것이다.